스프링 5.0
마이크로서비스 2/e

스프링 5.0
마이크로서비스 2/e

스프링 부트와 스프링 클라우드,
스프링 리액티브로 배우는

라제시 RV 지음

오명운 · 박소은 · 허서윤 · 이완근 옮김

Packt> i!i 에이콘

팩트출판사의 책을 몇 번 읽고 저와 잘 안 맞는 방향의 책이 많다는 편견이 있었습니다. 그래서 역자 중 한 분인 오명운 님이 이 책을 왜 번역했는지 궁금해서 출간하기 전에 미리 살펴볼 기회를 얻었습니다. 읽어보면서 MSA를 적용하기 위해 J2EE의 구조적인 설계에서 어떻게 잘 분리할지 저 자신도 아직까지 확신을 갖지 못하고 고민하던 부분들이 정말 명쾌하게 정리돼 있어 놀랐습니다. 특히 4장에서 기존 레거시를 속된 말로 발라내는 과정은 정말 좋았습니다. MSA에 설익은 저 같은 엔지니어들이 망치(MSA)만 들면 전부 못(마이크로서비스)으로 보인다고 뭐든지 마이크로서비스로 분리해내려는 시도를 하는데, 해야 할 부분만 마이크로서비스로 분리하라는 조언도 잊지 않고 해주고 있습니다.

4장을 읽을 때는 정말 이 책의 백미라고 생각하며 읽다가, 5장을 읽고는 다른 자바 개발자들에게 추천한다면 5장을 추천해야 하겠다는 생각이 많이 들었습니다. 유수의 스타트업 사례에서 화제가 됐던 스프링 클라우드Spring Cloud의 zuul이나 Eureka 등을 활용해서 MSA를 구현하는 정말 실질적인 이야기를 들어볼 수 있어서 정말 좋았던 챕터였습니다.

요즘 MSA가 워낙 화두가 되고 모든 것을 MSA 스타일로 만들어야 한다고 하지만 정작 서비스를 분류하고 단위 서비스들을 묶어주려면 막막할 때가 많은데, 이 책은 사례를 들어 차근차근 풀어나가면서 등대 구실을 하는 좋은 책이라고 생각합니다. 이 책을 읽기 좋게 번역해주신 역자들께 감사드립니다.

자바 챔피언 **양수열**

| 지은이 소개 |

라제시 R V^{Rajesh R V}

다양한 기술에 대해 폭넓은 경험을 가진 IT 아키텍트로, 16년 이상 항공 IT 분야에서 일해 왔다.

인도의 코친^{Cochin} 대학에서 컴퓨터 엔지니어링 학위를 받았고, EJB 초창기에 JEE 커뮤니티에 참여했다. 아키텍트로서 차세대 항공 여행객 예약 시스템(iFlyRes), 차세대 항공 화물 예약 시스템(Skychain and CROAMIS) 같은 다수의 대규모, 미션 크리티컬 프로젝트를 수행했다.

현재 에미레이트 항공(http://www.emirates.com/)에서 수석 아키텍트로 일하고 있으며, JEE, SOA, NoSQL, IoT, 인지 컴퓨팅, 모바일, UI, 통합 등 다양한 분야의 솔루션 아키텍처를 다루고 있다. 아키텍처를 수립한 Open Travel Platform^{OTP}은 2011년 비용 절감 분야에서 레드햇^{RedHat} 혁신상을 수상했다. 2011년에는 레거시 메인프레임 시스템을 전환하는 데 사용되는 육각형 아키텍처 패턴을 바탕으로 하는 벌집 아키텍처를 소개하기도 했다.

기술과 아키텍처에 대해 뜨거운 열정이 있고, BEA 인증 WebLogic Administrator, Sun 인증 Java Enterprise Architect, Open Group 인증 TOGAF Practitioner, SOA 분야의 ZapThink 면허 보유자, IASA 글로벌 CITA-A 인증 아키텍처 스페셜리스트이기도 하다.

『스프링 마이크로서비스』(에이콘, 2017)를 저술했으며, 『Service-Oriented Java Business Integration』(Packt, 2008)을 감수했다.

| 감사의 말 |

먼저 책을 집필하는 꿈을 이루게 해준 팩트출판사의 모든 분께 감사의 말씀을 드린다. 꼼꼼한 리뷰로 책의 품질을 높여준 검토자들에게도 특별한 감사의 말씀을 드린다.

이 책은 내가 몸담고 일하며 많은 것을 배울 수 있었던 에미레이트 항공의 동료들이 독려해주지 않았더라면 끝까지 집필하지 못했을 것이다. 꾸준한 지원을 아낌없이 보내주신 Neetan Chopra 전 수석 부사장님, Thomas Benjamin 현 부사장님께 특별한 감사의 말씀을 드리고 싶다. 책 집필에 많은 도움을 준 Daniel Oor와 Tomcy John에게도 특별한 감사의 말씀을 전한다.

책 쓰기에 집중할 수 있도록 무조건적으로 지원해준 사랑하는 아내 Saritha에게도 진심을 담아 고마움을 전하고 싶다. 책 쓰느라 놀아주지 못한 사랑하는 내 아이들 Nikhil과 Aditya에게도 미안한 마음과 고마운 마음을 함께 전하고 싶다. 그리고 오늘날의 나를 있게 해주신 아버지 Ramachandran Nair와 어머니 Vasanthakumari께도 감사의 말씀을 드린다.

| 기술 감수자 소개 |

아디트야 아바이 할라베^{Aditya Abhay Halabe}

스프링거 네이처 기술^{Springer Nature's technology} 부문에서 풀스택 웹 애플리케이션 개발자로 일하고 있다. 스칼라, 자바, 마이크로 웹 서비스, NoSQL 데이터베이스와 스프링, 플레이, 앵귤러와 같은 다양한 프레임워크를 사용한다. 데브옵스, 도커, 배포 자동화 파이프라인에 대한 지식을 바탕으로 지속적 통합을 적용하는 애자일 개발에도 조예가 깊다.

일에 대한 열정이 있고 새로운 도전을 즐긴다. 오라클에서 컨설턴트로 일했고, 존 디어에서 소프트웨어 개발자로 일했다.

| 옮긴이 소개 |

오명운(homo.efficio@gmail.com)

백발 개발자를 꿈꾸며 언제나 버그와 씨름하는 개발자다. 번역으로 개발자 생태계에 조금이라도 기여하고자 노력한다. 옮긴 책으로는 에이콘출판사에서 펴낸 『D3.js 실시간 데이터 시각화』(2015), 『Gerrit 코드 리뷰』(2015), 『d3.js를 이용한 데이터 시각화』(2014)가 있다.

짧지 않은 책을 번역하는 동안 두 아이 육아를 온몸으로 받아내며 버텨준 민지선 마님께 감사드리며, 별로 놀아주지 못해도 여전히 좋은 아빠라고 생각해주는 착한 두 아이 윤아와 윤석이에게도 고맙다는 말을 전하고 싶습니다. 고령에도 건강관리를 잘 하셔서 걱정 없이 편한 마음으로 번역할 수 있게 해주신 사랑스런 부모님께도 말로 표현할 수 없는 큰 고마움을 전합니다. 특히 하루 네 시간 넘는 출퇴근 시간으로 넉넉한 번역 시간을 선사해준 살기 좋은 우리 마을 청라 국제도시에도 큰 공을 돌려야 할 것 같습니다. 좋은 책을 번역할 기회를 주신 우아한 형제들의 박성철 이사님과 번역에 여러모로 도움을 주신 번역계의 아이돌 오현석 님께도 감사의 말씀을 드립니다. 역자에게 늘 배려해주시는 에이콘출판사 권성준 대표님과 관계자분들께도 감사의 말씀을 전합니다.

박소은(skyhills13@gmail.com)

즐겁게 코딩하기 위해 노력하는 개발자다. 경제학을 전공하며 조금 다뤄봤던 R을 통해 코딩의 매력에 빠져 이 세계에 발을 들였고, 안주하지 않기 위해 끊임없이 노력 중이다. 『SMACSS: 복잡한 CSS를 관리하는 5가지 스타일 가이드』(인사이트, 2016)를 번역했다.

이 책은 거대한 일체형 서비스를 운영하고 있는 가상의 항공사 케이스를 개선해가며 마이크로서비스에 대해 쉽게 접근하고 있습니다. 실무에서 오랫동안 운영해 온 레거시 시스템의 많은 경우가 일체형 서비스이기에 이를 바꿔가는 과정에서 좋은 가이드가 될 수 있을 것이라고 생각합니다. 마이크로서비스에 대해 잘 모르는 분들도 이 책을 통해 쉽게 접근할 수 있기를 바랍니다.

허서윤(stunningly.sy@gmail.com)

SK플래닛에서 11번가, 시럽스토어 등의 서비스 운영을 위한 백엔드Backend 개발을 하고 있다. 근본 있는 개발자가 되기 위해 부단히 노력하고 있으며, 의미 있는 일을 찾고 있다.

이 좋은 책의 번역에 미약하게나마 참여할 수 있게 돼 매우 기쁩니다. 이 책이 앞으로 마이크로서비스를 적용할 여러 프로젝트에 많은 도움이 되기를 바랍니다.

이완근(wglee21g@gmail.com)

NHN 테크놀로지 서비스^{Technology Services}에서 네이버 지도 운영 툴 개발을 담당했고, 현재는 SK플래닛에서 Spring, JPA, Angular2를 이용해 DMP 프로젝트에서 웹 애플리케이션을 개발하고 있다. 웹 개발 경력에서 부족한 부분이 무엇인지 끊임없이 고민하고 빈틈을 메꾸려 수련하는 것을 즐기고 있으며, 개인 블로그(http://icednut.github.io)에 개발 관련 스터디 내용을 정리해 운영하고 있다.

먼저 좋은 책 번역에 참여할 기회를 주신 박성철 이사님, 에이콘출판사 관계자들께 감사드립니다. 그리고 번역에 굉장히 많은 도움을 주신 오명운 님께도 진심으로 감사를 전합니다. 저뿐만 아니라 스프링으로 마이크로서비스를 고민하는 모든 분께 도움이 될 책을 먼저 접하게 돼 행운이라는 생각이 듭니다. 그런 비슷한 고민을 하시는 분들께 이 책이 도움이 됐으면 좋겠습니다.

| 옮긴이의 말 |

이제 국내의 많은 곳에서도 마이크로서비스를 실제로 도입하려는 움직임이나 도입한 사례를 어렵지 않게 찾을 수 있다. 기존의 일체형 시스템 개발과 비교해보면 개념적으로는 마이크로서비스의 장점을 쉽게 이해할 수 있지만, 이를 실제로 구현해내려면 여러 가지 기술과 도구의 도움이 필요하다.

이 책은 스프링 부트와 스프링 클라우드 기술을 바탕으로 검색, 예약, 체크인, 운임 등 여러 도메인으로 구성된 항공 운항 시스템을 마이크로서비스로 구현하는 과정을 다룬다.

마이크로서비스라는 큰 주제에서 부분별로 서로 동떨어진 예제를 보여주는 것이 아니라, 일반적인 스프링 부트 웹 애플리케이션에서 시작해 스프링 클라우드 기술을 적용해가면서, 처음부터 끝까지 일관성 있게 하나의 대상 시스템을 클라우드 기반의 마이크로서비스 아키텍처로 구축해가는 전체 과정을 보여주는 것이 이 책의 가장 큰 장점이다.

새로운 서비스의 구현뿐만 아니라 이미 일체형 아키텍처로 구현된 프로젝트를 마이크로서비스로 전환하는 과정도 상세하게 다룬다. 전환 과정에서 마주칠 난관과 해결 방법을 통해 얻을 수 있는 통찰만으로도 이 책을 사서 볼 가치가 충분하다고 생각한다. 꼭 마이크로서비스가 아니더라도 분산 환경에서 발생할 수 있는 다양한 문제와 그 해법에서 많은 것을 배울 수 있다.

또한 서비스 지향 아키텍처 및 12 요소 애플리케이션과의 비교를 통한 마이크로 서비스 개념 정립, 데브옵스와의 관계, 마이크로서비스 개발에 적합한 문화와 방법론 등 이론적인 면에 있어서도 폭넓은 이야깃거리를 다루며 다양한 화두를 던진다.

마이크로서비스 역량 모델의 개념적 틀을 반복적으로 제시하면서 역량 모델의 각 요소에 대한 구체적인 내용을 전개하는 서술 방식은 마이크로서비스의 방대한 내용을 공부할 때 중심을 잡고 길을 잃지 않도록 도와준다.

복잡다단한 다양한 서비스를 구현하는 많은 개발자들이 이 책을 통해 마이크로서비스를 익히고 실무에 점진적으로 적용해가면서, 개인 역량도 up, 생산성도 up, 야근 시간은 down되기를 진심으로 바란다.

이 책은 전체적인 흐름이 매우 균형적이고 매끄럽다는 장점이 있는 반면, 부드럽게 읽히지 않는 미묘한 문장들이 상당히 많아서, 번역하는 입장에서 그런 부분을 보완하는 데 정말 많은 공을 들였다.

책의 기본 내용과 흐름이 워낙 좋아서 독자들의 만족도도 높으리라고 조심스레 예상해본다. 한걸음 더 나아가 독자들로부터 이 책을 '부드럽게' 읽을 수 있었다는 평을 들을 수 있다면 번역자로서 더 바랄 것이 없을 것 같다.

대표역자 **오명운**

양수열

오라클 에이스^{Oracle ACE}(미들웨어 부문), 한국 자바 챔피언으로 3대 한국자바개발자협의회 회장을 역임했으며, 현재 소프트웨어 마에스트로 멘토이자 스타트업 CTO을 맡고 있다.

기존의 소프트웨어 개발과 스타트업에서의 소프트웨어 개발의 간극을 몸으로 체감하면서 좌충우돌 개발하고 있는 작은 스타트업의 CTO다. 스타트업 CTO와 멘토링을 통해 많은 스타트업에서 배우고 있는 중년 개발자다.

| 차례 |

마이크로서비스는 복잡한 시스템을 더 작은 여러 개의 서비스로 나눠서 대규모의 비즈니스 서비스를 처리하는 아키텍처 스타일이나 패턴이다. 마이크로서비스는 자율적이고, 자기 완비적self-contained이며, 독립적으로 배포할 수 있다. 오늘날 많은 기업에서는 마이크로서비스로 대규모의 서비스 지향 기업 애플리케이션을 만드는 것을 표준으로 삼는다.

스프링Spring은 개발자 커뮤니티에서 오랫동안 사랑 받아온 프로그래밍 프레임워크다. 스프링 부트Spring Boot는 무거운 애플리케이션 컨테이너를 제거하고, 가볍고 서버리스server-less한 애플리케이션 배포를 가능하게 했다. 스프링 클라우드Spring Cloud는 많은 넷플릭스Netflix 컴포넌트를 조합해서 대규모의 마이크로서비스를 실행하고 운영할 수 있는 생태계를 제공한다. 스프링 클라우드는 부하 분산, 서비스 레지스트리, 모니터링, 서비스 게이트웨이 등의 기능을 포함하고 있다.

하지만 마이크로서비스에도 모니터링, 운영, 배포, 확장, 의존 대상 서비스 탐색 등 어려운 부분이 많다. 특히 대규모 배포에서 더 그렇다. 이런 공통된 난관을 해결하지 않고 마이크로서비스를 도입하면 큰 실패로 이어질 수 있다. 이 책은 마이크로서비스 역량 모델에 대한 기술 진단을 통해 마이크로서비스 적용 시 마주칠 수 있는 공통적인 난관을 해결하는 데 도움을 주는 것을 가장 중요한 목적으로 삼고 있다.

이 책의 목표는 독자들에게 응답성 좋은 대규모의 마이크로서비스를 구현하는 실용적인 접근 방식이나 가이드라인을 알려주는 것이다. 독자들은 이 책에서 마이크로서비스를 빌드하는 데 필요한 요소들을 예제와 함께 전반적으로 살펴보고, 스프링 부트, 스프링 클라우드, 도커Docker, 메소스Mesos, 마라톤Marathon을 자세히 살펴볼 수 있을 것이다. 이 책을 모두 보고 나면 스프링 부트를 통해 무거운 애플리케이션 서버가 필요 없는 자율적이고 서버리스한 서비스를 만드는 방법을 이해하고, 스프링 클라우드의 서로 다른 여러 방면의 기능을 알아보며, 도커를 이용한 컨테이너화와 메소스를 이용한 자원 추상화 및 마라톤을 활용한 클러스터 제어에 대해 알게 될 것이다.

독자들이 이 책의 모든 부분을 즐겁게 읽을 수 있을 것이라 확신한다. 또한 각자의 비즈니스에 마이크로서비스를 성공적으로 도입하는 것을 상상할 수 있게 해줌으로써 무한한 가치를 전달해줄 수 있다고 믿는다. 이 책에는 여행 비즈니스 도메인을 대상으로 한 사례 연구를 비롯한 다양한 예제와 마이크로서비스 구현의 실질적인 부분이 담겨 있다. 책을 다 보고나면 확장 가능한 마이크로서비스를 개발하고 배포하는 데 있어 실무에서 철저한 테스트를 거쳐 입증된 스프링 프레임워크, 스프링 부트, 스프링 클라우드를 통해 마이크로서비스 아키텍처를 구현하는 방법을 알게 될 것이다. 이 책은 최신 스펙의 스프링을 기준으로 독자들이 인터넷을 통해 들어오는 대규모의 다양한 요청을 처리할 수 있는 현대적인 자바 애플리케이션을 즉시 만들 수 있게 해줄 것이다.

▌ 이 책에서 다루는 내용

1장. 쉽게 알아보는 마이크로서비스에서는 마이크로서비스를 소개하고, 탄생 배경, 기본 개념, 진화에 대해 알아본다.

2장. 마이크로서비스 관련 아키텍처 스타일 및 사례에서는 마이크로서비스와 서비스 지향 아키텍처의 관계, 클라우드 네이티브Cloud native와 12 요소 애플리케이션의 개념을 알아보고, 각 기술의 보편적인 사례를 살펴본다.

3장. 스프링 부트로 만드는 마이크로서비스에서는 스프링 프레임워크를 사용해서 REST 기반이자 메시지 기반의 마이크로서비스를 스프링 부트로 만드는 방법을 알아보고, 스프링 부트의 몇 가지 핵심 기능도 살펴본다.

4장. 마이크로서비스 개념 적용에서는 엔터프라이즈 수준의 마이크로서비스를 만들 때 개발자가 직면하는 난관을 자세히 살펴보면서 마이크로서비스 구현의 실무적인 측면을 다뤄보고, 마이크로서비스 생태계를 성공적으로 관리하는 데 필요한 기능도 알아본다.

5장. 마이크로서비스 역량 모델에서는 마이크로서비스 생태계를 성공적으로 관리하는 데 필요한 마이크로서비스 역량 모델을 알아본다. 또한 기업이 마이크로서비스 도입을 고려할 때 도움이 될 마이크로서비스 성숙도 평가 모델도 함께 다룬다.

6장. 마이크로서비스 진화: 사례 연구에서는 브라운필드 항공사 애플리케이션을 진화시켜가는 실무 사례를 통해 앞에서 배운 마이크로서비스 개념을 어떻게 적용하는지 알아본다.

7장. 스프링 클라우드 컴포넌트를 활용한 마이크로서비스 확장에서는 스프링 클라우드 기술 스택을 이용해 앞에서 만든 스프링 부트 애플리케이션 확장 방법을 알아본다. 스프링 클라우드의 아키텍처와 다양한 컴포넌트에 대해 자세히 살펴보고, 여러 컴포넌트를 어떻게 통합해서 사용하는지 알아본다.

8장. 마이크로서비스 로깅 및 모니터링에서는 마이크로서비스 개발 시 로깅과 모니터링의 중요성을 다룬다. 마이크로서비스를 사용할 때 필요한 중앙 집중형 로깅과 오픈 소스 도구를 활용한 모니터링, 스프링 프로젝트와의 통합 방법 등에 대한 우수 사례를 자세히 살펴본다.

9장. 도커 컨테이너와 마이크로서비스에서는 마이크로서비스 관점에서 컨테이너화 containerization의 개념을 알아본다. 메소스Mesos와 마라톤Marathon을 사용해서 대규모 배포에서 사용자 정의 라이프사이클 관리자를 대체할 수 있는 차세대 구현 방식을 알아본다.

10장. 메소스와 마라톤을 이용한 도커화된 마이크로서비스 확장에서는 마이크로 서비스의 자동 프로비저닝과 배포에 대해 알아본다. 대규모 배포에서 도커 컨테이너를 활용하는 방법도 살펴본다.

11장. 마이크로서비스 개발 라이프사이클에서는 마이크로서비스 개발 프로세스와 관습에 대해 알아보고, 데브옵스와 지속적 전달 파이프라인의 중요성에 대해 알아본다.

▌ 준비 사항

3장에서는 스프링 부트에 대해 설명하므로 다음과 같은 컴포넌트가 필요하다.
(스프링 버전을 업데이트했으나 본문의 전체적인 화면 스크린샷이나 설정 파일 등은 이전 버전이다. - 옮긴이)

- JDK 1.8
- Spring Tool Suite(STS) 3.8.2
- Maven 3.3.1
- Spring Framework 5.0.12
- Spring Boot 2.0.8
- spring-boot-cli-2.0.8.RELEASE-bin.zip
- RabbitMQ 3.5.6
- FakeSMTP 2.0

7장에서는 스프링 클라우드 프로젝트를 살펴보며, 다음과 같은 소프트웨어 컴포넌트가 추가로 필요하다.

- Spring Cloud Edgware.SR5

8장에서는 마이크로서비스에서 집중화된 로깅을 사용하는 방법을 알아볼 텐데, 다음과 같은 소프트웨어 컴포넌트가 추가로 필요하다.

- Elasticsearch 1.5.2
- kibana-4.0.2-darwin-x64
- Logstash 2.1.2

9장에서는 마이크로서비스 배포에 도커를 활용하는 방법을 다룬다. 다음과 같은 소프트웨어 컴포넌트가 필요하다.

- Docker version 17.03.1-ce
- Docker Hub

10장에서는 도커화된 마이크로서비스를 메소스와 마라톤을 이용해서 자동 확장 가능한 클라우드 환경에 배포하는 방법을 알아본다. 따라서 다음과 같은 소프트웨어 컴포넌트가 추가로 필요하다.

- Mesos version 0.27.1
- Docker version 1.6.2
- Marathon version 0.15.3

▌ 이 책의 대상 독자

이 책에는 스프링 프레임워크, 스프링 부트, 스프링 클라우드와 도커, 메소스, 마라톤을 사용해서 인터넷을 통해 들어오는 대규모의 다양한 요청을 처리할 수 있는 견고한 마이크로서비스를 설계하고자 하는 아키텍트의 흥미를 끌 수 있는 내용이 포함돼 있다. 마이크로서비스 역량 모델은 이 책에서 다룬 도구나 기술을 넘어서 아키텍트가 더 나은 솔루션을 고안하는 데 도움을 준다.

이 책은 인터넷을 통해 들어오는 대규모의 다양한 요청을 처리할 수 있고, 현대적인 비즈니스 요구를 충족시켜줄 수 있는 클라우드 기반의 애플리케이션을 만들고자 하는 스프링 개발자를 주요 대상으로 한다. 이 책은 개발자들이 마이크로서비스가 정확히 무엇인지, 오늘날 왜 이렇게 화두가 됐는지를 실제 현장에서의 사례와 실습 가능한 코드 예제를 통해 알 수 있게 구성돼 있다. 개발자는 간단한 RESTful 서비스를 만들고, 이를 엔터프라이즈 수준의 마이크로서비스 생태계로 점차 확장시켜 나갈 수 있다.

▌ 편집 규약

이 책에서는 독자의 이해를 돕고자 다루는 정보에 따라 글꼴 스타일을 다르게 적용했다. 이러한 스타일의 예제와 의미는 다음과 같다.

텍스트에서 코드 단어와 데이터베이스 테이블 이름, 폴더 이름, 파일 이름, 파일 확장자, 경로, 더미 URL, 사용자 입력, 트위터 핸들은 다음과 같이 표시한다.

"RestTemplate은 저수준의 HTTP 클라이언트를 추상화하는 유틸리티 클래스다."

코드 블록은 다음과 같이 표기한다.

```
@SpringBootApplication
public class Application {
    public static void main(String[] args) {
        SpringApplication.run(Application.class, args);
    }
}
```

코드 블록에서 유의해야 할 부분이 있다면 다음과 같이 굵은 글꼴로 표기한다.

```
@Component
class Receiver {
    @RabbitListener(queues = "TestQ")
    public void processMessage(String content) {
        System.out.println(content);
    }
}
```

커맨드라인 입력이나 출력은 다음과 같이 표기한다.

```
$ java -jar target/bootrest-0.0.1-SNAPSHOT.jar
```

새로운 용어나 중요한 키워드는 굵게 표시한다. 애플리케이션의 메뉴나 대화상자에 나오는 텍스트는 다음과 같이 표시한다.

"스프링 스타터 프로젝트에서 컨피그 클라이언트$^{\text{Config Client}}$, 액추에이터^{Actuator}, 웹^{Web}, 유레카 탐색$^{\text{Eureka Discovery}}$ 클라이언트를 선택한다."

 경고나 중요한 내용은 이와 같이 나타낸다.

 팁이나 요령은 이와 같이 나타낸다.

▌독자 의견

독자로부터의 피드백은 항상 환영한다. 이 책에 대해 무엇이 좋았는지 또는 좋지 않았는지 소감을 알려주길 바란다. 독자 피드백은 앞으로 더 좋은 책을 발행하는 데 매우 중요하다.

일반적인 피드백을 우리에게 보낼 때는 간단하게 feedback@packtpub.com으로 이메일을 보내면 되고, 메시지의 제목에 책 이름을 적으면 된다.

여러분이 전문 지식을 가진 주제가 있고, 책을 내거나 책을 만드는 데 기여하고 싶다면 www.packtpub.com/authors에서 저자 가이드를 참고하길 바란다.

▎ 고객 지원

팩트출판사의 구매자가 된 독자에게 도움이 되는 몇 가지를 제공하고자 한다.

예제 코드 다운로드

이 책에 사용된 예제 코드는 http://www.packtpub.com의 계정을 통해 다운로드할 수 있다. 다른 곳에서 구매한 경우에는 http://www.packtpub.com/support를 방문해 등록하면 파일을 이메일로 직접 받을 수 있다.

코드를 다운로드하려면 다음과 같이 한다.

1. 팩트출판사 웹사이트(http://www.packtpub.com)에서 이메일 주소와 암호를 이용해 로그인하거나 계정을 등록한다.
2. 맨 위에 있는 SUPPORT 탭으로 마우스 포인터를 이동한다.
3. Code Downloads & Errata 항목을 클릭한다.
4. Search 입력란에 책 이름을 입력한다.
5. 코드 파일을 다운로드하려는 책을 선택한다.
6. 드롭다운 메뉴에서 이 책을 구매한 위치를 선택한다.
7. Code Download 항목을 클릭한다.

파일을 다운로드한 후에는 다음과 같은 압축 프로그램의 최신 버전을 이용해 파일의 압축을 해제한다.

- **윈도우** WinRAR, 7-Zip
- **맥** Zipeg, iZip, UnRarX
- **리눅스** 7-Zip, PeaZip

코드는 https://github.com/PacktPublishing/Spring-5.0-Microservices-Second-Edition에서도 다운로드할 수 있다.

다음 주소에서 팩트출판사의 다른 책과 동영상 강좌의 코드도 다운로드할 수 있다.

https://github.com/PacktPublishing/

또한 에이콘출판사의 도서정보 페이지인 http://www.acornpub.co.kr/book/spring5-microservices-2e에서도 예제 코드를 다운로드할 수 있다.

컬러 이미지 다운로드

책에 사용된 컬러 이미지나 스크린샷/다이어그램이 들어있는 PDF 파일도 제공한다. 컬러 이미지는 책의 내용을 더 잘 이해하는 데 도움이 된다. https://www.packtpub.com/sites/default/files/downloads/Spring5.0MicroservicesSecondEdition_ColorImages.pdf에서 다운로드할 수 있다.

에이콘출판사의 도서정보 페이지인 http://www.acornpub.co.kr/book/spring5-microservices-2e에서도 컬러 이미지를 다운로드할 수 있다.

정오표

내용을 정확하게 전달하기 위해 최선을 다했지만, 실수가 있을 수 있다. 팩트출판사의 도서에서 문장이든 코드든 간에 문제를 발견해서 알려준다면 매우 감사하게 생각할 것이다. 그런 참여를 통해 그 밖의 독자에게 도움을 주고, 다음 버전의 도서를 더 완성도 높게 만들 수 있다. 오탈자를 발견한다면 http://www.packtpub.com/submiterrata를 방문해 책을 선택하고, 구체적인 내용을 입력해주길 바란다. 보내준 오류 내용이 확인되면 웹사이트에 그 내용이 올라가거나 해당 서적의 정오표 부분에 그 내용이 추가될 것이다. http://www.packtpub.com/support에서 해당 도서명을 선택하면 기존 정오표를 확인할 수 있다.

한국어판은 에이콘출판사 도서정보 페이지 http://www.acornpub.co.kr/book/spring5-microservices-2e에서 찾아볼 수 있다.

저작권 침해

인터넷에서의 저작권 침해는 모든 매체에서 벌어지고 있는 심각한 문제다. 팩트출판사에서는 저작권과 사용권 문제를 매우 심각하게 인식한다. 어떤 형태로든 팩트출판사 서적의 불법 복제물을 인터넷에서 발견한다면 적절한 조치를 취할 수 있도록 해당 주소나 사이트명을 알려주길 부탁한다.

의심되는 불법 복제물의 링크는 copyright@packtpub.com으로 보내주길 바란다. 저자와 더 좋은 책을 위한 팩트출판사의 노력을 배려하는 마음에 깊은 감사의 뜻을 전한다.

질문

이 책과 관련해 질문이 있다면 questions@packtpub.com으로 문의하길 바란다. 최선을 다해 질문에 답하겠다. 한국어판에 관한 질문은 이 책의 옮긴이나 에이콘 출판사 편집 팀(editor@acornpub.co.kr)으로 문의해주길 바란다.

01

쉽게 알아보는
마이크로서비스

마이크로서비스^{microservices}는 현대적인 비즈니스 요건에 적합한 소프트웨어 개발에 대한 아키텍처 스타일 또는 접근 방식이다. 마이크로서비스는 갑자기 새로 발명된 것이 아니며, 기존 스타일에서 진화한 것에 가깝다.

1장에서는 전통적인 일체형 아키텍처^{monolithic architecture}에서 마이크로서비스로 진화하는 과정에 대해 자세히 살펴보고, 마이크로서비스의 정의, 개념, 특징에 대해서도 알아본다.

1장에서 다루는 내용은 다음과 같다.

- 마이크로서비스로의 진화
- 예제와 함께 알아보는 마이크로서비스 아키텍처의 정의

- 마이크로서비스 아키텍처의 개념과 특징

▌마이크로서비스로의 진화

마이크로서비스는 서비스 지향 아키텍처^{SOA, Service Oriented Architecture}에 이어 점점 더 많은 인기를 끌고 있는 아키텍처 패턴으로, 데브옵스^{DevOps}[1]와 클라우드 진영에서 많은 각광을 받고 있다. 현대적인 비즈니스 분야에서 발생하고 있는 파괴적인 디지털 혁신 트렌드와 지난 수년간의 기술 발전은 마이크로서비스로의 진화에 대단히 많은 영향을 미쳤다. 마이크로서비스에 큰 영향을 준 두 가지 촉매에 대해 살펴보자.

마이크로서비스로 진화의 촉매: 비즈니스적 요구

디지털 세상으로의 전환기에 기업은 수익을 극대화하고 고객 기반을 확보하기 위해 기술^{Technology}을 핵심 요소로 인식하고 도입하기 시작했다. 기업은 파괴적인 혁신을 이룩하기 위해 소셜 미디어, 모바일, 클라우드, 빅데이터, 사물 인터넷^{IoT, InterNet of Things}을 주요 수단으로 활용한다. 기업은 이런 기술을 사용함으로써 시장에 빠르게 진입해서 전통적인 IT 시장 작동 방식을 위협하는 새로운 방법을 찾아왔다.

다음 그림은 애자일성^{agility}[2], 변경 및 전달^{delivery}[3] 신속성, 확장성 같은 기업 환경이 직면하고 있는 새로운 도전적인 요소에 비춰볼 때 기존의 전통적인 개발과 마이크로서비스가 각각 어떤 위치를 차지하고 있는지 보여준다.

---

1. 데브옵스(DevOps)는 소프트웨어 개발(Development)과 운영(Operations)의 합성어로, 소프트웨어 개발자와 정보기술 전문가 간의 소통, 협업 및 통합을 강조하는 개발 환경이나 문화를 말한다. – 옮긴이
2. 애자일성(agility): 여러 의미가 있지만 함축적으로 말해 '좋은 것을 빠르고 낭비 없이 만드는 것'을 의미하며, 예전에는 '기민함'으로 번역되기도 했지만 요즘에는 원어 그대로도 많이 사용되므로, 이 책에서는 '애자일성'으로 번역한다. – 옮긴이
3. 전달(delivery): 소프트웨어가 사용되는 곳에 소프트웨어를 전달, 납품, 인도하는 것을 의미한다. – 옮긴이

마이크로서비스는 전통적인 일체형 애플리케이션에 비해 애자일성, 전달 신속성, 확장성 측면에서 더 나은 결과물을 만들어낼 수 있다.

이제 대규모 애플리케이션 개발에 수년이라는 긴 시간을 투자하던 시절은 지나갔다. 기업은 수년 전에는 처음부터 끝까지 비즈니스 기능 전체를 아우르는 통합 애플리케이션을 개발하는 데 관심을 기울였지만, 이제는 그렇지 않다.

다음은 전통적인 일체형 애플리케이션과 마이크로서비스를 전환 시간 및 소요 비용 측면에서 비교한 그림이다.

마이크로서비스는 빠르고 애자일한 애플리케이션을 개발하는 접근 방식을 사용해서 전체 소요 비용을 낮출 수 있다.

예를 들어 오늘날에는 항공사에서 핵심 메인프레임 예약 시스템을 또 다른 거대한 일체형 괴물로 재구축하는 데 투자하지는 않는다. 금융 기관에서도 핵심 뱅킹 시스템을 재구축하지 않는다. 소매업이나 다른 산업군에서도 전통적인 ERP 시스템 같은 헤비급의 무거운 공급망 관리^{SCM, Supply Chain Management} 애플리케이션을 새로 만들지는 않는다. 그 대신 비즈니스의 특정 부문에서 필요로 하는 기능을 가능한 한 가장 애자일한 방식으로 개발할 수 있는 속전속결식의 솔루션을 구축하는 데 초점을 맞춘다.

기존 일체형 애플리케이션을 운영하는 온라인 판매자를 예로 들어보자. 판매자가 고객의 구매 이력, 취향 등에 기반을 둔 개인 맞춤형 상품을 제공하는 방식으로 판매 방식을 혁신하고 싶어 한다. 또한 고객의 소비 성향에 기반을 둔 상품을 제공함으로써 고객에게 새로운 가치를 부여하려고 한다.

그렇다면 판매자는 자신들의 희망 사항을 즉각적으로 현실화해줄 수 있는 개인화 및 추천 엔진을 신속하게 개발해서 기존 시스템에 끼워 넣어 사용하는 방식으로 활용하려 할 것이다. 다음 그림을 보자.

A) 응답 시에 새로운 기능 추가   B) 새로운 기능 호출을 위해
                                                  핵심 로직 재작성

기존 핵심 시스템을 전면 재구축하는 방식보다는 A로 표시된 것처럼 기존 시스템이 응답할 때 새 기능을 거쳐 가게 만들거나, B와 같이 기존 시스템 내에서 새로운 기능을 호출하게 수정하는 방식으로 요구 사항을 만족시킬 수 있다. 이런 새 기능은 일반적으로 마이크로서비스로 작성된다.

이런 접근 방식은 기업이 실험적인 환경에서 더 적은 비용으로 더 많은 새로운 기능을 신속하게 만들어 볼 수 있는 기회를 큰 폭으로 늘려준다. 기업은 나중에 핵심 성과 지표KPI, Key Performance Indicators를 통해 이런 새로운 기능들을 변경하거나 필요하다면 대체할 수도 있다.

 현대적인 아키텍처에는 시스템 일부분의 교체 가능성을 극대화하고, 교체에 소요되는 비용은 최소화할 수 있는 능력이 있을 것이라고 기대한다. 마이크로서비스는 이런 기대에 부응할 수 있는 접근 방식이다.

마이크로서비스 진화의 촉매: 기술

최근에 나타나고 있는 기술 발전은 소프트웨어 시스템을 만드는 방식을 다시 생각하게 만들었다. 예를 들어 수십 년 전에는 2단계 커밋[2 phase commit][4] 없는 분산 애플리케이션을 상상조차 할 수 없었다. 하지만 NoSQL 데이터베이스가 나타나자 이런 통념에서 벗어날 수 있었다.

이런 종류의 기술적 패러다임의 변화는 소프트웨어 아키텍처 관점에서도 모든 계층의 구조를 다시 생각해보게 만들었다.

HTML5와 CSS3의 출현 및 모바일 애플리케이션의 발전으로 사용자 인터페이스의 위상도 바뀌었다. 앵귤러[Angular], 엠버[Ember], 백본[Backbone] 등과 같은 클라이언트 측 자바스크립트 프레임워크는 반응형[responsive] 및 적응형[adaptive] 디자인에 힘입어 대단한 인기를 누리고 있다.

클라우드의 도입이 대세가 됨에 따라 피보탈 클라우드 파운드리[Pivotal CloudFoundry], 아마존 웹 서비스[AWS Amazon Web Service], 세일즈포스[Salesforce], IBM 블루믹스[Bluemix], 레드햇[Redhat], 오픈시프트[OpenShift] 등과 같은 서비스로서의 플랫폼[PaaS Platform as a Service][5] 벤더들의 등장은 미들웨어 컴포넌트를 만드는 방식에 변화를 가져왔다. 인프라스트럭처 영역에서도 도커[Docker]의 등장은 컨테이너 기술의 급격한 혁신을 불러일으켰다. 메소스피어[Mesosphere]의 DCOS 같은 컨테이너 오케스트레이션 도구는 인프라스트럭처 관리를 훨씬 더 쉽게 만들어준다. 서버리스 아키텍처는 애플리케이션 관리를 훨씬 더 쉽게 만들어준다.

시스템 통합 부문의 큰 그림도 최근에 발전하고 있는 서비스로서의 통합 플랫폼[iPaaS Integration Platform as a Service][6] 기술에 의해 변화를 맞이하고 있다. iPaaS 서비스의 대표적인

---

4. 2단계 커밋(2 phase commit): 분산 환경에서 트랜잭션에 참가한 모든 데이터베이스에서 변경 준비를 마친 후에만 두 번째 단계인 커밋이 수행되는 방식 – 옮긴이

5. PaaS(Platform as a Service): 개발에 필요한 인프라뿐 아니라 운영체제, 프레임워크 등을 서비스의 형태로 제공하는 것 – 옮긴이

6. iPaaS(Integration Platform as a Service): PaaS에 더해 시스템 통합에 필요한 환경과 기능을 제공하는 것 – 옮긴이

예로 델^{Dell}의 부미^{Boomi}, 인포매티카^{Informatica}, 뮬소프트^{MuleSoft} 등이 있다. 이런 도구들은 기업 시스템 통합 분야에 존재하던 전통적인 경계를 허물고 있다.

NoSQL과 NewSQL은 데이터베이스 영역의 혁신을 이끌고 있다. 몇 년 전만 하더라도 유명한 데이터베이스 제품은 손으로 꼽을 수 있을 만큼 많지 않았고, 그마저도 모두 관계형 모델링을 기반으로 하는 제품들이었다. 하지만 오늘날에는 데이터베이스의 종류가 엄청나게 많아졌다. 몇 가지 대표적인 예로 하둡^{Hadoop}, 카산드라^{Cassandra}, 카우치디비^{CouchDB}, 네오포제이^{Neo4J}, 뉴오디비^{NuoDB} 등이 있는데, 각각 아키텍처 관점에서의 특수한 문제를 해결하는 데 특화돼 있다.

명령형 아키텍처의 진화

애플리케이션 아키텍처는 언제나 비즈니스 요구 사항의 변화 및 기술 발전과 함께 진화해왔다.

과거에는 메인프레임, 클라이언트–서버, N-티어, 서비스 지향 아키텍처 등 시대별로 상황에 맞는 아키텍처 접근 방식과 스타일이 유행했지만, 어떤 아키텍처 스타일을 선택하더라도 결국에는 일체형 아키텍처의 형태를 띠는 시스템을 만들게 됐다. 마이크로서비스 아키텍처는 애자일성, 변경 및 배포 신속성, 기술 발전과 같은 현대적인 비즈니스에서 요구하는 특성들을 만족시키면서 이전 세대의 아키텍처 변천 과정에서 배운 교훈들을 바탕으로 진화해왔다.

일체형
아키텍처

마이크로서비스
아키텍처

앞의 그림에서 볼 수 있는 것처럼 마이크로서비스는 일체형 애플리케이션의 경계를 허물고 시스템을 논리적으로 독립적인 더 작은 시스템으로 나눠 구축한다.

 일체형 애플리케이션을 물리적인 경계에 둘러싸인 논리적인 서브시스템의 집합이라 한다면 마이크로서비스는 물리적인 경계가 없는 독립적인 서브시스템의 집합이라 할 수 있다.

▌ 마이크로서비스란 무엇인가?

마이크로서비스는 많은 조직에서 고도의 애자일성, 전달 신속성, 확장성을 확보할 수 있는 중요한 수단으로 사용 중인 아키텍처 스타일이다. 마이크로서비스는 물리적으로 분리할 수 있는 모듈화된 애플리케이션을 만들 수 있는 방법을 제시한다.

마이크로서비스는 새롭게 발명된 것이 아니다. 넷플릭스^{Netflix}, 아마존^{Amazon}, 이베이^{eBay} 같은 조직에서는 분할 정복 기법을 이용해서 일체형 애플리케이션을 단일 기능을 수행하는 더 작은 크기의 원자화된 단위로 분할하는 데 성공했고, 그 덕분에 일체형 애플리케이션에서 겪어야 했던 많은 문제를 해결할 수 있었다.

넷플릭스, 아마존 등에서의 성공 이후 다른 많은 조직에서도 일체형 애플리케이션을 리팩터링하는 일반적인 패턴으로 마이크로서비스를 도입하기 시작했다. 이 패턴은 나중에 많은 기술 전도사들에 의해 마이크로서비스 아키텍처라는 이름을 얻게 됐다.

마이크로서비스는 알리스타 콕번$^{Alistair\ Cockburn}$이 2005년에 창안한 **육각형 아키텍처**$^{hexagonal\ architecture}$에 사용된 아이디어에서 시작됐다. 육각형 아키텍처는 **포트와 어댑터 패턴**$^{Ports\ and\ Adapter\ pattern}$으로도 알려져 있다.

육각형 아키텍처에 대해서는 http://alistair.cockburn.us/Hexagonal+architecture 를 참고한다.

쉽게 말하면 육각형 아키텍처는 비즈니스 기능을 캡슐화해서 세상과의 격리를 추구한다. 캡슐화된 비즈니스 기능은 자신을 둘러싼 환경에 대해 알지 못한다. 예를 들어 비즈니스 기능은 입력 장치나 채널 또는 메시지 포맷에 대해 알지 못한다. 비즈니스 기능의 끝단에 있는 포트와 어댑터가 서로 다른 입력 장치와 채널로부터 들어오는 메시지를 비즈니스 기능이 알 수 있는 형식으로 변환해주는 역할을 한다. 새로운 장치가 추가되면 개발자는 비즈니스 기능을 변경할 필요 없이 해당 장치에 맞는 포트와 어댑터만 추가하면 된다. 포트와 어댑터는 필요한 만큼 만들면 된다. 이와 비슷하게 외부의 엔티티도 포트와 어댑터 뒤에 있는 비즈니스 기능을 모른다. 외부 엔티티는 언제나 포트와 어댑터하고만 통신한다. 이렇게 채널과 비즈니스 기능을 변경할 때 유연성을 확보할 수 있으므로 개발자는 인터페이스를 설계할 때 앞으로 발생할 모든 상황을 고려하는 지나친 고민을 할 필요가 없어진다.

다음 그림은 개념 관점에서의 육각형 아키텍처를 보여준다.

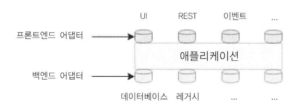

앞의 그림에서 애플리케이션은 완전히 격리돼 있고 프론트엔드 어댑터를 통해서만 외부와 통신할 수 있다. 프론트엔드 어댑터는 일반적으로 UI와 다른 API를 통합하는 데 사용되고, 백엔드 어댑터는 다양한 데이터 소스와 연결하는 데 사용된다. 포트와 어댑터는 드나드는 메시지의 형식을 외부 엔티티에 맞게 변환하는 책임을 담당한다. 육각형 아키텍처는 마이크로서비스에 영감을 불어넣어줬다.

마이크로서비스의 정의를 검색해보면 표준화된 유일한 정의가 없다. 마틴 파울러는
마이크로서비스를 다음과 같이 정의한다.

> "마이크로서비스 아키텍처 스타일은 각자 별도의 프로세스에서 실행되며, HTTP 자
> 원 API 같은 가벼운 메커니즘으로 통신하는 작은 서비스를 모아 하나의 애플리케이
> 션을 만든다. 이런 작은 서비스들은 각자의 비즈니스 기능을 담당하고 완전 자동화
> 된 절차에 따라 독립적으로 배포 가능하다. 작은 서비스를 관리하는 데 중앙 집중형
> 관리 방식은 최소한으로 사용되며, 각 서비스는 서로 다른 프로그래밍 언어나 서로
> 다른 데이터 저장 기술을 사용할 수도 있다."
> – http://www.martinfowler.com/articles/microservices.html

이 책에서는 마이크로서비스를 다음과 같이 정의한다.

 마이크로서비스는 자율적이고, 자기 완비적(self-contained)[7]이고 느슨하게 결합된
비즈니스 기능을 모아 IT 시스템을 만드는 아키텍처 스타일 또는 접근 방식이다.

---

7. 이 책에서는 self-contained를 스스로 모두 갖춰 독립성을 지니고 있다는 의미에서 '자기 완비적'이라고
   번역했다. – 옮긴이

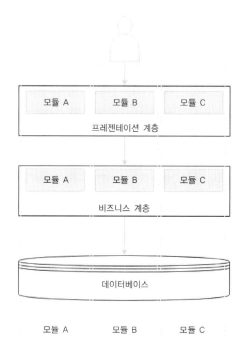

모듈 A   모듈 B   모듈 C

앞의 그림은 프레젠테이션 계층, 비즈니스 계층, 데이터베이스 계층을 가진 전통적인 N-티어 형식의 애플리케이션을 보여준다. A, B, C 모듈은 서로 다른 세 개의 비즈니스를 의미한다. 아키텍처적 관심사의 분리는 계층의 분리로 표시돼 있다. 프레젠테이션 계층은 A, B, C 세 모듈의 웹 컴포넌트를 모두 포함하고 있고, 비즈니스 계층은 세 모듈의 비즈니스 컴포넌트를 모두 포함하고 있으며, 데이터베이스는 세 모듈에서 사용하는 테이블 전체를 포함하고 있다. 대부분의 경우 계층은 물리적으로 분리 가능하지만, 계층 내의 여러 모듈은 고정적으로 내장돼 있다.

이제 마이크로서비스 기반의 아키텍처를 살펴보자.

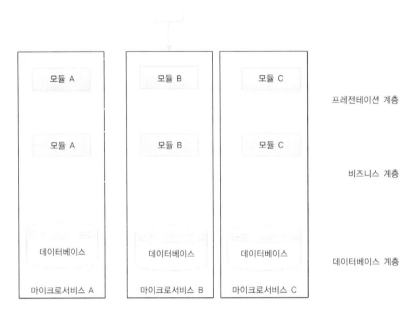

모듈 A	모듈 B	모듈 C	프레젠테이션 계층
모듈 A	모듈 B	모듈 C	비즈니스 계층
데이터베이스	데이터베이스	데이터베이스	데이터베이스 계층
마이크로서비스 A	마이크로서비스 B	마이크로서비스 C	

그림에서 한눈에 들어오는 가장 큰 차이점은 경계의 구분이 정반대로 돼 있다는 점이다. 세로 방향으로 구분된 조각 하나는 하나의 마이크로서비스를 의미한다. 각 마이크로서비스는 자신만의 프레젠테이션 계층, 비즈니스 계층, 데이터베이스 계층을 갖고 있다. 마이크로서비스는 비즈니스의 범위와 같은 경계를 가진다. 따라서 하나의 마이크로서비스에서 발생한 변경 사항은 다른 마이크로서비스에 영향을 미치지 않는다.

마이크로서비스 사이의 통신이나 전송 방식에 대해 정해진 표준은 없다. 일반적으로 마이크로서비스는 HTTP와 REST 같은 경량 프로토콜 또는 JMS나 AMQP 같은 메시징 프로토콜처럼 가장 널리 사용되는 프로토콜을 주로 사용한다. 필요하다면 스리프트 Thrift, 제로엠큐ZeroMQ, 프로토콜 버퍼Protocol Buffers나 아브로Avro처럼 특수한 목적에 최적화된 통신 프로토콜을 사용할 수도 있다.

마이크로서비스는 비즈니스 범위와 잘 들어맞는 경계를 갖고, 독립적으로 관리할 수 있는 라이프사이클을 갖고 있다는 사실 덕분에 데브옵스와 클라우드 기반의 서비스를

시작하는 기업들에게 이상적인 선택이 될 수 있다. 데브옵스와 클라우드는 마이크로
서비스에서 나타나는 두 가지 양상^{facet}이라고 할 수 있다.

 데브옵스(DevOps)는 더 나은 효율성을 추구하기 위해 전통적인 IT 개발과 운영 사이
의 간격을 줄이는 일종의 IT 역할 재배치라고 할 수 있다.

데브옵스는 http://dev2ops.org/2010/02/what-is-devops/를 참고한다.

▍마이크로서비스와 벌집

벌집^{honeycomb}은 진화하고 있는 마이크로서비스 아키텍처를 설명하는 데 아주 이상적
인 비유 대상이다.

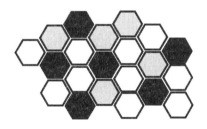

벌은 육각형 모양의 밀랍으로 된 방을 가지런하게 배치하면서 벌집을 만든다. 벌집을
만드는 일은 서로 다른 재료를 사용해서 방을 만드는 작은 작업에서부터 시작되며,
벌집을 짓는 그 시점에서 가용한 자원을 바탕으로 건축이 진행된다. 방을 반복적으로
만들다 보면 어떤 패턴을 형성하게 되고, 결과적으로 상당히 튼튼한 구조를 지닌 벌집
이 완성된다. 벌집 안에 있는 긱 빙은 서로 독립직이지만 다른 빙들과 연결돼 있기도
하다. 방을 새로 추가하다보면 벌집은 점점 커지고 견고한 구조를 갖게 된다. 각각의
방 내부에 있는 내용물은 추상화돼 있어 밖에서는 볼 수 없다. 방 하나가 망가지더라
도 다른 방에 영향을 미치지 않으며, 벌은 전체 벌집 구조에 영향을 미치지 않으면서

망가진 방을 수리해 다시 만들어낼 수 있다.

▌ 마이크로서비스의 원칙

이번에는 마이크로서비스의 몇 가지 주요 원칙들을 살펴본다. 이런 원칙들은 마이크로서비스를 설계하고 구현하는 데 '필수적'이다. 원칙 중 두 가지를 고르라면 단일 책임 원칙과 자율성을 꼽을 수 있다.

서비스 하나에 책임도 하나

SOLID 디자인 패턴 중 한 가지 원칙이기도 한 단일 책임 원칙은 하나의 단위 요소는 하나의 책임만 가져야 함을 의미한다.

 SOLID 디자인 패턴에 대해서는 다음을 참고한다.
http://c2.com/cgi/wiki?PrinciplesOfObjectOrientedDesign

다시 말하면 클래스든 함수든 서비스든 간에 하나의 단위 요소는 반드시 하나의 책임만을 가져야 한다는 소리다. 어떤 상황에서든 두 개의 단위 요소가 하나의 책임을 공유해서는 안 되며, 하나의 단위 요소가 여러 개의 책임을 가져서도 안 된다. 하나의 단위 요소가 여러 개의 책임을 가지면 결국 다른 요소들과 지나치게 높은 결합도를 형성하게 된다.

한 서비스가 여러 책임을 지는
일체형 애플리케이션

한 서비스는 하나의 책임만
지는 마이크로서비스

앞의 그림에서 볼 수 있는 것처럼 **고객**, **상품**, **주문**은 전자상거래 애플리케이션을 구성하는 서로 다른 기능들이다. 세 가지 모두를 하나의 애플리케이션으로 개발하는 것보다 세 개의 서로 다른 서비스로 만들어서 각 서비스가 하나의 비즈니스 기능만을 담당하게 하는 편이 더 낫다. 그렇게 하면 하나의 기능에 대한 변경이 다른 기능의 오작동을 유발하지 않는다. 이렇게 세 개의 서비스로 나눠 구축하는 시나리오에서 고객, 상품, 주문은 서로 독립적인 마이크로서비스로 취급된다.

마이크로서비스는 자율적

마이크로서비스는 자기 완비적이고 독립적으로 배포할 수 있으며, 자율적인 서비스로서 비즈니스의 범위와 실행에 대해 전적인 책임을 진다. 마이크로서비스는 라이브러리 의존성을 포함한 모든 의존 관계와 웹서버나 컨테이너 또는 물리적인 자원을 추상화하는 가상머신을 모두 함께 갖고 있다.

마이크로서비스와 서비스 지향 아키텍처의 가장 큰 차이점 중 하나는 자율성 수준의 차이다. 대부분의 서비스 지향 아키텍처 구현체가 서비스 수준의 추상화를 제공하는데 반해 마이크로서비스는 한발 디 니이가 실행 환경까지도 추상화한다.

전통적인 애플리케이션 개발에서는 WAR나 EAR 파일을 만들고, 제이보스^{JBoss}, 웹로직^{WebLogic}, 웹스피어^{WebSphere} 등과 같은 JEE 애플리케이션 서버에 배포한다. 여러 개의 애플리케이션을 동일한 하나의 JEE 컨테이너에 배포할 수도 있다. 마이크로서비스 접근 방식에서는 각각의 마이크로서비스가 모든 의존 관계를 포함하는 덩치 큰 JAR 파일로 만들어지고, 독립형 자바 프로세스로서 실행된다.

마이크로서비스는 앞의 그림에서 볼 수 있는 것처럼 실행에 필요한 자체 컨테이너를 가질 수 있다. 컨테이너는 옮길 수 있고, 독립적으로 관리 가능한 경량 실행 환경이다. 도커와 같은 컨테이너 기술은 마이크로서비스의 배포에는 아주 이상적인 선택이 될 수 있다.

▌ 마이크로서비스의 특징

1장의 앞부분에서 다뤘던 마이크로서비스의 정의는 조금 임의적인 면이 있다. 기술 전도사^{Evangelists}와 실무 개발자들은 마이크로서비스에 대해 나름 확고하지만, 가끔은 서로 다른 의견을 내놓기도 한다. 마이크로서비스에 대해 구체적이면서도 모든 사람이 동의하는 단 하나의 정의는 없다. 하지만 성공적이었던 모든 마이크로서비스 구현체들 사이에는 공통적으로 발견되는 특징들이 몇 가지 있다. 그래서 이론적인 정의에 집착하는 것보다는 성공적인 마이크로서비스 구현체에서 발견할 수 있는 공통적인 특징을 이해하는 것이 중요하다. 그중에서 몇 가지 특징들은 아주 구체적으로 살펴볼 것이다.

서비스는 일급 시민

마이크로서비스 세상에서는 서비스가 일급 시민이다. 마이크로서비스는 서비스 종단점을 API의 형태로 외부에 노출하고, 실질적인 세부 사항은 모두 추상화한다. 내부의 구현 로직, 아키텍처와 프로그래밍 언어, 데이터베이스, 품질 유지 체계 같은 기술적인 사항들은 서비스 API에 의해 철저하게 가려진다.

게다가 마이크로서비스 아키텍처에서 개발 조직은 애플리케이션 개발보다는 서비스 개발에 더 중점을 둔다. 대부분의 기업에서 이런 변화는 애플리케이션이 만들어지는 방식에 대해 중대한 문화적 변화를 필요로 한다.

고객 프로파일 마이크로서비스에서는 데이터 구조, 사용 기술, 비즈니스 로직 등과 같은 내부 사항들은 모두 숨겨지고, 외부 엔티티에게는 노출되지 않으며 보여줄 수 없다. 서비스에 대한 접근은 서비스 종단점인 API에 의해 제한된다. 예를 들어 고객 프로파일 마이크로서비스는 고객 등록과 고객 조회라는 두 개의 API를 노출하고, 외부 이용자는 이 API를 통해서만 서비스와 상호작용할 수 있다.

마이크로서비스 안에 있는 서비스들의 특징

마이크로서비스는 어딘가 서비스 지향 아키텍처^{SOA, Service Oriented Architecture}의 냄새가 나는 것이 사실이다. SOA에서 정의됐던 많은 서비스 특징들은 마이크로서비스에도 그대로 적용할 수 있다.

SOA에서의 서비스들이 갖는 특징 중에서 마이크로서비스에도 적용할 수 있는 특징들은 다음과 같다.

- **서비스 계약** SOA와 비슷하게 마이크로서비스도 분명하게 정의된 서비스 계약에 의해 작성된다. 마이크로서비스 세상에서는 JSON과 REST가 일반적으로 통용되는 서비스 커뮤니케이션 방식이다. JSON/REST에 대 해서는 서비스 계약을 정의하는 데 사용되는 많은 기법이 있다. JSON 스키마, WADL, Swagger, RAML 등이 그런 기법들에 해당된다.

- **느슨한 결합** 마이크로서비스는 독립적이고 서로 느슨하게 연결돼 있다. 대부분의 경우 마이크로서비스는 이벤트로 입력을 받고 이벤트로 응답한다. 일반적으로 메시징, HTTP, REST가 마이크로서비스 사이에서 커뮤니케이션의 수단으로 사용된다. 메시지 기반의 종단점은 결합도를 낮추는 고수준의 수단을 제공한다.

- **서비스 추상화** 마이크로서비스에서 서비스 추상화는 단순히 서비스의 구현 실체를 추상화하는 것이라기보다는 앞에서 기술한 것처럼 모든 라이브러리와 제반 환경 전체를 추상화한 것이다.

- **서비스 재사용** 마이크로서비스는 덩어리째 재사용 가능한 서비스다. 마이크로서비스는 모바일 디바이스나 데스크톱 채널, 다른 마이크로서비스 또는 아예 다른 외부 시스템에서도 접근할 수 있다.

- **무상태** 제대로 설계된 마이크로서비스는 상태가 없으며, 서비스에 의해 관리되는 어떤 공유 상태와도 아무런 정보도 공유하지 않는다. 상태를 관리하게 요구 사항이 정의돼 있다면 데이터베이스나 메모리를 이용해서 상태를 관리한다.

- **탐색 가능한(discoverable)[8] 서비스** 마이크로서비스는 탐색을 통해 찾을 수

---

8. 서비스 탐색(service discovery): discovery는 보통 발견으로 번역하지만 이 책에서는 사용할 서비스를 탐색으로 찾는 행위를 의미하므로 발견이 아닌 탐색으로 번역한다. - 옮긴이

있다. 일반적인 마이크로서비스 환경에서 마이크로서비스는 자신의 존재를 스스로 드러내서 알리고, 탐색에 의해 찾아지고 사용될 수 있게 한다. 서비스가 중지되면 마이크로서비스는 자기 자신이 소속돼 있던 마이크로서비스 환경에서 스스로를 제거한다.

- **서비스 호환성(interoperability)** 서비스는 표준 프로토콜과 메시지 교환 표준을 준수하기 때문에 호환성이 좋다. 전송 메커니즘으로는 메시징이나 HTTP 등과 같은 표준 방식을 사용한다. REST/JSON은 마이크로서비스 세상에서 호환성이 좋은 서비스를 개발하는 데 가장 널리 사용되는 방법이다. 커뮤니케이션 부문에서 최적화가 필요하다면 프로토콜 버퍼, 스리프트, 아브로, 제로엠큐 같은 다른 프로토콜을 사용할 수 있다. 하지만 이런 비표준 프로토콜을 사용하면 서비스의 전체적인 호환성은 제약을 받을 수밖에 없다.

- **서비스 조립성(composability)** 마이크로서비스는 조립이 가능하다. 서비스 조립성은 서비스 오케스트레이션service orchestration[9]이나 서비스 연출service choreography[10]을 통해 확보할 수 있다.

SOA 원칙에 대한 자세한 정보는 다음을 참고한다.
http://serviceorientation.com/serviceorientation/index

---

9. Orchestration에 대한 번역은 업계에서 명확히 정해지지 않고 소리만 따와서 오케스트레이션이라고 통용되는 경우가 많다. 이 책에서도 메시지 교환을 담당하는 어떤 주체(orchestrator)를 통해 메시지를 주고받는 방식을 의미하는 Service Orchestration을 서비스 오케스트레이션으로 번역했다. – 옮긴이
10. 서비스 간의 메시지 교환에 있어서 각 서비스들이 전역적인 수준에서 스스로 메시지를 주고받는 방식을 서비스 연출(Service Choreography)이라고 번역한다. 자세한 내용은 https://en.wikipedia.org/wiki/Service_choreography를 참고한다. – 옮긴이

마이크로서비스는 가볍다

제대로 설계된 마이크로서비스는 하나의 비즈니스 범위에 맞춰 만들어지므로 하나의 기능만 수행한다. 그 결과 대부분의 마이크로서비스 구현체에서 볼 수 있는 공통적인 특징 중 하나는 마이크로서비스가 작은 공간만을 차지한다는 점이다.

그래서 웹 컨테이너와 같이 마이크로서비스를 지원하는 기술을 선택할 때는 관리할 수 있는 수준 내에서 마이크로서비스가 전체적으로 차지하는 공간을 통제할 수 있을 만큼 그 기술이 가벼운지 꼭 확인해야 한다. 예를 들어 제티^{Jetty}나 톰캣^{Tomcat}은 마이크로서비스에 사용될 애플리케이션 컨테이너로서 웹로직^{WebLogic}이나 웹스피어^{WebSphere}처럼 복잡하고 무거운 전통적인 애플리케이션 서버에 비해 더 적합하다.

도커 같은 컨테이너 기술은 마이크로서비스 인프라스트럭처가 차지하는 공간을 가능한 한 적게 유지할 수 있다는 점에서 VMWare나 Hyper-V 같은 하이퍼바이저^{hypervisor}에 비해 더 나은 선택이 될 수 있다.

전통적인 배포   마이크로서비스 배포

앞의 그림에서 볼 수 있는 것처럼 마이크로서비스는 일반적으로 도커 컨테이너에 배포되고, 그 안에 비즈니스 로직과 필요한 라이브러리를 캡슐화해 집어넣는다. 이렇게 하면 전체 환경을 새로운 장비나 완전히 다른 호스팅 환경에 빠르게 복제할 수 있고, 심지어 서로 다른 클라우드 플랫폼 사이에서도 옮길 수 있다. 물리적인 인프라에 대한 의존성이 전혀 없으므로 컨테이너에 포함된 마이크로서비스는 이식성이 매우 뛰어나다.

다양한 언어로 구성할 수 있는 마이크로서비스

마이크로서비스는 자율적이고 모든 것을 추상화해 서비스 API 뒤에 숨기기 때문에 서로 다른 마이크로서비스에서 서로 다른 아키텍처를 적용할 수 있다. 마이크로서비스 구현체에서 볼 수 있는 몇 가지 공통점은 다음과 같다.

- 서로 다른 서비스는 동일한 기술의 다른 버전을 사용할 수 있다. 어떤 마이크로서비스는 자바 1.7 버전으로 작성돼 있고, 다른 마이크로서비스는 자바 1.8로 작성돼 있을 수 있다.
- 서로 다른 마이크로서비스는 서로 다른 언어로 개발될 수 있다. 예를 들어 어떤 마이크로서비스는 자바로 개발되고, 다른 마이크로서비스는 스칼라^{Scala}로 개발될 수 있다.
- 서로 다른 마이크로서비스는 서로 다른 아키텍처를 적용할 수 있다. 예를 들어 어떤 마이크로서비스가 데이터의 신속한 서비스를 위해 레디스^{Redis} 캐시를 사용하는 반면에 다른 마이크로서비스는 데이터 스토어로 MySQL을 사용할 수도 있다.

다음 그림에서는 여러 가지 언어로 마이크로서비스를 구성하는 시나리오를 보여준다.

앞의 사례에서 대규모의 트랜잭션에도 빠른 응답 시간을 필요로 하는 호텔 검색은 얼랭^{Erlang}으로 구현할 수도 있다. 검색 예측 기능이 필요하다면 일래스틱서치 ^{ElasticSearch}를 데이터 저장소로 사용할 수 있다. 호텔 예약은 더 ACID한 트랜잭션 특징이 있으므로, MySQ과 자바로 구현할 수 있다. 이런 모든 내부적 구현 내용은 HTTP에서 오가는 REST/JSON로 정의되는 서비스 종단점의 뒤에 숨겨져 밖에서는 볼 수 없다.

마이크로서비스 환경에서의 자동화

대부분의 마이크로서비스는 개발 과정에서부터 운영에 이르기까지 전 과정을 최대한으로 자동화한다.

마이크로서비스는 일체형 애플리케이션을 여러 개의 작은 서비스로 분리하므로, 대규모의 기업 시스템 안에는 상당히 많은 수의 마이크로서비스가 존재할 수 있다. 이렇게 많은 수의 마이크로서비스가 자동화되지 않는다면 관리 부담이 상당히 커질 수 있다. 더 작은 공간만을 필요로 하는 마이크로서비스의 특징 덕분에 개발에서 배포에 이르기까지의 과정을 상대적으로 쉽게 자동화할 수 있다. 일반적으로 마이크로서비스는 빌드 자동화, 테스트 자동화, 배포 자동화, 확장 자동화 등 처음부터 끝까지 모든 과정을 자동화한다.

앞의 그림에 잘 나타나있는 것처럼 자동화는 개발, 테스트, 릴리스 및 배포 등 전 단계에 걸쳐 적용된다.

그림의 각 블록에 대한 설명은 다음과 같다.

- 개발 단계의 자동화를 위해 깃^{Git} 같은 형상 관리 도구와 젠킨스^{Jenkins}, 트래비스^{Travis} CI 등과 같은 **지속적 통합**^{CI, Continuous Integration} 도구를 함께 사용한다. 이런 자동화 과정에는 코드 품질 검사와 단위 테스트 자동화를 포함할 수도 있다. 소스코드를 반영할 때마다 전체 빌드를 자동화하는 것도 마이크로서비스에서는 가능하다.
- 테스트 단계에서는 **셀레늄**^{Selenium}, **큐컴버**^{Cucumber}나 다른 A/B 테스트 전략을 사용해서 자동화를 적용할 수 있다. 마이크로서비스는 단위 비즈니스 영역에 맞춰 만들어지므로, 일체형 애플리케이션에서보다는 자동화해야 할 테스트 케이스의 수가 상대적으로 더 적다. 그래서 빌드할 때마다 회귀 테스트를 진행하는 것도 가능하다.
- 인프라스트럭처 프로비저닝^{provisioning}[11]도 도커와 같은 기술과 셰프^{Chef} 또는 퍼펫^{Puppet} 같은 릴리스 관리 도구, 앤시블^{Ansible} 같은 구성 관리 도구를 함께 사용해서 자동화할 수 있다. 스프링 클라우드, **쿠버네티스**^{Kubernetes}, **메소스**^{Mesos}, 마라톤^{Marathon} 같은 도구를 사용하면 배포 자동화도 가능하다.

마이크로서비스를 지원하는 생태계

대부분의 대규모 마이크로서비스 구현체는 적재적소에 필요한 생태계^{ecosystem}를 갖고 있다. 데브옵스 프로세스, 중앙 집중식 로그 관리, 서비스 레지스트리^{service registry}, API 게이트웨이, 광범위한 모니터링, 서비스 라우팅, 작업 흐름 통제 메커니즘 등이 마이크로서비스를 지원하는 생태계에 포함된다.

---

11. 프로비저닝(provisioning): 사용자의 요구에 맞게 시스템 자원을 할당, 배치, 배포해뒀다가 필요시 시스템을 즉시 사용할 수 있는 상태로 미리 준비해두는 것 - 옮긴이

마이크로서비스는 앞의 그림에서 볼 수 있는 것처럼 마이크로서비스를 지원하는 생태계의 역량을 적재적소에서 잘 활용하면 훌륭하게 작동할 수 있다.

동적이고 분산돼 있는 마이크로서비스

성공적인 마이크로서비스 구현체들은 로직과 데이터를 서비스의 내부로 캡슐화한다. 이는 통상적인 시스템과는 다른 다음의 두 가지의 특징으로 드러난다.

- 데이터 및 로직의 분산
- 탈중앙화된 관리 체계

모든 로직과 데이터가 하나의 애플리케이션 경계 내에 존재하는 전통적인 애플리케이션과 비교해볼 때 마이크로서비스의 데이터와 로직은 분산돼 있다. 각 서비스는 특정 비즈니스 영역에 맞춰져 있고, 그 비즈니스 영역의 데이터와 로직만을 포함한다.

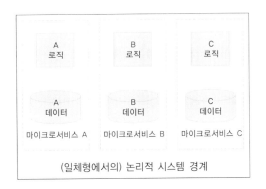

(일체형에서의) 논리적 시스템 경계

앞의 그림에서 실선으로 표시된 부분은 일체형 애플리케이션의 논리적 경계를 나타낸다. 이 일체형 애플리케이션을 마이크로서비스로 전환하면 점선으로 표시된 A, B, C 각각의 마이크로서비스는 각자의 고유한 물리적 경계를 갖게 된다.

마이크로서비스는 SOA에서 사용되던 집중화된 관리 체계를 사용하지 않는다. 마이크로서비스 구현체의 공통적인 특징 중 하나는 엔터프라이즈 서비스 버스^{ESB, Enterprise Service Bus}와 같은 무거운 엔터프라이즈급의 제품에 의존하지 않는다는 점이다. 그 대신에 비즈니스 로직과 인텔리전스는 서비스 그 자체의 일부로서 내장된다.

ESB를 사용하는 판매 예제는 다음 그림과 같다.

앞의 그림은 전형적인 SOA 구현체를 나타낸다. 쇼핑 로직은 고객, 상품, 주문의 형태로 노출되는 서로 다른 서비스를 조직화하는 ESB 내에 쇼핑 로직의 전체 로직이 구현돼 있다. 하지만 마이크로서비스에서 쇼핑은 독립적으로 분리된 하나의 서비스로서 동작하며, 고객, 상품, 주문 정보와는 결합되지 않은 채로 상호작용한다.

SOA 구현체는 서비스들을 관리하고, 다른 산출물들을 관리하기 위해 정적 레지스트리static registry와 저장소 설정 내용에 많이 의존한다. 마이크로서비스에는 동적인 특질이 반영돼 있어서 최신의 정보를 유지 관리하는 데 정적인 관리 체계를 적용하는 방식은 일종의 불필요한 간접비처럼 인식된다. 마이크로서비스 구현체들이 실행 환경에서 동적으로 레지스트리 정보를 구축하는 데 자동화 메커니즘을 사용하는 이유가 바로 여기에 있다.

붕괴 저항성, 빨리 실패하기, 자체 치유

붕괴 저항성antifragility[12]은 넷플릭스에서 시험 적용해보고 성공을 거둔 기법이다. 붕괴 저항성은 현대적인 소프트웨어 개발 과정에서 든든한 안전장치가 포함된 시스템을 만들 수 있게 해주는 가장 강력한 접근 방식 중 하나다.

 붕괴 저항성 개념은 나심 니콜라스 탈레프(Nassim Nicholas Taleb)가 그의 저서 『안티프래질: 불확실성과 충격을 성장으로 이끄는 힘』에서 소개한 개념이다.

현실에서 소프트웨어 시스템은 언제나 도전에 직면한다. 붕괴 저항성이 적용된 소프트웨어 시스템은 이런 도전을 헤쳐 나가면서 진화하고, 시간이 지남에 따라 이런 도전에 대해 강한 내성을 갖게 된다. 아마존의 게임데이GameDay 실습이나 넷플릭스의 시미안 아미Simian Army는 이런 붕괴 저항성 실험의 대표적인 성공 사례라고 할 수 있다.

빨리 실패하기fail fast는 장애를 견딜 수 있고 회복력이 좋은 시스템을 구축하는 데 사용되는 개념이다. 이런 철학은 절대로 장애가 발생하지 않는 시스템을 구축하기보다는 장애를 예상하고 대응할 수 있는 시스템을 만드는 쪽에 더 무게를 둔다. 시스템이

---

12. 붕괴 저항성(Anti-Fragility): 자세한 의미는 https://en.wikipedia.org/wiki/Antifragility 참고 - 옮긴이

얼마나 빨리 실패하는지, 또 실패할 경우 얼마나 빨리 정상 상태로 복구할 수 있는지가 정말 중요한 포인트다. 이런 접근 방식을 통해 관심의 초점은 **평균 무고장 시간**^{MTBF,} $^{Mean\ Time\ Between\ Failure}$에서 **평균 복구 시간**$^{Mean\ Time\ To\ Recovery}$으로 이동하고 있다. 빨리 실패하는 방식의 장점은 무엇인가 문제가 생겼을 때 스스로를 중지시키고, 문제가 더 이상 전파되지 않게 한다는 점이다.

자체 치유$^{self-healing}$는 마이크로서비스에서 널리 사용되는 개념인데, 시스템이 장애로부터 학습을 하고 스스로를 장애에 적응시킨다는 개념이다. 이런 시스템은 미래의 장애를 어느 정도 예방할 수 있다.

▌ 마이크로서비스 예제

마이크로서비스를 구현할 때 어떤 상황에든 적용할 수 있는 만병통치약은 존재하지 않는다. 여기에서는 서로 다른 여러 가지 예제들을 분석해서 마이크로서비스의 개념을 확립해본다.

휴일 정보 포털의 예

첫 번째 예제로 Fly By Points라는 휴일 정보 포털을 검토해보자. Fly By Points는 고객이 온라인 웹사이트를 통해 호텔이나 항공편 또는 자동차를 예약할 때 쌓이는 정보를 수집한다. 고객이 Fly By Points 웹사이트에 로그인하면 고객은 자기의 적립 포인트를 확인할 수 있고, 포인트 사용으로 구매할 수 있는 개인화된 상품이 추천되며, 최신 여행 정보를 얻을 수 있다.

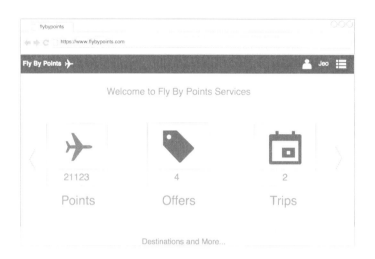

앞의 그림에 표시된 것이 로그인 직후에 보이는 홈페이지라고 가정하자. Jeo라는 고객에게 두 개의 여행 정보가 표시되고 있고, 4개의 개인화 추천 아이템이 있고, 21,123포인트가 적립돼 있다. 고객이 각 박스를 클릭하면 상세 내용이 표시된다.

휴일 정보 포털은 다음 그림과 같이 자바, 스프링 기반의 전통적인 일체형 애플리케이션 아키텍처로 만들어져 있다.

스프링 MVC | 스프링 MVC | 스프링 MVC

서비스 | 서비스 | 서비스

엔티티 | 엔티티 | 엔티티

리파지토리 | 리파지토리 | 리파지토리

포인트 서브시스템 | 추천 서브시스템 | 여행 서브시스템

아키텍처상의 내부 레이어 및 서비스 계층

flybypoints.war 파일이
JEE 웹 컨테이너에 배포

앞의 그림에서 볼 수 있는 것처럼 포털 사이트의 아키텍처는 웹 기반이고, 모듈화돼 있으며, 계층 간 구분이 명확하다. 일반적인 방법을 따르면 휴일 정보 포털은 하나의 단일 WAR 파일로 만들어져 톰캣 같은 웹 컨테이너에 배포된다. 데이터는 모든 영역의 정보를 담고 있는 관계형 데이터베이스에 저장된다. 시스템 복잡도가 높지 않다면 이런 아키텍처는 시스템 목적에 부합하는 좋은 아키텍처라고 할 수 있다. 비즈니스가 점점 확장되면 사용자도 기반도 확대되고, 복잡도 역시 증가하게 된다.

결국에는 트랜잭션 규모도 비례적으로 증가하게 된다. 이 시점에서 기업은 전달 신속성, 애자일성, 유지 관리성을 확보하기 위해 일체형 애플리케이션의 아키텍처를 마이크로서비스 아키텍처로 전환하는 것을 고민해봐야 한다.

휴일 포털의 단순한 마이크로서비스 버전을 면밀히 살펴보면 다음과 같이 몇 가지 중요한 점들이 눈에 들어온다.

- 각 서브시스템은 그 자체로 독립적인 마이크로서비스 시스템이 된다. 그래서 세 개의 마이크로서비스는 여행, 추천, 포인트라는 세 가지 비즈니스 기능을 담당하며, 각각의 마이크로서비스는 자기 자신 안에 내부 데이터 스토어와 중간 계층을 포함한다. 각 서비스의 내부 구조는 변하지 않는다.
- 각 서비스는 HTTP 리스너뿐 아니라 데이터베이스까지 캡슐화한다. 이전의 모델과는 다르게 별도의 외부 웹서버나 WAR가 포함되지 않는다. 대신에 각 서비스는 제티나 톰캣 등과 같은 자체적으로 내장된 임베디드 HTTP 리스너를 갖고 있다.
- 각 마이크로서비스는 서비스에 포함된 자원/엔티티를 다룰 수 있는 REST 서비스를 외부에 공개한다.

프레젠테이션 계층은 앵귤러JS^{AngularJS} 같은 클라이언트 측 자바스크립트 MVC 프레임워크를 이용해 개발하는 것으로 가정한다. 클라이언트 측 프레임워크는 직접 REST API를 호출할 수 있다.

웹 페이지가 로딩되면 포인트, 추천, 여행을 나타내는 세 개의 박스는 적립 포인트, 추천 수, 여행 상품의 개수와 같은 내용과 함께 표시된다. REST를 사용해서 각각의 백엔드 마이크로서비스를 비동기 방식으로 호출해서 서로 다른 서비스로부터 받은 데이터를 조합해 사용할 수 있다. 서비스 계층의 메소드는 서로 다른 서비스와는 의존 관계가 전혀 없다. 사용자가 박스 중 하나를 클릭하면 화면이 전환되면서 클릭한 박스에 대한 상세한 정보를 가져올 수 있는데, 이는 각 박스에 해당하는 마이크로서비스를 호출하는 방식으로 이뤄진다.

여행사 포털 사례

이번에는 간단한 여행사 포털 애플리케이션 사례다. 비동기^{asynchronous} 이벤트와 함께 동기^{synchronous} REST 호출을 살펴본다.

이번 사례에서 포털은 단순히 여러 개의 메뉴 아이템과 링크를 포함하는 컨테이너 역할을 하는 애플리케이션이다. 고객이 메뉴나 링크를 클릭해서 특정 페이지가 요청되면 해당 페이지를 담당하는 마이크로서비스에 의해 해당 페이지가 로딩된다.

여행사 포털의 아키텍처에는 다음 그림과 같이 여러 개의 마이크로서비스가 백엔드로 포함돼 있다.

고객이 예약을 요청하면 내부적으로 다음과 같은 이벤트들이 발생한다.

1. 여행사 포털은 항공편 UI를 열어 항공편을 검색하고, 고객에게 알맞은 항공편을 선택한다. 뒷단에서는 항공편 UI가 항공편 마이크로서비스에 의해 로딩된다. 항공편 UI는 항공편 마이크로서비스 내에 포함된 자체 백엔드 API와만 정보를 주고받는다. 이번 사례에서는 항공편 정보를 표시하기 위해 항공편 마이크로서비스 REST API를 호출한다.

2. 여행사는 고객 정보 UI에 접속해서 고객의 상세 정보를 질의한다. 항공편 UI와 마찬가지로 고객 정보 UI는 고객 정보 마이크로서비스에 의해 로딩된다. 고객 정보 UI에서의 액션은 고객 정보 마이크로서비스의 REST API를 호출하며, 고객 정보 마이크로서비스는 고객의 상세 정보를 반환한다.

3. 여행사는 고객의 여권 정보를 확인해서 여행하려는 국가에 갈 수 있는지 검사한다. 이런 검사 역시 앞의 두 가지 처리 프로세스와 동일한 패턴에 따라 진행된다.

4. 여행사는 예약 마이크로서비스가 제공하는 예약 UI를 사용해서 예약을 진행한다. 이것 역시 앞에서와 같은 패턴에 따라 진행된다.

5. 결제 페이지는 결제 마이크로서비스를 통해 로딩된다. 일반적으로 결제 서비스에는 전송 중이거나 저장된 데이터의 암호화 및 보호를 위한 PCIDSS^{지불 카드 산업 데이터 보안 표준} 준수라는 추가적인 제약 사항이 존재한다. 여기에서도 마이크로서비스의 장점이 부각되는데, 결제 마이크로서비스 외의 다른 마이크로서비스는 PCIDSS 준수라는 제약 사항에서 자유롭다. 마이크로서비스가 아니라 일체형 애플리케이션이라면 결제 서비스뿐 아니라 항공편, 예약 등의 다른 서비스도 모두 PCIDSS를 준수해야 한다. 결제 역시 앞에서 설명한 패턴과 동일한 방식으로 처리된다.

6. 예약 신청이 제출되면 예약 마이크로서비스는 항공편 서비스를 호출해서 신청 정보를 검증하고 항공편 예약 정보를 업데이트한다. 예약에 필요한 지능적인 처리 과정도 예약 마이크로서비스 내에 포함된다. 예약 절차에는 고객 정보 마이크로서비스를 통해 예약과 관련된 고객 정보를 검증하고, 조회하고, 업데이트하는 과정도 포함된다.

7. 마지막으로 예약 마이크로서비스는 예약 완료 이벤트를 전파하고, 알림 서비스가 예약 완료 이벤트를 접수해서 고객에게 알림을 발송한다.

이 과정에서 눈여겨볼 부분은 다른 마이크로서비스에 영향을 미치지 않으면서 사용자 인터페이스, 로직, 데이터를 계속 변경한다는 점이다

이런 방식은 아주 깔끔하다. 많은 수의 포털 애플리케이션은 서로 다른 다수의 마이크로서비스에 의해 로딩된 다양한 화면을 조합하는 방식으로 만들어질 수 있다. 특히 다양한 사용자 커뮤니티를 보유한 포털의 경우에는 이런 마이크로서비스 접근 방식이

매우 유효하다. 시스템 이용에 필요한 전반적인 행동이나 화면 이동은 포털 애플리케이션에 의해 통제된다.

이런 접근 방식을 염두에 두고 페이지를 설계하지 않으면 나중에 난관에 봉착할 수도 있다. 사이트의 레이아웃과 정적 콘텐츠는 **콘텐츠 관리 시스템**^{CMS, Content Management} ^{System}에 의해 레이아웃 템플릿으로 로딩된다. 또는 웹서버에 저장될 수도 있다. 사이트 레이아웃은 여러 개의 마이크로서비스를 통해 실행 시점에 동적으로 로딩되는 UI 조각들을 포함하게 된다.

▌ 마이크로서비스의 장점

마이크로서비스는 전통적인 멀티티어, 일체형 아키텍처에 비해 많은 장점이 있다. 마이크로서비스 아키텍처 접근 방식으로 얻을 수 있는 몇 가지 주요 장점을 살펴보자.

폴리글랏 아키텍처 지원

마이크로서비스 아키텍처를 적용하면 아키텍트와 개발자들은 주어진 시나리오에 가장 적합한 기술과 아키텍처를 선택할 수 있다. 이런 유연성을 바탕으로 더욱 비용 효과적인 방식으로 목적에 부합하는 솔루션을 설계할 수 있다.

마이크로서비스는 자율적이고 독립적이므로 각 서비스는 자신만의 고유한 아키텍처와 여러 가지 버전의 기술을 적용해서 구축하고 운영할 수 있다.

다음 그림은 폴리글랏^{polyglot} 아키텍처를 적용한 마이크로서비스의 간단하고 실용적인 사례를 보여준다.

모든 시스템 트랜잭션을 감사[audit]하고, 요청과 응답 데이터, 트랜잭션을 시작한 사람, 호출된 서비스 등과 같은 트랜잭션의 세부 사항을 기록해야 하는 요구 사항이 있다고 하자.

앞의 그림에 나타난 것처럼 주문이나 상품 마이크로서비스 같은 핵심 서비스는 관계형 데이터 저장소를 사용하는 반면에 감사 마이크로서비스는 하둡 파일 시스템[HDFS, Hadoop File System]에 데이터를 저장한다. 관계형 데이터는 감사 데이터 같은 대용량 데이터를 저장하는 데는 이상적이지도 않고 비용 효과적이지도 않다. 일체형 아키텍처 접근 방식에서는 일반적으로 주문과 상품 데이터뿐 아니라 감사 데이터까지 하나의 공유된 데이터베이스에 저장한다.

이번 사례에서 감사 서비스는 다른 서비스와는 다른 아키텍처를 사용한다. 마찬가지 방식으로 다른 기능을 담당하는 서비스는 다른 아키텍처를 사용한다.

다른 사례에서는 자바 8에서 동작하는 검색 서비스와 자바 7에서 동작하는 예약 마이크로서비스가 공존할 수도 있을 것이다. 비슷한 방식으로 주문 마이크로서비스는 얼랭으로 작성되고, 배송 마이크로서비스는 고[Go] 언어로 작성될 수도 있다. 이런 폴리글랏 방식은 일체형 아키텍처에서는 불가능하다.

실험과 혁신 유도

현대적인 아키텍처는 빠른 성공에 초점을 두고 번창하고 있다. 마이크로서비스는 다양한 실험을 시도해보고 빨리 실패하는 방식을 통해 기업들이 파괴적인 혁신을 이끌어낼 수 있게 해주는 효과적인 수단 중 하나다.

마이크로서비스는 상당히 단순하고 크기가 작아 기업들은 큰 비용을 치루지 않고도 새로운 프로세스, 알고리듬, 비즈니스 로직 등을 여러 방식으로 실험해볼 수 있다. 대규모 일체형 애플리케이션에서는 실험해보는 것이 쉽지 않고 간단하지 않으며 비용 효과적이지도 않다. 애플리케이션에 뭔가 새로운 것을 도입해보려고 하면 상당히 많은 돈이 필요하게 된다. 마이크로서비스 아키텍처에서는 특정 목표 기능을 수행할 수 있는 작은 마이크로서비스를 작성하는 것이 가능하고, 이런 마이크로서비스를 기존 시스템에 리액티브 스타일로 끼워 넣어 사용할 수 있다. 실험적인 새로운 기능을 만들어 몇 달 동안 적용해보고 새로운 마이크로서비스가 기대했던 대로 동작하지 않으면 다른 마이크로서비스로 변경하거나 대체할 수 있다. 변경에 따르는 비용은 일체형 접근 방식에 비하면 훨씬 적다.

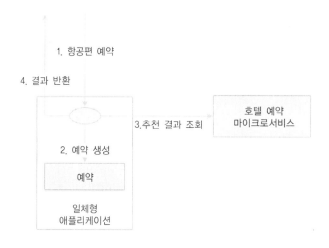

앞에서 다뤘던 것과는 조금 다른 항공편 예약 웹사이트 사례를 살펴보자. 항공사에서는 예약 페이지에 개인화된 호텔 추천 정보를 보여주고 싶어한다. 추천 정보는 반드시 예약 확정 페이지에서 표시돼야 한다.

앞의 그림에서 볼 수 있는 것처럼 기존 일체형 애플리케이션 내에 이 새로운 요구 사항을 녹여 넣는 것보다는 새로운 마이크로서비스를 작성해서 기존 일체형 애플리케이션 예약 절차에 끼워 넣는 것이 더 간편하다. 항공사는 간단한 추천 서비스에서 시작해서 요구 사항을 정확하게 충족시킬 수 있을 때까지 점진적으로 계속 버전을 올려가며 원하는 추천 서비스를 만들어낼 수 있다.

탄력적이고 선택적인 확장

마이크로서비스는 작은 단위의 작업이라서 필요한 서비스만을 선택해서 확장하는 선택적 확장과 **서비스 품질**^{QoS, Quality of Service}을 구현할 수 있다.

확장에 대한 요구 사항은 애플리케이션 내의 기능에 따라 다른 수준으로 존재한다. 하지만 하나의 WAR나 EAR 파일로 패키징되는 일체형 애플리케이션에서는 전체 단위로만 확장 여부를 적용할 수밖에 없고, 모듈이나 서브시스템 단위로 확장 여부를 적용할 수 없다. 따라서 고속 데이터 스트리밍으로 인한 I/O 부하가 큰 기능은 그 I/O 기능뿐 아니라 시스템 전체의 서비스 수준을 떨어뜨리게 된다.

마이크로서비스에서는 각각의 서비스를 개별적으로 확장하거나 축소할 수 있다. 선택적인 확장이 가능하기 때문에 마이크로서비스에서의 서비스 확장 비용은 상대적으로 적다.

실제로 애플리케이션을 확장하는 방법은 상당히 많고, 대부분은 애플리케이션 아키텍처나 동작 방식에 많은 영향을 받는다. **스케일 큐브**^{Scale Cube}는 애플리케이션을 확장하는 데 필요한 세 가지의 주요 접근 방식을 정의한다.

- x축 방향의 확장은 애플리케이션을 복제해서 수평적으로 확장하는 것을 의미
- y축 방향의 확장은 서로 다른 기능들을 분리하는 것을 의미
- z축 방향의 확장은 데이터 파티셔닝^{partitioning} 또는 샤딩^{sharding}을 의미

 스케일 큐브에 대한 자세한 내용은 http://theartofscalability.com/을 참고한다.

y축 방향의 확장이 일체형 애플리케이션에 적용되면 일체형에 담겨있던 기능을 분리해서 비즈니스 기능에 맞게 더 작은 단위로 분리할 수 있다. 많은 조직에서는 이 기법을 통해 일체형 애플리케이션에서 성공적으로 벗어날 수 있었다. 원칙적으로 이런 분리를 통해 나오는 기능 단위들은 마이크로서비스의 특징을 갖게 된다.

예를 들어 일반적인 항공사 웹사이트에서는 항공편 검색 요청과 항공편 예약 요청의 비율이 500:1이나 된다고 한다. 이는 500번의 검색 트랜잭션 중에서 단 한 건만 예약으로 이어진다는 소리다. 이런 시나리오에서 검색 기능은 예약 기능보다 500배 더 많은 확장성이 요구된다. 선택적 확장은 바로 이런 사례에 딱 들어맞는 해결 방법이다.

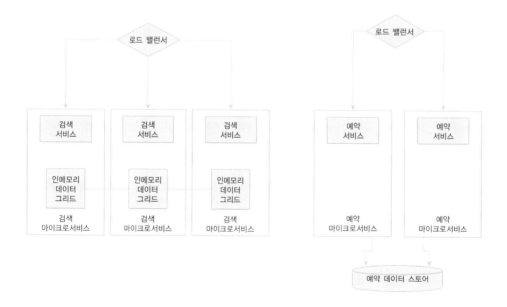

선택적 확장에서는 검색 요청과 예약 요청을 분리해서 다르게 처리한다. 일체형 아키텍처에서는 스케일 큐브상에서 z축 방향 확장을 통해 이런 선택적 확장을 적용할 수 있지만, z축 방향의 확장은 전체 코드 베이스가 복제돼야 한다는 점에서 대단히 많은 비용을 필요로 한다.

앞의 그림에서 검색과 예약은 서로 분리된 다른 마이크로서비스로 설계되므로, 검색은 예약과는 분리돼 독립적으로 확장될 수 있다. 선택적 확장성은 인스턴스의 숫자에만 국한되는 개념이 아니며, 앞의 그림에서 볼 수 있는 것처럼 마이크로서비스의 아키텍처 방식에까지 영향을 미칠 수 있다. 검색에서는 헤이즐캐스트^{Hazelcast}와 같은 인메모리 데이터 그리드^{IMDG, In-Memory Data Grid}를 데이터 스토어로 사용할 수 있다. IMDG를 이용하면 검색의 확장성뿐 아니라 성능 향상에도 큰 효과를 볼 수 있을 것이다. 새로운 검색 마이크로서비스 인스턴스가 생성되면 새로운 IMDG 노드가 IMDG 클러스터에 추가된다. 검색에 비해 요청이 많지 않은 예약은 검색과 동일한 수준의 확장성이 필요하지 않다. 예약에서는 두 개의 예약 마이크로서비스가 동일한 하나의 데이터베이스를 사용해도 된다.

대체 가능성

마이크로서비스는 자기 완비적이고 독립적으로 배포 가능한 모듈이기 때문에 하나의 마이크로서비스를 비슷한 다른 마이크로서비스로 대체할 수 있다.

많은 대기업들은 소프트웨어 시스템을 구축하는 데 구매 자체 구축^{buy-versus-build} 전략을 따른다. 대부분의 기능은 자체적으로 만들고, 틈새 기능에 대해서는 외부의 전문가들이 만든 솔루션을 구매하는 것이 일반적인 시나리오다. 이 방식을 따르면 애플리케이션 컴포넌트들이 높은 응집성을 갖게 되는데, 이는 전통적인 일체형 애플리케이션에서는 쉽지 않은 일이 될 수 있다. 서드파티 솔루션을 이미 만들어진 일체형 애플리케이션에 끼워 넣으려면 대단히 복잡한 통합 과정을 거치게 된다. 하지만 마이크로서비스에서는 그렇지 않다. 아키텍처적으로 마이크로서비스는 자체적으로 구축한 다른 마이크로서비스로 쉽게 대체할 수 있으며, 외부의 서드파티 업체가 확장해서 만든 다른 마이크로서비스로도 쉽게 대체할 수 있다.

항공사 비즈니스에서 가격 산정 엔진은 상당히 복잡하다. 다른 경로를 거치는 운임은 가격 산정 로직^{pricing logic}이라고 알려진 복잡한 수학 공식을 통해 계산된다. 항공사는 이런 복잡한 엔진을 자체적으로 구현하는 것보다는 시장에 있는 솔루션을 구매하는 편이 낫다고 결정할 수도 있다. 일체형 아키텍처에서 가격 산정은 운임과 예약의 하위 기능으로 존재한다. 따라서 가격 산정, 운임, 예약은 서로 강하게 결합돼 있어 그중 하나를 떼어내는 것은 사실상 불가능하다.

제대로 설계된 마이크로서비스 시스템에서는 예약, 운임, 가격 산정이 서로 독립적인 마이크로서비스로서 존재한다. 마이크로서비스끼리는 느슨하게 연결돼 있고 독립적이기 때문에, 다른 서비스에 미치는 영향을 최소화하면서 가격 마이크로서비스를 교체할 수 있다. 지금은 외부의 서드파티가 만든 가격 산정 솔루션을 사용하고 있더라도 나중에는 다른 서드파티의 솔루션으로 교체하거나 자체적으로 만든 서비스로 교체할 수 있다.

유기적 시스템 구축 유도

마이크로서비스는 유기적인 시스템을 구축하는 데 현실적으로 많은 도움을 준다. 이는 일체형 시스템을 마이크로서비스로 점진적으로 전환하는 데 아주 중요한 역할을 한다.

유기적인 시스템이란 시간이 지남에 따라 점점 더 많은 기능을 추가하면서 성장해가는 시스템을 말한다. 실제로 애플리케이션은 전체 라이프사이클 동안 상상하지 못할 정도로 커지게 되고 유지 관리성이 급격하게 떨어지는 것이 대부분이다.

마이크로서비스는 독립적으로 관리 가능한 서비스 전부를 의미한다. 덕분에 마이크로서비스에서는 필요에 따라 서비스를 점점 더 많이 추가하면서도 기존 서비스에 미치는 영향을 최소화할 수 있다. 이런 유기적인 시스템을 만드는 데 엄청나게 많은 자본 투자를 필요로 하지 않으며, 운영 비용의 일부를 통해 지속 적으로 구축해가는 것이 가능하다.

항공사 분야에서 개별 승객들을 대상으로 하는 멤버십 시스템은 수년 전에 개발됐다. 항공사들이 개인 고객이 아닌 기업 고객에게 혜택을 제공하기 전까지는 모든 것이 잘 돌아갔다. 기업 고객이란 특정 기업에 속한 개인 고객을 말한다. 현재의 핵심 데이터 모델은 개인 고객만을 대상으로 한다는 전제하에 만들어졌기 때문에 기업 고객 혜택 제공과 관련한 내용을 반영하려면 핵심 데이터 모델에 근본적인 변화가 불가피하며, 이는 엄청난 양의 재작업을 필요로 한다.

다음 그림에서 나타난 것처럼 마이크로서비스 아키텍처에서 고객 정보는 고객 마이크로서비스에 의해 관리되고, 멤버십 혜택은 멤버십 혜택 포인트 마이크로서비스에 의해 관리된다.

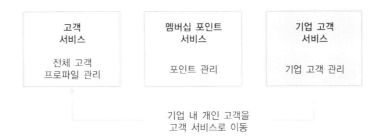

이런 상황에서는 기업 고객을 관리하는 기업 고객 마이크로서비스를 추가하는 것이 어렵지 않다. 기업이 등록되면 기업에 속한 개인 고객들은 고객 마이크로서비스에서 함께 관리될 수 있다. 기업 고객 마이크로서비스는 고객 마이크로서비스로부터 얻은 데이터를 집계하고 보여주는 기업 뷰^{view}와 기업 고객에 특화된 비즈니스 규칙을 지원하는 서비스를 제공한다. 이런 접근 방식을 통해 새로운 서비스를 추가할 때 기존 서비스에 미치는 영향을 최소화할 수 있다.

기술 부채 경감

마이크로서비스는 크기가 작고 최소한의 의존성만을 갖고 있기 때문에 시대에 뒤떨어져 수명이 다한 기술을 사용하는 서비스를 다른 기술을 쓰는 서비스로 최소한의 비용으로 전환할 수 있다.

기술 교체는 소프트웨어 개발 분야에 존재하는 커다란 장벽 중 하나다. 전통적인 많은 일체형 애플리케이션 개발에서는 기술의 급격한 변화로 인해 오늘 개발 중인 차세대 애플리케이션이 개발이 완료돼 운영에 들어가기도 전에 구식의 시스템이 돼 버리는 경우도 많다. 이를 잘 알고 있는 아키텍트와 개발자들은 여러 개의 추상화된 계층을 도입해서 기술 변화에 대처할 수 있는 대비책을 많이 만들어두려는 경향이 있다. 하지만 이런 접근 방식은 기대와는 다르게, 실제로는 기술 변화로 인한 이슈 해결에 크게 도움이 되지 않고 그저 오버 엔지니어링된 시스템으로 끝나는 경우가 많다. 기술 측면에서의 업그레이드는 때로는 위험하고 많은 비용이 소요되지만, 비즈니스에 실질적인 도움이 되지 못하기 때문에 애플리케이션의 기술 부채 해소에 기꺼이 투자하는 일은 점점 더 적어지게 된다.

마이크로서비스로는 전체 애플리케이션이 아니라 개별 서비스에 필요한 변경이나 기술 업그레이드가 가능하다.

예를 들어 EJB 1.1과 Hibernate로 작성된 500만 줄의 애플리케이션을 스프링, JPA,

REST 서비스로 업그레이드하는 것은 전체 애플리케이션을 새로 개발하는 것과 거의 비슷한 노력과 비용이 필요하다. 마이크로서비스에서는 이런 업그레이드를 통째로 진행하지 않고 점진적으로 진행할 수 있다.

앞의 그림에서 볼 수 있는 것처럼 오래된 버전의 서비스가 오래된 버전의 기술 위에서 운영되고 있는 동안에 새로운 서비스를 최신의 기술로 개발할 수 있다. 수명이 다한 기술에 의존하는 마이크로서비스를 새 버전으로 전환하는 일은 일체형 애플리케이션을 개선하는 일보다 훨씬 적은 비용으로도 가능하다.

다양한 버전의 공존

마이크로서비스는 서비스 자체뿐 아니라 서비스의 실행 환경도 함께 패키징하기 때문에 다양한 버전의 서비스가 동일한 환경에 함께 공존할 수 있다.

때때로 동일한 서비스지만 버전이 다른 다수의 서비스를 동시에 운영해야 하는 상황이 있을 수 있다. 하나의 버전에서 다른 버전으로 전환할 때 서버를 중지시키지 않는 무중단 업그레이드가 이런 시나리오의 한 예인데, 무중단 업그레이드 시에는 일시적으로 두 개의 버전이 동시에 운영된다. 일체형 애플리케이션에서는 클러스터 내의 한 노드에서 새로운 서비스로 업그레이드하는 일은 상당히 번거롭고, 클래스 로딩

이슈로 이어질 수 있기 때문에 이런 무중단 업그레이드는 대단히 복잡한 작업이 된다. 새 버전의 기능을 일부 사용자에게만 출시해서 먼저 사전 검증을 받을 수 있게 하는 카나리아 출시canary release도 다수 버전의 서비스가 공존하는 또 다른 사례다.

마이크로서비스에서는 무중단 업그레이드나 카나리아 출시도 쉽게 진행할 수 있다. 각 마이크로서비스는 톰캣이나 제티 같은 서비스 리스너를 포함해서 각자 독립적인 환경을 사용하므로 다수의 버전이 있더라도 별다른 이슈 없이 매끄럽고 우아하게 출시될 수 있다. 사용자들이 서비스를 탐색할 때는 서비스의 특정 버전을 찾는다. 예를 들어 카나리아 출시에서는 새로운 사용자 인터페이스는 사용자 A에게만 보인다. 사용자 A가 마이크로서비스에 요청을 전송하면 카나리아 버전을 찾아 전송하고, A 이외의 모든 사용자는 기존 버전의 서비스를 찾아 요청을 전송한다. 변경에 의해 데이터베이스가 깨지지 않게 하려면 데이터베이스가 언제나 하위 호환성을 유지할 수 있게 세심한 주의를 기울여야 한다.

다음 그림에서 나타나는 것처럼 고객 서비스의 버전 1과 버전 2는 각자의 배포 환경이 주어진다면 서로를 간섭하지 않으면서 공존할 수 있다.

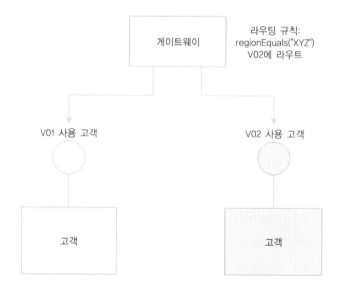

82

게이트웨이가 트래픽을 특정 인스턴스로 분기하게 라우팅 규칙을 지정할 수 있다. 다른 방법으로는 클라이언트 단의 요청 자체에 특정 버전의 서비스에 대한 요청을 포함할 수도 있다. 앞의 그림에서는 게이트웨이가 요청이 어디에서 발생했는지에 따라 특정 버전을 선택하게 설정돼 있다.

자기 조직화 시스템 구축 지원

마이크로서비스는 자기 조직화^{self-organizing} 시스템을 만드는 데 도움이 된다. 자기 조직화 시스템을 지원함으로써 배포를 자동화할 수 있고, 회복력, 자기 치유력과 자기 학습 능력을 보유할 수 있다.

제대로 설계된 마이크로서비스 아키텍처에서 하나의 서비스는 다른 서비스에 대해 알지 못한다. 서비스는 큐에서 메시지를 받아 처리한다. 처리를 완료하면 메시지를 전송하고, 이 메시지는 다른 서비스에 전달돼 다른 처리가 시작된다. 따라서 전체 시스템에 대한 영향도 분석을 하지 않고도 기존 시스템 생태계에 어떤 서비스라도 쉽게 추가할 수 있다. 입력과 출력에 기초해 서비스는 기존 생태계에 자기 조직적으로 융화될 수 있다. 어떤 추가적인 코드 변경이나 서비스 오케스트레이션^{service orchestration}도 필요하지 않다. 이런 프로세스를 통제하고 조율하는 중앙 집중적인 관리 주체는 존재하지 않는다.

다음 그림처럼 입력 큐에서 메시지를 받아 SMTP^{Simple Mail Transfer Protocol} 서버로 알림을 보내는 알림 서비스를 생각해보자.

여기에 고객의 언어에 맞게 메시지를 번역해주는 개인화 엔진이 추가된다고 한다. 개인화 엔진은 고객에게 메시지를 전송하기 전에 메시지를 고객의 언어로 번역하는 책임을 담당한다.

서비스 연결은 다음과 같이 업데이트된다.

마이크로서비스에서는 이 새로운 개인화 마이크로서비스가 번역 작업을 담당한다. 입력 큐는 외부의 환경설정 서버에 입력으로 설정되고, 개인화 마이크로서비스는 입력 큐에서 직접 메시지를 가져와서(마이크로서비스가 아닌 기존 버전에서는 입력 큐가 아니라 알림 서비스에서 메시지를 받았다) 번역 처리를 마친 후에 출력 큐로 메시지를 전송한다. 알림 서비스는 출력 큐에서 메시지를 읽어 SMTP로 메시지를 보낸다. 전체 시스템은 이 새로운 메시지 흐름에 바로 적응하게 된다.

이벤트 주도 아키텍처 지원

마이크로서비스는 투명한 소프트웨어 시스템을 개발하는 데 도움을 준다. 전통적인 시스템은 고유의 네이티브 프로토콜을 통해 의사소통하기 때문에 일종의 블랙박스 애플리케이션처럼 동작한다. 명시적으로 발행되지 않으면 비즈니스 이벤트와 시스템 이벤트는 이해하고 분석하기가 어렵다. 현대적인 애플리케이션은 비즈니스 분석과 시스템의 동적 거동behavior의 이해, 시장 트렌드 분석을 위해 데이터를 필요로 하며, 실시간 이벤트에도 응답해야 한다. 이벤트는 데이터를 추출하는 데 적합한 메커니즘 이다.

제대로 설계된 마이크로서비스 아키텍처는 언제나 입력 및 출력 이벤트를 사용해서 동작한다. 이런 이벤트는 어떤 서비스에서든 접근해서 연결될 수 있다. 일단 추출되기만 하면 이벤트는 아주 다양한 방식으로 사용될 수 있다.

예를 들어 상품 유형에 의해 분류된 주문 속도를 실시간으로 알고 싶어 하는 어떤 비즈니스가 있다고 하자. 일체형 시스템에서는 이런 이벤트를 어떻게 추출해야 하는지 심도 있게 고민해봐야 하며, 시스템에 어떤 변경이 필요하게 될 것이다.

다음 그림은 기존 서비스에 영향을 미치지 않고 새로운 이벤트 집계 서비스가 추가된 모습을 보여준다.

마이크로서비스 세상에서 주문 이벤트는 주문이 생성될 때마다 발행된다. 단순히 주문 이벤트를 받을 수 있게 동일한 주제에 대해 구독하고, 이벤트를 추출해서 필요한 집계 작업을 한 후 또 다른 이벤트를 발행하는 새로운 마이크로서비스를 추가하기만 하면 대시보드에서 이 이벤트를 사용해서 필요한 정보를 보여줄 수 있으며, 앞에서 기술한 비즈니스 요구 사항을 만족시킬 수 있다.

데브옵스 지원

마이크로서비스는 데브옵스를 가능하게 하는 주요 조력자 중 하나다. 데브옵스는 많은 기업에서 실제로 도입되고 있으며, 특히 전달 신속성과 애자일성을 높이는 데 중점을 둔다. 데브옵스를 성공적으로 도입하려면 아키텍처 측면에서의 변화뿐 아니라, 문화, 프로세스상에서의 변화가 필요하다. 데브옵스는 애자일 개발, 빠른 속도의 출시 주기, 자동화된 테스트, 자동화된 인프라스트럭처 프로비저닝, 자동화된 배포를 적극적으로 지지한다.

전통적인 일체형 애플리케이션에서는 이런 모든 프로세스를 자동화하는 것은 매우 어려운 일이다. 마이크로서비스는 모든 문제를 해결할 수 있는 궁극의 해답은 아니지만, 많은 데브옵스 구현체의 중심에 자리 잡고 있다. 많은 데브옵스 도구와 기술은 마이크로서비스를 사용하면서 진화하고 있다.

전체 빌드를 수행하는 데 몇 시간씩 걸리고, 애플리케이션을 시작하는 데 20~30분이 소요되는 일체형 애플리케이션을 생각해보자. 아마도 이런 애플리케이션은 이상적인 데브옵스 자동화로 보이지는 않을 것이다. 거대한 일체형 애플리케이션은 자동화에 친화적이지 않기 때문에 지속적인 테스트와 배포도 대단히 어려운 일이 된다.

반대로 작은 규모의 마이크로서비스는 테스트 친화적이며, 위와 같은 데브옵스의 요구 사항을 더 쉽게 만족시킬 수 있다.

마이크로서비스는 더 작고 개발에 중점을 두는 애자일한 개발 팀의 조직을 가능하게 한다. 그리고 마이크로서비스의 경계에 맞게 개발 팀을 조직할 수 있다.

▌ 정리

1장에서는 여러 사례를 통해 마이크로서비스의 기초에 대해 알아봤다.

전통적인 일체형 애플리케이션 개발 과정에서 시작해서 마이크로서비스로의 진화 과정을 살펴봤고, 현대적인 애플리케이션 아키텍처에 필요한 원칙과 사고방식의 전환에 대해서도 알아봤다. 성공적인 마이크로서비스 구현에서 볼 수 있는 공통적인 특징을 살펴봤고, 마지막으로 마이크로서비스의 장점을 알아봤다.

2장에서는 다른 아키텍처 스타일과 마이크로서비스의 관계를 분석해보고, 마이크로서비스의 공통적인 사용 사례도 살펴본다.

02

마이크로서비스 관련 아키텍처 스타일 및 사례

지금 많은 사람들이 마이크로서비스에 열광하고 있다. 동시에 서버리스^{serverless} 아키텍처 같은 다른 아키텍처 스타일에 대한 이야기도 많이 회자된다. 그중 어떤 것이 좋을까? 서로 경쟁 관계에 있는 아키텍처인가? 마이크로서비스는 어떤 시나리오에 어떤 방식으로 사용하는 것이 가장 적합할까? 개발자들은 이런 질문을 많이 주고받고 있다.

2장에서는 다양한 여러 아키텍처 스타일을 분석해보고, 그런 아키텍처 스타일과 마이크로서비스의 유사한 점, 관계 등을 정립해보고, 서비스 시향 아키텍처^{SOA, Service Oriented Architecture}, 12 요소^{12 factor} 애플리케이션, 서버리스^{servlerless} 컴퓨팅, 람다^{lambda} 아키텍처, 데브옵스, 클라우드, 컨테이너, 리액티브 마이크로서비스 등 요즘 유행하는 용어도 함께 살펴본다. 12 요소 애플리케이션은 클라우드 기반 서비스를 목표로 하는 애플리케이션 개발에 적용할 수 있는 몇 가지 소프트웨어 엔지니어링 원칙을 정의한다. 전형적인 마이크로서비스 사용 사례를 분석해보고 마이크로서비스를 빠르게 개발하는 데 널리 사용하는 프레임워크도 검토해본다.

2장에서 다루는 내용은 다음과 같다.

- 마이크로서비스와 서비스 지향 아키텍처, 12 요소 애플리케이션의 관계
- 빅데이터, 인지 컴퓨팅cognitive computing, 사물 인터넷에서 사용되는 서버리스 컴퓨팅 및 람다 아키텍처 스타일과 마이크로서비스의 연결
- 클라우드, 컨테이너, 데브옵스 등 지원supporting 아키텍처
- 리액티브 마이크로서비스
- 마이크로서비스 아키텍처의 전형적인 사례
- 널리 사용되는 마이크로서비스 아키텍처

▌ 서비스 지향 아키텍처(SOA)

SOA와 마이크로서비스는 비슷한 개념을 공유하고 있다. 1장의 앞부분에서 마이크로서비스가 SOA에서 어떻게 진화해 왔는지, 그리고 어떤 비슷한 특징을 공유하고 있는지 알아봤다.

하지만 마이크로서비스와 SOA가 같다는 말인가 아니면 다르다는 말인가?

마이크로서비스는 SOA에서 진화돼 나왔고, 실제로 마이크로서비스의 많은 특징이 SOA와 비슷하다. 먼저 SOA의 정의부터 살펴보자.

> 오픈 그룹(Open Group) 컨소시엄에서는 SOA를 다음과 같이 정의한다.
>
> 서비스 지향 아키텍처는 서비스 지향성(service orientation)을 지원하는 아키텍처 스타일이다. 서비스 지향성이란 서비스 그 자체, 서비스 기반의 개발, 서비스의 결과 관점에서 생각하는 방식을 의미한다.
>
> 서비스는 다음과 같다.
>
> - 특정한 결과물을 생산할 수 있는 반복적인 비즈니스 활동의 논리적인 표현이다(예를 들면 고객 신용 검사, 날씨 데이터 제공, 보도 자료 통합 제공 등).
> - 자기 완비적이다.
> - 다른 서비스들의 조합에 의해 구성될 수 있다.
> - 서비스의 사용자에게는 블랙박스처럼 내부가 보이지 않는다.

이런 정의를 생각해볼 때 마이크로서비스에서도 비슷한 측면이 있다는 걸 알아차릴 수 있을 것이다. 그렇다면 마이크로서비스와의 차이점은 무엇일까? 둘이 서로 다르기는 한 건가? 대답은 사실 그때그때 다르다.

앞의 질문에 대한 답은 SOA를 도입하는 조직과 방식에 따라 '예'이기도 하고, '아니오'이기도 하다. SOA는 상당히 광범위하게 사용되는 용어며, 서로 다른 조직적인 문제를 해결하기 위해 서로 다른 조직이 서로 다른 방식으로 SOA에 접근한다. 마이크로서비스와 SOA의 차이점은 조직이 SOA에 어떤 방식으로 접근하느냐에 따라 달라진다.

앞으로 나올 내용을 읽어보면 더 명확하게 이해할 수 있을 것이다.

서비스 지향 통합

서비스 지향 통합^{service-oriented integration}은 많은 조직에서 사용하고 있는 서비스 기반 통합^{service-based integration} 접근 방식이다.

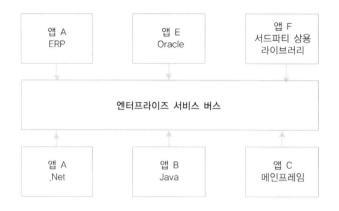

많은 조직에서는 주로 통합 스파게티라고 불리는, 통합에 수반되는 복잡성을 해결하기 위해 SOA를 사용해왔다. 일반적으로 이런 통합은 **서비스 지향 통합**^{SOI, Service Oriented Integration}이라는 용어로 불리고 있다. SOI에서 각 애플리케이션은 HTTP 또는 **자바 메시지 서비스**^{JMS, Java Message Service}에서 동작하는 SOAP/XML 기반의 웹 서비스 같은 메시지 형식과 표준 프로토콜을 사용하는 어떤 공용의 통합 계층을 통해 서로 의사소통하게 된다. 이런 유형의 조직에서는 통합에 필요한 요구 사항들을 모델링하기 위해 기업 **애플리케이션 통합 패턴**^{EIP, Enterprise Integration Patterns}에 중점을 둔다. 이런 접근 방식은 팁코^{TIBCO} 사의 비즈니스웍스^{BusinessWorks}, 웹스피어^{Websphere} 사의 ESB, 오라클의 ESB 같은 무거운 엔터프라이즈 서비스 버스^{ESB, Enterprise Service Bus}에 의존한다. 대부분의 ESB 벤더들은 룰 엔진^{rules engines}, 비즈니스 프로세스 관리 엔진^{business process management engines} 같은 관련 제품을 SOA 제품군으로 함께 패키징해 제공한다. 그런 제품을 사용하는 조직에서의 통합은 그런 제품들에 깊게 의존하게 되는데, 이는 ESB 계층이나 서비스 버스에 있는 비즈니스 로직 자체에 무거운 오케스트레이션^{orchestration} 로직을 두게 된다. 어느 경우든 모든 기업 서비스는 ESB를 통해 배포되고, ESB를 통해 접근할 수 있다. 이런 조직에서의 SOA는 마이크로서비스와 전적으로 다르다고 할 수 있다.

기존 시스템의 현행화

SOA는 기존 레거시 애플리케이션 위에 서비스 계층을 구축하는 데 사용된다.

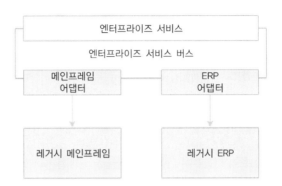

다른 조직에서는 SOA를 전환 프로젝트^{transformation projects}나 기존 레거시 시스템의 현행
화 프로젝트^{legacy modernization projects}에 사용한다. 이런 사례에서는 ESB 어댑터를 통해
백엔드 시스템과 연결하는 ESB 레이어 내부에 서비스를 만들고 배포한다. 이런 조직
에서도 SOA와 마이크로서비스는 다르다고 할 수 있다.

서비스 지향 애플리케이션

어떤 조직에서는 SOA를 애플리케이션 수준에서 적용하는 곳도 있다.

이런 접근 방식에서는 프로토콜 중개^{protocol mediation}, 병렬 실행, 오케스트레이션, 서비스 통합 같은 횡단 관심사^{cross-cutting concerns} 문제를 처리하기 위해 **아파치 카멜**^{Apache Camel}이나 **스프링 인티그레이션**^{Spring Integration} 같은 경량 통합 프레임워크를 애플리케이션 내부에 포함한다. 일부 경량 통합 프레임워크는 네이티브 자바 객체를 지원하기 때문에 이런 프레임워크를 포함하는 애플리케이션은 서비스 간의 통합이나 데이터 교환을 위해 POJO^{Plain Old Java Objects} 서비스를 사용하기도 한다. 결과적으로 모든 서비스가 하나의 일체형 웹 아카이브에 패키징된다. 이런 조직에서는 마이크로서비스를 현재 도입한 SOA의 논리적인 다음 단계라고 생각한다.

SOA를 사용한 일체형의 전환

다음 그림은 세 개의 마이크로서비스로 분리한 일체형 애플리케이션이다.

일체형 시스템에서 한계에 다다른 후 일체형 애플리케이션을 더 작은 단위로 변형시키는 데에도 SOA가 적용될 수 있다. 앞에서 다뤘던 y축 방향의 확장 방식과 유사하게 애플리케이션을 작은 크기의 물리적으로 배포 가능한 하위 시스템으로 분리하고, 웹 아카이브로 만들어 웹서버에 배포하거나 JAR로 만들어 자체 컨테이너에 배포할 수 있다. 이런 하위 시스템에는 서비스 간의 데이터 교환을 위해 웹 서비스나 경량 프로토콜이 사용되며, SOA와 서비스 설계 원칙도 사용된다. 이런 조직에서는 마이크로서비스를 알고 보면 옛날 것과 똑같지만, 그저 새 병에 담겨있는 와인으로 생각하는 경향이 있다.

▌12 요소 애플리케이션과의 관계

클라우드 컴퓨팅은 가장 빠르게 진화하고 있는 기술 중 하나다. 클라우드 컴퓨팅은 비용, 속도, 애자일성, 유연성, 탄력성 측면에서 많은 장점이 있다. 많은 클라우드 서비스 제공자들은 서로 다른 서비스를 제공하며, 기업 고객들을 더 많이 끌어들이기 위해 비용 모델을 낮추고 있다. AWS^{Amazon Web Services}, 마이크로소프트, 랙스페이스 Rackspace, IBM, 구글 등이 서로 다른 도구, 기술, 서비스를 사용해 클라우드 서비스를 제공한다. 기업들도 이런 전쟁터를 인식하고 있으며, 특정 벤더에 종속되는 위험을 줄일 수 있는 방법을 찾고 있다.

많은 조직이 기존 애플리케이션을 들어내서 클라우드로 옮기고 있다. 이렇게 들어내서 옮기는 애플리케이션에서는 클라우드 플랫폼에서 약속한 모든 장점을 누리지 못할 수도 있다. 어떤 애플리케이션은 철저한 점검이 필요하며, 반면에 어떤 애플리케이션은 약간의 미미한 조정만으로도 클라우드로 성공적으로 옮겨질 수 있다. 이런 차이는 대개 애플리케이션이 어떤 방식의 아키텍처를 채용하고 있고, 어떤 방식으로 개발됐는지에 따라 달라진다.

예를 들어 운영 중인 데이터베이스 URL이 애플리케이션 WAR 파일 내에 하드 코딩돼 있다면 클라우드로 옮기기 전에 수정돼야 한다. 클라우드에서는 인프라스트럭처가 애플리케이션에 대해 투명해야 하며, 특히 물리적 IP 주소 등은 임의로 추측해서 정해서는 안 된다.

어떻게 하면 애플리케이션이나 마이크로서비스를 서로 다른 여러 클라우드 서비스상에서 매끄럽게 운영하고 탄력성 같은 클라우드 서비스의 장점을 누릴 수 있을까?

클라우드 네이티브 애플리케이션을 개발할 때는 원칙을 준수하는 것이 중요하다.

클라우드 네이티브란 클라우드 환경에서 효율적으로 작동하고, 탄력성, 사용량 기반 과금, 장애 인식 등과 같은 클라우드의 특징을 인식하고 활용할 수 있는 애플리케이션을 개발하는 것을 의미한다.

허로쿠^{Heroku}가 제시한 12 요소 애플리케이션은 클라우드에서 운영 가능한 현대적인 애플리케이션에서 기대할 수 있는 특징을 기술하는 방법론이다. 12 요소 애플리케이션은 마이크로서비스에도 똑같이 적용할 수 있기 때문에 12 요소 애플리케이션을 이해하는 것은 중요하다.

단일 코드 베이스

단일 코드 베이스 원칙은 각 애플리케이션이 하나의 코드 베이스만을 가져야 한다고 권장한다. 개발 버전, 테스트 버전, 운영 버전 등 여러 개의 인스턴스를 동일한 하나의 코드 베이스를 기반으로 구성할 수 있다. 코드는 일반적으로 깃이나 서브버전^{Subversion} 같은 형상 관리 도구를 이용해 관리한다.

이런 철학을 마이크로서비스로 확장해보면 각 마이크로서비스는 저마다 코드 베이스를 가져야 하고, 이 코드 베이스는 다른 마이크로서비스와 공유되지 않는다. 이는 하나의 마이크로서비스는 정확히 하나의 코드 베이스를 가진다는 것을 의미한다.

의존성 꾸러미

의존성 꾸러미$^{bundling\ dependencies}$ 원칙에 따르면 모든 애플리케이션은 필요한 모든 의존성을 애플리케이션과 함께 하나의 꾸러미에 담아야 한다. 메이븐^{Maven}이나 그레이들 ^{Gradle} 같은 빌드 도구를 사용하면 프로젝트 오브젝트 모델$^{POM,\ Project\ Object\ Model}$ 정보가 담겨있는 pom.xml이나 .gradle 파일에서 명시적으로 의존성을 관리할 수 있고, 넥서스^{Nexus}나 아카이바^{Archiva} 같은 중앙 빌드 저장소를 이용해서 가져올 수 있다. 이를 통해 버전을 올바르게 관리할 수 있다. 최종 실행 파일은 WAR 파일이나 실행 가능한 JAR 파일로 패키징되며, 모든 의존성을 포함하게 된다.

마이크로서비스의 관점에서 의존성 꾸러미 원칙은 준수해야 할 기본적인 원칙 중 하나가 된다. 각 마이크로서비스는 필요한 모든 의존성이나 HTTP 리스너 등과 같은 실행 가능한 모든 라이브러리를 한데 묶어 최종 실행 꾸러미를 만든다.

환경설정 외부화

환경설정 외부화$^{externalizing\ configurations}$ 원칙은 모든 환경설정 파라미터를 코드와 분리해서 외부화하라고 권고한다. 애플리케이션의 환경설정 파라미터는 이메일 ID, 외부

시스템의 URL, 사용자 이름, 비밀번호, 큐 이름 등과 같이 운영될 환경에 따라 달라진다. 이런 파라미터들은 개발, 테스트, 운영 버전에 따라서도 달라진다. 모든 서비스 환경설정 정보는 외부화돼야 한다.

동일한 원칙이 마이크로서비스에서도 명백하게 그대로 적용될 수 있다. 마이크로서비스 환경설정 파라미터는 외부의 소스에서 읽어 와야 한다. 환경에 따라 달라지는 유일한 것은 환경설정 파라미터밖에 없기 때문에 출시나 배포 프로세스 자동화에 도움이 된다.

후방 지원 서비스 접근성

모든 후방 지원 서비스backing service는 URL을 통해 접근 가능해야 한다. 모든 서비스는 살아있는 실행 주기 동안 외부의 자원과 의사소통해야 한다. 예를 들어 메시징 시스템을 통해 메시지를 주고받고, 이메일을 보내고, 데이터를 데이터베이스에 저장하는 것 등이 모두 외부 자원과의 의사소통에 해당한다. 모든 서비스는 복잡한 커뮤니케이션 없이 URL로 접근 가능해야 한다.

마이크로서비스 세상에서는 메시지를 주고받기 위해 메시징 시스템을 이용하거나 다른 서비스 API를 이용할 수 있다. API는 일반적인 경우 REST와 JSON을 사용하는 HTTP 종단점이거나 TCP 또는 HTTP 기반의 메시징 종단점으로 호출할 수 있게 돼 있다.

빌드, 출시, 운영의 격리

빌드, 출시, 운영의 격리 원칙에 의하면 빌드, 출시, 운영 단계를 뚜렷하게 격리하는 것이 좋다고 한다. 빌드 단계는 모든 필요한 자원을 포함해서 컴파일하고 바이너리를 만들어내는 과정을 의미한다. 출시 단계는 바이너리를 환경설정 파라미터와 혼합하는 과정을 나타낸다. 운영 단계는 특정 실행 환경에서 애플리케이션을 운영하는 것을 가리킨다. 빌드, 출시, 운영 단계로 이뤄진 파이프라인은 일방향이다. 따라서 운영 단계에서의 변경 사항을 빌드 단계에 전파할 수는 없다. 기본적으로 특정 빌드를 출시 과정을 건너뛰고 바로 운영단계로 넘기는 일도 권장되지 않으며, 파이프라인을 모두 통과하게 해야 한다.

마이크로서비스에서는 빌드를 통해 실행 가능한 JAR 파일을 만들어낼 수 있는데, 이 실행 파일에는 HTTP 리스너와 같은 서비스 런타임 환경도 포함된다. 출시 단계에서는 이런 실행 파일들이 운영 환경 URL 등과 같은 환경설정 정보와 합쳐져 출시 버전을 만들어내는데, 대부분 도커와 유사한 컨테이너로 만들어진다. 운영 단계에서는 출시 단계에서 만들어낸 컨테이너가 컨테이너 스케줄러에 의해 운영 환경에 배포된다.

무상태, 비공유 프로세스

무상태stateless, 비공유 프로세스shared nothing processes 원칙은 프로세스들이 상태가 없어야 하고 아무것도 공유하지 않는 것이 좋다고 한다. 애플리케이션이 상태를 갖지 않으면 장애 대응성이 좋고 쉽게 확장될 수 있다.

모든 마이크로서비스는 상태가 없는 기능을 기반으로 설계돼야 한다. 상태를 저장해야 하는 요구 사항이 있다면 데이터베이스나 인메모리 캐시 같은 후방 지원 서비스에서 처리돼야 한다.

서비스를 포트에 바인딩해서 노출

12 요소 애플리케이션은 자기 완비적이거나 독립 설치형standalone이어야 한다. 전통적으로 애플리케이션은 웹서버나 아파치 톰캣 또는 제이보스JBoss 같은 애플리케이션 서버에 배포된다. 이상적인 12 요소 애플리케이션은 외부의 웹서버에 의존하지 않는다. 톰캣이나 제티 같은 HTTP 리스너는 서비스나 애플리케이션 자체에 내장돼야 한다.

포트 바인딩port binding은 마이크로서비스가 자율적이고 자기 완비적인 특성을 유지하는 데 필요한 기본적인 요구 사항 중 하나다. 마이크로서비스는 서비스 리스너를 서비스 자체의 일부로 내장한다.

확장을 위한 동시성

확장을 위한 동시성 원칙은 복제replicating를 통해 프로세스가 확장될 수 있게 설계해야 한다고 권고한다. 이는 프로세스 내부에서 추가적인 스레드를 사용한다는 의미다.

마이크로서비스 세상에서는 서비스가 서버의 자원을 늘리는 수직적 확장scale up이 아니라 서버의 수를 늘리는 수평적 확장scale out 방식으로 확장된다. x축 방향의 확장 기법은 주로 동일한 서비스 인스턴스를 추가해서 서비스를 확장하는 데 사용된다. 서비스는 트래픽 규모에 따라 탄력적으로 확장되거나 축소될 수 있다. 더 나아가 마이크로서비스는 병렬 프로세싱과 동시성 지원 프레임워크를 사용해서 기존 트랜잭션 처리 속도를 높이는 수직적 확장도 가능하다.

폐기 영향 최소화

폐기 영향 최소화disposability with minimal overhead 원칙은 애플리케이션의 시동과 종료에 필요한 시간을 최소화하고, 서버가 종료될 때에는 종료에 필요한 작업이 모두 수행되는 우아한 방식으로 종료되게 만들어야 한다고 권고한다. 자동화된 배포 환경에서는 가능한 한 빠른 시간 안에 인스턴스를 올리거나 내려야 한다. 애플리케이션의 시동이나 종료에 오랜 시간이 걸리면 자동화에 부정적인 영향을 미치게 된다. 시동 시간은 애플리케이션의 크기에 비례한다. 자동 확장을 목표로 하는 클라우드 환경에서는 새 인스턴스를 기동해서 실제로 서비스에 참여하는 작업이 빠르게 수행돼야 하며, 새로운 버전의 서비스를 적용하는 데도 마찬가지로 빠른 수행이 필요하다.

마이크로서비스에서는 완전 자동화를 달성하기 위해 최소한의 시동/종료 시간을 갖도록 애플리케이션의 크기를 가능한 한 작게 유지하는 것이 극단적으로 아주 중요하다. 이를 위해 마이크로서비스에서는 객체와 데이터의 지연 로딩^{lazy loading}[1]에 대해서도 고려해봐야 한다.

개발과 운영의 짝 맞춤

개발과 운영의 짝 맞춤^{Development and production parity} 원칙은 개발 환경과 운영 환경을 가능한 한 동일하게 유지하는 것이 중요하다고 강조한다. 예를 들어 작업 스케줄러 서비스, 캐시 서비스와 하나 이상의 애플리케이션 서비스 같이 다수의 서비스나 프로세스로 이뤄진 애플리케이션을 생각해보자. 개발 환경에서는 모든 구성 요소를 하나의 장비에 몰아넣고 사용하는 경향이 있지만, 운영 환경에서는 구성 요소 각각을 책임지는 별도의 독립된 장비에서 운영한다. 개발 환경과 운영 환경을 다르게 가져가는 것은 주로 인프라스트럭처에 드는 비용을 절감하는 데 목적이 있지만, 운영 환경에서 장애가 발생할 경우 장애 해결을 위해 동일한 문제를 재연할 수 있는 동일한 환경이 없다는 맹점이 있다.

이 원칙은 마이크로서비스에서만 유용한 것이 아니라 모든 형태의 애플리케이션 개발에 적용될 수 있다.

---

1. 지연 로딩(lazy loading): 어떤 리소스를 애플리케이션 시작 시에 무조건 로딩하는 것이 아니라 런타임에서 실제 필요로 하는 시점에 로딩하는 것 - 옮긴이

로그 외부화

12 요소 애플리케이션은 로그 파일을 절대로 자기 자신 안에 담지 않는다. 클라우드에서는 로컬 I/O를 피하는 것이 상책이다. 주어진 인프라스트럭처에서 I/O가 충분히 빠르지 않다면 병목현상이 발생할 가능성이 높다. 이를 방지하는 방법은 중앙 집중식 로깅 프레임워크를 사용하는 것이다. 스플렁크^{Splunk}, 그레이로그^{Greylog}, 로그스태쉬^{Logstash}, 로그플렉스^{Logplex}, 로글리^{Loggly} 등은 로그를 쌓고 분석할 수 있는 도구들이다. 권장되는 접근 방식은 로그백 추가자^{logback appender}를 통해 로그를 중앙 저장소에 적재하고, 적재 도구의 종단점을 통해 로그를 쓰는 방법이다.

마이크로서비스 생태계에서는 시스템을 더 작은 서비스로 나누는데, 이런 방식은 로그가 분산될 가능성이 높으므로 로그를 중앙 집중화하는 것은 매우 중요하다. 로그를 각 서비스 인스턴스의 로컬 저장소에 저장하면 각 서비스의 로그 사이의 연관성을 찾기가 극도로 어려워진다.

개발 단계에서는 마이크로서비스는 stdout을 로그 스트림으로 사용하는 반면에 운영 단계에서는 이런 로그 스트림이 로그 적재자^{log shipper}에 의해 수집된 후 저장과 분석을 위해 중앙의 로그 서비스로 보내진다.

관리자 프로세스 패키징

애플리케이션 본연의 서비스와는 별개로 대부분의 애플리케이션에는 관리자용 태스크도 포함된다. 콘솔에서 실제 운영 데이터베이스를 대상으로 애플리케이션의 임의의 모델을 확인하거나 애플리케이션 기능 점검을 위한 일회성 스크립트 실행 등이 관리자 태스크에 해당한다. 이런 관리자용 태스크는 애플리케이션 본연의 서비스를 실행하는 프로세스와 동일한 환경에서 실행돼야 한다. 그러려면 관리자용 태스크 코드도 애플리케이션 코드와 함께 패키징되고 함께 출시돼야 한다.

관리자 프로세스 패키징 원칙은 마이크로서비스뿐 아니라 어떤 형태의 애플리케이션을 만들더라도 적용할 수 있다.

▌ 서버리스 컴퓨팅

서버리스 컴퓨팅 아키텍처 또는 서비스로서의 기능^{FaaS, Function as a Service}은 최근 들어 꽤 각광받고 있다. 서버리스 컴퓨팅에서는 개발자가 애플리케이션 서버, 가상머신, 컨테이너, 인프라스트럭처, 확장성 등에 대해 고민할 필요가 없다. 개발자는 비즈니스 로직을 담고 있는 함수를 작성해서 현재 실행되고 있는 컴퓨팅 인프라스트럭처에 떨구기만 하면 된다. 서버리스 컴퓨팅을 활용하면 마이크로서비스에서 필요한 인프라스트럭처 관리와 프로비저닝을 작업 대상에서 제외할 수 있으므로 전달 신속성을 크게 높일 수 있다. 서버리스 컴퓨팅은 NoOps라고 불리기도 한다.

FaaS 플랫폼은 자바, 파이썬, 고^{Go} 등 여러 언어를 지원하며, 이미 많은 서버리스 컴퓨팅 플랫폼과 프레임워크가 나와 있고, 계속 진화하고 있다. AWS 람다^{Lambda}, IBM 오픈 휘스크^{OpenWhisk}, 애저 펑션^{Azure Functions}, 구글 클라우드 펑션^{Google Cloud Functions}이 현재 서버리스 컴퓨팅에서 널리 사용되는 관리형 인프라스트럭처다. 레드햇의 펑션^{Function}도 클라우드나 자체 장비 어디에나 설치될 수 있는 쿠버네티스^{Kubernetes} 위에서 동작하는 서버리스 컴퓨팅 플랫폼이다. 클라우드 종속성을 제거한 서버리스 컴퓨팅 플랫폼인 아이언펑션IronFunctions도 최근에 출시됐다. 웹 관련 기능을 담은 서버리스 컴퓨팅 플랫폼인 웹태스크Webtask도 있고, 벤더 종속성을 최소화하는 자바스크립트 애플리케이션용 서버리스 컴퓨팅 플랫폼인 브라이트워크BrightWork도 있다.

언어별로 AWS의 람다 개발과 배포를 쉽게 해주는 프레임워크도 많다. 에이펙스Apex, 서버리스Serverless, 자바용 람다 프레임워크Lambda Framework, 파이썬용 챌리스Chalice, 노드제이에스NodeJS용 클라우디아Claudia, 고Go용 스파르타Sparta와 고든Gordon이 이런 범주에 속한다.

서버리스 컴퓨팅은 마이크로서비스와 밀접한 관련이 있다. 마이크로서비스는 서버리스 컴퓨팅의 기초가 되며, 둘 사이에는 공통된 특성이 많다. 마이크로서비스와 비슷하게 서버리스 컴퓨팅의 함수도 한 번에 하나의 임무만 수행하고 외부와 격리돼 있으며, 이벤트 기반 또는 HTTP 기반의 API를 통해서만 외부와 통신한다. 서버리스의 함수는 마이크로서비스처럼 작은 공간만 차지한다. 서버리스의 함수는 마이크로서비스 기반 아키텍처를 따른다고 할 수 있다.

다음 그림은 AWS 람다 기반의 서버리스 컴퓨팅을 보여준다.

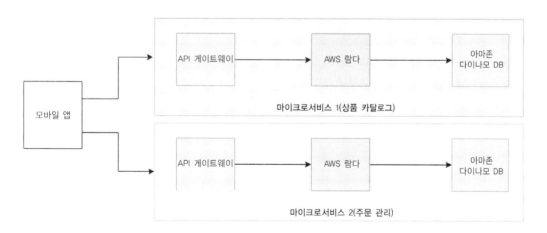

앞의 그림에서 각 마이크로서비스는 서로 분리된 AWS 람다 함수로 개발되고 HTTP 기반의 API 게이트웨이를 통해 통신하며, 데이터도 각각 별도의 아마존 다이나모 DB 에 저장한다.

가상머신이나 EC2 인스턴스는 정액제로 이용료를 지불하지만, 일반적으로 서비스로 서의 함수^{FaaS} 이용료는 사용량에 따라 산정된다. 게다가 사용되지 않을 때 개발자가 해당 함수를 직접 비활성화할 필요도 없다. 적은 양의 트랜잭션만 처리한다면 딱 그만 큼의 자원만 사용하며, 부하가 증가하면 더 많은 자원이 자동으로 할당된다. 바로 이런 점이 서버리스 컴퓨팅이 많은 기업에게 매력적으로 느껴지는 이유다.

빅데이터, 인지 컴퓨팅, 사물 인터넷, 봇^{bot} 같은 새로운 스타일의 마이크로서비스 사용 사례는 서버리스 컴퓨팅이 안성맞춤이다. 이에 대해서는 다음 절에서 더 자세히 알아 본다.

서버리스 컴퓨팅에 장점만 있는 것은 아니다. 서버리스 컴퓨팅은 벤더 종속성이 강한 특징을 갖고 있다. 하지만 이 부분은 점점 더 성숙해지고 있으며, 다양한 도구의 지원 이 이어질 것으로 기대된다. 그리고 앞으로는 서버리스 컴퓨팅 플랫폼 위에서 개발할 때 사용할 수 있는 다양한 함수들이 마켓 플레이스에서 거래될 것이다. 마이크로서비 스와 함께 서버리스 컴퓨팅은 개발자들에게 아주 훌륭한 선택이 될 수 있다.

▌ 람다 아키텍처

빅데이터, 인지 컴퓨팅, 봇bot, 사물 인터넷 분야에서는 마이크로서비스가 새로운 스 타일로 적용되고 있다.

앞의 그림은 빅데이터, 인지 컴퓨팅, 사물 인터넷 분야에서 공통적으로 사용되는 람다 아키텍처[2]를 단순화해서 보여준다. 그림에 나온 것처럼 마이크로서비스는 람다 아키텍처에서 매우 중요한 역할을 맡고 있다. 배치 계층[Batch layer]은 데이터를 처리하고 보통 하둡 파일 시스템[HDFS, Hadoo File System]에 저장한다. 마이크로서비스는 배치 계층 위에서 데이터를 처리하고 서빙 계층으로 전달한다. 마이크로서비스는 독립적이므로 새로운 요구 사항이 발생하면 해당 기능을 마이크로서비스로 구현해서 추가하는 것은 어렵지 않다.

스피드 계층[Speed layer][3] 마이크로서비스는 스트림 처리를 위해 주로 리액티브 마이크로서비스로 구현된다. 리액티브 마이크로서비스는 스트림 데이터를 입력받아 로직을 적용하고 이벤트의 형태로 응답한다. 데이터를 외부에 제공하는 서빙 계층[Serving layer]에서도 마찬가지로 마이크로서비스가 서빙 계층 위에서 API를 통해 데이터를 외부에 제공한다.

람다 아키텍처는 다음과 같이 적용 분야에 따라 커스터마이징돼 사용된다.

- 인지 컴퓨팅 분야에서는 최적화 서비스, 예보 서비스, 지능형 가격 산정 서비스, 예측 서비스, 데이터 제공 서비스, 추천 서비스 등이 통합되는데, 이때 각 서비스는 마이크로서비스로 구축하기에 아주 적합한 후보다. 각 서비스는 입

---

2. 람다 아키텍처(Lambda Architecture)는 트위터에서 실시간 분석을 담당했던 네이던 마즈(Nathan Marz)가 고안한 아키텍처며, 여기에서 말하는 람다는 Java8이나 다른 언어에서 말하는 람다식이나 AWS의 람다와는 이름만 같을 뿐 관계가 없다. 람다 아키텍처는 네이던 마즈가 집필한 책(https://www.manning.com/books/big-data)에 잘 설명돼 있다. - 옮긴이

3. 람다 아키텍처의 스피드 계층(Speed Layer)은 실시간 계층으로 번역되기도 한다. - 옮긴이

력 값을 받아 알고리듬을 적용하고 결과 값을 반환하는 독립적인 컴퓨팅 단위로서 상태를 갖고 있지 않다. 이런 서비스는 스피드 계층이나 배치 계층 위에서 마이크로서비스로 실행될 수 있다. 알고리드미아^{Algorithmia} 같은 플랫폼이 마이크로서비스 바탕의 아키텍처를 채택하고 있다.

- 통찰이 담겨 있는 답안을 반환하기 위해 빅데이터 플랫폼 위에서 실행되는 빅데이터 처리 서비스에서도 마이크로서비스 아키텍처가 널리 사용된다. 각 서비스는 빅데이터 플랫폼의 읽기 데이터에 접속해서 데이터 레코드를 처리하고 필요한 답안을 제공한다. 이런 서비스는 일반적으로 배치 계층 위에서 실행된다. 맵알^{MapR}과 같은 플랫폼이 마이크로서비스를 적용하고 있다.

- 대화형 봇에도 마이크로서비스 아키텍처가 잘 맞는다. 각 서비스는 서로 독립적이며, 하나의 기능만을 실행한다. 이 기능은 서빙 계층 위에서 실행되는 API 서비스일 수도 있고, 스피드 계층 위에서 실행되는 스트림 프로세싱 서비스일 수도 있다. 애저^{Azure} 봇 서비스는 마이크로서비스 아키텍처를 잘 사용하고 있다.

- 기계나 센서 데이터 스트림을 처리하는 **사물 인터넷** 분야에서도 데이터를 처리하는 데 마이크로서비스를 활용한다. 이런 서비스는 스피드 계층 위에서 실행된다. 프리딕스^{Predix} 같은 산업 인터넷 플랫폼이 마이크로서비스 철학을 바탕으로 하고 있다.

▮ 삼총사의 만남: 데브옵스, 클라우드, 마이크로서비스

클라우드(더 구체적으로는 컨테이너), 마이크로서비스, 데브옵스 삼총사는 공통적인 목표가 있다. 바로 신속한 제품 인도, 비즈니스 가치, 그리고 비용 편익이다. 삼총사는 각각 독립적으로 존재하고 진화할 수 있지만, 공통적인 목표를 달성하기 위해 서로 보완해주기도 한다. 삼총사 중의 하나를 도입하는 조직에서는 자연스럽게 나머지 두 가지에 대해서도 도입을 검토하게 된다.

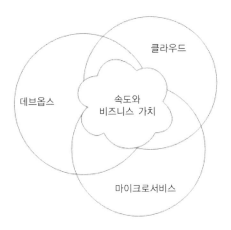

많은 조직에서는 고속 출시 사이클을 목표로 데브옵스를 도입하지만 결국에는 마이크로서비스 아키텍처와 클라우드까지도 적용하게 된다. 마이크로서비스와 클라우드를 지원하는 데브옵스가 필수적이지는 않지만, 대규모의 일체형 애플리케이션을 자동화하는 것은 많은 경우 그다지 합리적인 선택이 아니며, 사실상 달성 불가능하다. 이런 시나리오에서 데브옵스를 실현하려면 마이크로서비스 아키텍처와 클라우드가 좋은 선택이 될 수 있다.

다른 쪽에서 바라보면 클라우드의 장점을 활용하기 위해 마이크로서비스 아키텍처가 반드시 필요한 것은 아니지만, 마이크로서비스를 효과적으로 구현하려면 클라우드와 데브옵스가 반드시 필요하다.

정리하면 조직의 목표는 비용 효율적인 방식으로 신속한 변경 및 배포와 높은 품질을 달성하는 것이고, 마이크로서비스, 클라우드, 데브옵스 삼총사는 그런 목표를 달성하는 데 커다란 도움이 된다.

마이크로서비스 실천 방식과 프로세스로서의 데브옵스

마이크로서비스는 신속한 변경과 배포를 가능하게 하는 아키텍처 스타일이다. 하지만 마이크로서비스는 그 자체만으로는 기대했던 장점을 가져다주지 못한다. 6개월의 제품 인도 사이클을 가진 마이크로서비스 기반 프로젝트는 목표했던 신속한 변경 및 배포나 비즈니스 애자일성을 달성할 수 없다. 그런 목표를 달성하려면 마이크로서비스에 어떤 실천 방식이나 프로세스가 필요하다.

데브옵스는 마이크로서비스 변경 및 배포를 위한 든든한 버팀목 같은 프로세스와 실천 방식을 제공해줄 수 있는 이상적인 후보라고 할 수 있다. 데브옵스 프로세스와 실천 방식은 마이크로서비스 아키텍처의 철학과 아주 잘 맞아떨어진다.

마이크로서비스를 위한 셀프 서비스 인프라스트럭처로서의 클라우드

클라우드를 도입하는 주된 이유는 애자일성을 높이고 비용을 낮추기 위함이다. 인프라스트럭처에 프로비저닝하는 시간을 단축시키면 출시 속도는 증가한다. 인프라스트럭처 사용을 최적화하면 비용을 줄일 수 있다. 따라서 클라우드는 전달 신속성과 비용 절감이라는 두 개의 목표를 모두 달성하는 데 직접적인 도움이 된다.

클러스터 관리 소프트웨어를 사용하는 클라우드 인프라스트럭처 없이는 마이크로서비스를 배포할 때 소요되는 인프라스트럭처 비용을 통제하기 어렵다. 그래서 마이크로서비스를 통해 얻을 수 있는 장점을 충분히 활용하려면 셀프 서비스 역량을 갖춘 클라우드가 필수적이다. 마이크로서비스에서 클라우드는 단순히 물리적인 인프라스트럭처를 추상화하는 데 그치지 않고 동적 프로비저닝과 배포 자동화를 위한 API를 제공하기도 하는데, 이를 **코드로서의 인프라스트럭처**infrastructure as a code 또는 **소프트웨어 정의 인프라스트럭처**software-defined infrastructure라고 한다.

컨테이너는 데브옵스와 마이크로서비스와 함께 사용할 때 더 많은 장점을 누릴 수 있다. 컨테이너는 대규모 배포를 처리할 때 관리 용이성과 비용 효과적인 방식을 제공한다. 컨테이너 서비스와 컨테이너 오케스트레이션 도구는 인프라스트럭처 관리에 도움을 준다.

▌ 리액티브 마이크로서비스

리액티브 프로그래밍 패러다임은 확장성 있고 장애를 견딜 수 있는 애플리케이션을 만드는 데 효과적이다. 리액티브 선언은 리액티브 프로그래밍의 바탕을 이루는 기본 철학을 정의한다.

 리액티브 선언은 http://www.reactivemanifesto.org를 참고한다.

마이크로서비스 아키텍처에 리액티브 프로그래밍 원칙을 더하면 개발자는 빠른 속도로 많은 양을 처리할 수 있는 확장성 있는 애플리케이션을 만들 수 있다.

마이크로서비스는 비즈니스 범위를 고려해서 설계된다. 이상적으로는 제대로 설계된 마이크로서비스에는 마이크로서비스 사이에 최소한의 의존 관계만 있다. 하지만 실제로는 마이크로서비스도 일체형 애플리케이션과 동일한 비즈니스 범위를 다루고 있으므로 마이크로서비스는 서로 협력해야 한다. 비즈니스 범위를 기반으로 서비스를 분리하는 것만으로는 의존 관계 이슈를 해결하기 어려우며, 서비스를 어떻게 격리하고 어떻게 통신할지 결정하는 것이 중요하다. 동기synchronous 호출 방식은 서비스 사이에 강한 의존 관계를 형성하며, 결과적으로 마이크로서비스의 장점을 충분히 살리지 못하게 된다. 강한 의존 관계가 있는 분산 시스템은 그 자체로 큰 오버헤드가 존재하며, 관리하기도 어렵다. 예를 들어 마이크로서비스 중 하나를 업그레이드하면 다른 서비스에도 심각한 영향을 미칠 수 있다. 그래서 마이크로서비스를 성공적으로 구현하려면 리액티브 스타일을 도입하는 것이 중요하다.

리액티브 마이크로서비스에 대해 좀 더 알아보자. 리액티브 프로그래밍에는 회복성resilient, 응답성responsive, 메시지 기반message driven, 탄력성elastic 이렇게 4가지 기둥이 있다.[4]

---

4. 원문에 'There are four pillars when dealing with reactive programming.'라고 쓰여 있어서 그대로 리액티브 프로그래밍이라고 번역하지만, 리액티브 선언문(https://www.reactivemanifesto.org/)에 따르면 네 가지 특징은 엄밀히 말해 리액티브 프로그래밍의 특징이라기보다는 리액티브 시스템의 특징이다. - 옮긴이

회복성과 응답성은 격리^{isolation}와 밀접한 관련이 있다. 격리는 리액티브 프로그래밍과 마이크로서비스의 기초를 이룬다. 각 마이크로서비스는 자율적이고 더 큰 시스템의 일부로 포함된다. 마이크로서비스는 대체로 비즈니스 기능에 따라 경계 지어져서 다른 마이크로서비스와 격리된다. 이렇게 서로 격리되면 한 서비스의 장애가 다른 서비스에 영향을 미치지 않게 된다. 장애가 발생하면 폴백^{fallback} 서비스나 동일한 서비스의 복제본이 장애가 발생한 서비스의 역할을 일시적으로 대신한다. 격리된 컴포넌트는 독립적으로 확장, 관리, 모니터링이 가능해진다.

하지만 격리가 적용돼 있더라도 서비스 사이의 통신이나 의존 관계가 동기 블로킹$^{\text{synchronous blocking}}$ 방식의 RPC$^{\text{Remote Procedure Call}}$로 구성된다면 서비스는 완전히 격리된 것이 아니며 장애도 전파될 수 있다. 그래서 서비스 사이의 통신을 비동기 논블로킹$^{\text{asynchronous non-blocking}}$ 호출을 사용하는 리액티브 스타일로 설계하는 것이 대단히 중요하다.

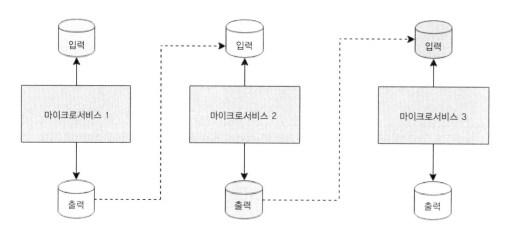

앞의 그림에 나온 리액티브 시스템에서 각 마이크로서비스는 이벤트를 리스닝한다. 서비스는 입력 이벤트를 받고 나서 반응하며, 이벤트를 처리하고 결과를 담은 다른 응답 이벤트를 발생시킨다. 마이크로서비스는 같은 생태계 안에 존재하는 다른 마이크로서비스의 존재를 전혀 모른다. 예를 들어 **마이크로서비스 1**은 **마이크로서비스 2**와 **마이크로서비스 3**의 존재를 모른다. 그림에 표시된 것처럼 한 서비스의 결과 큐를 다른 서비스의 입력 큐로 연결해서 연출^{Choreography5} 효과를 낼 수 있다.

이벤트의 속도에 따라 서비스의 복제 인스턴스를 띄워 자동으로 확장할 수 있다. 예를 들어 리액티브 스타일로 구현된 주문 관리 시스템은 주문이 생성되면 시스템이 주문 이벤트를 생성해서 외부로 전파한다. 주문 이벤트를 리스닝하고 있는 마이크로서비스는 여러 개가 있을 수 있으며, 주문 이벤트를 받으면 각자의 역할대로 이벤트를 처리한다. 이렇게 설계하면 개발자는 점점 더 많은 로직을 리액티브 방식으로 구성해서 추가하게 된다.

리액티브 마이크로서비스에서 흐름 제어^{flow control} 또는 연출은 앞의 그림에 나타난 것처럼 자동으로 처리되며, 중앙 사령부는 없다. 대신에 메시지와 입력 및 출력에 대한 마이크로서비스 사이의 계약이 흐름 방식을 결정한다. 메시지 흐름을 변경하려면 입력 큐와 출력 큐만 다르게 연결하면 되므로 쉽게 바꿀 수 있다.

 마크 버기스(Mark Burgess)가 2004년에 제안한 약속 이론(Promise theory)이 이런 상황에 딱 들어맞는다. 약속 이론은 분산 환경에서 시스템이나 엔티티가 자발적 협력 (voluntary cooperation)을 이용해서 자율적으로 협업하는 모델을 정의한다. 약속 기반의 에이전트가 의무(obligation) 모델을 따르는 전통적인 명령-제어 시스템에 의해 표출되는 동작을 똑같이 재생산할 수 있다고 주장한다. 리액티브 마이크로서비스는 각 서비스가 독립적이고 완전히 자율적인 방식으로 협업할 수 있다는 점에서 약속 이론과 비슷하다. **스웜 인텔리전스**(Swarm Intelligence)는 이런 형식적 아키텍처 메커니즘 중 하나로서 고확장성 지능형 루틴(highly scalable intelligence routines)을 구축하는 현대 인공지능 시스템에 점점 더 많이 적용되고 있다.

높은 확장성과 신뢰성을 갖춘 메시지 시스템은 리액티브 마이크로서비스 생태계에서 중요성이 가장 높은 컴포넌트다. **큐빗**^{QBit}, **스프링 리액티브**, **알엑스자바**^{RxJava}, **알엑스제이에스**^{RxJS}가 리액티브 마이크로서비스를 만드는 데 많이 사용된다. 스프링 5에는 리

---

5. 연출(Choreography): 서비스 간의 메시지 교환에 있어서 각 서비스들이 전역적인 수준에서 스스로 메시지를 주고받는 방식을 서비스 연출(Service Choreography)이라고 번역한다. 자세한 내용은 https://en.wikipedia.org/wiki/Service_choreography를 참고한다. - 옮긴이

액티브 웹 애플리케이션을 개발할 수 있는 기능이 내장돼 있다. 스프링 프레임워크를 사용해서 진정한 리액티브 마이크로서비스를 구축하려면 스프링 클라우드 스트림^{Spring Cloud Streams}을 사용하는 것이 좋다.

리액티브 마이크로서비스 기반 주문 관리 시스템

마이크로서비스 사례를 하나 더 살펴보자. 이번에는 온라인 판매 사이트인데, 고객이 웹사이트에서 주문을 생성하면 주문 이벤트를 발생시키는 백엔드 서비스에 더 집중해 보자.

이번에 살펴볼 마이크로서비스 시스템은 전부 리액티브 프로그래밍 방식으로 설계 됐다.

이벤트가 발행^{publish}되면 여러 마이크로서비스가 이벤트에 반응해서 각자의 임무를 수 행한다. 각 마이크로서비스는 다른 마이크로서비스에 의존하지 않고 독립적이다. 이 런 모델의 장점은 필요에 따라 마이크로서비스를 추가하고 교체하기 쉽다는 점이다.

앞의 그림에는 8개의 마이크로서비스가 있다. 주문 이벤트가 발생하면 다음과 같이 처리된다.

- 주문 이벤트가 접수되면 주문 서비스가 주문을 생성하고 주문 세부 정보를 데이터베이스에 저장한다.
- 주문이 성공적으로 저장되면 주문 서비스가 주문 생성 이벤트를 발행한다.
- 주문 생성 이벤트가 전달되면 여러 가지 작업이 수행된다.
- 배송 서비스는 주문 생성 이벤트를 접수한 후 고객에게 주문 상품을 배송하는 데 필요한 정보를 담고 있는 배송 레코드를 생성하고 배송 이벤트를 생성해서 전파한다.
- 배차 서비스는 배송 이벤트를 받으면 배차 계획을 생성한다.
- 고객 알림 서비스는 고객에게 주문 생성 알림을 보낸다.
- 상품 캐시 서비스는 상품 잔량을 업데이트한다.
- 재고 재주문 서비스는 재고가 충분한지 검사하고, 필요하다면 재고 보충 이벤트를 생성한다.
- 고객 포인트 서비스는 구매에 따른 고객 포인트를 계산한다.
- 고객 계정 서비스는 고객의 주문 이력을 업데이트한다.

처리 과정을 살펴보면 하나의 서비스는 하나의 책임만 담당한다. 서비스는 외부에서 들어오는 이벤트를 접수하고 자체적인 이벤트를 생성해서 외부로 발행한다. 각 서비스는 독립적이며 협력하는 다른 서비스의 존재를 알지 못한다. 그래서 협력하는 이웃 서비스는 벌집 아키텍처에서 설명했던 것처럼 유기적으로 성장할 수 있다. 새로운 서비스는 필요에 따라 추가될 수 있으며, 추가될 때 기존 서비스에 영향을 미치지 않는다.

▌ 마이크로서비스 사용 사례

마이크로서비스는 만병통치약이 아니며, 오늘날 세상에서 벌어지고 있는 모든 아키텍처적인 문제를 해결해줄 수 있는 것도 아니다. 마이크로서비스를 언제 사용해야 하는

지에 대한 확고부동한 규칙이나 엄격한 가이드라인이 있는 것도 아니다.

마이크로서비스는 어느 경우에나 항상 잘 들어맞지는 않을 수도 있다. 마이크로서비스의 성공 여부는 어떤 사용 사례를 선택하는가에 의해 크게 좌우된다. 그래서 마이크로서비스의 장점에 맞지 않는 사례들에 대해 일종의 리트머스 시험 같은 것을 수행하는 것은 최우선적으로 수행돼야 할 가장 중요한 활동이라고 할 수 있다. 이런 리트머스 시험은 1장의 앞부분에서 설명한 마이크로서비스의 모든 장점을 대상으로 해야 한다. 정량화할 수 없거나 비용이 장점을 초과하는 경우에는 마이크로서비스가 좋은 선택이 아닐 수도 있다.

마이크로서비스 아키텍처를 적용하기에 적합한 일반적인 시나리오에 대해 알아보자.

- 확장성, 유지 관리성, 애자일성, 변경 및 배포 속도의 개선이 필요해서 일체형 애플리케이션을 전환하는 경우로, 비슷한 시나리오로는 시대에 뒤쳐져서 수명이 다한 무거운 레거시 애플리케이션을 재작성하는 것이 있다. 두 가지 경우 모두 마이크로서비스를 적용하기에 적합한 사례라고 할 수 있다. 마이크로서비스 아키텍처를 통해 레거시 애플리케이션의 기능들을 천천히 마이크로서비스로 변환할 수 있다. 이런 접근 방식의 장점은 대규모의 선행 투자가 필요 없고, 비즈니스에 중대한 악영향을 끼치지도 않으며, 심각한 비즈니스 위험도 없다는 점이다. 서비스 의존성이 잘 드러나므로 마이크로서비스의 의존성은 적절하게 관리될 수 있다.

- 많은 사례에서 태생적으로 자율적이면서도 눈에 보이는 화면이 없는 헤드리스headless 비즈니스 애플리케이션이나 서비스를 만들 수 있다. 예를 들면 결제 서비스, 로그인 서비스, 항공편 검색 서비스, 고객 프로파일 서비스, 알림 서비스 등이 있다. 이런 서비스들은 다수의 채널에 걸쳐 재사용되므로 마이크로서비스로 만들기에 적합하다.

- 하나의 목적과 하나의 책임만을 담당하는 마이크로 또는 매크로 애플리케이션이 있을 수 있는데, 단순한 시간 추적 애플리케이션이 이런 부류에 속한다.

이 애플리케이션이 하는 일은 시간, 지속 시간과 수행된 작업을 기록하는 것뿐이다. 이처럼 기업 애플리케이션에 걸쳐 공통으로 사용되는 서비스 역시 마이크로서비스로 만들기에 적합하다.

- 제대로 설계된 백엔드 서비스, 반응형 웹 MVC 애플리케이션(Baas, Backend as a Service 시나리오를 따르는)은 사용자의 액션에 따라 반응해 언제든지 데이터를 읽을 수 있다. 이런 시나리오에서 데이터는 앞서 1장의 'Fly By Points' 사례에서 살펴본 것처럼 대부분 논리적으로 서로 다른 데이터 소스에서 가져오게 된다.

- 높은 애자일성을 요구하는 애플리케이션, 빠른 변경 및 배포 속도나 시장 타이밍에 맞는 애플리케이션, 혁신적인 파일럿, 데브옵스를 위한 애플리케이션, 혁신 체계System of Innovation[6] 유형의 애플리케이션 등도 마이크로서비스 아키텍처를 적용하기에 적합한 잠재적인 후보군이다.

- 폴리글랏을 요구하는 애플리케이션, CQRSCommand Query Responsibility Segregations[7]를 요구하는 애플리케이션 등 마이크로서비스의 장점을 필요로 하는 애플리케이션도 마이크로서비스 아키텍처로 만들기에 적합하다.

- 통신 서비스, 암호화 서비스, 인증 서비스 등 독립적인 기술 서비스나 유틸리티 서비스도 마이크로서비스를 적용하기 좋은 후보다.

만들려는 애플리케이션이 이런 부류에 속한다면 마이크로서비스 적용을 검토해보는 것이 좋다. 반면에 다음과 같은 시나리오에서는 마이크로서비스를 적용하지 않는 것이 좋다.

- 비즈니스 로직을 ESB 같은 무거운 중앙 집중적인 컴포넌트에서 관리해야 하

---

6. 혁신 체계(System of Innovation): 혁신을 이해하는 일종의 인식 틀로, 혁신과 기술 개발은 시스템 내 구성 요소들 간의 복잡한 관계로부터 나온다는 개념으로, https://en.wikipedia.org/wiki/Innovation_system을 참고한다. – 옮긴이

7. CQRS(Command Query Responsibility Segregations): 명령 조회 책임 분리, CRUD 중에서 CUD를 명령으로, R을 조회로 구분해 처리하는 아키텍처 패턴 – 옮긴이

는 조직 정책이 존재하거나, 마이크로서비스의 기본 원칙을 실천하는 데 방해가 되는 조직 정책이 존재하는 경우에는 조직 프로세스가 순화되기 전에 마이크로서비스는 올바른 답이 아니다.

- 조직의 문화, 프로세스 등이 폭포수 모델, 긴 출시 주기, 복잡한 개발 팀 조직, 수동 배포 및 무거운 출시 절차, 인프라스트럭처 자동 구성 부재 등과 같은 전통적인 방식에 맞춰져 있다면 마이크로서비스를 적용하기에 적합하지 않다. 콘웨이의 법칙[Conway's law]에 의하면 조직의 구조와 그 조직이 만드는 소프트웨어에는 대단히 밀접한 연관성이 있다고 한다.

 콘웨이의 법칙에 대해서는 http://www.melconway.com/Home/Conways_Law.html을 참고한다.

■ 마이크로서비스를 일찍 도입한 조직: 공통점 탐구

많은 조직이 마이크로서비스 세상으로의 여행에 성공적인 첫 발을 내디뎠다. 이번 절에서는 이른 시기에 마이크로서비스 도입에 성공한 선두 주자들을 살펴보고, 왜, 무엇을, 어떻게 했는지 분석해본다. 인터넷에서 구할 수 있는 정보를 기반으로 뽑은 마이크로서비스를 일찍 도입한 조직의 목록은 다음과 같다.

- 넷플릭스(Netflix, www.netflix.com) 넷플릭스는 전 세계를 대상으로 주문형 미디어 스트리밍 서비스를 제공하는 회사며, 마이크로서비스 세계의 선구자이기도 하다. 넷플릭스는 전통적인 일체형 애플리케이션을 주로 만들던 자사의 많은 개발자들을 마이크로서비스를 만들어내는 작은 팀으로 재구성했다. 이렇게 만든 마이크로서비스들이 협업해서 수백만의 넷플릭스 고객에게 디지털 미디어를 스트리밍하고 있다. 일체형 방식의 개발을 해왔던 넷플릭스의

엔지니어들은 일체형 애플리케이션을 느슨하게 연결된 더 작은 단위로 나누는 데 많은 고생을 했고, 현재는 비즈니스 범위에 맞는 크기의 마이크로서비스들로 전체 서비스를 운영 중이다.

- **우버(Uber, www.uber.com)** 2008년에 설립된 국제 운송 네트워크 회사인 우버는 단일 코드 베이스로 된 일체형 아키텍처 시스템을 갖고 있었다. 모든 서비스가 일체형 애플리케이션 안에 내장돼 있었는데, 한 도시에서 다른 여러 도시로 사업을 확장하면서 새로운 도전에 직면하게 됐다. 우버는 일체형 시스템을 더 작은 독립적인 단위로 나누면서 SOA 기반의 아키텍처로 전환했다. 각 모듈이 서로 다른 팀에 배분됐고, 각자에게 맞는 언어, 프레임워크, 데이터베이스를 선택하게 했다. 그 결과 현재 많은 마이크로서비스가 RPC와 REST를 사용하는 생태계에 배포돼 운영되고 있다.

- **에어비앤비(Airbnb, www.airbnb.com)** 믿을 만한 숙박 마켓플레이스 분야의 선두 주자인 에어비앤비도 비즈니스에 필요한 모든 기능을 일체형 애플리케이션에서 운영했었다. 에어비앤비는 트래픽이 증가하자 확장성 이슈에 직면하게 됐다. 모든 기능을 담고 있는 단일한 코드 베이스는 관리하기가 너무 복잡했고, 관심사의 분리 원칙이 지켜지지 않았고, 성능 이슈에 직면하게 됐다. 에어비앤비는 자사의 일체형 애플리케이션을 서로 다른 배포 주기를 가진 분리된 장비에서 따로따로 운영되는 코드 베이스로 이뤄진 작은 조각들로 나눴다. 에어비앤비는 이런 작은 서비스들로 자체적인 마이크로서비스나 SOA로 이뤄진 생태계를 구축했다.

- **오비츠(Orbitz, www.orbitz.com)** 2000년에 설립된 온라인 여행 포털인 오비츠도 웹 계층, 비즈니스 계층, 데이터베이스 계층으로 이뤄진 일체형 아키텍처에서 출발했다. 사업을 확장하면서 일체형 아키텍처에서 발생하는 유지 관리성, 확장성 이슈에 직면하게 됐다. 오비츠는 지속적으로 아키텍처를 개선해 나갔고, 나중에는 일체형 애플리케이션을 더 작은 규모의 애플리케이션들로 나눌 수 있었다.

- 이베이(eBay, www.ebay.com) 1990년대에 설립돼 현재 세계 최대 온라인 판매자 중 하나가 된 이베이는 FreeBSD를 데이터베이스로 사용하고, 펄^{Perl}로 작성한 애플리케이션으로 시작했다. 사업이 점점 커지자 확장성이 이슈가 됐고, 아키텍처를 개선하는 데 지속적으로 투자해왔다. 2000년대 중반에 이베이는 기존 시스템을 자바와 웹 서비스에 기반을 둔 시스템으로 분해했다. 요구되는 확장성 수준을 충족시키기 위해 데이터베이스에 파티셔닝을 도입했고 기능들을 분리했다.

- 아마존(Amazon, www.amazon.com) 세계 최대 온라인 판매자 중 하나인 아마존도 2001년에 C++로 작성된 하나의 거대한 일체형 애플리케이션에서 운영되고 있었다. 모듈로 나눠진 많은 컴포넌트와 여러 개의 티어^{tier}로 구분해서 일체형 애플리케이션치고는 상당히 잘 설계된 아키텍처를 갖고 있었지만, 모든 컴포넌트가 높은 결합도를 갖고 있었다. 결과적으로 아마존은 개발 팀을 더 작은 그룹으로 쪼개는 것만으로는 개발 속도를 끌어 올릴 수 없었다. 아마존은 코드를 독립적인 기능으로 나눠 분리하고, 이를 웹 서비스로 감싸서 궁극적으로 마이크로서비스로 이행할 수 있었다.

- 길트(Gilt, www.gilt.com) 2007년에 설립된 온라인 쇼핑 사이트인 길트는 티어로 나눠진 일체형 레일즈^{Rails} 애플리케이션과 포스트그레^{Postgres} 데이터베이스를 사용하고 있었다. 다른 많은 사례와 마찬가지로 트래픽이 증가함에도 불구하고 웹 애플리케이션을 탄력적으로 운영할 수 없었다. 길트는 아키텍처를 점검하고 자바와 폴리글랏 데이터 저장 개념을 도입했다. 이를 통해 마이크로서비스 개념을 적용해서 시스템을 더 작은 많은 애플리케이션으로 나눌수 있었다.

- 트위터(Twitter, www.twitter.com) 2000년대 중반에 설립된 세계 최대 소셜 웹사이트 중 하나인 트위터는 3 티어로 구성된 일체형 레일즈 애플리케이션으로 시작했다. 나중에 사용자 수가 늘어나자 아키텍처 리팩토링을 실시했다. 이 과정을 거쳐서 트위터는 기존의 전통적인 웹 애플리케이션을 API 기반의

이벤트 기반 구조로 바꿀 수 있었다. 트위터는 스칼라와 자바, 폴리글랏 데이터 저장소로 구성된 마이크로서비스를 개발했다.

- 나이키(Nike, www.nike.com) 스포츠웨어 분야의 선두 주자인 나이키도 기존 일체형 애플리케이션을 마이크로서비스로 전환했다. 나이키도 다른 조직들과 마찬가지로 그리 안정적이지 않은 레거시 애플리케이션을 운영하고 있었다. 나이키는 레거시 애플리케이션을 안정화하겠다는 목표 달성을 위해 무거운 상용 제품을 도입했지만, 확장하는 데 비용이 많이 들고, 출시 주기는 길고, 배포하고 관리하는 데 너무 많은 수작업 노력이 필요한 일체형 애플리케이션을 만드는 데 그치고 말았다. 나중에 나이키는 마이크로서비스를 도입해서 개발 주기를 상당히 줄일 수 있었다.

공통적인 주제는 일체형의 전환

앞에서 언급한 기업들을 분석해보면 하나의 공통적인 주제를 발견할 수 있다. 모든 기업이 일체형 애플리케이션으로 시작했고, 일체형 애플리케이션 운영에서 맞닥뜨리는 한계에서 발견한 시사점을 토대로 마이크로서비스로 전환했다는 것이 바로 그 공통점이다. 오늘날에도 많은 스타트업들이 시작하기 쉽고 개념화하기 쉬운 일체형 애플리케이션으로 시작해서 사업 규모가 커지면 점차적으로 마이크로서비스로 천천히 전환하는 전략을 택하고 있다. 일체형에서 마이크로서비스로의 전환 시나리오에는 부가적인 이점이 있는데, 모든 정보가 앞단에 드러나 있어 순조롭게 리팩토링할 수 있다는 점이다.

앞에서 언급한 모든 기업이 일체형에서 마이크로서비스로의 전환이라는 공통점을 지니고 있지만, 그 촉매가 됐던 요소들은 조직마다 달랐다. 마이크로서비스로의 전환을 유도했던 요소로는 확장성의 부족, 긴 개발 주기, 프로세스 자동화, 유지 관리성 및 비즈니스 모델의 변경 등이 있다.

일체형에서 마이크로서비스로의 전환은 어느 정도 불가피한 면이 있어서 결정하기 어려운 일이 아니지만, 아예 처음부터 마이크로서비스로 만들기 시작하는 것도 좋은 방법이 될 수 있다. 처음부터 마이크로서비스로 시작하는 것 외에도 성과를 빨리 확인할 수 있는 작은 서비스를 덧붙여 나가는 것도 좋은 방법이다. 예를 들어 항공사의 화물 관리 전체를 아우르는 시스템에 트럭 서비스를 추가하거나, 판매자의 멤버십 포인트 시스템에 고객 포인트 산정 서비스를 추가하는 방식이다. 이 방식은 일체형 애플리케이션과 메시지를 주고받는 독립적인 마이크로서비스들로 구현될 수 있다.

많은 조직들이 고객을 사로잡는 핵심 비즈니스 애플리케이션에만 마이크로서비스를 사용하고, 나머지는 기존의 레거시 일체형 애플리케이션을 그대로 두는 방식을 취하기도 한다는 점도 기억해둘만 하다.

앞에서 살펴본 많은 조직들이 마이크로서비스 세상으로의 여행에서 각자 다른 수준의 성숙도를 갖고 있다는 점도 중요한 시사점이다. 이베이가 2000년대 초반에 일체형 애플리케이션에서 마이크로서비스로 전환할 때는 애플리케이션을 기능적으로 더 작고 독립적이고 배포 가능한 단위로 분리하는 데 주력했다. 단일 책임 원칙과 자율성이 그런 분리의 근간이 됐지만, 그 시대에 존재했던 기술과 도구들의 한계로 인해 아키텍처도 제약 받을 수밖에 없었다. 넷플릭스나 에어비앤비 같은 조직은 그들이 직면한 특정한 문제를 해결하는 데 필요한 역량을 자체적으로 만들어나갔다. 요약하면 앞에서 언급한 모든 회사가 진정한 마이크로서비스라고 할 수는 없겠지만, 더 작고 비즈니스 범위에 맞춰진 서비스로 구성돼 있다는 점에서는 마이크로서비스와 같은 특징을 지니고 있다.

'완전히 뚜렷하게 구분되거나 또는 궁극이라고 말할 수 있는 마이크로서비스'는 세상에 없다. 마이크로서비스는 일종의 여행이고, 날마다 성숙하고 있는 진화 과정이다. 대체 가능성 원칙은 아키텍트와 개발자가 늘 염두에 둬야 하는 기도문 같은 것이다. 가장 쉽게 일부를 교체할 수 있고, 교체에 드는 비용을 최소화할 수 있는 아키텍처를 만들어야 한다. 기업은 과장 광고에 현혹돼서 마이크로서비스를 개발하는 우를 범해서는 안 된다.

▎ 마이크로서비스 프레임워크

마이크로서비스는 이미 주류가 됐다. 마이크로서비스를 만들 때는 외부화된 로깅, 내장 HTTP 리스너, 헬스 체크 등 공통적으로 구현해야 할 몇 가지 횡단 관심사^{cross-cutting}가 있는데, 구현할 때 만만치 않는 노력이 필요하다. 마이크로서비스 프레임워크를 사용하면 횡단 관심사 구현에 드는 노력을 줄일 수 있다.

서버리스 컴퓨팅에서 언급한 것 말고도 여러 가지 마이크로서비스 프레임워크가 있고, 그 기능도 차이가 있다. 그래서 개발 목적에 적합한 프레임워크를 선정하는 것이 매우 중요하다.

스프링 부트, 드랍위자드^{Dropwizard}, 와일드플라이 스웜^{Wildfly Swarm}은 기업 수준의 HTTP/REST 마이크로서비스를 개발할 때 널리 사용된다. 하지만 이런 프레임워크는 대규모 마이크로서비스 개발에 필요한 최소한의 기능만을 제공한다. 스프링 부트는 스프링 클라우드와 함께 사용해야 더 복잡한 마이크로서비스의 기능을 사용할 수 있다. 스프링 프레임워크 5는 리액티브 웹 프레임워크로서 스프링 부트와 함께 사용해서 리액티브 스타일의 마이크로서비스를 만드는 데 많은 도움을 준다. **스프링 클라우드 스트림**도 마이크로서비스 개발에 자주 사용된다.

마이크로서비스 프레임워크를 선별해서 나열해보면 다음과 같다.

- 라이트벤드^{Lightbend}의 라곰^{Lagom}(www.lightbend.com/lagom)은 자바와 스칼라로 마이크로서비스를 개발할 때 사용할 수 있는 프레임워크로서 굉장히 다양하고 복잡한 기능을 제공한다.
- WSO2의 MSF4J^{Microservices Frameworks For Java}(github.com/wso2/msf4j)는 경량, 고성능 마이크로서비스 프레임워크다.
- 스파크^{Spark}(sparkjava.com)은 REST 서비스를 개발할 때 사용되는 마이크로 프레임워크다.
- 세네카^{Seneca}(senecajs.org)는 NodeJS로 REST 서비스를 쉽고 빠르게 만들 수 있

게 해주는 마이크로서비스 툴킷^{toolkit}이다.

- 버텍스^{Vert.x}(vertx.io)는 리액티브 마이크로서비스를 빠르게 만들 수 있게 해주는 폴리글랏 마이크로서비스 툴킷이다.

- 레스트릿^{Restlet}(restlet.com)은 REST 기반 API를 빠르고 효율적으로 만드는 데 사용되는 프레임워크다.

- 페이아라-마이크로^{Payara-micro}(payara.fixh)는 war 파일로 된 웹 애플리케이션을 만들고, 독립 설치형 모드로 글래스피쉬^{Glassfish} 위에서 실행하는 데 사용된다.

- 주비^{Jooby}(jooby.org)는 REST 기반 API를 만드는 데 사용되는 마이크로 웹 프레임워크다.

- 고패스트십^{Go-fastship}(github.com/valyala/fasthttp)은 REST 서비스 개발에 사용되는 고성능 HTTP 패키지다.

- 자바라이트^{Javalite}(javalite.io)는 HTTP 종단점을 중심으로 애플리케이션을 만드는 데 사용되는 프레임워크다.

- 맨틀^{Mantl}(mantl.io)은 시스코에서 만든 오픈소스 마이크로서비스 프레임워크다.

- 패브릭8^{Fabric8}(fabric8.io)은 레드햇에서 지원하는 프로젝트로 쿠버네티스^{Kubernetes} 위에서 구동되는 통합 마이크로서비스 플랫폼이다.

- 훅^{Hook}(hook.io)은 마이크로서비스 개발 플랫폼이다.

- 뱀프^{Vamp}(vamp.io)는 컨테이너 기반의 마이크로서비스를 관리하는 데 사용되는 오픈소스 플랫폼이다.

- 고킷^{Go Kit}(github.com/go-kit/kit)은 고 언어로 만들어진 마이크로서비스용 표준 라이브러리다.

- 마이크로^{Micro}(github.com/micro/micro)는 고 언어로 된 마이크로서비스 툴킷이다.

- 루멘^{Lumen}(lumen.laravel.com)은 경량 고속 마이크로 프레임워크다.

- 레스트엑스^{Restx}(restx.io)는 경량 REST 개발 프레임워크다.

- 기즈모^{Gizmo}(github.com/NYTimes/gizmo)는 고 언어로 된 리액티브 마이크로서

비스 프레임워크다.

- 애저 서비스 패브릭Azure service fabric(azure.microsoft.com/en-us/services/service-fabric)은 마이크로소프트에서 만든 마이크로서비스 개발 플랫폼이다.

마이크로서비스에 사용할 수 있는 프레임워크는 앞에서 나열한 것 외에도 콘테나Kontena, 길리엄Gilliam, 마그네틱Magnetic, 이벤튜에이트Eventuate, LSQ, 스텔리언트Stellient 등 많다.

이 책에서는 스프링 프레임워크를 사용해서 마이크로서비스를 구축하는 방법을 집중적으로 알아본다.

▌ 정리

2장에서는 마이크로서비스와 몇 가지 널리 사용되는 아키텍처 스타일의 관계에 대해 알아봤다.

서비스 지향 아키텍처, 12 요소 애플리케이션과 마이크로서비스의 관계를 알아보는 것으로 시작해서, 서버리스 컴퓨팅 아키텍처, 람다 아키텍처 같은 다른 아키텍처와 마이크로서비스의 관계도 살펴봤다. 클라우드와 데브옵스를 마이크로서비스에 적용할 때 얻을 수 있는 장점도 알아봤고, 실제로 마이크로서비스를 성공적으로 도입한 다양한 산업군에 속해 있는 기업의 사례도 살펴봤다. 마지막으로 계속 진화하고 있는 여러 가지 마이크로서비스 프레임워크도 알아봤다.

3장에서는 2장에서 배운 내용을 더 명확히 이해할 수 있게 몇 가지 예제 마이크로서비스를 실제로 구축해본다.

03

스프링 부트로 만드는
마이크로서비스

강력한 스프링 부트^{Spring Boot} 프레임워크 덕분에 마이크로서비스를 만드는 일은 더 이상 지겹고 따분한 일이 아니다. 스프링 부트는 자바로 실제 운영할 수 있는 수준의 마이크로서비스를 만들 수 있는 프레임워크다.

3장은 지금까지 설명한 마이크로서비스 관련 이론을 바탕으로 실제 코드 예제를 살펴보는 실습으로 구성했다. 먼저 스프링 부트 프레임워크를 소개하고, 1장에서 살펴봤던 마이크로서비스의 원칙과 특징에 맞게 RESTful 마이크로서비스를 만드는 데 스프링 부트가 어떤 역할을 하는지 알아본다. 마지막으로 마이크로서비스를 실제 운영에 사용할 수 있는 수준으로 만들어줄 수 있는 스프링 부트의 기능에 대해서도 살펴본다.

3장에서 다루는 내용은 다음과 같다.

- 최신의 스프링 개발 환경 구축
- 스프링 프레임워크 5와 스프링 부트를 활용한 RESTful 서비스 개발
- 스프링 웹플럭스^{WebFlux}와 스프링 메시징을 이용한 리액티브 마이크로서비스 개발
- 스프링 시큐리티와 OAuth2를 이용한 마이크로서비스 보안
- 크로스오리진^{Cross-origin} 마이크로서비스 구현
- 스웨거^{Swagger}를 이용한 마이크로서비스 문서화
- 실제 운영에 사용할 수 있는 마이크로서비스로 만들어주는 스프링 부트 액추에이터

▌ 개발 환경 구축

마이크로서비스 개념을 더 명확하게 이해하기 위해 몇 가지 마이크로서비스를 만들어 볼 것이다. 다음 컴포넌트들은 이미 설치돼 있다고 가정한다.

- **JDK 1.8**(http://www.oracle.com/technetwork/java/javase/downloads/jdk8-downloads-2133151.html)
- **Spring Tool Suite(STS) 3.8.2**(https://spring.io/tools/sts/all)
- **Maven 3.3.1**(https://maven.apache.org/download.cgi)

인텔리제이 아이디어^{IntelliJ IDEA}나 넷빈즈^{NetBeans}, 이클립스^{Eclipse} 같은 다른 IDE를 사용해도 된다. 메이븐 대신 그레이들을 사용할 수도 있다. 메이븐 저장소와 클래스 패스 및 다른 환경 변수들이 STS와 메이븐 프로젝트가 정상 동작하게 바르게 설정돼 있다고 가정한다.

2장에서 사용할 스프링 라이브러리의 버전은 다음과 같다.

- Spring Framework 5.0.0.RC1
- Spring Boot 2.0.0.M1

126

> 3장에서는 스프링 부트의 전체 기능을 알아보는 것보다는 마이크로서비스를 만드는 데 필요한 스프링 부트의 필수적인 주요 기능에 대해서만 이해하는 데 집중한다.

▎ 스프링 부트 RESTful 마이크로서비스 만들기

스프링 부트는 스프링 기반의 마이크로서비스를 빠르고 쉽게 만들 수 있게 스프링 개발 팀에서 만든 유틸리티 프레임워크다. 스프링 부트는 하나하나 직접 지정해야 하는 환경설정보다는 관례적으로 미리 정해진 접근 방식을 사용해서 애플리케이션 작성에 필요한 기본 코드와 환경설정에 드는 노력을 상당히 많이 줄여준다. 80:20 원칙에 따라 개발자들은 많은 환경설정 정보가 적절한 기본 값으로 설정된 스프링 애플리케이션을 쉽게 만들 수 있다. 기본 설정 값은 고정적이지 않으며, 개발자가 필요에 따라 언제든지 원하는 값으로 변경할 수 있게 돼 있다.

스프링 부트는 개발 속도를 높여주는 데 그치지 않고 서비스가 살아있는지 확인할 수 있는 헬스 체크health check나 서비스 상태 지표 등 실제 서비스 운영에 필요한 부가 기능도 함께 제공한다. 스프링 부트는 많은 환경설정 파라미터의 기본 값을 제공하고, 저수준 구현 내용을 추상화해서 에러 발생 가능성을 어느 정도 줄여준다. 스프링 부트는 클래스 패스에 저장돼 있는 라이브러리를 기반으로 애플리케이션의 성질nature을 파악하고, 클래스 패스에 저장돼 있는 라이브러리에 패키징돼 있는 자동 환경설정 클래스들을 실행한다.

이런 특징 때문에 많은 개발자들이 스프링 부트를 일종의 코드 자동 생성기code generator로 오해하기도 하는데, 스프링 부트는 메이븐에서의 POM 파일과 같은 빌드 파일을 자동 생성할 뿐이다. 또한 일반적인 관례에 따라 정해진 기본 값으로 데이터 소스 등을 지정한다.

pom.xml 파일에 있는 다음 의존 관계를 살펴보자.

```
<dependency>
    <groupId>org.springframework.boot</groupId>
    <artifactId>spring-boot-starter-data-jpa</artifactId>
</dependency>

<dependency>
    <groupId>org.hsqldb</groupId>
    <artifactId>hsqldb</artifactId>
    <scope>runtime</scope>
</dependency>
```

스프링 부트는 이 pom.xml 파일을 보고 이 애플리케이션이 스프링 데이터 JPA와 HSQL 데이터베이스를 사용할 것이라는 것을 알아채고, 드라이버 클래스와 DB 연결 파라미터를 알아서 설정한다.

스프링 부트에서 한 가지 매우 중요한 특징은 전통적으로 사용되던 대부분의 XML 설정을 제거했다는 점이다. 또한 스프링 부트는 실행 시 의존하는 모든 라이브러리를 하나의 실행 가능한 JAR 파일 안에 모두 패키징함으로써 마이크로서비스 개발을 가능하게 해준다.

▌ 스프링 부트 시작

여러 가지 방식으로 스프링 부트 개발을 시작할 수 있는데, 주요 방법은 다음과 같다.

- 스프링 부트 CLI 커맨드라인 도구 사용
- 스프링 부트를 바로 사용할 수 있게 지원하는 **스프링 툴 스위트**^{STS, Spring Tool Suite}와 같은 IDE 사용

- http://start.spring.io에서 제공되는 스프링 이니셜라이저^{Spring Initializer} 프로젝트 활용
- http://sdkman.io에서 제공되는 SDKMAN^{Software Development Kit Manager} 사용

2장에서는 다양한 예제를 통해 앞에서 말한 3가지 방식 모두 다뤄본다.

▌스프링 부트 마이크로서비스 개발

스프링 부트 애플리케이션을 가장 쉽게 만들어서 확인할 수 있는 방법은 커맨드라인 도구인 스프링 부트 CLI를 사용하는 방법이다.

다음 과정을 따라 스프링 부트 CLI를 설치하고 실행해보자.

1. https://repo.spring.io/milestone/org/springframework/boot/spring-boot-cli/2.0.0.M1/에서 spring-boot-cli- 2.0.0.M1-bin.zip 파일을 다운로드한다.
2. 원하는 디렉토리에 저장한 후 압축을 풀고, 터미널 윈도우를 열어 bin 폴더로 이동한다.

> bin 폴더를 시스템 경로에 추가해두면 어디에서나 스프링 부트를 실행할 수 있다.
> 또는 bin 폴더에서 ./spring 명령으로 실행할 수 있다.

3. 다음 명령을 실행해서 설치 성공 여부를 확인한다. 설치가 잘 됐다면 다음과 같은 결과를 볼 수 있다.

```
$spring --version
Spring CLI v2.0.0.M1
```

4. 다음 단계에서는 스프링 부트에서 바로 사용할 수 있게 지원해주는 Groovy로 REST 서비스를 신속하게 만들어본다. 다음 코드를 복사해서 에디터에 붙여 넣고 아무 폴더에나 myfirstapp.groovy 파일로 저장한다.

```groovy
@RestController
class HelloworldController {
    @RequestMapping("/")
    String sayHello() {
        return "Hello World!"
    }
}
```

5. 방금 Groovy로 작성한 애플리케이션을 실행하려면 myfirstapp.groovy 파일이 저장된 폴더로 이동해서 다음 명령을 실행한다.[1] 애플리케이션의 실행과 함께 표시되는 서버의 로그는 다음과 비슷할 것이다.

```
$spring run myfirstapp.groovy
2016-12-16 13:04:33.208 INFO 29126 --- [ runner-0]
s.b.c.e.t.TomcatEmbeddedServletContainer : Tomcat started on port(s):
8080 (http)
2016-12-16 13:04:33.214 INFO 29126 --- [ runner-0]
o.s.boot.SpringApplication : Started application in 4.03 seconds (JVM
running for 104.276)
```

6. 브라우저를 실행해서 http://localhost:8080으로 이동하면 다음과 같은 메시지가 표시된다.

```
Hello World!
```

---

1. java 9로 실행하면 에러가 발생한다. https://github.com/spring-projects/spring-boot/issues/10445 참고 – 옮긴이

앞에서 설명한 절차를 모두 따라 해도 아무런 war 파일이 생성되지 않으며, 아무런 톰캣 서버도 실행되지 않는다. 스프링 부트가 자동으로 톰캣을 웹서버로 선택하고 애플리케이션에 내장한다. 이렇게 실행된 애플리케이션은 아주 기본적인 최소한의 마이크로서비스라고 할 수 있다. 앞의 코드에서 사용된 @RestController 애노테이션은 다음 예제에서 자세히 살펴본다.

▌ 첫 번째 스프링 부트 마이크로서비스 개발

이 절에서는 STS를 활용해서 자바 기반의 REST/JSON 스프링 부트 서비스를 만들어 본다.

 이번 절에서 사용하는 전체 소스코드는 https://github.com/rajeshrv/Spring5 Microservice의 chapter3/chapter3.bootrest 프로젝트에 있다.

1. STS를 열고 Package Explorer 창에서 마우스 오른쪽 클릭하고 New ▶ Spring Starter Project를 클릭한다.

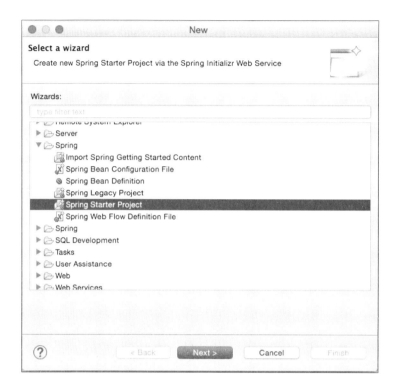

2. Spring Starter Project는 애플리케이션에서 사용할 라이브러리를 선택할 수 있게 해주는 기본적인 템플릿 마법사라고 할 수 있다.

3. 프로젝트 이름을 chapter3.bootrest 또는 원하는 이름으로 지정한다. 패키징 타입을 JAR로 지정하는 것이 중요하다. 전통적인 웹 애플리케이션에서는 WAR 파일이 생성되고 서블릿 컨테이너에 배포돼 서비스되는 구조인데, 스프링 부트 패키지는 HTTP 리스너를 포함한 모든 의존성이 자체적인 하나의 자기 완비적이고 자율적인 JAR 파일에 저장된다.

4. 자바 버전은 1.8을 선택한다. 스프링 5 이상의 애플리케이션에서는 자바 1.8을 사용하는 것이 좋다. Group, Artifact, Package 등의 값을 다음 화면을 참고해서 적절히 입력한다.

5. 입력을 완료한 후 Next를 클릭한다.

6. 구성 마법사는 선택할 수 있는 라이브러리 옵션을 보여준다. 이번 예제에서는 REST 서비스를 만들 예정이므로 Web 분류에 있는 Web을 선택한다. 이렇게 하면 스프링 부트에게 스프링 MVC 웹 애플리케이션을 만들 예정이라는 것을 알려주며, 스프링 부트는 톰캣 등 필요한 라이브러리와 환경설정 정보를 포함 하게 된다.[2]

---

2. Spring Boot Version이 그림에는 2.0.0.M1으로 나와 있지만, 2017년 12월 현재 2.0.0.M1은 선택할 수 없고 2.0.0.M7을 선택할 수 있으므로 2.0.0.M7을 선택한다. - 옮긴이

7. Next를 클릭한다.

8. STS Package Explorer에 다음과 같이 chapter3.bootrest 프로젝트가 생성
된다.

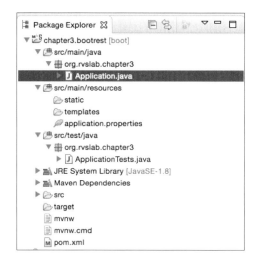

9. 자동으로 생성된 여러 파일 중에서 pom.xml 파일을 먼저 살펴보자. parent 요소는 재미있는 부분 중 하나다.

```
<parent>
   <groupId>org.springframework.boot</groupId>
   <artifactId>spring-boot-starter-parent</artifactId>
   <version>2.0.0.M1</version>
</parent>
```

spring-boot-starter-parent 패턴은 메이븐^{Maven}의 의존성 관리에서 사용되는 BOM ^{bill of materials} 패턴이다. BOM은 POM 파일의 특수한 예로, 프로젝트에 필요한 라이브러리의 서로 다른 버전을 관리하는 데 사용된다. spring-boot-starter-parent POM 파일을 사용할 때 얻을 수 있는 장점은 스프링,저지^{Jersey}, 제이유닛^{JUnit}, 로그백^{Logback}, 하이버네이트^{Hibernate}, 잭슨^{Jackson} 등과

같은 라이브러리에서 어떤 버전을 사용해야 되는지 개발자가 고민할 필요가 없게 해준다는 점이다.

starter POM 파일은 스프링 부트 의존 관계 목록과 합리적인 자원 필터링, 메이븐 빌드에 필요한 플러그인 환경설정으로 구성돼 있다.

> startet parent 2.0.0에서 제공되는 의존 관계는 다음 링크를 참고한다.
> https://github.com/spring-projects/spring-boot/blob/a9503abb94b203a7175
> 27b81a94dc9d3cb4b1afa/spring-boot-dependencies/pom.xml
> 앞의 링크에서 명시된 모든 의존 관계는 필요하다면 다른 것으로 교체할 수 있다.

starter POM 파일은 그 자체로는 프로젝트에 JAR로 된 의존 관계를 추가하지 않고, 라이브러리의 버전만 추가한다. 결과적으로 POM 파일에 의존 관계가 추가되면 starter POM 파일에서 버전 정보를 가져온다. 버전 정보는 다음과 같은 형식으로 지정돼 있다.

```
<activemq.version>5.14.5</activemq.version>
<commons-collections.version>3.2.2</commons-collections.version>
<hibernate.version>5.2.10.Final</hibernate.version>
<jackson.version>2.9.0.pr3</jackson.version>
<mssql-jdbc.version>6.1.0.jre8</mssql-jdbc.version>
<spring-amqp.version>2.0.0.M4</spring-amqp.version>
<spring-security.version>5.0.0.M1</spring-security.version>
<thymeleaf.version>3.0.6.RELEASE</thymeleaf.version>
<tomcat.version>8.5.15</tomcat.version>
```

pom.xml 파일에서 다음 코드를 보면 두 개의 dependency만으로도 깨끗하고 단정하게 구성된 것을 볼 수 있다.

```
<dependencies>
    <dependency>
        <groupId>org.springframework.boot</groupId>
        <artifactId>spring-boot-starter-web</artifactId>
    </dependency>
    <dependency>
        <groupId>org.springframework.boot</groupId>
        <artifactId>spring-boot-starter-test</artifactId>
        <scope>test</scope>
    </dependency>
</dependencies>
```

프로젝트를 생성할 때 Web을 선택했으므로 spring-boot-starter-web이 스프링 MVC 프로젝트에 필요한 모든 의존 관계를 추가한다. 여기에는 톰캣 같은 HTTP 리스너도 포함된다. 이렇게 하면 하나의 꾸러미를 통해 필요한 모든 라이브러리를 받을 수 있으므로 꽤 효과적인 방법이라고 할 수 있다. 톰캣을 제티로 교체할 수 있는 것처럼 개별적인 의존 관계는 다른 라이브러리로 대체될 수 있다.

web과 비슷하게 스프링 부트에는 amqp, aop, batch, data-jpa, thymeleaf 등이 `spring-boot-starter-*`의 형태로 제공된다.

pom.xml 파일에서 살펴볼 마지막 내용은 자바 8과 관련된 속성이다. POM 파일은 기본 값으로 자바 6을 지정하고 있지만, 스프링 5를 사용하려면 다음과 같이 자바 8로 변경하는 것이 좋다.[3]

10. Application.java 파일을 살펴보자. `<java.version>1.8</java.version>`은 기본적으로 src/main/java 폴더에 애플리케이션을 구동할 수 있는 org.rvslab. chapter3.Application.java 파일을 자동으로 생성한다.

```
@SpringBootApplication
public class Application {
    public static void main(String[] args) {
        SpringApplication.run(Application.class, args);
    }
}
```

Application.java 파일에는 `main` 메소드 하나밖에 없는데, 자바 애플리케이션이 시작될 때 호출된다. `main` 메소드는 `SpringApplication`의 `run` 메소드를 호출해서 애플리케이션의 기동에 필요한 부트스트랩[bootstrap]을 수행한다. 스프링 부트는 `run` 메소드에 인자로 전달되는 `Application.class`를 애플리케이션의 최상위 컴포넌트로 인식한다.

더 중요한 점은 이런 모든 작업이 `@SpringBootApplication` 애노테이션에 의해 작동된다는 사실이다. `@SpringBootApplication` 애노테이션은 다음 코드에서 볼 수 있는 것처럼 세 가지의 다른 애노테이션을 캡슐화하고 있는 최상위 애노테이션이다.

---

3. 4번 과정에서 자바 버전을 1.8로 지정하면 따로 변경할 필요 없다. – 옮긴이

```
@Configuration
@EnableAutoConfiguration
@ComponentScan
public class Application {
```

@Configuration 애노테이션이 붙은 클래스는 하나 이상의 @Bean을 정의하고 있음을 알려주며, @Component 애노테이션을 포함하고 있어서 컴포넌트 스캐닝의 대상이 된다.

@EnableAutoConfiguration 애노테이션은 스프링 부트가 클래스 패스에 있는 의존 관계를 기준으로 스프링 애플리케이션의 환경을 자동으로 구성하게 한다.

11. 이번엔 application.properties 파일을 살펴보자. 애플리케이션 속성 정보를 담고 있는 application.properties 파일은 src/main/resources 폴더 아래에 생성된다. 이 파일은 스프링 부트 애플리케이션에 필요한 모든 속성 정보를 담은 매우 중요한 파일이다. 처음에는 비어있는 파일로 생성되는데, 3장의 내용 전개와 함께 application.properties 파일의 내용도 조금씩 채워갈 것이다.

12. 이번에는 src/test/java 아래에 있는 ApplicationTests.java 파일을 살펴보자. 이 파일에는 스프링 부트 애플리케이션을 테스트할 수 있는 테스트 케이스가 추가된다.

13. 이제 REST 종단점을 만들어보자. src/main/java 폴더 아래에 있는 Application.java 파일을 편집해서 RESTful 서비스 구현을 추가할 수 있다. 이번에 만들 RESTful 서비스는 앞 절에서 만들었던 것과 완전히 동일하다. 다음 코드를 Application.java 파일의 마지막 부분에 추가한다.

```
@RestController
class GreetingController{
```

```
@GetMapping("/")
Greet greet(){
    return new Greet("Hello World!");
}
}

class Greet{
    private String message;
    public Greet() {}
    public Greet(String message){
        this.message = message;
    }

    //getter 또는 setter 추가
}
```

14. STS 메인 메뉴에서 Run As ❯ Spring Boot App을 클릭하면 다음과 같이 애플리케이션이 실행되며, 8080번 포트에서 톰캣이 구동된다.

15. 화면에 표시되는 로그에서 다음의 내용을 파악할 수 있다.

   ◌ 스프링 부트가 자신만의 프로세스 ID를 가진다(이 경우에는 3909).

   ◌ 스프링 부트가 실행되면 톰캣 서버가 8080 포트에서 함께 시작된다.

   ◌ 브라우저를 열고 http://localhost:8080에 접속하면 다음과 같은 JSON 응답을 화면에서 볼 수 있다.

앞에서 살펴본 레거시 방식의 서비스와 가장 많이 다른 점은 스프링 부트 서비스가 자기 완비적이라는 점이다. 더 명확하게 말하면 스프링 부트 애플리케이션을 STS 밖에서도 실행할 수 있다는 점이다.

터미널 창을 열고 프로젝트 폴더로 가서 다음의 메이븐 명령을 실행해보자.

```
$ mvn install
```

앞의 메이븐 명령 실행이 완료되면 프로젝트의 target 폴더에 JAR 파일이 생성된다. 앞서 실행했던 스프링 부트 애플리케이션을 종료한 후에 터미널 창에서 다음 명령을 실행해보자.

```
$ java -jar target/bootrest-0.0.1-SNAPSHOT.jar
```

bootrest-0.0.1-SNAPSHOT.jar 파일은 자기 완비적이며 독립형standalone 애플리케이션으로 실행될 수 있다. JAR 파일의 크기는 14메가 정도로 가볍다. 기능적으로는 "Hello World"를 화면에 표시하는 것밖에 없지만, 마이크로서비스의 원칙을 실질적으로 준수하고 있는 스프링 부트 서비스를 개발했다고 할 수 있다.

스프링 부트 마이크로서비스 테스트

REST/JSON 기반의 스프링 마이크로서비스를 테스트할 수 있는 방법은 여러 가지가 있다. 가장 쉬운 방법은 웹 브라우저나 curl 명령으로 다음과 같이 서비스 URL에 직접 접속하는 것이다.

```
$ curl localhost:8080
```

RESTful 서비스를 테스트할 수 있는 도구로는 포스트맨^{Postman}, 어드밴스드 REST 클라이언트^{Advanced REST client}, SOAP UI, 포^{Paw} 등이 있다.

이번 예제에서는 스프링 부트에 의해 자동으로 생성된 클래스에 서비스를 테스트할 수 있는 코드를 작성할 것이다.

ApplicationTests.java 파일에 다음과 같이 테스트 케이스 코드를 추가한다.

```java
@RunWith(SpringRunner.class)
@SpringBootTest(webEnvironment = WebEnvironment.RANDOM_PORT)
public class ApplicationTests {
    @Autowired
    private TestRestTemplate restTemplate;
    @Test
    public void testSpringBootApp() throws JsonProcessingException,
    IOException {
        String body = restTemplate.getForObject("/", String.class);
        assertThat(new ObjectMapper().readTree(body)
            .get("message")
            .textValue())
            .isEqualTo("Hello World!");
    }
}
```

@SpringBootTest 애노테이션은 스프링 부트 애플리케이션을 테스트할 때 사용하는데, 테스트 실행 시 스프링 부트의 기능을 활용할 수 있게 해준다. webEnvironment-WebEnvironment.RANDOM_PORT는 스프링 부트 애플리케이션이 랜덤으로 정해진 포트 번호를 사용해서 실행되게 한다. 이 기능은 회귀 테스트^{regression test}로서 스프링 부트 서비스를 실행할 때 유용하다. RESTful 서비스를 테스트하는 데 TestRestTemplate을

사용할 수도 있다. `TestRestTemplate`은 HTTP 클라이언트의 세부 구현 내용을 추상화한 유틸리티 클래스로서 스프링 부트가 애플리케이션이 사용하는 포트를 자동 인식할 수 있다.

터미널 창에서 프로젝트 폴더로 이동한 다음 `mvn install`을 실행하면 테스트 코드가 실행된다.

▌ 스프링 부트 마이크로서비스에 HATEOAS 기능 추가

이번 예제에서는 스프링 이니셜라이저^{Spring Initializer}를 이용해서 스프링 부트 프로젝트를 만들어본다. 스프링 이니셜라이저는 STS의 프로젝트 마법사를 대체할 수 있고, 각 정보 설정을 위한 웹 UI 화면을 제공해주며, 스프링 프로젝트를 생성해준다. 스프링 이니셜라이저 웹사이트에서 생성한 프로젝트는 어떤 IDE에서든 가져와서 사용할 수 있다.

이번 예제에서는 REST 기반의 서비스를 위해 HATEOAS^{Hypermedia As The Engine Of Application State} 개념과 HAL^{Hypertext Application Language} 브라우저를 사용한다.

HATEOAS는 UI와 백엔드 서비스 사이에 밀접한 관련을 맺고 있는 대화형^{conversational} 스타일의 마이크로서비스를 만드는 데 유용하다.

HATEOAS는 내비게이션^{navigation} 링크가 응답에 포함돼 제공되는 REST 서비스 패턴이다. 클라이언트 애플리케이션이 상태를 결정하고, 상태의 일부로서 서버로부터 제공되는 URL을 따라 이동한다. 이 방식은 클라이언트가 사용자의 화면 이동 패턴에 기반을 두고 필요한 추가 정보를 다운로드하는 반응형 모바일 또는 웹 애플리케이션에서 특히 더 유용하다.

HAL 브라우저는 hal+json 데이터를 사용할 수 있는 작고 가벼운 브라우저다. HAL은 JSON을 바탕으로 자원 사이의 하이퍼링크를 표현하는 관례를 정의한다. HAL은 API

를 통한 자원 탐색과 발견을 더 쉽게 해준다.

 이번 예제의 전체 소스코드는 https://github.com/rajeshrv/Spring5Microservice
의 chapter3/chapter3.boothateoas 프로젝트에 있다.

스프링 이니셜라이저를 이용해서 HATEOAS 예제를 만드는 구체적인 과정은 다음과
같다.

1. 스프링 이니셜라이저를 사용하기 위해 https://start.spring.io에 접속한다.

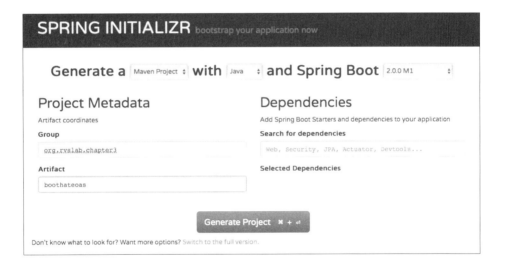

2. 메이븐 프로젝트 여부, 스프링 부트 버전, 그룹, 아티팩트^{artifact} ID 등의 프로젝
트 세부 정보를 앞의 그림에서와 같이 입력하고, Generate Project 버튼 아래
에 있는 Switch to the full version 링크를 클릭한 후에 다음 그림과 같이 Web,
HATEOAS, Rest Repositories HAL Browser를 선택한다. 자바 버전을 8로 하
고 패키지 타입은 JAR로 지정한다.

```
Web

☑ Web
  Full-stack web development with Tomcat and Spring MVC

☐ Websocket
  Websocket development with SockJS and STOMP

☐ Web Services
  Contract-first SOAP service development with Spring Web Services

☐ Jersey (JAX-RS)
  RESTful Web Services framework

☐ Ratpack
  Spring Boot integration for the Ratpack framework

☐ Vaadin
  Vaadin java web application framework

☐ Rest Repositories
  Exposing Spring Data repositories over REST via spring-data-rest-webmvc

☑ HATEOAS
  HATEOAS-based RESTful services

☑ Rest Repositories HAL Browser
  Browsing Spring Data REST repositories in your browser

☐ Mobile
  Simplify the development of mobile web applications with spring-mobile

☐ REST Docs
  Document RESTful services by combining hand-written and auto-generated
```

3. Generate Project 버튼을 클릭하면 메이븐 프로젝트가 생성되며, 브라우저에 지정된 다운로드 위치에 ZIP 파일로 다운로드된다.

4. 압축을 풀고 원하는 위치에 저장한다.

5. STS를 열고 File 메뉴에서 Import를 클릭한다.

6. Maven ❭ Existing Maven Projects를 선택하고 Next를 클릭한다.

7. 루트 디렉토리에 있는 Browse 버튼을 클릭하고, 다운로드받아 압축을 푼 폴더를 선택한 후 Finish를 클릭하면 STS의 Package Explorer에 프로젝트가 로딩된다.

8. BoothateoasApplication.java 파일에 다음과 같이 REST 종단점을 추가한다.

```
@RestController
class GreetingController{
  @RequestMapping("/greeting")
  @ResponseBody
  public HttpEntity<Greet> greeting(@RequestParam(value = "name",
        required = false, defaultValue = "HATEOAS") String name) {
```

```
            Greet greet = new Greet("Hello " + name);
            greet.add(linkTo(
                    methodOn(GreetingController.class)
                    .greeting(name))
                    .withSelfRel()
            );
            return new ResponseEntity<Greet>(greet, HttpStatus.OK);
        }
    }
```

9. 이번에 만드는 GreetingController 클래스는 앞의 예제에서 만든 것과 같다
   는 점에 주목하자. 하지만 이번에는 greeting이라는 메소드가 추가됐다. 이
   메소드 안에서는 필수가 아닌 선택적인 요청 파라미터가 추가됐는데, 기본
   값을 HATEOAS로 지정했다. 다음 코드는 응답 JSON에 링크를 추가한다. 이
   예제에서는 동일한 API에 링크를 추가한다.

10. 다음 코드는 자기 자신을 가리키는 웹 링크인 "href": "http://localhost:
    8080/greeting?name=HATEOAS"를 Greet 객체에 추가한다.

```
greet.add(linkTo(
    methodOn(GreetingController.class)
        .greeting(name))
        .withSelfRel()
);
```

링크를 추가하려면 Greet 클래스는 다음과 같이 ResourceSupport를 상속해
야 한다. 그 외의 나머지 부분 코드는 앞의 chapter3.bootrest 예제에서 만
든 것과 같다.

```
class Greet extends ResourceSupport {
```

11. add 메소드는 ResourceSupport의 메소드다. linkTo와 methodOn 메소드
    는 컨트롤러 클래스에 대한 링크를 생성할 수 있는 유틸리티 클래스인
    ControllerLinkBuilder의 정적 메소드다. methodOn 메소드는 더미[dummy] 메소
    드를 호출하고, linkTo 메소드는 컨트롤러 클래스에 대한 링크를 생성한다. 이번
    예제에서는 컨트롤러 클래스 자신을 가리키기 위해 withSelfRel을 사용한다.

12. 이렇게 생성된 링크는 기본 값이 /greeting?name=HATEOAS가 된다. 클라이언
    트는 이 링크를 통해 다른 API를 호출할 수 있다.

13. 프로젝트를 스프링 부트 애플리케이션으로서 실행하고, 서버 구동이 완료되
    면 브라우저에서 http://localhost:8080에 접속한다.

14. 브라우저에 HAL 브라우저 화면이 표시되고, Explorer 입력란에 /greeting?
    name=World를 입력하고 Go 버튼을 클릭한다. 여기까지 작업이 모두 정상적
    으로 수행됐다면 HAL 브라우저에 다음 스크린샷과 같이 응답 상세 정보가
    표시될 것이다.

앞의 스크린샷에서 볼 수 있는 것처럼 Response Body에는 href가 현재와 동일한 서비스 URL을 가리키고 있는데, 앞에서 withSelfRel을 통해 자기 자신을 가리키게 했기 때문이다. Links에는 self 옆에 작은 녹색 박스가 있는데, 화면을 이동할 수 있는 링크다.

이번에 만든 단순한 예제에서는 링크가 많지 않아 HATEOAS의 장점이 별로 와 닿지 않을 수 있는데, 연관된 엔티티가 많은 대규모 애플리케이션에서는 이런 링크를 제공하면 사용성을 높일 수 있다. 클라이언트는 제공되는 링크를 타고 이런 엔티티 사이를 앞뒤로 쉽게 이동할 수 있다.

■ 리액티브 스프링 부트 마이크로서비스

2장에서 나왔던 리액티브 마이크로서비스는 기본적으로 마이크로서비스 생태계의 비동기적 통합이 필요하다고 강조한다. 외부 서비스 호출에서 리액티브 스타일 프로그래밍의 장점이 더 많이 드러나지만 리액티브 원칙은 자원 사용 효율 개선, 확장성 확보의 효과를 가져오므로 어떤 소프트웨어 개발에서도 중요하다.

리액티브 마이크로서비스를 만드는 방법은 두 가지가 있다. 하나는 스프링 프레임워크 5에서 제공하는 스프링 웹플럭스^{Spring WebFlux}를 사용하는 것이다. 이 방법은 리액티브 스타일의 웹서버를 마이크로서비스에 사용한다. 두 번째 방법은 마이크로서비스 사이의 비동기적 상호작용에 래빗엠큐^{RabbitMQ} 같은 메시징 서버를 사용하는 것이다.

스프링 웹플럭스를 활용한 리액티브 마이크로서비스

자바 리액티브 프로그래밍은 리액티브 스트림 명세에 바탕을 두고 있다. 리액티브 스트림 명세는 따로 떨어져 있는 컴포넌트 사이의 비동기 스트림 처리나 이벤트 흐름을 논블로킹^{non-blocking} 방식으로 처리하기 위한 문법을 정의한다.

일반적인 옵저버^{Observer} 패턴과는 달리 리액티브 스트림에는 시퀀스의 처리, 완료 알림, 실패 시 배압^{backpressure} 적용 등이 추가된다. 배압이 지원되면 받는 쪽에서는 보내는 쪽에 얼마만큼의 데이터를 소화할 수 있는지 알릴 수 있다. 받는 쪽에서는 데이터가 처리될 준비가 됐을 때만 데이터를 받을 수도 있다. 리액티브 스트림은 서로 다른 컴포넌트 사이에 서로 다른 스레드 풀을 다뤄야 할 때나 느린 컴포넌트와 빠른 컴포넌트를 통합해야 할 때 많은 도움을 준다.

리액티브 스트림 명세는 자바 9의 java.util.concurrent.Flux 패키지에 적용됐다. 플럭스(Flux) 패키지에 사용되는 문법은 결과 값을 컬렉션화하는 람다식을 사용하는 자바 8의 CompletableFuture와 비슷하다.

리액티브 프로그래밍 원칙은 스프링 프레임워크 5의 핵심인 웹플럭스에 담겨있다. 스프링 5 웹플럭스는 리액티브 스트림 명세에 바탕을 두고 있다. 스프링의 웹 리액티브 프레임워크는 리액터^{Reactor} 프로젝트(https://projectreactor.io)를 사용해서 리액티브 프로그래밍을 구현한다. 리액터는 리액티브 스트림 명세의 구현체. 스프링 프레임워크를 사용하면 개발자는 리액터 대신 알엑스자바^{RxJava}를 사용할 수도 있다.

이 절에서는 스프링 5 웹플럭스 라이브러리를 활용해 리액티브 스프링 부트 마이크로서비스를 만드는 방법을 알아본다. 웹플럭스 라이브러리를 통해 개발자는 콜백 메소드를 사용하지 않고도 비동기, 논블로킹 HTTP 서버와 완전한 배압을 사용할 수 있다. 이 방식이 모든 상황에 들어맞는 만병통치약은 아니며, 적절하지 않게 사용되면 서비스의 품질에 악영향을 끼칠 수 있다는 점에 유의해야 한다. 또한 개발자는 데이터를 받아가는 다운스트림 컴포넌트가 완전한 리액티브 프로그래밍을 지원하는지 반드시 확인해야 한다.

리액티브 프로그래밍의 진정한 힘을 제대로 사용하려면 리액티브 구조체가 클라이언트에서 뒷단의 리파지토리^{repository}까지 전 구간을 흐를 수 있어야 한다. 이는 느린 클라이언트가 리액티브 서버에 붙으면 리파지토리에서 데이터를 읽어서 반환하는 속도를 느린 클라이언트의 속도에 맞게 늦출 수 있다는 것을 의미한다.

 이 책 집필 시점에 스프링 데이터 케이(Spring Data Kay) M1 버전이 몽고디비 (MongoDB), 아파치 카산드라(Apache Cassandra), 레디스(Redis)용 리액티브 드라이버를 지원하고 있다. 리액티브 CRUD 리파지토리인 ReactiveCrudRepository는 리액티브 리파지토리를 쉽게 구현할 수 있게 도와준다.

스프링 웹플럭스로 스프링 부트 애플리케이션을 구현하는 데는 두 가지 옵션이 있다. 첫 번째는 @Controller 등 일반적으로 스프링 부트에서 사용하는 애노테이션 방식이고, 두 번째는 자바 8 스타일의 함수형 프로그래밍 방식이다.

첫 번째 방식인 웹플럭스와 애노테이션을 사용하는 리액티브 프로그래밍 방식으로 예제를 만들어보자.

 소스코드는 https://github.com/rajeshrv/Spring5Microservice의 chapter3/chapter3. webflux 프로젝트에 있다.

리액티브 스프링 부트 애플리케이션을 만드는 방법을 순서대로 알아보자.

1. https://start.spring.io에 가서 새 스프링 부트 프로젝트를 생성한다.[4]
2. Web 관련 컴포넌트 선택 화면에서 Reactive Web을 선택한다.

---

4. 스프링 부트 버전은 2.0.0 M7를 선택하고, Group은 org.rvslab을 입력하고, Artifact는 chapter3.webflux 를 입력한다. - 옮긴이

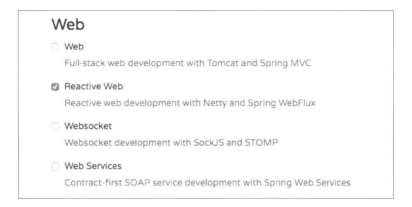

3. 프로젝트를 생성하고 새로 생성한 프로젝트를 STS로 임포트^{import}한다.

4. pom.xml 파일을 열어보면 spring-boot-starter-web 대신에 스프링 웹플럭스를 담고 있는 spring-boot-starter-webflux가 있음을 확인할 수 있다.

```
<dependency>
    <groupId>org.springframework.boot</groupId>
    <artifactId>spring-boot-starter-webflux</artifactId>
</dependency>
```

5. 앞에서 다룬 예제인 chapter3.bootrest에 있던 GreetingController 클래스와 Greet 클래스를 Application.java에 추가한다.

6. 프로젝트를 실행하고 http://localhost:8080에 접속해서 정상적으로 응답이 표시되는지 확인한다.

7. RestController에 리액티브 API를 추가해보자. 다음과 같이 Mono 구조체를 추가한다.

```
@RequestMapping("/")
Mono<Greet> greet(){
    return Mono.just(new Greet("Hello World!"));
}
```

이번에는 Mono를 응답 바디^{response body}로 반환하는데, 이는 비동기 논블로킹 모드에서 모노가 일을 마친 후에만 Greet 객체가 직렬화된다는 것을 의미한다. 이 메소드는 모노를 사용하므로 단 하나의 확정적인 아이템만 생성한다.

앞의 greet 메소드에서는 객체 역직렬화^{deserialization}가 끝난 직후에 실행될 로직을 선언하는 데 모노를 사용하고 있다. 모노를 여러 개의 콜백 메소드와 함께 0 또는 1개의 객체를 담는 지연된^{deferred} 플레이스홀더^{placeholder}라고 생각할 수 있다. 모노가 컨트롤러 메소드에 파라미터로 사용되면 그 메소드는 직렬화가 끝나기 전에 실행될 수도 있다. 컨트롤러에 있는 코드는 우리가 모노 객체로 뭘 하려하는지 결정한다. 모노 대신에 플럭스^{Flux}를 사용할 수도 있다. 모노와 플럭스 구조체 모두 다음 절에서 자세히 설명한다.

이제 클라이언트를 수정해보자. 스프링 5 리액티브는 RestTemplate.WebClient의 대안으로서 완전한 리액티브를 지원하는 WebClient와 WebTestClient를 제공한다. 클라이언트의 코드는 다음과 같다.

```
@RunWith(SpringRunner.class)
@SpringBootTest(webEnvironment = WebEnvironment.DEFINED_PORT)
public class ApplicationTests {
    WebTestClient webClient;
    @Before
    public void setup() {
        webClient = WebTestClient.bindToServer()
                .baseUrl("http://localhost:8080").build();
    }

    @Test
    public void testWebFluxEndpoint() throws Exception {
        webClient.get().uri("/")
                .accept(MediaType.APPLICATION_JSON)
                .exchange()
                .expectStatus().isOk()
                .expectBody(Greet.class).returnResult()
```

```
                    .getResponseBody().getMessage().equals("Hello World!");
    }
```

WebTestClient는 웹플럭스 서버를 테스트하는 데 사용된다. RestTemplate
과 비슷한 WebClient는 테스트 클라이언트가 아닌 곳에서 웹플럭스를 호출할
때 사용된다. 앞에 나온 테스트 코드는 먼저 서버 URL을 가진 WebTestClient를
생성하고, /에 접근해서 get 메소드를 실행하고, 반환되는 결과를 검증한다.

8. 터미널에서 mvn install을 실행해서 테스트를 실행한다. 겉으로 보기에는 기
능적으로 아무런 차이가 없는 것 같지만 내부의 실행 모델은 다르다.

리액티브 스트림의 이해

리액티브 스트림 애플리케이션을 알아보자. 리액티브 스트림은 4개의 인터페이스로
구성돼 있다.

발행자

발행자[Publisher]는 데이터의 소스를 갖고 있으며, 구독자[Subscriber]의 요청이 오면 데이터
를 발행한다. 구독자는 발행자에 대한 구독을 추가할 수 있다. subscribe 메소드는
등록만을 담당할 뿐이며, 어떤 결과도 반환하지 않는다.

```
public interface Publisher<T> {
    public void subscribe(Subscriber<? super T> s);
}
```

구독자

구독자는 데이터 스트림을 소비하기 위해 발행자를 구독한다. 구독자는 여러 가지
이벤트에 대응하는 여러 메소드를 갖고 있다. complete 메소드는 데이터를 받는 일이

성공적으로 완료되면 호출된다. 구독자의 모든 메소드는 콜백 등록이며, 메소드 그 자체는 데이터에 대해 아무런 반응도 하지 않는다.

```java
public interface Subscriber<T> {
    public void onSubscribe(Subscription s);
    public void onNext(T t);
    public void onError(Throwable t);
    public void onComplete();
}
```

구독

구독[Subscription]은 단 하나의 발행자와 단 하나의 구독자를 연결해주며, 그 둘 사이에서만 공유되고, 그 둘 사이의 데이터 교환을 중재한다. 데이터 교환은 구독자가 request 메소드를 호출할 때 시작된다. cancel 메소드는 구독을 종료할 때 사용된다.

```java
public interface Subscription {
    public void request(long n);
    public void cancel();
}
```

프로세서

프로세서[Processor]는 처리 단계를 나타내며, 발행자 인터페이스와 구독자 인터페이스를 모두 상속한다. 프로세서는 발행자와 구독자 사이의 계약을 반드시 준수해야 한다. 프로세서는 발행자와 구독자를 연결해서 체이닝[chaining][5]을 할 수도 있다.

```java
public interface Processor<T, R>
```

---

5. 체이닝chaining: 메소드가 반환하는 객체를 다른 변수에 할당하지 않고 반환된 객체가 갖고 있는 메소드를 연쇄적으로 호출하는 것을 말한다. - 옮긴이

```
    extends Subscriber<T>, Publisher<R> {
}
```

리액터에는 발행자 프로세서로 사용되는 두 개의 구현체가 있다. 바로 플럭스와 모노다. 플럭스는 0 또는 N개의 이벤트를 발행할 수 있고, 모노는 0 또는 1개의 이벤트만 발행할 수 있다. 플럭스는 다수의 데이터 요소 또는 값의 리스트를 스트림으로 전송할 때 사용한다.

스프링 부트와 래빗엠큐를 사용하는 리액티브 마이크로서비스

이상적인 마이크로서비스 세상에서는 마이크로서비스 사이의 모든 상호작용이 발행구독publish-subscribe 구조로 비동기적으로 발생할 것으로 기대한다. 스프링 부트는 메시징 솔루션을 아주 손쉽게 설정할 수 있는 방법을 제공한다.

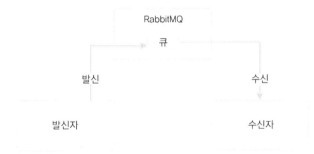

이번에는 송신자sender와 수신자receiver가 외부의 큐queue로 연결되는 스프링 부트 애플리케이션을 만들어보자.

 소스코드는 https://github.com/rajeshrv/Spring5Microservice의 chapter3/chapter3.
bootmessaging 프로젝트에 있다.

래빗엠큐를 사용하는 스프링 부트 리액티브 마이크로서비스를 만드는 방법을 순서대로 살펴보자.

1. STS에서 새 프로젝트를 생성한다. Web 대신 I/O 카테고리 아래에 있는 AMQP를 선택하고 프로젝트 생성을 마친다.

2. 래빗엠큐는 https://www.rabbitmq.com/download.html에서 다운로드할 수 있다. 이 책에서는 버전 3.5.6을 사용한다.

3. 래빗엠큐 사이트의 설치 문서를 참고해서 래빗엠큐를 설치한 후 다음과 같이 실행한다.

```
$ ./rabbitmq-server
```

4. application.properties 파일에 다음과 같이 래빗엠큐 설정을 추가한다.

```
spring.rabbitmq.host=localhost
spring.rabbitmq.port=5672
spring.rabbitmq.username=guest
spring.rabbitmq.password=guest
```

5. 메시지 송신자 컴포넌트와 `org.springframework.amqp.core.Queue` 타입의
TestQ를 src/main/java/Application.java에 추가한다. RabbitMessagingTemplate
템플릿은 메시징에 필요한 처리를 추상화해서 쉽게 메시지를 보낼 수 있게
해준다. 스프링 부트는 메시지를 보내는 데 필요한 모든 기본 코드를 자동으
로 생성해준다.

```
@Component
class Sender {
    @Autowired
    RabbitMessagingTemplate template;

    @Bean
    Queue queue( ) {
        return new Queue("TestQ", false);
    }

    public void send(String message){
        template.convertAndSend("TestQ", message);
    }
}
```

6. 메시지 수신자 컴포넌트도 Application.java 안에 추가한다. 메시지를 받으려
면 @RabbitListener 애노테이션만 추가해주면 된다. 그 외의 필요한 사항은
스프링 부트가 자동으로 환경을 구성해준다.

```
@Component
```

```
class Receiver {
   @RabbitListener(queues = "TestQ")
   public void processMessage(String content) {
       System.out.println(content);
   }
}
```

7. 마지막으로 송신자를 메인 애플리케이션에 연결하고 CommandLineRunner 인
   터페이스의 run 메소드에 메시지 전송을 구현한다. 애플리케이션이 시작되면
   CommandLineRunner의 run 메소드가 호출된다.

```
@SpringBootApplication
public class Application implements CommandLineRunner {
   @Autowired
   Sender sender;

   public static void main(String[] args) {
       SpringApplication.run(Application.class, args);
   }

   @Override
   public void run(String... args) throws Exception {
       sender.send("Hello Messaging..!!!");
   }
}
```

8. 스프링 부트 애플리케이션을 시작하면 다음과 같은 메시지가 콘솔에 출력된다.

```
Hello Messaging..!!!
```

보안 구현

마이크로서비스에서도 보안은 중요하다. 서로 통신하는 마이크로서비스가 많을수록 보안은 점점 더 중요해진다. 각 마이크로서비스에는 보안 처리가 돼야 하지만, 보안이 오버헤드로 작용해서는 안 된다. 이번 절에서는 스프링 부트 마이크로서비스에 보안 기능을 추가하는 기본적인 방법을 알아본다.

 소스코드는 https://github.com/rajeshrv/Spring5Microservice의 chapter3/chapter3. security 프로젝트에 있다.

이번 예제를 만들려면 다음과 같은 과정이 필요하다.

- 새 스프링 스타터 프로젝트를 생성하고 Web과 Core에 있는 Security를 선택
- 프로젝트 이름은 chapter3.bootsecurity로 설정
- chapter3.bootrest에 있던 REST 종단점 코드를 복사

마이크로서비스에 기본 보안 적용

스프링 부트에 기본적인 인증 기능을 추가하는 것은 아주 단순하다. 다음과 같은 의존 관계를 pom.xml 파일에 추가하면 스프링의 보안과 관련된 라이브러리 파일들을 사용할 수 있다.

```
<dependency>
    <groupId>org.springframework.boot</groupId>
    <artifactId>spring-boot-starter-security</artifactId>
</dependency>
```

이렇게 spring-boot-starter-security를 의존 관계로 추가하면 스프링 부트 애플리케이션에 기본 인증^{Basic Authentication}이 적용돼 브라우저에서 접근하면 아이디와 비밀번호를 입력하라는 창이 뜬다.

사용자 이름의 기본 값은 user로 설정돼 있고, 비밀번호 기본 값은 보안이 적용된 스프링 부트 애플리케이션의 실행 로그에 다음과 같이 표시된다.

```
Using default security password: a7d08e07-ef5f-4623-b86c-63054d25baed
```

또는 application.properties 파일에 다음과 같이 직접 지정할 수도 있다.

```
security.user.name=guest
security.user.password=guest123
```

OAuth2를 사용하는 마이크로서비스 보안

이번에는 OAuth2를 사용하기 위한 기본적인 스프링 부트 사용법을 살펴본다. 보호 중인 어떤 자원에 클라이언트 애플리케이션이 접근할 때는 클라이언트가 권한 부여^{authorization} 서버에 요청을 보낸다. 권한 부여 서버는 요청을 검증하고 클라이언트에게 접근 토큰^{access token}을 준다. 이 접근 토큰은 클라이언트 서버 사이의 모든 요청 시에 검증된다. 클라이언트와 서버 사이에서 오가는 요청과 응답은 토큰 발급 유형^{grant type}에 따라 달라진다.

 OAuth와 토큰 발급 유형에 대한 자세한 내용은 http://oauth.net을 참고한다.

이번 예제에서는 자원 소유자로부터 인증 정보를 발급하는 방식을 살펴본다.

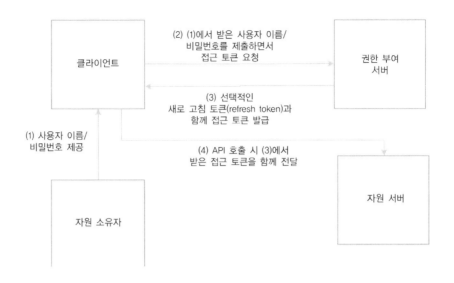

앞의 그림을 보면 자원 소유자가 클라이언트에게 사용자 이름과 비밀번호를 발급하는 것을 알 수 있다. 클라이언트는 권한 부여 서버에게 접근 토큰을 요청하는데, 자원 소유자로부터 받은 사용자 이름과 비밀번호도 함께 전송한다. 권한 부여 서버는 클라이언트가 전송한 사용자 이름과 비밀번호를 검증하고 자원에 접근할 수 있는 접근 토큰을 발급한다. 이후의 모든 요청에는 이 접근 토큰이 포함되고, 자원 서버는 접근 토큰을 검증한다.

이제 OAuth2를 적용하기 위해 다음과 같은 작업을 수행한다.

1. 가장 먼저 해야 할 일은 pom.xml에 OAuth2 관련 의존 관계를 추가하는 것이다.

```
<dependency>
<groupId>org.springframework.security.oauth</groupId>
<artifactId>spring-security-oauth2</artifactId>
                    <version>2.2.1.RELEASE</version>
</dependency>
```

```
<!-- below dependency is explicitly required when
    testing OAuth2 with Spring Boot 2.0.0.M1 -->
<dependency>
    <groupId>org.springframework.security</groupId>
    <artifactId>spring-security-crypto</artifactId>
    <version>4.2.2.RELEASE</version>
</dependency>
```

2. Application.java 파일에 @EnableAuthorizationServer와 @EnableResourceServer 애노테이션을 추가한다. @EnableAuthorizationServer 애노테이션은 클라이언트 토큰을 저장하는 인메모리 저장소를 가진 권한 서버를 생성하고, secret 클라이언트에게 사용자 이름, 비밀번호, 클라이언트 ID와 시크릿[secret]을 제공할 수 있게 해준다. @EnableResourceServer 애노테이션은 OAuth2 토큰을 검증하는 보안 필터를 활성화해서 접근 토큰을 검증할 수 있게 해준다.

 예제에서는 동일한 서버가 권한 부여 서버와 자원 서버라는 두 가지 역할을 모두 담당하고 있지만, 현실에서 이 두 서버는 분리돼 독립적으로 실행될 것이다.

```
@EnableResourceServer
@EnableAuthorizationServer
@SpringBootApplication
public class Application {
```

3. 다음 설정 내용을 application.properties 파일에 추가한다.

```
security.user.name=guest
security.user.password=guest123
security.oauth2.client.client-id: trustedclient
security.oauth2.client.client-secret: trustedclient123
```

```
security.oauth2.client.authorized-grant-types:
authorization_code,refresh_token,password
```

4. OAuth2를 테스트할 수 있는 테스트 케이스를 ApplicationTests에 추가한다.[6]

```
@Test
public void testOAuthService() {
    ResourceOwnerPasswordResourceDetails resource =
            new ResourceOwnerPasswordResourceDetails();
    resource.setUsername("guest");
    resource.setPassword("guest123");
    resource.setAccessTokenUri("http://localhost:8080/oauth/token");
    resource.setClientId("trustedclient");
    resource.setClientSecret("trustedclient123");
    resource.setGrantType("password");
    resource.setScope(
            Arrays.asList(new String[] {"read","write","trust"}));
    DefaultOAuth2ClientContext clientContext =
            new DefaultOAuth2ClientContext();
    OAuth2RestTemplate restTemplate =
            new OAuth2RestTemplate(resource, clientContext);

    Greet greet = restTemplate
            .getForObject("http://localhost:8080", Greet.class);
    Assert.assertEquals("Hello World!", greet.getMessage());
}
```

앞의 코드에서는 ResourceOwnerPasswordResourceDetails 객체에 자원 사용에 필요한 상세 정보를 담고, 이 객체를 이용해 특수한 RestTemplate 객체

---

6. STS가 ResourceOwnerPasswordResourceDetails를 인식하지 못하면 import 선언부에 import org.springframework.security.oauth2.client.token.grant.password.ResourceOwnerPasswordResourceDetails;를 추가한다. – 옮긴이

인 `OAuth2RestTemplate`을 만든다. 이 `OAuth2RestTemplate` 객체가 실질적인 OAuth2 처리를 담당한다. `ResourceOwnerPasswordResourceDetails` 객체에 값을 설정할 때 사용한 `AccessTokenUri`는 접근 토큰을 발급해주는 URI를 의미한다.

5. `mvn install` 명령을 다시 실행하면 먼저 작성된 두 개의 테스트 케이스는 실패하고, 이번에 작성한 테스트 케이스만 성공할 것이다. 서버는 OAuth2가 활성화된 요청만 받아들이기 때문이다.

스프링 부트에서는 지금까지 살펴본 것처럼 OAuth2에 관련해서도 바로 쓸 수 있는 환경설정 방법을 제공하지만, 이 방식을 실제 서비스 운영에서 사용하기에는 조금 부족하다. 실제 서비스 운영에 적용하려면 `ResourceServerConfigurer`와 `AuthorizationServerConfigurer`를 수정해야 하지만, 그 외에 전반적인 접근 방식은 여기에서 다룬 예제와 같다.

▌ 다른 도메인에 존재하는 정보 요청 활성화

어떤 하나의 도메인에서 제공되는 클라이언트 웹 애플리케이션이 다른 도메인에게 데이터를 요청하는 것은 보안상의 문제로 인해 다음 그림과 같이 일반적으로 브라우저에 의해 금지[7]되고 있다. 다른 도메인에 존재하는 정보 요청 활성화는 브라우저가 금지하고 있는 타 도메인 간의 정보 요청을 가능하게 해주는데, 일반적으로 CORS Cross-Origin Resource Sharing, 타 도메인과의 자원 공유라는 용어로 불린다.

마이크로서비스에서는 마이크로서비스가 서로 다른 도메인상에서 실행될 수도 있고 브라우저가 서로 다른 도메인에 존재하는 여러 마이크로서비스에 접근할 일이 생기기 때문에 CORS가 특히 더 중요하다.

---

7. 보통 Same Origin Policy라고 한다. – 옮긴이

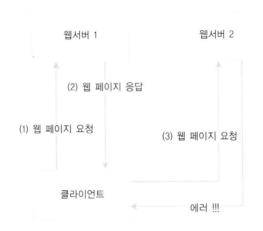

```
웹서버 1              웹서버 2

        (2) 웹 페이지 응답

(1) 웹 페이지 요청        (3) 웹 페이지 요청


        클라이언트
                        에러 !!!
```

이번 예제에서는 도메인 간 요청을 가능하게 하는 방법을 알아본다. 마이크로서비스 아키텍처에서는 각 마이크로서비스가 서로 다른 도메인에서 운영될 수 있으므로, 여러 도메인으로부터 받아오는 데이터를 사용하는 클라이언트 웹 애플리케이션에서는 이 도메인 간 정보 요청 이슈가 아주 흔하게 발생한다. 예를 들어 고객 정보는 고객 마이크로서비스에서 얻을 수 있고, 주문 이력은 주문 마이크로 서비스에서 얻을 수 있다면 클라이언트 웹 애플리케이션은 두 개의 서로 다른 도메인에 데이터를 요청하게 되므로, 마이크로서비스 세상에서 이 도메인 간 정보 요청 문제는 아주 일상적으로 만나게 되는 문제라고 할 수 있다.

스프링 부트에서는 이 도메인 간 정보 요청 기능을 활성화할 수 있는 단순하고 선언적인 접근 방법을 제공한다. 다음 코드를 살펴보자.

```java
@RestController
class GreetingController{
    @CrossOrigin
    @RequestMapping("/")
    Greet greet( ){
        return new Greet("Hello World!");
    }
```

```
}
```

@CrossOrigin 애노테이션은 기본적으로는 모든 도메인으로부터의 요청과 헤더를 받아주지만, 다음과 같이 특정 도메인으로부터의 요청만 허용할 수도 있다. @CrossOrigin 애노테이션은 메소드뿐 아니라 클래스에도 붙일 수 있다.

```
@CrossOrigin("http://mytrustedorigin.com")
```

WebMvcConfigurer 빈^{bean}을 사용하고 addCorsMappings(CorsRegistry registry) 메소드를 재정의^{override}하면 애플리케이션 전체에 걸쳐 효력을 미치는 CORS를 적용할 수 있다.

■ 스프링 부트 액추에이터

앞에서 마이크로서비스를 개발하는 데 필요한 스프링 부트의 기능 대부분을 살펴봤다. 이번에는 서비스의 운영에 필요한 스프링 부트의 기능을 알아본다.

스프링 부트 액추에이터^{SpringBoot Actuator}는 스프링 부트 애플리케이션을 운영하고 관리하는 데 필요한 기능들을 아주 쓰기 쉬운 형태로 제공한다.

 소스코드는 https://github.com/rajeshrv/Spring5Microservice의 chapter3.bootactuator 프로젝트에 있다.

chapter3.bootactuator라는 이름으로 스프링 starter 프로젝트를 새로 생성한다. 이번에는 Web, HAL 브라우저, HATEOAS와 Ops 영역에 있는 Actuator 를 선택한다. chapter3.bootrest 프로젝트와 마찬가지로 종단점 역할을 하는 greet 메소드가 포함

된 GreeterController 클래스를 추가한다. management.security. enabled=false 를 application.properties에 추가해서 모든 종단점에 대한 접근을 허용한다.

다음 내용을 순서대로 따라 해서 애플리케이션을 실행시키자.

1. 스프링 부트 애플리케이션을 실행한다.

2. 브라우저로 http://localhost:8080/application에 접속한다. HAL 브라우저가 열리면 Links 영역을 살펴보자.

   앞에서는 보지 못했던 몇 가지 링크가 새로 추가돼 있는데, 스프링 부트 액추 에이터가 자동으로 추가해준 것이다.

Links

rel	title	name / index	docs	GET	NON-GET
self				➡	⬇
health				➡	⬇
trace				➡	⬇
dump				➡	⬇
loggers				➡	⬇
configprops				➡	⬇
beans				➡	⬇
info				➡	⬇
autoconfig				➡	⬇
env				➡	⬇
metrics				➡	⬇
mappings				➡	⬇
auditevents				➡	⬇
heapdump				➡	⬇

중요한 링크 몇 개를 꼽자면 다음과 같다.

- **dump** 스레드 덤프를 실행하고 결과를 표시한다.
- **mappings** HTTP 요청을 받아주는 모든 링크의 목록을 표시한다.
- **info** 애플리케이션과 관련된 정보를 표시한다.
- **health** 애플리케이션의 정상 동작 상태 정보[health conditions]를 표시한다.
- **autoconfig** 자동 환경설정에 대한 정보를 표시한다.
- **metrics** 애플리케이션에서 수집한 각종 지표를 표시한다.

브라우저에서 /application/<endpoint_name>으로 개별 종단점에 접근해본다. 예를 들어 /health 종단점에 접근하려면 브라우저에서 localhost:8080/application/health를 사용하면 된다.

JConsole을 활용한 모니터링

JMX 콘솔을 이용해서 스프링 부트 애플리케이션의 정보를 확인할 수도 있다. JConsole에서 원격의 스프링 부트 인스턴스에 접속하면 다음과 같이 스프링 부트 애플리케이션의 정보를 볼 수 있다.

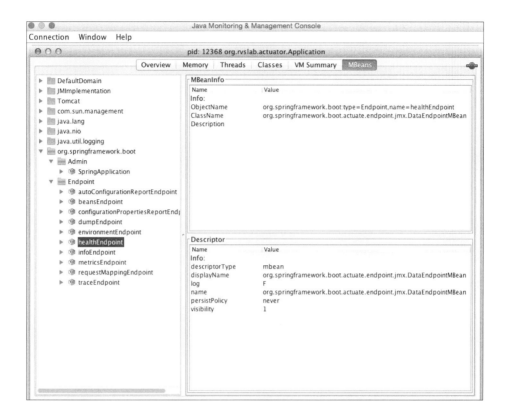

SSH를 활용한 모니터링

스프링 부트는 SSH를 통해 원격에서도 접근할 수 있다.[8] 터미널에서 다음과 같은 명령을 실행하면 스프링 부트 애플리케이션에 접근할 수 있다. 비밀번호는 다음과 같이 application.properties 파일의 `shell.auth.simple.user.password`로 지정할 수 있다.

```
shell.auth.simple.user.password=admin
```

---

8. SSH를 활용한 모니터링 기능은 스프링 부트 2.0에서 제외됐다. https://github.com/spring-projects/spring-boot/issues/7044 참고 – 옮긴이

터미널 창을 열어 다음 코드로 원격의 스프링 부트 애플리케이션에 접속해보자.

```
$ ssh -p 2000 user@localhost
```

앞의 ssh 명령을 실행하면 액추에이터로 볼 수 있었던 것과 비슷한 정보를 CLI로 확인할 수 있다.

- help 사용할 수 있는 모든 명령 옵션의 목록
- dashboard 시스템 수준의 다양한 정보

사용자 정의 서버 진단 모듈 추가

스프링 부트에 사용자 정의 모듈을 추가하는 것은 그리 복잡하지 않다. 1분에 2개 이상의 트랜잭션 요청을 받으면 서버 상태가 'Out of Service^{서비스 불가}'로 설정되는 서비스를 가정해보자.

이 기능을 추가하려면 HealthIndicator 인터페이스를 구현[9]해서 health 메소드를 재정의해야 한다. 다음 소스코드를 살펴보자.

```java
class TPSCounter {
    LongAdder count;
    int threshold = 2;
    Calendar expiry = null;

    TPSCounter(){
        this.count = new LongAdder();
        this.expiry = Calendar.getInstance();
        this.expiry.add(Calendar.MINUTE, 1);
    }
```

---

9. Application.java 파일에 추가한다. - 옮긴이

```java
    boolean isExpired(){
        return Calendar.getInstance().after(expiry);
    }

    boolean isWeak(){
        return (count.intValue() > threshold);
    }

    void increment(){
        count.increment();
    }
}
```

TPSCounter는 1분 동안의 트랜잭션 수를 카운트하는 간단한 POJO^{Plain Old Java Object} 클래스다. isWeak 메소드는 1분 동안의 트랜잭션 수가 허용치^{threshold} 이내에 있는지 검사하고, isExpired 메소드는 1분이 경과했는지 검사한다. increment 메소드는 트랜잭션 요청에 따라 단순히 카운트를 증가시키는 메소드다.

이제 HealthIndicator를 구현해서 실제 서버 검진 기능을 TPSHealth 클래스[10]로 만들어보자.

```java
@Component
class TPSHealth implements HealthIndicator {

    TPSCounter counter;
    @Override
    public Health health() {
        boolean health = counter.isWeak();

        if (health) {
            return Health.outOfService()
                    .withDetail("Too many requests", "OutofService")
```

---

10. Application.java 파일에 추가한다. – 옮긴이

```
                .build();
    }
    return Health.up().build();
  }

  void updateTx(){
    if(counter == null || counter.isExpired()){
      counter = new TPSCounter();
    }
    counter.increment();
  }
}
```

health 메소드는 카운터가 weak인지 아닌지 검사한다. 카운터가 weak하다는 것은 서비스가 처리할 수 있는 것보다 더 많은 트랜잭션을 처리하고 있음을 의미한다. weak 하다면 인스턴스를 'Out of Service'로 표시한다.

마지막으로 TPSHealth 클래스를 GreetingController에 주입하고 greet 메소드가 호출될 때 health.updateTx()를 호출하게 만든다.

```
Greet greet(){
   logger.info("Serving Request....!!!");
   health.updateTx();
   return new Greet("Hello World!");
}
```

HAL 브라우저에서 /application/health로 접속해서 서버의 상태를 확인한다.

다른 브라우저를 열어 http://localhost:8080에 접속한 후 새로 고침을 두 번이나 세 번 클릭한다. 다시 HAL 브라우저 화면으로 돌아와 /health 종단점에 접속해서 새로 고침을 클릭하면 서버 상태가 'Out of Service'로 돼 있는 것을 확인할 수 있다.

예제에서는 서버 상태 진단 후 별다른 조치를 취하지 않기 때문에 'Out of Service'라

172

고 표시된 후에도 새 서비스 요청을 계속 받아 처리할 것이다. 하지만 실제 운영에서는 /health 종단점에 접근해서 상태 진단 후 서비스가 불가능한 상태라면 해당 인스턴스로의 요청을 막게 만들어야 한다.

사용자 정의 지표

서버 진단과 마찬가지로 지표^{metrics} 역시 사용자가 정의할 수 있다. 다음과 같이 GreetingController에 카운터 서비스와 계측^{gauge} 서비스를 추가한다.

```
@Autowired
CounterService counterService;

@Autowired
GaugeService gaugeService;
```

greet 메소드가 카운터 서비스와 계측 서비스를 호출하게 수정한다.

```
this.counterService.increment("greet.txnCount");
this.gaugeService.submit("greet.customgauge", 1.0);
```

서버를 재시작하고 /application/metrics에 접속하면 Properties란에 새롭게 게이지^{gauge}와 카운터^{counter}가 추가된 것을 확인할 수 있다.

▌ 마이크로서비스 문서화

API 문서를 작성하는 전통적인 방식은 서비스 명세 문서를 작성하거나 정적인 서비스 레지스트리를 사용하는 것이었다. 많은 수의 마이크로서비스로 구성돼 있다면 시스템의 변경과 함께 API 문서를 수동으로 현행화해서 맞춰가는 것은 상당히 어렵다.

마이크로서비스를 문서화하는 여러 가지 방법이 있는데, 여기에서는 스웨거^{Swagger} 프레임워크를 이용하는 방법을 알아본다. 앞으로 살펴볼 예제는 REST API 문서를 자동 생성해주는 스프링폭스^{Springfox} 라이브러리도 사용할 것이다. 스프링폭스는 자바와 스프링에 사용하기 좋은 라이브러리의 모음이다.

새로운 스프링 starter 프로젝트를 생성한 후 Web을 선택하고, 프로젝트 이름을 chapter3.swagger로 설정한다.

 소스코드는 https://github.com/rajeshrv/Spring5Microservice의 chapter3/chapter3.
swagger 프로젝트에 있다.

스프링폭스는 스프링 제품군에 포함되지 않는 라이브러리이므로, pom.xml에 직접 추가해줘야 한다.

```
<dependency>
    <groupId>io.springfox</groupId>
    <artifactId>springfox-swagger2</artifactId>
    <version>2.6.1</version>
</dependency>

<dependency>
    <groupId>io.springfox</groupId>
    <artifactId>springfox-swagger-ui</artifactId>
    <version>2.6.1</version>
</dependency>
```

앞서 만들었던 서비스와 비슷한 REST 서비스를 만든다. 이번에는 Application.java에 @EnableSwagger2 애노테이션을 추가한다.

```
@SpringBootApplication
@EnableSwagger2
public class Application {
```

기본적인 스웨거 문서화를 위한 설정은 이것이 전부다. 애플리케이션을 실행해서 브라우저로 http://localhost:8080/swagger-ui.html에 접속하면 다음과 같은 스웨거 API 문서 페이지를 볼 수 있다.

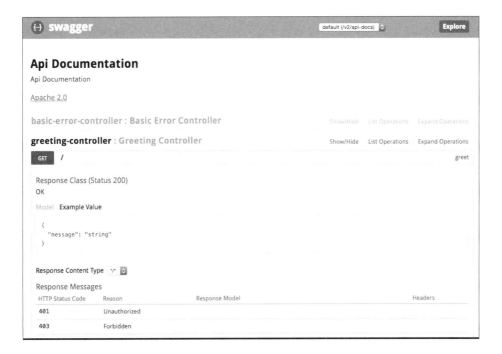

스웨거는 Greet 컨트롤러 클래스에서 제공하는 기능 목록을 보여준다. GET 메소드를 클릭하면 실제 조회를 시험해볼 수 있는 옵션이 표시된다.

▌ 고객 등록 마이크로서비스 예제

지금까지 살펴본 예제는 다양했지만 "Hello world" 수준이었다. 이 절에서는 지금까지 배운 것을 모두 종합해서 고객 프로파일 마이크로서비스를 만들어본다. 고객 프로파일 마이크로서비스에서는 서로 다른 마이크로서비스끼리의 상호작용을 볼 수 있을 것이다. 또한 비즈니스 로직과 원시 데이터 스토어도 볼 수 있을 것이다.

이번 예제에서는 고객 프로파일과 고객 알림, 이렇게 두 개의 마이크로서비스로 된 서비스를 만들어본다.

그림에서 고객 프로파일 마이크로서비스는 고객 정보의 생성, 조회, 수정, 삭제 기능과 회원 가입 서비스를 제공한다. 회원 가입 프로세스는 회원 프로파일을 저장하고, 고객 알림 마이크로서비스에 메시지를 전송하는 비즈니스 로직을 포함한다. 고객 알림 마이크로서비스는 회원 가입 서비스로부터 메시지를 받고, SMTP 서버를 이용해서 고객에게 이메일 메시지를 보낸다. 고객 프로파일 서비스와 고객 알림 서비스는 비동기 메시징을 통해 통합된다.

고객 마이크로서비스 클래스의 도메인 모델 다이어그램은 다음과 같다.

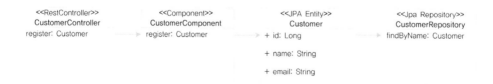

CustomerController는 REST 종단점 역할을 담당하는데, 컴포넌트 클래스인 CustomerComponent를 호출한다. 컴포넌트 클래스/빈은 모든 비즈니스 로직을 담당한다. CustomerRepository는 Customer 엔티티의 영속성을 관리하는 스프링 데이터 JPA 리파지토리[Repository]다.

 소스코드는 https://github.com/rajeshrv/Spring5Microservice의 chapter3/ chapter3.bootcustomernotification 프로젝트에 있다.

순서대로 예제를 만들어보자.

1. 스프링 부트 프로젝트를 새로 만들고 이름을 chapter3.bootcustomer로 지정한다. 스프링 스타터[starter] 모듈 선택 화면에서 다음과 같은 옵션을 선택한다.

이 예제에는 JPA, REST 리파지토리, H2가 사용된다. H2는 작고 가벼운 인메모리 데이터베이스로서 개발 단계에서 필요한 데이터베이스 기능을 간편하게 사용할 수 있게 해준다. 실제 서비스 운영 시에는 H2 대신 다른 적절한 엔터프라이즈 수준의 데이터베이스로 교체하는 것이 좋다. 이 예제에서는 엔티티의 영속성 관리를 위해 JPA를 사용하고, REST 기반의 저장소 서비스를 위해 REST 리파지토리를 사용한다.

프로젝트 구조는 다음의 스크린샷과 같다.

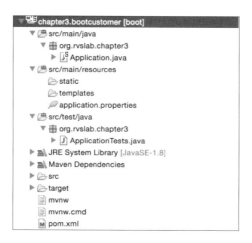

2. Application.java 파일에 Customer 엔티티 클래스를 추가하는 것으로 애플리케이션 개발을 시작해보자. 간략하게 개발하기 위해 Customer 엔티티 클래스는 자동으로 증가하는 id와 name, email 이렇게 세 개의 속성만 갖고 있다.

```java
@Entity
class Customer {

    @Id
    @GeneratedValue(strategy = GenerationType.AUTO)
    private Long id;

    private String name;

    private String email;
```

3. Application.java 파일에 Customer 엔티티의 영속성을 처리하는 Customer Repository 클래스를 추가한다. CustomerRepository 클래스는 표준 JPA 리파지토리를 상속하기 때문에 엔티티의 속성별 여러 가지 기본적인 조회 메소드는 개발자가 직접 구현하지 않아도 스프링 데이터 JPA 리파지토리에 의해 자동으로 구현된다.

```
@RepositoryRestResource
interface CustomerRespository extends JpaRepository<Customer,Long> {
    Optional<Customer> findByName(@Param("name") String name);
}
```

앞의 코드에서는 findByName이라는 메소드를 추가했는데, 고객의 이름을 기반으로 고객을 검색하고, 검색 결과가 존재하면 해당 고객의 Customer 객체를 반환한다.

@RepositoryRestResource 애노테이션은 RESTful 서비스를 통해 리파지토리로의 접근을 가능하게 해주며, 기본 설정으로 HATEOAS와 HAL도 사용할 수 있게 해준다. CRUD 메소드에는 별도의 비즈니스 로직이 존재하지 않으므로, 컨트롤러나 컴포넌트 클래스 없이 바로 리파지토리에 접근할 수 있는 상태 그대로 둔다. 자원에 대한 링크를 반환하는 HATEOAS를 사용하면 별도의 처리 없이도 고객 리파지토리의 메소드를 쉽게 활용할 수 있다.

 데이터베이스 설정에 대해서는 지금까지 아무런 내용도 없음에 주목하자. H2 라이브러리가 클래스 패스에 있기 때문에 스프링 부트가 H2 관련 환경설정을 자동으로 수행해준다.

4. Application.java 파일에 몇 가지 초기 데이터를 저장하는 CommandLine Runner를 추가한다.

```
@SpringBootApplication
public class Application {

    public static void main(String[] args) {
        SpringApplication.run(Application.class, args);
    }

    @Bean
    CommandLineRunner init(CustomerRespository repo) {
        return (evt) -> {
            repo.save(new Customer("Adam","adam@boot.com"));
            repo.save(new Customer("John","john@boot.com"));
            repo.save(new Customer("Smith","smith@boot.com"));
            repo.save(new Customer("Edgar","edgar@boot.com"));
            repo.save(new Customer("Martin","martin@boot.com"));
            repo.save(new Customer("Tom","tom@boot.com"));
            repo.save(new Customer("Sean","sean@boot.com"));
        };
    }
}
```

CommandLineRunner가 빈[Bean]으로 정의돼 SpringApplication에 포함되면 애플리케이션이 시작될 때 함께 실행된다. 예제에서는 7개의 샘플 고객 정보를 데이터베이스에 저장한다.

5. 이제 스프링 부트 애플리케이션을 실행하고 http://localhost:8080에 접속한다.

6. Explorer 영역에 http://localhost:8080/customers를 입력하고 Go 버튼을 클릭하면 Response Body 영역에 모든 고객 정보의 목록이 표시된다.

7. Explorer 영역에서 http://localhost:8080/customers?size=2&page=1&sort=name을 입력하고 Go 버튼을 클릭하면 페이징과 정렬이 적용된 결과가 표시된다. 페이지 크기가 2로 돼 있고 첫 번째 페이지를 요청했으므로 정렬 순서에 따라 맨 앞에 있는 2개의 레코드가 표시된다.

8. Links 영역에는 다음 스크린샷에서 볼 수 있는 것처럼 탐색을 편리하게 해주는 first, next, prev, last가 함께 표시되는데, 앞에서 설정된 대로 리파지토리 탐색기에 의해 자동으로 생성되는 HATEOAS 링크다.

9. http://localhost:8080/customers/2처럼 적절한 링크를 클릭하면 한 고객의 상세 정보를 볼 수 있다.

10. 이제 서비스 종단점 역할을 담당하는 CustomerController 클래스를 추가한다. 이 클래스에는 /register라는 단 하나의 종단점이 존재하는데, 회원 가입에 사용된다. 회원 가입에 성공하면 Customer 객체가 응답으로 반환된다.

```
@RestController
class CustomerController{

    @Autowired
    CustomerRegistrar customerRegistrar;

    @RequestMapping(path="/register", method=RequestMethod.POST)
    Customer register(@RequestBody Customer customer){
```

```
                return customerRegistrar.register(customer);
            }
        }
```

CustomerRegistrar 컴포넌트는 비즈니스 로직을 담고 있다. 예제에서는 아주 간단한 비즈니스 로직만을 담고 있는데, 등록할 회원이 이미 있는지를 확인해서 이미 있으면 에러 메시지를 돌려주고, 없으면 새로 등록한다.

```
@Component
class CustomerRegistrar {

    CustomerRespository customerRespository;

    @Autowired
    CustomerRegistrar(CustomerRespository customerRespository){
        this.customerRespository = customerRespository;
    }

    // 이상적으로는 리파지토리가 모노 객체를 반환한다.
    public Mono<Customer> register(Customer customer){
        if(customerRespository
                .findByName(customer.getName())
                .isPresent())
            System.out.println("Duplicate Customer. No Action required");
        else {
            customerRespository.save(customer);
        }
        return Mono.just(customer);
    }
}
```

11. 스프링 부트 애플리케이션을 재시작하고 HAL 브라우저에서 http://localhost:8080으로 접속해서 테스트해본다

182

12. Explorer란에 `http://localhost:8080/customers`를 입력해 접속한 후 Links 영역에 표시된 결과를 확인해본다.

13. self에서 NON-GET 항목을 클릭하면 신규 고객 정보를 입력할 수 있는 폼이 표시된다.

14. 앞 그림처럼 입력 폼을 채우고 Make Request 버튼을 클릭하면 회원 등록 서비스를 호출하고 고객 정보가 저장된다. 동일한 이름의 회원 정보를 입력하고 테스트해보면 같은 이름의 회원이 이미 존재하므로 회원 등록이 되지 않는다.

이제 고객 알림 서비스와의 통합 부분을 구현해보자. 회원 등록이 성공하면 비동기 방식으로 고객 알림 서비스를 호출해서 고객에게 이메일을 발송한다.

고객 알림 서비스를 순서대로 만들어보자.

1. 고객 알림 서비스를 호출하기 위해 **CustomRegistrar** 클래스를 수정한다. 고객 알림 서비스의 호출은 메시징을 통해 구현된다. 예제에서는 발신자 역할을 할 **Sender** 컴포넌트를 주입하고, 발신자에게 고객의 이메일 주소를 전달해서 고객에게 알림이 통지되게 한다.

```
@Component
@Lazy
class CustomerRegistrar {

    CustomerRespository customerRespository;

    Sender sender;

    @Autowired
    CustomerRegistrar(CustomerRespository customerRespository,
            Sender sender){
        this.customerRespository = customerRespository;
        this.sender = sender;
    }

    // 이상적으로는 리파지토리가 모노 객체를 반환한다.
    public Mono<Customer> register(Customer customer){
        if(customerRespository.findByName(
                customer.getName()).isPresent())
            System.out.println("Duplicate Customer.No Action required");
        else {
            customerRespository.save(customer);
            sender.send(customer.getEmail());
        }
```

```
        // 아직 리액티브 리파지토리가 아니므로 하드코딩으로 반환한다.
        return Mono.just(customer);
    }
  }
```

Sender 컴포넌트는 래빗엠큐^{RabbitMQ}와 AMQP를 기반으로 만들어진다. 예제에서는 RabbitMessagingTemplate이 사용된다.

```
@Component
@Lazy
class Sender {

    @Autowired
    RabbitMessagingTemplate template;

    @Bean
    Queue queue( ) {
        return new Queue("CustomerQ", false);
    }

    public void send(String message){
        template.convertAndSend("CustomerQ", message);
    }
}
```

 @Lazy 애노테이션이 붙은 클래스는 애플리케이션이 시작될 때 자동으로 생성 및 로딩되는 것이 아니라 해당 클래스가 실제로 필요할 때 생성 및 로딩되므로, @Lazy 애노테이션은 애플리케이션의 시작 시간을 단축시키는 데 도움이 된다.

  2. 래빗엠큐 사용을 위한 정보를 application.properties 파일에 추가한다.[11]

---

11. 제공되는 소스에 래빗엠큐 설정이 빠져있으므로 직접 추가해야 한다. — 옮긴이

```
spring.rabbitmq.host=localhost
spring.rabbitmq.port=5672
spring.rabbitmq.username=guest
spring.rabbitmq.password=guest
```

3. 래빗엠큐의 설정으로 메시지를 발신할 준비는 끝났다. 이제 메시지를 수신하고 이메일을 발송할 알림 서비스를 만들 차례다. chapter3.bootcustomer notification이라는 이름으로 새로운 스프링 부트 프로젝트를 생성한다. 생성 시 I/O 영역 아래에 있는 AMQP와 Mail에 대한 스타터 라이브러리를 선택한다. chapter3.bootcustomernotification의 프로젝트 구조는 다음과 같다.

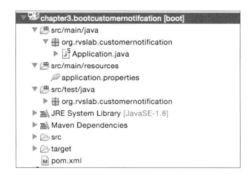

4. Application.java 파일에 회원 등록 시 발송되는 메시지를 기다리는 Receiver 클래스를 추가한다. Receiver 클래스는 고객 프로파일 서비스에서 발송되는 메시지를 받아 고객에게 이메일을 발송한다.

```
@Component
class Receiver {

    @Autowired
    Mailer mailer;

    @Bean
```

```
    Queue queue() {
        return new Queue("CustomerQ", false);
    }

    @RabbitListener(queues = "CustomerQ")
    public void processMessage(String email) {
        System.out.println(email);
        mailer.sendMail(email);
    }
}
```

5. 이메일을 실제로 발송하는 컴포넌트를 추가한다. 예제에서는 JavaMailSender
   를 이용해서 이메일을 발송한다.

```
@Component
class Mailer {

    @Autowired
    private JavaMailSender javaMailService;

    public void sendMail(String email) {
        SimpleMailMessage mailMessage=new SimpleMailMessage();
        mailMessage.setTo(email);
        mailMessage.setSubject("Registration");
        mailMessage.setText("Successfully Registered");
        javaMailService.send(mailMessage);
    }
}
```

스프링 부트는 JavaMailSender가 필요로 하는 모든 환경설정 파라미터를 자동으로
구성해준다.

이제 애플리케이션을 테스트해보자.

1. SMTP를 테스트하려면 실제 메일이 전송되는지 확인하기 위한 테스트 환경설정이 필요하다. 예제에서는 Fake SMTP를 사용한다.
2. Fake SMTP는 http://nilhcem.github.io/FakeSMTP에서 다운로드할 수 있다.
3. fakeSMTP-2.0.jar 파일을 다운로드하고 나면 다음 명령으로 SMTP 서버를 실행할 수 있다.

```
$ java -jar fakeSMTP-2.0.jar
```

4. 앞의 명령을 실행하면 이메일 메시지를 모니터링하는 GUI가 표시되는데, Listening port란에 2525를 입력하고 Start Server 버튼을 클릭한다.
5. 메일 서버 사용에 필요한 정보를 application.properties 파일에 추가한다.

```
spring.rabbitmq.host=localhost
spring.rabbitmq.port=5672
spring.rabbitmq.username=guest
spring.rabbitmq.password=guest
spring.mail.host=localhost
spring.mail.port=2525
```

6. 이제 지금까지 만든 고객 프로파일, 고객 알림 마이크로서비스를 처음부터 끝까지 테스트할 수 있는 준비를 마쳤다. 두 개의 스프링 부트 애플리케이션을 모두 기동한 후 브라우저를 열고 HAL 브라우저를 통해 회원 등록하는 프로세스를 다시 실행해보자. 회원 등록이 성공하면 SMTP GUI 화면에서 수신된 이메일을 확인할 수 있을 것이다.
7. 내부적으로 고객 프로파일 서비스가 비동기적으로 고객 알림 서비스를 호출하고, 고객 알림 서비스가 SMTP 서버에게 이메일 메시지를 전송한다.

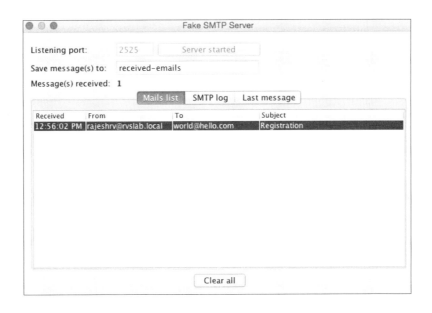

▌ 정리

3장에서는 스프링 부트 애플리케이션을 만드는 방법과 실제 서비스 운영에 필요한 주요 기능을 알아봤다.

먼저 웹 애플리케이션을 만드는 전통적인 기존 방식을 되짚어봤고, 스프링 부트를 이용해서 얼마나 쉽게 마이크로서비스를 개발할 수 있는지 살펴봤다. HTTP 기반, 메시지 기반의 비동기 리액티브 마이크로서비스를 알아봤으며, 보안, HATEOAS, cross-origin, 환경설정 등 실제 서비스를 만들 때 필요한 기능들을 직접 구현해봤다. 스프링 부트 액추에이터가 제공해주는 애플리케이션 운영 지원 기능과 그 기능들을 필요에 맞게 직접 설정하는 방법도 알아봤고, 마이크로서비스 API를 자동으로 생성하는 방법도 살펴봤다. 그리고 이 모든 것을 하나로 모은 예제를 만들어봤다.

4장에서는 한 걸음 뒤로 물러나서 흔히 마주칠 수 있는 상황을 통해 마이크로서비스를 현실적으로 분석해본다.

04

마이크로서비스 개념 적용

마이크로서비스는 한 마디로 좋다. 하지만 그 개념이 올바르게 자리 잡지 않는다면 해로울 수도 있다. 마이크로서비스에 대한 잘못된 해석과 잘못된 선택은 돌이킬 수 없는 실패로 이어질 수도 있다.

4장에서는 마이크로서비스를 실제로 구현할 때 마주치게 되는 기술적인 난관에 대해 자세히 알아본다. 이를 통해 성공적인 마이크로서비스 개발에 필요한 설계 관련 주요 의사 결정에 도움이 되는 가이드라인을 제시해보고자 한다. '마이크로서비스 개발'이라 하면 으레 떠오르는 여러 문제에 대한 해결책이나 패턴도 살펴본다.

4장에서 다루는 내용은 다음과 같다.

- 다양한 설계 선택 사이의 트레이드오프

- 마이크로서비스를 개발할 때 고려할 만한 패턴
- 확장성 있는 일류^first-class 마이크로서비스 설계에 필요한 일반적인 가이드라인

█ 마이크로서비스 설계 가이드라인

마이크로서비스는 최근 몇 년간 엄청난 인기를 누리고 있다. 아키텍트들이 SOA 서비스 지향 아키텍처 대신 마이크로서비스를 선호하면서 점점 더 발전하고 있다. 마이크로서비스가 확장 가능한 클라우드 네이티브 시스템을 개발하는 데 필요한 매개체라는 점을 감안하더라도 큰 실패를 피하고 성공적인 마이크로서비스를 만들려면 신중하게 설계해야 한다. 마이크로서비스는 모든 아키텍처 문제에 대해 적용할 수 있는 통일된 하나의 솔루션을 제공해주는 만병통치약이 아니다.

일반적으로 가볍고 모듈화돼 있으며 확장 가능한 분산 시스템을 만드는 데 마이크로서비스는 아주 훌륭한 선택이다. 과도한 엔지니어링, 어울리지 않는 사례에의 적용, 잘못된 해석은 시스템을 재앙으로 이끈다. 올바른 적용 대상을 선택하는 것이 성공적인 마이크로서비스 개발에서 무엇보다도 중요한 일이지만, 치밀한 장단점 분석을 통해 올바른 설계 결정을 내리는 것도 매우 중요하다. 마이크로서비스를 설계할 때 고려해야 하는 몇 가지 중요한 요소들을 이제부터 살펴보자.

마이크로서비스 경계 설정

마이크로서비스에 관련된 가장 흔한 질문 중 하나는 서비스의 크기에 대한 것이다. 마이크로서비스는 대체 얼마나 커야(미니 일체형) 하는가? 또는 얼마나 작아야(나노 서비스) 하는가? 적절한 크기의 서비스라는 것이 존재하기는 하는지와 같은 질문이다. 크기가 정말로 중요한가?

바로 대답을 해야 한다면 '마이크로서비스 하나당 하나의 REST 종단점' 또는 '300라인

이하의 코드' 또는 '하나의 책임만을 지는 컴포넌트'처럼 답할 수도 있겠다. 하지만 이런 답 중에서 하나를 고르기 전에 서비스의 경계를 이해하기 위해 분석해야 할 것들이 많다.

 도메인 주도 설계(DDD, Domain-Driven Design)는 경계 지어진 컨텍스트(bounded context)라는 개념을 정의하고 있다. 경계 지어진 컨텍스트는 어떤 상위의 큰 도메인이나 시스템의 하위 도메인 또는 하위 시스템으로서 특정 기능을 수행하는 책임을 진다.

도메인 주도 설계에 대한 자세한 내용은 http://domainlanguage.com/ddd를 참고한다.

다음 그림은 도메인 모델의 한 예다.

<<bounded context>>
송장

<<bounded context>>
계정

<<bounded context>>
대금 청구

재무 담당 백 오피스 도메인

재무 담당 백 오피스[1]에서는 시스템 송장, 계정, 대금 청구 등과 같은 것들이 경계 지어진 컨텍스트라고 할 수 있다. 이런 경계 지어진 컨텍스트는 비즈니스 범위에 맞게 서로 뚜렷하게 격리돼 있다. 재무 도메인에서는 송장, 계정, 대금 청구는 서로 구별되는 다른 비즈니스 범위에 해당하며, 때때로 재무부서 안에서 각각 다른 하위 조직에 의해 운영되기도 한다.

경계 지어진 컨텍스트는 마이크로서비스의 경계를 설정하는 좋은 방법이라고 할 수 있다. 하나의 경계 지어진 컨텍스트는 하나의 마이크로서비스에 대응될 수 있다. 현실

---

1. 백 오피스(back office): 고객을 직접 상대하지 않는 부서 또는 업무 – 옮긴이

에서도 경계 지어진 컨텍스트는 일반적으로 결합도가 낮으며, 때로는 아예 연결돼 있지 않기도 한다.

조직 구조도를 따라 경계 지어진 컨텍스트를 설정하는 것이 현실적으로 가장 단순한 방법이기는 하지만, 조직 구조에 내재된 문제가 있다면 이 방식을 적용하는 것은 바람직하지 않다. 예를 들면 어떤 업무는 프론트 오피스, 온라인, 로밍 에이전트^{roaming agent} 등 여러 채널을 통해 고객에게 서비스될 수도 있다. 많은 조직에서는 비즈니스 본연의 성격보다는 서비스 제공 채널에 바탕을 두고 조직을 구성한다. 이런 경우라면 조직도는 서비스 경계에 대한 정확한 정보를 제공해주지 못한다.

하향식 도메인 분해도 적절하게 경계 지어진 컨텍스트를 도출하는 데 도움이 된다.

마이크로서비스의 경계를 설정하는 데 만병통치약은 없다. 때때로 상당히 어려울 수도 있다. 일체형 애플리케이션을 마이크로서비스로 전환하는 시나리오에서는 서비스 경계와 의존 관계가 기존 시스템에 이미 드러나 있기 때문에 경계 설정이 비교적 쉽다. 반대로 백지 상태에서 처음으로 마이크로서비스를 만들어가는 시나리오에서는 의존 관계를 제대로 설정하는 것이 꽤 어렵다.

마이크로서비스의 경계를 설계하는 가장 실용적인 방법은 가능한 여러 가지 선택 사항에 대해 서비스 리트머스 테스트를 했던 것처럼 손으로 시나리오를 돌려보는 것이다. 주어진 시나리오에 적합한 여러 가지 조건이 있을 것이고, 장단점 분석을 해야 한다는 점을 기억해두자.

다음 시나리오를 통해 마이크로서비스의 경계를 정의하는 방법을 살펴보자.

자율적인 기능

검토 중인 기능이 자율적이라면 마이크로서비스의 경계가 될 수 있다. 자율적인 서비스는 일반적으로 외부 기능에 대한 의존도가 낮다. 입력을 받아 내부의 로직과 데이터로 계산해서 결과를 반환한다. 암호화 엔진이나 알림 엔진 같은 유틸리티 기능이 자율적인 서비스에 딱 들어맞는 후보라고 할 수 있다.

주문을 받아 처리하고 운송 서비스에 알려주는 배송 서비스 역시 자율적인 서비스의 한 예라고 할 수 있다. 좌석 현황 정보를 캐시해 서비스하는 온라인 항공편 검색 기능도 자율적인 서비스의 한 예다.

배포 단위의 크기

대부분의 마이크로서비스 생태계는 통합, 제품 인도, 배포, 확장 등의 자동화에서 오는 장점을 누린다. 폭넓은 기능을 제공하는 마이크로서비스는 배포의 규모도 커질 수밖에 없는데, 배포 규모가 크면 파일 복사/다운로드 및 배포 자동화와 서비스 구동 시간에 있어 좋지 않은 영향을 준다. 구현하는 기능이 많아지면 서비스의 크기도 커지게 된다.

좋은 마이크로서비스라면 배포 단위의 크기를 관리할 수 있는 수준 이내로 유지할 수 있어야 한다.

분리하기에 가장 적합한 기능 또는 서브도메인

일체형 애플리케이션에서 어떤 컴포넌트를 떼어내 분리하는 것이 가장 효과적인 지 분석해보는 것은 중요하다. 이런 분석은 일체형 애플리케이션을 분해해서 마이크로서비스로 전환하고자 할 때 특히 중요한데, 자원 소모량, 소유 비용, 비즈니스 효용성, 유연성 측면이 분석 기준이 될 수 있다.

일반적인 예약 시스템은 전체 요청의 대략 50~60%가 검색에 관한 것이다. 이런 경우 검색을 분리시키면 유연싱, 비즈니스 효용성, 비용 절감, 자원 절약 등의 효과를 바로 얻을 수 있다.

폴리글랏 아키텍처

마이크로서비스의 주요 특징 중 하나는 폴리글랏 아키텍처를 지원한다는 점이다. 다양한 비기능/기능적 요구 사항을 충족시키려면 컴포넌트마다 다른 아키텍처, 다른 기술, 다른 배포 토폴로지 등 다양한 처방이 필요하다. 컴포넌트가 식별되면 폴리글랏 아키텍처 관점에서 요구 사항을 다시 한 번 검토하는 것이 좋다.

앞에서 언급한 호텔 예약 시나리오에서 예약 마이크로서비스는 트랜잭션 통합이 필요할 것이고, 검색 마이크로서비스는 트랜잭션 통합이 필요 없을 것이다. 이 경우 예약 마이크로서비스는 MySQL처럼 ACID를 준수하는 데이터베이스를 사용하고, 검색 마이크로서비스는 카산드라^{Cassandra} 같은 NoSQL을 사용할 수 있다.

선택적 확장

선택적 확장은 폴리글랏 아키텍처와 관련이 있는데, 모든 기능 모듈이 모두 동일한 수준의 확장성을 필요로 하지는 않는다. 그래서 확장에 관한 요구 사항을 기준으로 마이크로서비스의 경계를 결정하는 것이 적절할 때가 종종 있다.

호텔 예약 시나리오를 예로 들면 검색 마이크로서비스는 예약 마이크로서비스나 알림 마이크로서비스보다 검색 요청에 대한 더 빠른 처리 속도를 필요로 하므로, 검색 마이크로서비스는 일래스틱서치^{ElasticSearch}나 인메모리 데이터 그리드를 사용하는 편이 더 나은 선택이 될 수 있다.

애자일 팀과 협력 개발

마이크로서비스는 전체 중에서 서로 다른 일부를 개발하는 데 집중할 수 있는 작고 집중력 있는 팀 구성을 통해 애자일 방식의 개발을 가능하게 해준다. 시스템의 일부를 다른 조직에서 개발할 수도 있고, 심지어 지리적으로 다른 위치에서 또는 기술 세트가 서로 다른 팀에 의해서도 만들어질 수 있다. 이런 방식은 제조 산업에서 흔히 접할 수 있다.

마이크로서비스 세상에서는 각 팀이 서로 다른 마이크로서비스를 만들고 나중에 하나로 조합할 수 있다. 이런 방식이 그다지 바람직한 방식은 아니라고 해도 이런 상황으로 결론이 날 수도 있다. 그래서 이런 방식을 현실적으로 완전히 배제할 수는 없다.

온라인 제품 검색 시나리오에서는 고객이 검색했던 내역을 바탕으로 개인화된 추천 서비스를 제공할 수도 있다. 여기에는 복잡한 머신 러닝 알고리듬이 필요하므로 전문가 팀이 필요하다. 이럴 때 개인화 추천 서비스 기능을 별도로 분리된 전문가 팀에서 개발할 수 있다.

단일 책임

이론적으로 단일 책임 원칙^{SRP, Single Responsibility Principle}은 메소드, 클래스 또는 서비스 수준에 적용되는 개념이다. 하지만 마이크로서비스 환경에서는 하나의 책임을 반드시 단 하나의 서비스나 종단점과 짝지을 필요는 없다.

하나의 책임을 하나의 비즈니스 범위 또는 하나의 기술 범위로 치환해서 생각하는 것이 더 현실적인 방식일 수 있다. 단일 책임 원칙에서 하나의 책임이 여러 마이크로서비스와 공유될 수 없는 것처럼, 하나의 마이크로서비스는 여러 가지 책임을 담당해서는 안 된다.

하지만 하나의 비즈니스 범위가 여러 개의 서비스에 걸쳐 나눠 처리되는 특수한 상황도 있을 수 있다. 고객 프로파일 관리를 예로 들 수 있는데, 하나는 고객 프로파일 읽기만 전담하고 다른 하나는 고객 프로파일 쓰기만 전담하는 두 개의 서로 다른 마이크로서비스를 통해 고객 프로파일 관리라는 하나의 비즈니스 범위를 나눠 처리하는 CQRS^{Command Query Responsibility Segregation} 방식을 써서 품질 속성을 만족시킬 수 있다.

복제 가능성과 변경 가능성

혁신과 속도는 IT 제품 인도에서 가장 중요한 요소다. 마이크로서비스 경계는 마이크로서비스가 전체 시스템에서 최소한의 재작성 비용 투입만으로 쉽게 떼어져 나올 수 있는지를 기준으로 식별돼야 한다. 시스템의 일부가 단지 실험적인 부분을 담당한다면 그 부분이 마이크로서비스로 분리하기에 이상적이다.

어떤 조직에서 추천 엔진이나 고객 평가 엔진을 실험적으로 개발할 수도 있다. 비즈니스 가치가 실현되지 않으면 서비스를 폐기하거나 다른 것으로 교체하면 된다.

많은 조직에서 기능 충족과 빠른 제품 인도를 중요하게 생각하는 스타트업 모델을 따르는데, 이런 조직은 아키텍처나 기술에 대해 너무 많은 걱정을 하지 않아도 된다. 대신 어떤 도구나 기술을 사용해야 솔루션을 더 빨리 만들어서 전달할 수 있는지에 초점을 둔다. 점점 더 많은 조직에서 몇 가지 서비스만을 조합해서 실행 가능한 최소 제품MVP, Minimum Viable Products을 먼저 만들고 시스템을 점차 진화시켜나가는 방식을 선택하고 있다. 시스템이 진화하고 서비스가 점진적으로 재작성되거나 대체되는 MVP 방식에서 마이크로서비스는 핵심적인 역할을 담당한다.

결합과 응집

서비스 경계를 결정짓는 데 가장 중요한 두 가지 기준은 결합coupling과 응집cohesion이다. 마이크로서비스 사이의 의존 관계는 높은 결합도가 형성되지 않게 주의해서 평가해야 한다. 기능 분해도는 의존 관계 트리와 함께 마이크로서비스의 경계를 수립하는 데 도움을 줄 수 있다. 너무 많은 정보 교환, 너무 많은 동기적synchronous 요청-응답 사용, 순환 의존 관계, 이렇게 세 가지 요소는 시스템을 망가뜨리는 주요 원인이 될 수 있으므로 피하는 편이 좋다. 그래서 마이크로서비스 내부에서 높은 응집도와 낮은 결합도를 유지하는 것이 성공 방정식이라고 할 수 있다. 그리고 트랜잭션 범위가 하나의 마이크로서비스의 범위를 넘어서 여러 마이크로서비스에 걸치지 않게 하는 것도 중요하다. 이벤트를 입력으로 받아 내부적으로 몇 개의 함수를 호출하고 최종적으로 새로운 이벤트를 반환하는 방식으로 반응하는 것이 가장 기본적인 마이크로서비스라고 할 수 있다. 계산 함수의 일부에서는 데이터를 로컬 저장소에 읽고 쓰기도 한다.

마이크로서비스를 하나의 제품으로 생각하기

DDD^{도메인 주도 설계}는 경계 지어진 컨텍스트^{bounded context}를 하나의 제품과 짝짓는 것을 권장한다. DDD에서는 하나의 경계 지어진 컨텍스트가 하나의 제품이 될 수 있는 이상적인 후보다. 마이크로서비스를 그 자체로 하나의 제품이라고 생각해보자. 마이크로서비스 경계가 수립되면 그 마이크로서비스가 정말로 하나의 제품으로 구성될 수 있는지 제품의 관점에서 평가해보자. 실제 비즈니스를 담당하는 사용자가 제품의 관점에서 경계를 파악해보는 것이 훨씬 쉽다. 제품 경계는 대상 커뮤니티, 배포 유연성, 시장성, 재사용성 등 다양한 변수들로 구성된다.

통신 방식 설계

마이크로서비스 사이의 통신은 요청-응답 형태로 진행되는 동기 방식 또는 발동-망각^{fire and forget} 형태로 진행되는 비동기 방식으로 설계할 수 있다.

동기 방식 통신

다음 다이어그램은 요청-응답 형태 서비스의 한 예다.

요청   응답

서비스

동기 방식 통신에서는 공유되는 상태나 객체가 없다. 요청자는 처리에 필요한 정보와 함께 요청을 서비스에게 날리고 응답을 기다린다. 이 방식에는 여러 가지 장점이 있다. 애플리케이션은 상태가 없고, 고가용성 관점에서 보면 실행 중인 많은 인스턴스가 트래픽을 나눠 받을 수 있다. 공유 메시지 서버 같은 인프라스트럭처상에서의 의존 관계가 없으므로 관리에 드는 노력도 상대적으로 적다. 어떤 단계에서 에러가 발생하더라도 시스템은 데이터 통합성^{integrity}을 양보하지 않고도 일관성 있는 상태를 유지하며, 에러는 요청자에게 즉시 반환될 것이다.

동기적인 요청-응답 형식의 통신에서 사용자 또는 요청자는 응답 처리가 완료될 때까지 기다려야 한다는 단점이 있다. 호출하는 스레드가 응답을 기다려야 하는 동기 방식은 시스템의 확장성에 걸림돌이 될 수 있다.

동기 방식은 마이크로서비스 사이에 고정적인 의존 관계를 추가하는 경향이 있다. 하나의 서비스 체인에서 문제가 생기면 전체 서비스 체인이 제대로 동작하지 못하게 된다. 서비스가 성공적이려면 의존 관계에 있던 모든 서비스가 제대로 돌아야 한다. 실패 시나리오 중 많은 부분은 타임아웃과 폴백^{fallback}을 통해 해결할 수 있다.

비동기 방식 통신

다음 그림은 비동기적인 메시지를 입력으로 받아 비동기적으로 응답을 회신하고, 누군가 그 비동기적 응답을 받아 사용하는 방식으로 설계된 서비스를 보여준다.

비동기 방식은 마이크로서비스 사이의 결합을 해소하는 리액티브한 이벤트 루프 방식에 바탕을 두고 있다. 이 방식에서는 서비스가 독립적이고, 요청을 처리하는 스레드를 내부적으로 재생산해서 부하의 증가를 처리할 수 있기 때문에 더 고수준의 확장성을

제공한다. 부하가 증가하면 메시지는 메시지 큐에 보내지고 나중에 처리된다. 이것은 하나의 서비스에 문제가 생기더라도 전체 경로에 영향을 주지는 않는다. 이를 통해 서비스 사이의 결합도를 낮출 수 있고 유지 관리와 테스트도 수월해질 수 있다.

비동기 방식의 단점은 외부의 메시징 서버에 의존하게 된다는 점이다. 메시징 서버가 장애를 견딜 수 있게 처리하는 것은 쉽지 않다. 메시징은 활성/비활성 기준으로 동작하며, 그래서 메시징 시스템의 지속적인 가용성을 확보하는 것은 쉽지 않은 일이다. 메시징은 일반적으로 영속성을 사용하게 되므로, 더 높은 수준의 I/O 처리와 튜닝이 필요하다.

동기와 비동기, 선택의 기준

두 가지 방식은 모두 저마다의 장점과 단점을 갖고 있다. 오직 하나의 방식만 사용해서 시스템을 개발하는 것은 불가능하다. 두 방식을 적절히 조합해서 사용할 필요가 있다. 원칙적으로 비동기 방식은 확장성이 뛰어난 마이크로서비스 시스템을 만드는 데 매우 적합하다. 하지만 모든 것을 비동기 방식으로 모델링하면 시스템 설계가 매우 복잡해질 수 있다.

사용자가 세부 프로파일 정보를 보기 위해 UI를 클릭하는 다음의 시나리오는 어떻게 구현될까?

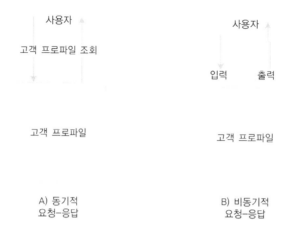

사용자 사용자

고객 프로파일 조회 입력 출력

고객 프로파일 고객 프로파일

A) 동기적 B) 비동기적
요청-응답 요청-응답

이 시나리오는 요청-응답 모델에서 결과를 얻어오기 위해 백엔드에 단순히 쿼리를 날리는 방식일 수도 있다. 또는 입력 큐에 메시지를 밀어 넣고 주어진 ID에 대한 응답을 받아올 때까지 출력 큐를 바라보고 대기하는 비동기 방식으로 모델링할 수도 있다. 하지만 비동기적인 메시징 방식을 사용하더라도 실제 쿼리가 수행되는 전체 시간 동안 블록돼 대기하게 된다.

다음 다이어그램에서와 같이 사용자가 호텔 검색을 위해 UI를 클릭하는 시나리오를 생각해보자.

그림에 나오는 시나리오는 앞에서 살펴봤던 것과 아주 비슷하다. 하지만 이번에는 호텔 목록을 사용자에게 돌려주기 전에 비즈니스 기능이 내부적으로 여러 가지 활동을 유발한다고 가정한다. 예를 들어 시스템이 요청을 받으면 고객 순위를 계산하고, 배송지에 따라 다른 여러 가지 정보를 제공하고, 고객 취향에 맞는 추천 결과를 가져오고, 고객 가치나 매출 등을 고려한 가격 최적화 등과 같은 활동들이다. 이런 활동들을 병렬적으로 수행해서 고객에게 보여주기 전에 모든 결과를 집계할 수 있다. 앞의 그림에서 볼 수 있는 것처럼 어떤 계산 로직이라도 입력 큐를 바라보고 있는 검색 파이프라인에 플러그인해서 사용할 수 있다.

이런 사례에서 효과적으로 개발할 수 있는 방법은 먼저 요청-응답의 동기 방식으로 시작해서 나중에 필요하다고 판단될 때 비동기 방식으로 리팩터링하는 것이다.

다음 그림은 완전하게 비동기 방식으로 구현된 서비스를 보여준다.

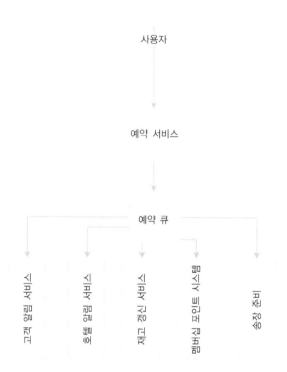

서비스는 사용자가 예약 기능을 클릭할 때 동작하기 시작한다. 이번에도 본질적으로는 동기 방식의 통신이다. 예약이 성공하면 고객의 이메일로 알려주고, 호텔 예약 시스템에 알려주고, 캐시된 재고 정보를 업데이트하고, 멤버십 포인트 시스템을 업데이트하고, 송장을 준비하고, 그 외에도 시나리오가 더 있을 수 있다. 이렇게 하면 사용자가 오랫동안 기다려야 하므로, 서비스를 여러 개로 나누는 방식이 더 좋을 것이다. 예약 서비스에서 예약 기록이 성공적으로 생성될 때까지만 사용자를 기다리게 하고 바로 사용자에게 예약 확정 메시지를 보낸다. 결과적으로 다른 모든 서비스는 병렬적으로, 비동기 방식으로 실행된다.

세 가지 사례 모두에서 사용자는 응답을 기다려야 한다. 최신 웹 애플리케이션 프레임워크는 비동기적 방식을 지원하므로 모든 내부 비즈니스 시나리오가 실행 완료될 때까지 기다리지 않아도 콜백 메소드를 정의해서 전달하거나, 응답이 나오는 것을 바라보는 옵저버^{Observer}를 통해 처리할 수 있다.

일반적으로 마이크로서비스 세상에서는 비동기 방식이 더 나은 경우가 많지만, 장단점을 잘 따져서 적합한 패턴을 선별하는 것이 중요하다. 비동기 방식의 트랜잭션이 아무런 장점이 없어 보이는 비즈니스라면 비동기 방식의 장점이 보일 때까지 동기 방식을 사용하면 된다. 사용자 요청을 비동기 방식으로 처리하게 모델링할 때 마주하게 되는 복잡성을 줄이려면 스프링 프레임워크 리액티브 같은 리액티브^{reactive} 프로그래밍을 사용하는 것이 좋다.

마이크로서비스 오케스트레이션

조립성^{composability}은 서비스 디자인 원칙 중 하나인데, 서비스를 조립하는 쪽에 복잡함이 집중된다. 서비스 지향 아키텍처에서는 ESB^{Enterprise Service Bus}가 세밀하게 나눠진 서비스를 조립하는 책임을 담당한다. 반면 어떤 조직에서는 ESB가 프록시 역할을 하고, 서비스 제공자 스스로가 좀 더 큰 단위로 나눠진 서비스로 조립한 후에 서비스를 제공하기도 한다. 이처럼 서비스 지향 아키텍처에서는 서비스를 조립하는 방식이 크게 두 가지로 나눠진다.

첫 번째 방식을 그려보면 다음 다이어그램과 같다.

오케스트레이션^{orchestration} 방식에서는 여러 개의 서비스를 모아 하나의 완전한 기능을 만드는데, 오케스트레이터가 중앙의 두뇌 역할을 담당한다. 그림에서는 주문 서비스가 조립 서비스로서 다른 서비스들을 모아 조율한다. 순차 처리 또는 병렬 처리가 중심 프로세스에서 가지를 쳐서 나올 수 있다. 각 태스크는 일반적으로 웹 서비스 같은 가장 작은 단위의 원자적 태스크 서비스에 의해 수행된다. 서비스 지향 아키텍처에서는 ESB가 오케스트레이터 역할을 담당하며, 조율된 서비스가 조립 서비스로서 ESB에 의해 외부로 노출된다.

두 번째 방식은 다음 다이어그램에서 설명하고 있는 연출^{choreography}이다.

연출 방식에서는 중앙의 두뇌 같은 것이 없다. 이벤트 생산자[producer] 쪽에서 예약 이벤트가 발생되면 다수의 이벤트 소비자[consumer]는 이벤트를 기다리고 있다가 이벤트별로 독립적으로 서로 다른 로직을 적용한다. 이벤트는 때때로 이벤트 소비자가 다른 서비스에 의해 소비될 이벤트를 보낼 수도 있는 형식으로 중첩되기도 한다. 서비스 지향 아키텍처 세상에서는 호출자가 ESB에 메시지를 푸시하면 그 이후의 처리 흐름은 그 메시지를 소비하는 서비스에 의해 자동으로 결정된다.

마이크로서비스는 자율적이다. 이 말이 의미하는 것은 마이크로서비스의 기능이 실행되는 데 필요한 모든 컴포넌트가 그 서비스 내에 존재해야 한다는 것이다. 필요한 컴포넌트에는 데이터베이스, 내부 서비스의 오케스트레이션, 내부 상태 관리 등이 포함된다. 서비스 종단점은 조금 큰 단위로 나눠진 API를 제공하는데, 외부에서 더 이상의 접점을 필요로 하지 않는다면 그 정도로 충분하다. 하지만 실제로는, 마이크로서비스는 자신의 임무 완수를 위해 다른 마이크로서비스와 의사소통할 수도 있다.

이처럼 마이크로서비스가 다른 마이크로서비스와 의사소통하는 경우에는 다수의 마이크로서비스를 한데 묶어 연결할 수 있는 연출 방식이 더 적합하다. 자율성 원칙에 따르면 마이크로서비스 외부에 존재하는 컴포넌트가 흐름을 제어하는 것은 바람직한 선택이 아니다. 따라서 중앙의 두뇌 역할이 존재하지 않는 연출 방식이 가장 적합하다고 할 수 있다.

연출 방식이 마이크로서비스에 더 적합하기는 하지만 대규모 프로세스와 상호작용, 작업흐름[workflow]을 다룰 때는 연출 방식은 지나친 복잡함을 유발할 수도 있다. 넷플릭스는 대규모 마이크로서비스 오케스트레이션을 관리할 수 있는 오픈소스 도구인 컨덕터[Conductor]를 만들었다.

앞서 설명한 것처럼 모든 사례에 대해 연출 방식으로 모델링하는 것은 불가능하다. 다음 다이어그램을 살펴보자.

reserve( )

예약
마이크로서비스   고객 설정 정보 획득   고객
마이크로서비스

앞의 그림에서는 기능 및 책임을 분명하게 구분해서 예약과 고객이 분리된 별도의 마이크로서비스로 존재한다. 시나리오 하나를 떠올려보면 예약 마이크로서비스가 예약을 생성하면서 고객 설정 정보를 필요로 하는 상황을 들 수 있다. 복잡한 시스템을 개발할 때는 이런 시나리오가 매우 흔한 상황이기도 하다

고객 마이크로서비스를 예약 마이크로서비스 내부로 이동시켜서 예약이 다른 마이크로서비스와 교류할 필요 없게 만드는 것은 어떨까? 고객과 예약 마이크로 서비스가 여러 가지 요소를 고려해서 두 개의 별도로 분리된 마이크로서비스로 식별됐다면 고객을 예약으로 옮기는 것은 아마도 좋은 아이디어가 아닐 가능성이 높다. 고객 마이크로서비스를 예약 마이크로서비스로 옮기면 머지않아 또 다른 일체형 애플리케이션과 마주하게 될 것이다.

예약 마이크로서비스에서 고객 마이크로서비스로의 호출을 비동기 방식으로 만들 수 있을까? 다음 다이어그램은 동기 호출이 필요한 시나리오를 보여준다.

reserve( )

예약
마이크로서비스

고객
마이크로서비스

오케스트레이션 부분만을 떼어내고 다른 예약과 고객을 조합하는 다른 조립 마이크로 서비스를 만드는 것은 어떨까?

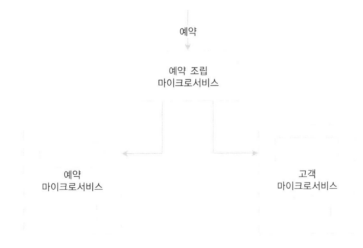

예약

예약 조립
마이크로서비스

예약
마이크로서비스

고객
마이크로서비스

하나의 마이크로서비스 안에 있는 여러 개의 컴포넌트를 조합하는 방식은 받아들일 만하다. 하지만 여러 개의 마이크로서비스를 조합하면 비즈니스 간 조정이 되지 않은 많은 마이크로서비스를 생산해내는 것으로 귀결될 수 있고, 이런 마이크로서비스는 자율적이지 않을 것이며, 잘게 나눠진 너무 많은 마이크로서비스들이 무분별하게 만들어질 수 있으므로 그리 좋은 아이디어라고 할 수 없다.

다음 그림처럼 고객 설정 정보의 복사본을 예약 마이크로서비스에 두는 방식은 어떨까?

고객 설정 정보의 원본이 변경될 경우 그 변경이 사본에도 반영된다면 예약 마이크로서비스는 고객 마이크로서비스를 직접 호출하지 않고도 고객 설정 정보를 이용할 수 있다. 꽤 타당한 생각처럼 보이지만, 좀 더 주의 깊게 분석할 필요가 있다. 이 시나리오에서는 고객 설정 정보를 복제하고 있지만, 다른 시나리오에서는 고객이 예약 불가상태인지 확인하기 위해 예약 마이크로서비스가 여전히 고객 마이크로서비스를 호출할 수도 있다. 따라서 어떤 데이터를 복제할 것인지 결정하려면 빈틈없는 분석이 선행돼야 하며, 이는 결국 복잡도를 높이는 부작용이 있다.

마이크로서비스 하나에 얼마나 많은 종단점을 둘 것인가?

많은 경우 개발자는 마이크로서비스 하나당 몇 개의 종단점을 둬야 할지 고민에 빠지곤 한다. 각 마이크로서비스가 오직 하나의 종단점만을 갖게 제한할 것인지, 아니면 다수의 종단점을 허용할 것인지의 문제다.

읽기　　　　쓰기　　　　　　　　　　예약 생성　　　　　　　　　예약 조회

센서 데이터　　　　　　　　　　　　예약 생성　　　　　　　　　　예약 조회
서비스　　　　　　　　　　　　　　　마이크로서비스　　　　　　　　마이크로서비스

종단점의 수는 사실 그리 중요한 결정 사항은 아니다. 어떤 경우에는 하나의 마이크로 서비스에 하나의 종단점만 있을 수도 있고, 다른 경우에는 하나의 마이크로서비스에 여러 개의 종단점이 있을 수 있다. 예를 들어 센서 정보를 수집하는 센서 데이터 서비스를 생각해보자. 읽기와 쓰기, 이렇게 두 개의 논리적인 종단점이 있을 수 있다. 하지만 CQRS를 처리하려면 앞의 다이어그램에서 예약으로 표시된 것처럼 하나의 종단점을 가진 두 개의 물리적인 마이크로서비스를 만들어야 할 수도 있다. 폴리글랏 아키텍처에서도 여러 개의 종단점을 서로 다른 마이크로서비스에 하나씩 할당할 수도 있다.

알림 엔진을 생각해보면 알림은 어떤 이벤트에 의해 전송될 것이다. 데이터 준비, 이벤트 발생 주체나 알림 대상의 식별, 전송 메커니즘은 이벤트마다 다 다르다. 각 프로세스는 각각 다른 시간 간격을 두고 처리되게 확장할 수도 있다. 이런 시나리오에서는 알림 종단점을 서로 다른 마이크로서비스에 하나씩 할당할 수 있다.

하지만 멤버십 포인트 마이크로서비스는 누적, 상환, 이관, 잔액 등 여러 가지 서비스를 포함할 수 있는데, 이처럼 서로 연결돼 포인트 데이터를 공통으로 사용하는 서비스들을 각각 다른 서비스로 처리하고 싶지는 않다. 이런 시나리오에서 각 서비스를 하나의 종단점만 가진 각각의 마이크로서비스로 나누면 결과적으로 동일한 데이터 스토어 또는 동일한 데이터 스토어의 복제 데이터에 접근하는 지나치게 잘게 나눠진 서비스를 만들게 된다.

한 마디로 종단점의 수는 중요한 결정 사항이 아니다. 하나의 마이크로서비스는 하나 또는 그 이상의 종단점을 가질 수 있다. 마이크로서비스 크기에 적합하게 경계 지어진 컨텍스트를 적절하게 설계하는 것이 훨씬 더 중요하다.

가상머신 하나당 하나의 마이크로서비스 또는 다수의 마이크로서비스?

하나의 마이크로서비스는 확장성 및 가용성을 확보하기 위해 여러 개의 가상머신에 복제돼 배포될 수 있다. 이것은 별로 특별할 것이 없다. 하지만 하나의 가상머신에 여러 개의 마이크로서비스를 배포하는 것은 어떨까? 이 방식에는 물론 장점도 있고 단점도 있는데, 특히 서비스가 단순하고 트래픽 규모도 작을 때 이 질문을 떠올리게 된다.

트랜잭션 규모 전체를 다 합쳐도 분당 10개 이내인 여러 개의 마이크로서비스를 생각해보자. 또한 가장 작은 가상머신 크기는 2 코어에 8GB 메모리라고 하고, 2 코어에 8GB 메모리는 성능에 대한 고려 없이도 분당 10~15개의 트랜잭션을 처리할 수 있다고 하자. 이 경우 하나의 가상머신에 트랜잭션 규모가 작은 마이크로서비스 하나씩만 배포해서 여러 개의 가상머신을 운영하는 것은 비용 효율적이지 않다. 많은 벤더들은 코어당 라이선스 비용을 부과하기 때문에 이런 방식을 적용하면 필요 이상의 비용을 지불하게 된다.

가장 단순한 해결 방법은 다음과 같은 몇 가지 질문을 던져보는 것이다.

- 가상머신이 최대 사용치를 기준으로 두 개의 서비스를 운영하기에 용량이 부족한가?
- 서비스 수준 합의서^{SLA, Service Level Agreement}를 충족시키기 위해 서비스들이 별도로 처리돼야 하는가? 예를 들어 확장성과 관련해 여러 마이크로서비스가 하나

의 가상머신에서 실행된다면 해당 가상머신을 복제해야 한다.

- 자원 요구 사항이 서로 충돌되지는 않는가? 예를 들어 서로 다른 OS나 JDK 버전 등으로 충돌되는 사항은 없는지 확인이 필요하다.

세 가지 질문에 대해 모두 No라고 답할 수 있다면 나중에 배포 토폴로지^{topology}[2]에 변화가 생기기 전까지는 여러 개의 마이크로서비스를 하나의 가상머신에서 실행하는 방식으로 시작할 수 있다. 하지만 이 경우 서비스들이 서로 어떤 것도 공유하지 않으며, OS 프로세스와 독립적으로 실행된다는 점이 보장돼야만 한다.

성숙한 가상화 인프라스트럭처나 클라우드 인프라스트럭처를 보유하고 있는 조직에서는 여러 개의 마이크로서비스를 하나의 가상머신에서 실행하는지 여부는 사실 큰 문제가 아니다. 그런 조직의 환경에서는 서비스가 어디에서 실행되는지 개발자가 걱정하지 않아도 되기 때문이다. 개발자는 용량 산정에 대해서마저도 고민할 필요가 없을 것이다. 서비스는 인프라스트럭처 가용성, 서비스 수준 합의 및 서비스의 특징, 인프라스트럭처 자체 관리 배포 등을 바탕으로 클라우드에 배포될 것이다. AWS 람다는 그런 서비스의 좋은 사례라고 할 수 있다.

룰 엔진: 공유 또는 내장?

룰$^{rule, 규칙}$은 어떤 시스템에든 필수적인 요소다. 예를 들어 주문 적격성 검증 서비스는 여러 가지 룰을 실행해서 '예/아니오'를 판별한다. 룰은 직접 코딩해서 만들 수도 있고, 룰 엔진을 사용할 수도 있다. 많은 기업에서는 룰을 룰 저장소에서 관리하면서 중앙 집중적으로 실행하기도 한다. 기업에서 사용되는 룰 엔진은 기업이 룰을 만들고 관리하는 것뿐 아니라 중앙의 저장소에 있는 룰을 재사용할 수 있게 해주는 데 주로 사용된다. 드룰즈^{Drools}는 가장 인기 있는 오픈소스 룰 엔진 중 하나다. IBM, 피코^{FICO}, 보쉬^{BOSCH}는 상용 룰 엔진 분야의 선구자들이다. 룰 엔진은 생산성을 높이고, 룰, 사실 정

---

2. IT 분야에서 사용되는 토폴로지(topology)는 '구성 및 연결 구조'를 의미한다. - 옮긴이

보, 용어의 재사용을 가능하게 하며, rete 알고리듬[3]을 통해 룰을 더 빨리 실행할 수 있게 해준다.

마이크로서비스 환경에서 중앙에 룰 엔진이 있다는 것은 여러 마이크로서비스가 중앙의 룰 엔진을 호출한다는 것을 의미한다. 이는 서비스 로직이 두 군데에 있음을 의미하는데, 일부는 서비스에 존재하고 일부는 외부의 서비스에 존재하게 된다. 그럼에도 불구하고 마이크로서비스의 목표는 외부에의 의존성을 줄이는 데 있다.

룰이 단순하고 개수도 적고 서비스의 경계 내에서만 사용되며, 룰 작성이 외부의 비즈니스 사용자에게 공개되지 않는다면 기업용 룰 엔진에 의존하기보다 다음 그림과 같이 직접 비즈니스 룰을 코딩하는 것이 더 나을 수 있다.

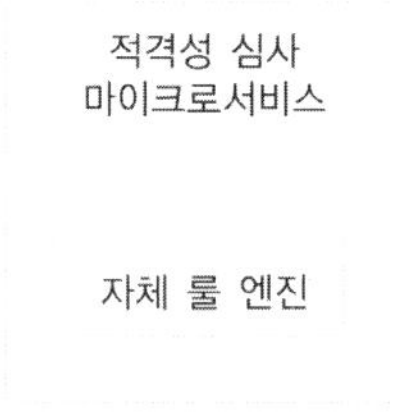

적격성 심사
마이크로서비스

자체 룰 엔진

룰이 복잡하고 서비스 컨텍스트에 국한되며 비즈니스 사용자에게 부여되지 않는다면 다음 그림과 같이 서비스 내부에 내장된 룰 엔진을 두는 편이 더 낫다.

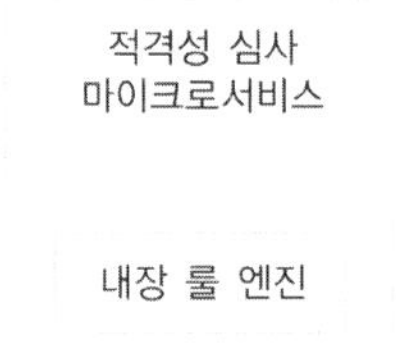

적격성 심사
마이크로서비스

내장 룰 엔진

---

3. Rete 알고리듬: 룰 엔진에서 규칙을 더 빠른 속도로 패턴 매칭(pattern matching)하기 위한 그래프(graph) 기반의 알고리듬 - 옮긴이

룰이 비즈니스에 의해 작성되고 관리되거나, 룰이 복잡하거나, 룰이 서비스 도메인 외부에서도 재사용된다면 다음 그림과 같이 외부에 있는 중앙 저장소와 시스템 내부에 내장된 실행 엔진을 사용하는 것이 좋다.

모든 벤더가 내장 룰 실행 엔진 방식을 지원하는 것은 아니고 특정 서버에서만 룰을 실행할 수 있다든지 하는 기술적 의존성이 있을 수 있으므로, 룰 엔진 사용 방식은 매우 신중하게 결정해야 한다.

BPM의 역할과 작업 흐름

BPM$^{Business\ Process\ Management}$과 iBPM$^{Intelligent\ Business\ Process\ Management}$은 비즈니스 프로세스의 설계, 실행, 모니터링을 담당하는 도구 세트다.

BPM의 전형적인 사용 사례는 다음과 같다.

- **오래 지속되는 비즈니스 프로세스** 일부 프로세스는 기존 자산으로부터 도출되고, 일부 프로세스는 기존 자산에서 도출되지 않으며 현재 프로세스에 구체적인 구현체가 없다. BPM은 이런 두 가지 타입을 조합할 수 있게 해주고, 전 구간을 아우르는 자동화 프로세스를 제공한다. 여기에는 시스템과 사람의 상호작용이 연결되기도 한다.
- **프로세스 중심 조직** 6 시그마를 도입해서 지속적인 효율 개선을 위해 프로세스를 모니터링하기 원하는 조직
- 조직의 비즈니스 프로세스를 재정의 하는 탑다운 방식의 프로세스 리엔지니어링

BPM이 마이크로서비스 세상에 잘 들어맞는 두 가지 시나리오가 있다.

다음 그림은 대출 승인 프로세스가 비즈니스 프로세스로 구현된 모습을 보여준다.

첫 번째 시나리오는 비즈니스 프로세스 리엔지니어링이나 앞에서 언급했던 오래 지속되는 전 구간 비즈니스 프로세스를 다루는 것이다. 여기에서 BPM은 조금 큰 덩어리로 나눠진 여러 개의 마이크로서비스와 기존 레거시 연결부, 사람과의 상호작용을 엮어서 여러 기능에 걸쳐 오래 지속되는 비즈니스 프로세스를 자동화할 수 있는 높은 수준에서 작동한다. 앞의 그림에서 보여주는 것처럼 대출 승인 BPM은 레거시 애플리케이션 서비스뿐 아니라 마이크로서비스도 호출하며, 사람이 하는 일도 통합한다.

여기에서 마이크로서비스는 하위 프로세스를 구현하는 화면 없는 서비스 역할을 담당한다. 마이크로서비스의 관점에서 보면 BPM은 마이크로서비스를 이용하는 또 하나의 소비자일 뿐이다. 이 방식에서는 비즈니스 로직을 BPM으로 옮기는 것뿐 아니라 BPM 프로세스로부터의 상태 공유를 용인하지 않게 특별한 주의가 필요하다.

다음 그림은 여러 마이크로서비스로부터의 이벤트로 구성되는 주문 배송 프로세스를 보여준다.

주문 배송 프로세스

두 번째 시나리오는 프로세스를 모니터링하고 효율을 높이기 위해 최적화하는 것이다. 이 작업은 완전하게 자동화된 비동기 연출 방식의 마이크로서비스 생태계와 협업하는 방식으로 처리된다. 여기에서 마이크로서비스와 BPM은 독립적인 생태계로서 존재한다. 마이크로서비스는 프로세스의 시작, 상태의 변경, 프로세스의 종료 등과 같은 여러 가지 시간 프레임에 걸쳐 이벤트를 전송한다. 이 이벤트는 BPM 엔진에 의해 프로세스 상태를 구성하고 모니터링하는 데 사용된다. 비즈니스 프로세스의 효율을 모니터링하는 모조품mock을 사용할 것이므로 BPM 전체 기능을 가진 솔루션이 필요하지는 않다. 여기에서 주문 배송 프로세스는 BPM 구현체라기보다는 프로세스의 진척을 감지하고 표시하는 대시보드를 모니터링하는 것에 가깝다.

정리하면 BPM은 시스템과 사람의 상호작용을 자동화함으로써 전 구간의 여러 기능에 걸쳐있는 비즈니스 프로세스를 모델링하는 상황에서 여러 개의 마이크로서비스를 조합하는 상위 수준에서 사용될 수 있다. 두 번째 시나리오에서처럼 마이크로서비스가 상태 변화 이벤트를 공급하고 비즈니스 프로세스 대시보드를 보유하는 것이 더 간단하고 나은 방식이라고 할 수 있다.

마이크로서비스가 데이터 스토어를 공유할 수 있는가?

원칙적으로 마이크로서비스는 표현 계층, 비즈니스 로직, 데이터 스토어를 추상화해야 한다. 가이드라인에 따라 서비스가 분리된다면 각 마이크로서비스는 논리적으로 독립적인 데이터베이스를 사용할 수 있다.

다음 그림은 주문 및 상품 마이크로서비스가 하나의 데이터베이스를 공유하는 방식을 보여준다.

앞의 그림에서 상품과 주문 마이크로서비스는 하나의 데이터베이스와 하나의 데이터 모델을 공유하고 있다. 공유 데이터 모델, 공유 스키마, 공유 테이블은 좋지 못한 방법이며, 마이크로서비스 개발을 재앙으로 이끌 수도 있다. 처음에는 좋을 수도 있지만, 복잡한 마이크로서비스를 개발하다 보면 데이터 모델 사이에 계속 관계를 추가하고, 조인 쿼리를 만들어내게 된다. 이는 단단하게 결합된 물리 데이터 모델이 될 수도 있다.

서비스가 많지 않은 수의 테이블만 갖고 있다면 오라클 데이터베이스 인스턴스와 같은 DB 인스턴스 전체를 사용하는 것은 낭비에 가깝다. 그런 경우에는 스키마 수준의 분리만으로도 시작하기에는 충분하다.

다음 그림에서는 고객 등록 마이크로서비스와 고객 분류 마이크로서비스가 동일한 고객 정보 저장소를 공유하고 있다.

여러 개의 마이크로서비스에 공유 데이터베이스를 사용하는 시나리오가 있을 수 있다. 고객 데이터 저장소 또는 기업 수준에서 관리되는 마스터 데이터를 예로 들어보면 고객 등록과 고객 분류 마이크로서비스는 논리적으로 동일한 고객 데이터 저장소를 공유한다.

다음 그림에서 볼 수 있는 것처럼 이 시나리오의 대안은 마이크로서비스에 필요한 트랜잭션 관리가 필요한 데이터 스토어를 기업 데이터 저장소에서 분리해 마이크로서비스 내에서 사용하는 것이다.

이렇게 하면 마이크로서비스 내의 로컬 데이터 스토어를 목적에 맞게 최적화해서 리모델링할 수 있는 유연성을 확보할 수 있다. 기업의 고객 데이터 저장소에 변경이 생기면 변경 이벤트를 전송한다. 마찬가지로 트랜잭션 관리가 적용된 데이터 스토어에서 변경이 발생하면 변경은 중앙의 고객 정보 저장소에 반영된다.

마이크로서비스가 데이터 호수^{Data Lake}나 마스터 데이터 관리 등 공통 데이터 저장소 Common Data Repositories 같은 기업 데이터 저장소를 공유해야만 하는 시나리오도 있을 수 있다. 이럴 때는 어쩔 수 없이 공유 데이터를 사용할 수밖에 없으며, 해당 데이터 저장 소에 직접 붙는 대신 서비스 인터페이스를 둬서 마이크로서비스와 데이터 저장소를 간접화하고 결합 관계를 끊는 것이 중요하다.

마이크로서비스는 화면이 꼭 필요한가?

마이크로서비스는 UI 없이 사용될 때도 많은데 이런 마이크로서비스를 화면 없는 headless 마이크로서비스라고 부른다. 반면에 여러 마이크로서비스에서 데이터를 모아 서 UI로 보여주는 서비스도 있다.

이상적인 경우를 예로 들면 마이크로서비스가 UI, 비즈니스 로직, 데이터베이스 모두 를 하나로 패키징할 것이다. 하지만 이 방식이 마이크로서비스를 구현하는 유일한 패턴은 아니다. 점점 늘고 있는 화면 없는 마이크로서비스도 무시해서는 안 된다. 화면 없는 마이크로서비스는 동일한 하나의 서비스가 오디오 UI^{Audio User Interfaces}, 챗봇, 몸짓 기반 UI^{gesture-based UI}, 웨어러블 UI^{Wearable UI} 등 여러 채널을 통해 외부에 서비스를 제공할 때 사용된다. 이런 여러 채널을 구현하려면 복잡하고 특수한 처리가 필요하며, 그래서 변경도 자주 발생할 가능성이 높다.

실제로 화면 없는 마이크로서비스는 가장 널리 사용되는 마이크로서비스 구현 방식이 기도 하다.

트랜잭션 경계 설정

가동 중인 시스템에서 트랜잭션은 여러 개의 작업을 하나의 원자적 블록으로 그룹 지어 처리함으로써 RDBMS에서 데이터의 일관성을 유지하는 데 사용된다. 트랜잭션 내의 여러 작업은 커밋으로 모두 함께 확정되거나 롤백으로 모두 취소된다. 분산 시스템에서는 2단계 커밋[2 phase commit]과 함께 분산 트랜잭션의 개념을 사용한다. 분산 트랜잭션은 하나의 트랜잭션 안에 RPC 서비스, JMS 등 여러 이질적인 컴포넌트에서의 작업이 함께 처리될 때 특히 필요하다.

마이크로서비스에서 트랜잭션을 위한 공간이 있을까? 트랜잭션은 나쁜 것은 아니지만, 하려는 일이 무엇인지 잘 분석한 후 주의해서 사용해야 한다.

MySQL 같은 RDBMS는 재고 관리 서비스처럼 데이터 정합성이 핵심인 서비스에서 100%의 데이터 정합성을 보장하는 데이터 스토어로 사용될 수 있다. 트랜잭션의 경계는 로컬 트랜잭션을 이용해서 마이크로서비스를 벗어나지 않게 정의해야 한다. 마이크로서비스 환경에서 분산된 글로벌 트랜잭션은 피해야 한다. 적절한 의존 관계 분석을 통해 트랜잭션 경계가 두 개의 서로 다른 마이크로서비스로 확장되지 않게 해야 한다.

트랜잭션 요구 사항을 단순화하기 위한 사용 사례의 변경

최종적 일관성[eventual consistency][4]은 여러 마이크로서비스에 걸친 분산 트랜잭션을 처리하는 데 적합하다. 최종적 일관성을 적용하면 많은 오버헤드를 줄일 수 있지만, 애플리케이션 개발자는 코드 작성 방식을 기존과 다르게 다시 생각해봐야 할 필요가 있다. 이는 기능을 다시 모델링하고 실패를 최소화하기 위해 작업의 순서를 정해야 하며, 입력과 수정 작업을 배치화하고, 데이터 구조를 다시 모델링하고, 마지막으로 최종적 일관성을 맞추는 작업을 모두 포함할 수 있다.

이 문제의 전형적인 사례는 호텔 예약에서 마지막 남은 방을 예약하는 시나리오다. 마지막 남은 방을 여러 고객이 동시에 예약하려 한다면 어떻게 할 것인가? 비즈니스 모델을 바꾸면 이 시나리오가 단순해질 수 있다. 예약이 취소될 수도 있으므로 '예약

---

4. 최종적 일관성(eventual consistency): 궁극적 일관성이라는 용어로 사용되기도 한다. 중간에 일관성이 맞지 않는 순간이 있을 수 있지만, 최종적으로는 모두 맞게 되는 일관성을 의미한다. – 옮긴이

중'이라는 프로파일을 두고 예약 가능한 방의 수를 실제 방의 수보다 3개 적게 잡는다. 이 범위 내에 있는 예약은 '확정 대기'로 접수받고, 확정된 고객에게만 요금이 부과된다. 예약은 시간 순으로 확정할 수 있다.

카우치디비^{CouchDB} 같은 NoSQL 데이터베이스에서 고객 프로파일을 생성하는 시나리오를 생각해보자. 전통적인 RDBMS에서는 먼저 고객 정보를 등록^{insert}하고 나서 고객의 주소와 프로파일 세부 내용을 등록하고 취향을 등록하는데, 이 모두를 하나의 트랜잭션으로 처리한다. NoSQL에서는 똑같은 순서로 처리하지 않을 수도 있다. 대신 모든 상세 정보를 담고 있는 JSON을 카우치디비에 한 번에 입력한다. NoSQL의 경우에는 명시적인 트랜잭션 경계가 필요 없다.

분산 트랜잭션 시나리오

마이크로서비스에서 필요하다면 로컬 트랜잭션만을 사용하고 분산 트랜잭션을 피하는 것이 이상적인 시나리오다. 하나의 서비스를 실행하는 마지막 단계에서 다른 마이크로서비스에 메시지를 보내는 시나리오가 있을 수 있다. 예를 들어 여행 예약에 휠체어 사용 요청이 포함돼 있다면 여행 예약이 생성되고 나면 휠체어 예약을 위해 다른 마이크로서비스에 메시지를 보내야 할 것이다. 예약 요청 자체는 하나의 로컬 트랜잭션으로 처리될 것이다. 휠체어 예약 메시지 전송에 실패해도 여전히 트랜잭션 경계 내에 있어서 여행 예약 전체를 롤백할 수 있다. 하지만 예약을 생성하고 메시지 전송에도 성공한 후에 예약에 오류가 발생한다면 트랜잭션은 실패하고 예약은 롤백될 것이다. 하지만 휠체어 예약 요청을 위해 전송한 메시지는 롤백되지 못한다. 이런 상황을 그림으로 나타내면 다음과 같다.

이 문제를 해결할 수 있는 여러 가지 방법이 있다. 먼저 휠체어 예약 메시지의 발송을 예약이 끝날 때까지 미루는 것이다. 이렇게 하면 메시지를 전송한 후에 발생하는 실패에 대한 가능성을 낮출 수 있다. 하지만 여전히 메시지를 보낸 후에 예약 실패가 생길 수 있고, 실패가 발생하면 예외 처리 루틴에 따라 휠체어 예약을 취소해달라는 메시지를 따로 보내야 한다.

서비스 종단점 설계 고려 사항

마이크로서비스에서 중요한 것 중 하나는 서비스 설계다. 서비스 설계에는 계약 설계 contract design와 프로토콜 선택protocol selection이라는 두 가지 핵심 요소를 포함한다.

계약 설계

서비스 설계에서 가장 중요한 원칙은 단순함이다. 서비스는 소비자가 소비할 수 있게 설계돼야 한다. 복잡한 서비스 계약은 서비스의 사용성을 떨어뜨린다. KISSKeep It Simple Stupid(바보스러울 만큼 단순함을 유지) 원칙은 더 나은 양질의 서비스를 더 빠르게 구축하고 유지 관리와 교체에 드는 비용을 줄여준다. YAGNI^{You Ain't Gonna Need It}(필요 없는 기능은 만들지 않기)도 단순함을 중요시하는 원칙이다. 미래의 요구 사항을 예측하고 시스템을 만들어도 그것이 미래에도 실제로 경쟁력을 가진다는 보장이 될 수는 없다. 미래 요구 사항에 너무 집중하면 초기 단계부터 많은 투자를 하게 되고, 결국 유지 관리 비용의 증가로 이어진다.

진화적 설계^{evolutionary design}는 훌륭한 개념이다. 현재 필요한 만큼만 충분히 설계하고, 새로운 기능이 필요할 때 설계를 변경하고 리팩터링을 지속하는 것이 좋다. 그렇더라도 강력한 통제 수단이 없다면 말처럼 쉬운 일이 아니다.

소비자 주도 계약^{CDC, Consumer Driven Contracts}은 진화적 설계에 도움이 되는 훌륭한 생각이다. 서비스 계약이 변경되면 관련된 모든 애플리케이션을 테스트해서 검증해야 한다. 이는 변경을 어렵게 만든다. CDC는 자신감을 갖고 애플리케이션을 만드는 데 도움을 준다. CDC는 사용자가 원하는 기대 사항을 서비스 제공자에게 테스트 케이스의 형태로 제공하게 함으로써 서비스 계약이 변경될 때마다 서비스 제공자가 통합 테스트할 수 있게 해준다.

포스텔의 법칙^{Postel's law}은 이런 시나리오에 잘 맞는 법칙이다. 포스텔의 법칙은 주로 TCP 통신에 대한 문제를 해결하는 데 적용되지만, 서비스 설계에도 동일하게 적용할 수 있다. 서비스를 설계할 때 서비스 제공자는 사용자의 요청을 받을 경우 가능한 한 유연해야 한다. 반면에 사용자는 서비스 제공자와 동의한 계약에 맞게 사용해야 한다.

프로토콜 선택

서비스 지향 아키텍처^{SOA}에서 HTTP/SOAP와 메시징은 서비스 상호작용을 위한 기본 서비스 프로토콜이다. 마이크로서비스는 서비스 상호작용에 있어 SOA에서의 설계 원칙과 동일한 설계 원칙을 따른다. 느슨한 결합은 마이크로서비스에서도 핵심 원칙이다.

마이크로서비스는 애플리케이션을 물리적으로 독립적으로 배포 가능한 여러 서비스로 나눈다. 이렇게 하면 의사소통 비용이 높아질 뿐 아니라 네트워크 통신 실패에도 더 취약해질 수 있으며, 서비스 성능이 좋지 않게 나올 수도 있다.

메시지 지향 서비스

비동기 통신 방식을 선택하면 사용자와의 연결이 끊어지므로, 응답 시간은 직접적으로 영향 받지는 않는다. 이런 경우에는 표준 JMS나 AMQP 프로토콜로 JSON 데이터를 교환할 수 있다. HTTP를 이용한 메시징도 복잡도를 줄여주는 장점이 있어 매우 널리 사용된다. 메시징 서비스 업계에 새로 등장하는 여러 기술은 HTTP 기반의 통신을 지원한다. 비동기 REST도 가능하며, 처리 시간이 오래 걸리는 서비스에 적합하다.

HTTP와 REST 종단점

HTTP에서의 통신은 호환성, 프로토콜 처리, 트래픽 라우팅, 로드 밸런싱, 보안 시스템 등에 적합하다. HTTP는 상태를 유지하지 않으므로 밀접하게 연결되지 않으면서 상태를 유지하지 않는 서비스를 처리하는 데 더 적합하다. 대부분의 개발 프레임워크, 테스트 도구, 런타임 컨테이너, 보안 시스템 등은 HTTP에 친화적이다.

널리 사용되는 REST와 JSON은 마이크로서비스 개발자들이 기본으로 선택하는 옵션이기도 하다. HTTP/REST/JSON 프로토콜 스택을 사용하면 호환성이 좋은 시스템을 아주 쉽고 간단하게 만들 수 있다. HATEOAS는 점진적 렌더링$^{progressive\ rendering}$이나 셀프 서비스 화면 이동$^{self\text{-}service\ navigation}$을 설계하는 데 점점 더 많이 사용되고 있는 디자인 패턴 중 하나다. 책의 앞부분에서 언급한 것처럼 HATEOAS는 자원 간의 링크를 제공함으로써 사용자가 손쉽게 여러 자원으로 이동할 수 있게 해준다. RFC 5988 – 웹 링킹$^{Web\ Linking}$은 새로 떠오르고 있는 표준안이다.

최적화된 통신 프로토콜

서비스 응답 시간이 매우 중요한 상황이라면 통신 부분에 특별히 더 주의를 기울일 필요가 있다. 이런 경우에는 서비스 사이의 통신에 아브로^{Avro}, 프로토콜 버퍼^{Protocol} ^{Buffers}, 스리프트^{Thrift} 같은 프로토콜을 사용할 수도 있다. 하지만 이렇게 하면 호환성이 떨어지게 된다. 성능과 호환성은 트레이드오프 관계에 있다. 사용자 정의 바이너리 프로토콜은 소비자와 생산자 양쪽에서 네이티브 객체를 바인딩하므로 신중하게 평가해야 하며, 자바 기반의 RPC 방식 통신에서와 마찬가지로 클래스 버전 불일치 같은 출시 관리 이슈에 직면하게 될 수도 있다.

API 문서화

마지막으로 좋은 API는 단순하면서도 충분하게 문서화돼야 한다. REST 기반 서비스의 문서화를 지원하는 도구는 스웨거^{Swagger}, 라믈^{RAML}, API 블루프린트^{Blueprint} 등 다양하다.

공유 라이브러리 처리

마이크로서비스의 바탕에 깔려있는 원칙은 자율성과 자기 완비성이다. 이 원칙을 준수하기 위해 코드와 라이브러리를 복제해야 하는 상황이 있을 수 있다. 복제되는 것은 요소 기술을 다루는 라이브러리나 기능 컴포넌트일 수 있다.

적격성 판별 규칙   적격성 판별 규칙

체크인   탑승 수속
마이크로서비스   마이크로서비스

예를 들어 항공편 업그레이드는 체크인뿐 아니라 탑승 수속 시에도 심사될 수 있다. 체크인과 탑승 수속이 별도로 나눠진 두 개의 마이크로서비스라면 적격성 판별 규칙을 두 서비스 모두가 복제해서 따로 갖고 있어야 한다. 이는 의존 관계의 추가와 코드 중복 사이에 발생하는 트레이드오프다.

의존 관계를 추가하는 것보다는 코드를 중복해서 따로 갖고 있는 것이 출시 관리나 성능에서 더 나은 점이 있다. 하지만 이는 DRY 원칙에는 어긋난다.

DRY 원칙은 모든 지식은 하나의 시스템 안에서 오직 하나의 모호하지 않은 (원본의) 권위를 가진 표현으로 존재해야 한다고 주장한다.

코드를 중복해서 내장하는 방식의 단점은 버그 픽스나 개선 사항이 있을 때 중복돼 있는 모든 곳에 별도로 반영해야 한다는 점이다. 하지만 각 마이크로서비스는 서로 다른 버전의 라이브러리를 갖고 있을 수도 있으므로, 크게 문제가 되지는 않는다.

체크인 마이크로서비스	탑승 수속 마이크로서비스	적격성 판별 마이크로서비스

공통되는 부분을 별도의 마이크로서비스로 떼어내는 것도 가능하지만, 신중한 분석이 필요하다. 비즈니스 범위나 분류 관점에서 봤을 때 하나의 마이크로서비스로 분류되지 않는 부분을 공통이라는 이유만으로 별도의 마이크로서비스로 떼어낸다면 효용보다 복잡성 증가라는 비용이 더 클 수도 있기 때문이다. 여러 서비스에 공통 라이브러리를 복제하는 것과 통신 관점에서의 오버헤드도 트레이드오프 관계다.

마이크로서비스에서의 사용자 인터페이스

마이크로서비스 원칙은 다음 그림과 같이 하나의 마이크로서비스를 데이터베이스에서 표현 계층까지 모두 포함하는 세로 조각으로 나누자고 주장한다.

다음 그림은 UI, 비즈니스 로직, 데이터베이스를 모두 담고 있는 마이크로서비스를 보여준다.

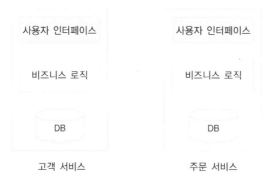

 の誤記置換前

実제로도 이미 존재하는 API를 매시업^{mashup}해서 UI를 포함한 모바일 애플리케이션을 빠르게 만들어 달라는 요구 사항을 받기도 한다. 최근에는 이런 일이 흔한데, 업계에서는 IT를 통해 빠른 전환을 이뤄내길 바라고 있다.

모바일 애플리케이션에 의한 시장 진입도 이런 접근 방식이 많아지는 원인 중 하나다. 많은 조직에서는 모바일 개발 팀이 비즈니스 팀 옆에 자리 잡고, 내부적/외부적으로 공개된 많은 API를 매시업하고 조합해서 모바일 애플리케이션을 신속하게 만들어내고 있다. 이 방식에서는 단지 서비스를 공개하면 모바일 팀에서 비즈니스에 필요한 방식을 실체화한다. 이런 경우에는 화면 없는 마이크로서비스를 만들고, 화면 표시

영역은 모바일 팀에서 담당하게 된다.

다음 그림과 같은 특정 커뮤니티에 특화된 통합 웹 애플리케이션이 필요할 때 고려해야 할 점을 생각해보자.

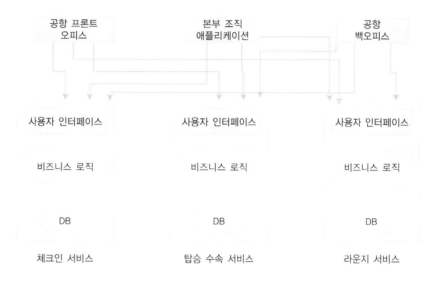

예를 들어 공항 이용자들을 대상으로 출국 제어 애플리케이션이 필요하다고 하자. 출국 제어 웹 애플리케이션은 체크인, 라운지 관리, 탑승 수속 등의 기능이 필요할 것이다. 하지만 비즈니스 관점에서 보면 세 가지 기능은 하나의 웹 애플리케이션에 담을 필요가 있다. 이 경우 백엔드로부터의 서비스를 매시업해서 웹 애플리케이션을 만들어야 할 것이다.

뒷단에 있는 여러 개의 마이크로서비스에 연결을 해주는 컨테이너 웹 애플리케이션이나 플레이스홀더^{placeholder} 웹 애플리케이션을 만드는 것도 하나의 방법일 수 있다. 이경우 풀 스택 마이크로서비스를 만들지만, 화면은 다른 플레이스홀더 웹 애플리케이션에 내장된다. 이 방식의 장점은 앞의 그림에서처럼 서로 다른 사용자 커뮤니티에 특화된 서로 다른 여러 개의 플레이스홀더 웹 애플리케이션을 만들 수 있다는 점이다. 그림에서처럼 복잡한 연결 관계를 해소하기 위해 API 게이트웨이를 만들 수도 있다.

API 게이트웨이는 다음 절에서 알아본다.

마이크로서비스의 API 게이트웨이

앵귤러JS 같은 클라이언트 측 자바스크립트 프레임워크가 발전함에 따라 서버는 화면까지 제공하기보다는 RESTful 서비스를 노출하는 방식으로 개발되고 있다. 이는 두 가지 문제를 유발할 수 있는데, 첫째는 계약에 대한 기대 사항의 불일치고, 둘째는 하나의 페이지를 렌더링하기 위해 서버에 여러 번의 요청을 날리게 된다는 점이다.

먼저 계약 불일치에 대해 살펴보자. GetCustomer는 다음과 같이 여러 개의 필드를 가진 JSON을 반환한다.

```
Customer {
    Name:
    Address:
    Contact:
}
```

Name, Address, Contact도 중첩된 JSON 객체다. 하지만 모바일 클라이언트는 이름 같은 기본 정보만을 필요로 할 수도 있다. 서비스 지향 아키텍처에서는 ESB나 모바일 미들웨어가 클라이언트를 위한 데이터 변환을 담당한다. 마이크로서비스에서의 기본 방식은 Customer의 모든 요소를 읽어오고, 필요한 요소만을 필터링하는 일을 클라이언트가 담당한다. 이렇게 하면 불필요한 정보도 함께 전송되므로 네트워크 오버헤드가 발생한다.

이 문제를 해결할 수 있는 방법에는 여러 가지가 있는데, 먼저 다음 코드를 살펴보자.

```
Customer {
    id :1
```

230

```
    Name: /customer/name/1
    Address: /customer/address/1
    Contact : /customer/contact/1
}
```

첫 번째 방법은 HATEOAS 방식으로 최소한의 정보만을 링크 정보와 함께 전달하는
것이다. 앞의 경우 ID인 1과 나머지 데이터 요소에 접근할 수 있는 세 개의 링크만이
JSON에 들어있다. 위 코드는 논리적인 표현일 뿐 실제 JSON은 아니다. 모바일 클라
이언트는 고객의 기본 정보를 받고, 상세한 정보는 링크를 통해 얻을 수 있다.

두 번째 방법은 클라이언트가 REST 요청을 보낼 때 사용되는데, 쿼리 문자열로 필요
한 필드를 지정해서 요청을 보내는 것이다. 이렇게 하면 클라이언트는 쿼리 문자열로
firstname과 lastname을 보냄으로써 두 개의 필드만 필요하다는 것을 알려준다. 이
방식의 단점은 쿼리 문자열에 담겨 있는 필드를 필터링하는 서버 측의 로직이 복잡해
진다는 것이다. 서버는 들어오는 쿼리에 따라 다른 요소들을 반환해야 한다.

세 번째 방법은 간접화 개념을 사용한다. 클라이언트와 서버 사이에 있는 게이트웨이
컴포넌트가 데이터 소비자의 명세에 따라 데이터를 변환한다. 이 방식의 장점은 백엔
드 서비스와의 계약을 변경할 필요가 없다는 점이다. 이는 UI 서비스로 이어진다.
많은 경우 API 게이트웨이는 백엔드의 프록시 역할을 수행하며, 데이터 소비자에 특
화된 API를 외부에 노출한다.

다음 그림은 API 게이트웨이를 배치할 수 있는 두 가지 형태를 보여준다.

A) API 게이트웨이가 마이크로서비스의 일부   B) 공통 API 게이트웨이

API 게이트웨이를 배포할 수 있는 방법은 두 가지가 있다. 첫 번째는 앞의 그림에서 A로 표시된 것처럼 마이크로서비스당 하나의 API 게이트웨이를 두는 방식이다. 두 번째 방법은 B로 표시된 것처럼 하나의 공통 API 게이트웨이가 뒤에 있는 여러 서비스에 접근하는 방식이다. API 게이트웨이를 사용하는 목적에 따라 선택이 달라진다. 리버스 프록시 용도로 API 게이트웨이를 사용한다면 에이피아이지Apigee, 매셔리Mashery 같은 서비스를 공유되는 플랫폼으로 사용할 수 있다. 트래픽 유형에 따른 세부적인 제어가 필요하고 복잡한 데이터 변환이 수반된다면 서비스당 독자적인 API 게이트웨이를 사용하는 것이 좋다.

문제는 클라이언트에서 서버로 많은 요청을 보내야한다는 점인데, 1장에서 살펴봤던 휴일 예제에서는 각 위젯을 렌더링하기 위해 서버에 요청을 보내야 했다. 데이터만 보내는 데도 여전히 상당한 네트워크 오버헤드가 발생한다. 이 방식은 완전히 잘못됐다고 할 수는 없지만, 이 방식보다는 반응형 디자인이나 점진적 디자인을 더 많이 사용한다. 데이터는 사용자의 화면 이동에 의해 필요에 따라 로딩되고, 클라이언트에 있는 각 위젯은 서버에 독립적인 요청을 지연lazy 모드로 보낸다. 대역폭이 문제가 된다면 API 게이트웨이가 해답이 될 수 있다. API 게이트웨이가 미들맨으로서 여러 마이크로서비스로부터의 API를 조합하고 변환하는 역할을 수행할 수 있다.

ESB 및 iPass와 마이크로서비스의 사용

이론적으로 서비스 지향 아키텍처는 ESB에 대한 것만은 아니지만, 실제로 ESB는 많은 서비스 지향 아키텍처의 구현에서 핵심적인 역할을 담당한다. 마이크로서비스에서 ESB의 역할은 무엇일까?

일반적으로 마이크로서비스는 작은 공간만을 차지하는 완전한 클라우드 네이티브 시스템이다. 마이크로서비스가 가볍다는 특징은 배포 및 확장을 자동화할 수 있게 해준다. 반대로 엔터프라이즈 ESB는 천성적으로 무거우며, 대부분의 상용 ESB는 클라우드 친화적이지 않다. ESB의 핵심 기능은 프로토콜 중재, 변환, 오케스트레이션과 애플리케이션 어댑터 기능이다. 마이크로서비스 생태계에서는 이런 기능이 하나도 필요하지 않을 수도 있다.

마이크로서비스에 적합하게 기능이 제한된 ESB 역할은 API 게이트웨이 같은 훨씬 더 가벼운 도구로 대체할 수 있다. 오케스트레이션 역할은 ESB의 버스에서 마이크로서비스로 이동됐기 때문에 마이크로서비스에서는 중앙의 오케스트레이션 기능이 존재하지 않는다. 서비스 사이에 REST/JSON 호출과 같은 더 범용적인 메시지 교환 방식을 사용하므로, 프로토콜 중재 역시 더 이상 필요하지 않다. 마지막으로 살펴볼 ESB의 기능은 레거시 시스템과 연결해주는 어댑터 기능인데, 마이크로서비스에서는 서비스 스스로가 구체적인 구현체를 제공하므로 레거시 커넥터도 필요하지 않다. 이런 이유로 마이크로서비스 세상에는 ESB가 존재할 공간이 남아있지 않다.

많은 조직에서는 ESB가 기업 애플리케이션 통합^{EAI, Enterprise Application Integration}의 중추 역할을 담당했고, 엔터프라이즈 아키텍처 정책은 ESB를 중심으로 수립됐다. ESB를 이용한 통합에서 필요 했던 감사, 로깅, 보안, 검증 등에 대한 여러 가지 정책이 있었을 것이다. 하지만 마이크로서비스는 좀 더 분권화된 관리 체계를 주장한다. 마이크로서비스와 통합된다면 ESB는 과잉 처방이라고 할 수 있을 것이다.

모든 서비스가 마이크로서비스로 구현되지는 않는다. 기업에는 레거시 애플리케이션도 있고, 솔루션 회사의 애플리케이션 등도 있다. 레거시 서비스는 마이크로서비스와 연결하기 위해 여전히 ESB를 사용할 것이다. ESB는 엔터프라이즈 수준에서 레거시와의 통합과 솔루션 회사의 애플리케이션을 통합하는 데는 여전히 존재 가치가 있다.

클라우드가 발전함에 따라 ESB의 기능은 클라우드 간 통합, 클라우드와 자체 보유 장비와의 통합 등을 담당하기에는 충분하지 않다. iPaaS^Integration Platform as a Service가 차세대 애플리케이션 통합 플랫폼으로 진화하고 있는데, 이는 ESB의 입지를 더 줄어들게 만든다. iPaaS는 마이크로서비스에 접근하기 위해 API 게이트웨이를 호출한다.

서비스 버저닝 고려 사항

서비스가 진화하게 할 때 고려해야 하는 중요 사항은 서비스 버저닝^versioning이다. 서비스 버저닝은 미리 고려해야 할 사항이지 나중에 고려해도 되는 사항이 아니다. 버저닝은 기존 서비스 사용자에게 영향을 미치지 않으면서 새로운 서비스를 출시할 수 있게 도와준다. 옛 버전과 새 버전은 나란히 함께 배포될 수도 있다.

시맨틱^semantic 버전이 서비스 버저닝에 널리 사용된다. 시맨틱 버전은 메이저^major, 마이너^minor, 패치^patch의 세 가지 컴포넌트로 구성된다. 메이저는 API 호환이 안 될 수도 있는 대규모의 변경을 의미하며, 마이너는 하위 호환을 유지하는 한도 내에서의 변경을 의미하고, 패치는 하위 호환을 유지하는 버그 수정을 의미한다.

마이크로서비스에 하나 이상의 서비스가 있는 경우 버저닝이 복잡해질 수 있다. 서비스 버전 번호는 서비스 내의 단위 기능^operation 수준에서 적용하는 것보다 서비스 수준에서 적용하는 것이 언제나 더 간단하다.

> sayHello( )와 sayGoodBye( )라는 두 개의 메소드를 가진 GreetingService가 있다고 해보자. sayHello와 sayGoodBye는 각각 /greetings/hello와 /greetings/goodbye라는 REST 종단점으로 노출된다고 하면 sayHello와 sayGoodBye는 GreetingService의 단위 기능(operation)이다.

하나의 단위 기능에 변화가 생기면 다음과 같이 서비스가 업그레이드되고 새로운 버전으로 배포된다.

```
/api/v3/greetings              // 서비스 수준
/api/v3/greetings/v3.1/sayhello // 서비스 및 단위 기능 수준
/api/greetings/v3/sayhello     // 단위 기능 수준
```

버전 변경은 서비스의 모든 단위 기능에 적용할 수 있다. 이렇게 서비스 수준에서 버전 번호를 관리하는 것은 개념적으로 불변 서비스[5]라고 할 수 있다.

REST 서비스에서 사용할 수 있는 버저닝 방식은 다음과 같은 세 가지가 있다.

- URI 버저닝
- 미디어 타입 버저닝
- 커스텀 헤더

URI 버저닝에서는 버전 번호가 URL 자체에 포함된다. 이 방식에서는 메이저 버전 번호에 대해서만 고려하면 된다. 따라서 서비스 사용자는 마이너 버전 변경이나 패치에 대해서는 신경 쓰지 않아도 된다. 다음과 같이 버전 번호가 없는 URI를 최신 버전의 별칭으로 사용하는 것도 좋은 방법이다.

```
/api/v3/customer/1234
/api/customer/1234 - aliased to v3.
@RestController("CustomerControllerV3")
@RequestMapping("api/v3/customer")
public class CustomerController {
}
```

---

5. 서비스의 변경이 있을 때마다 버전 번호를 올리면 특정 버전 번호에 해당하는 서비스의 내용은 변하지 않고 언제나 동일하게 유지된다는 관점에서 불변 서비스라는 용어를 사용했다고 한다.

약간 다른 방식으로는 다음과 같이 버전 번호를 URL 파라미터로 사용하는 방식도 있다.

```
api/customer/100 ?=1.5
```

미디어 타입 버저닝에서는 클라이언트 측의 HTTP Accept 헤더에서 버전 번호를 지정한다.

```
Accept: application/vnd.company.customer-v3+json
```

다음과 같이 버전 번호를 커스텀 헤더에 넣는 방식도 있지만, 별로 효과적이지는 않다.

```
@RequestMapping(value = "/{id}",
        method = RequestMethod.GET, headers = {"version=3"})
public Customer getCustomer(@PathVariable("id") long id) {
    // 메소드 내용 생략
}
```

URI 방식은 서비스 사용자에게 더 편리한 방식이다. 하지만 버전이 중첩돼 포함되는 URI 자원은 복잡해보일 수 있다. 서비스의 여러 버전을 캐시해야 하는 문제 등 실제로 미디어 타입 방식에 비해 클라이언트를 새 버전으로 이관하기가 더 복잡하다. 하지만 그런 문제가 있기는 해도 URI 방식을 쓰면 안 될 정도는 아니다. 구글, 트위터, 링크드인, 세일즈포스 같은 거대한 인터넷 회사들도 대부분 URI 방식을 사용한다.

크로스오리진 설계

마이크로서비스에서는 서비스가 동일한 호스트나 동일한 도메인에서 운영된다는 보장이 없다. 조합형 UI 웹 애플리케이션은 한 작업을 완료하기 위해 다른 도메인이나 호스트에 있는 여러 개의 마이크로서비스를 호출할 수도 있다.

CORS^{Cross Origin Resource Sharing, 도메인 간 자원 공유}[6]는 브라우저 클라이언트가 다른 도메인에 있는 호스트에서 실행되고 있는 서비스에 요청을 보낼 수 있게 해준다. 마이크로서비스 아키텍처에서는 CORS가 반드시 필요하다.

첫 번째 방법은 신뢰하는 다른 도메인으로부터의 크로스오리진^{cross origin} 요청을 모든 마이크로서비스가 허용하게 하는 것이다. 두 번째 방법은 클라이언트가 신뢰하는 도메인에 API 게이트웨이를 두는 것이다.

공유 참조 데이터 처리

대규모 애플리케이션을 분리할 때 공통적으로 나타나는 문제 중 하나는 마스터 데이터나 참조 데이터의 관리 문제다. 참조 데이터는 서로 다른 여러 마이크로서비스가 공유하는 데이터와 같다. 도시 마스터 데이터, 국가 마스터 데이터 등은 항공 스케줄, 예약 등 많은 서비스에서 공통으로 사용된다.

이 문제를 해결할 수 있는 방법은 몇 가지가 있다. 예를 들어 상대적으로 정적이고 변경될 가능성이 전혀 없는 데이터는 각 서비스에서 하드코드로 집어넣을 수 있다.

다른 방법으로는 다음 그림과 같이 공통으로 사용되는 데이터를 별도의 마이크로서비스로 빼는 방법도 있다.

---

6. 옮긴이의 블로그 참고(https://goo.gl/oJrQjt) – 옮긴이

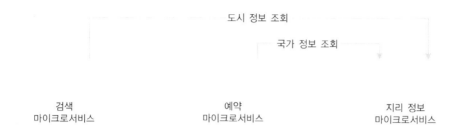

도시 정보 조회

국가 정보 조회

검색
마이크로서비스

예약
마이크로서비스

지리 정보
마이크로서비스

이 방식은 깔끔해서 좋지만, 모든 서비스가 마스터 데이터를 여러 번 호출할 필요가 있을 수 있다는 단점도 있다.

다음 그림과 같이 공유 데이터에 접근하기 위해 지리 정보 마이크로서비스를 사용하는 검색 마이크로서비스와 예약 마이크로서비스 같은 트랜잭션 마이크로서비스도 있다.

검색
마이크로서비스

예약
마이크로서비스

지리 정보

지리 정보

또는 다음 그림과 같이 데이터를 모든 마이크로서비스에 복제하는 방법도 있다. 데이터의 유일한 소유자는 없고, 각 서비스가 필요한 마스터 데이터를 소유한다. 데이터가 변경되면 모든 서비스의 데이터에도 변경을 반영해줘야 한다. 이 방식은 아주 성능 친화적인 방법이지만 모든 서비스에 코드를 복제해야만 하고, 모든 마이크로서비스에 걸쳐 데이터를 동기화하고 유지하는 것은 복잡하다. 이 방식은 코드 베이스나 데이터가 단순하고 비교적 정적인 데이터인 경우에 적합하다.

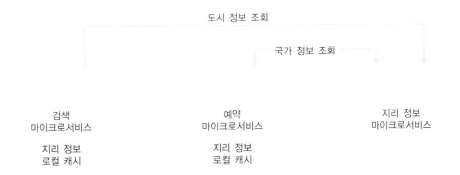

또 다른 방법은 첫 번째 방법과 비슷하다. 필요한 데이터를 로컬에 캐시해서 갖고 있는 방식이다. 데이터의 규모에 따라 Ehcache 같은 로컬 내장 캐시나 헤이즐캐스트 Hazelcast 또는 인피니스팬Infinispan 같은 데이터 그리드를 사용할 수 있다. 마스터 데이터에 대해 매우 많은 수의 마이크로서비스가 의존하는 경우에는 이 방식을 가장 많이 사용한다.

마이크로서비스와 대규모 데이터 작업

일체형 애플리케이션을 더 작고 목적에 맞는 서비스로 나누면 여러 마이크로서비스 데이터 스토어에서 조인 쿼리를 통해 데이터를 가져올 수 없게 된다. 이렇게 되면 다음 그림과 같이 한 서비스가 다른 서비스로부터 많은 데이터 레코드를 필요로 하게 될 수도 있다.

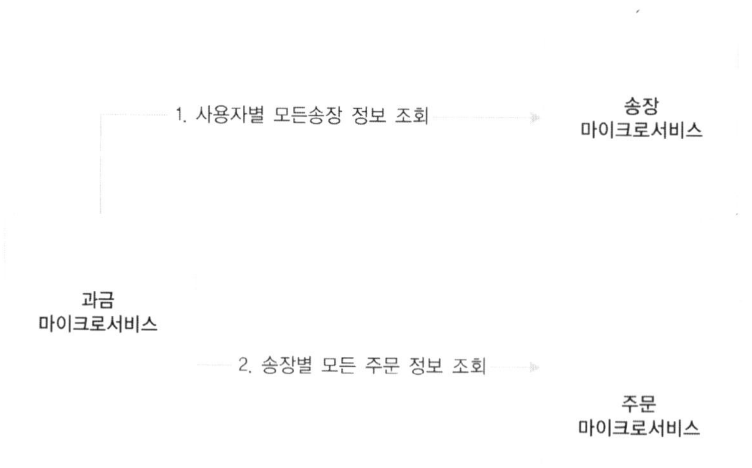

1. 사용자별 모든송장 정보 조회 → 송장
마이크로서비스

과금
마이크로서비스

2. 송장별 모든 주문 정보 조회 → 주문
마이크로서비스

예를 들어 앞의 그림과 같은 월별 과금 기능은 수많은 고객의 송장 정보를 필요로
한다. 송장은 또한 다수의 주문 정보를 포함할 수도 있다. 과금, 송장, 주문을 세 개의
서로 다른 마이크로서비스로 분리하면 과금 서비스는 각 고객별 모든 송장 정보를
조회하기 위해 송장 서비스에 요청을 보내야 하고, 송장 정보를 얻은 후에는 각 송장
별 주문 정보를 조회하기 위해 주문 서비스에 요청을 보내야 한다. 이렇게 하면 다른
마이크로서비스로의 요청이 너무 많아지기 때문에 좋은 해결 방법이라고 하기 어렵다.

다음 그림은 송장 정보와 주문 정보가 과금 서비스에 복제되는 방식을 보여준다.

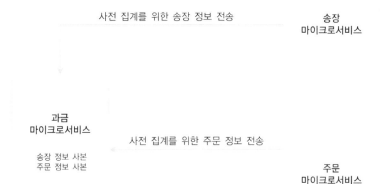

사전 집계를 위한 송장 정보 전송　　　　　　　　송장
　　　　　　　　　　　　　　　　　　　　　　마이크로서비스

과금
마이크로서비스　　　　　사전 집계를 위한 주문 정보 전송

송장 정보 사본
주문 정보 사본　　　　　　　　　　　　　　　　　주문
　　　　　　　　　　　　　　　　　　　　　　마이크로서비스

이 문제를 풀 수 있는 두 가지 방법이 있다. 첫 번째는 데이터가 생성될 때 사전 집계를 하는 것이다. 주문이 생성되면 과금 마이크로서비스에게 이벤트가 발송된다. 과금 마이크로서비스는 이벤트를 받으면 월별 정산을 위해 내부적으로 계속 데이터를 집계한다. 이렇게 하면 과금 마이크로서비스가 과금 처리를 위해 외부로 요청을 보낼 필요가 없어진다. 이 방식의 단점은 데이터의 중복이 발생한다는 점이다.

두 번째 방법은 사전 집계가 불가능할 때 적용할 수 있는 방법으로, 배치[batch] API를 이용하는 것이다. `GetAllInvoices`라는 기능을 호출하면 병렬 스레드를 사용해서 효율적으로 주문 정보를 가져올 수 있는 배치 작업을 여러 개 수행할 수 있다. 스프링 배치[Batch]는 이런 상황에서 유용하게 쓸 수 있다.

▌ 정리

4장에서는 마이크로서비스 개발에서 실제로 발생할 수 있는 다양한 시나리오에 대해 알아봤다.

마이크로서비스 개발에서 공통적으로 발생할 수 있는 문제를 해결할 수 있는 다양한 대안과 패턴을 살펴봤고, 대규모의 마이크로서비스를 개발할 때 직면할 수 있는 여러 가지 문제와 효과적인 해결 방법도 알아봤다.

5장에서는 마이크로서비스 역량 참조 모델을 정립해본다.

05

마이크로서비스 역량 모델

4장에서는 실질적인 설계 관점에서의 마이크로서비스 개발에 대해 알아봤다. 5장에서는 한걸음 뒤로 물러나서 지금까지 알아본 내용을 마이크로서비스 역량 모델^{Microservice Capability Model}에 담아보고자 한다.

마이크로서비스 역량 모델이 왜 중요할까? 마이크로서비스는 UI, 비즈니스 로직, 데이터베이스를 사용하는 일반적인 웹 애플리케이션처럼 단순하지가 않다. 대규모 마이크로서비스를 다룰 때는 적은 수의 마이크로서비스나 단순한 서비스를 개발할 때와는 달리 개발자가 고민해아 할 것이 더 많다. 마이크로서비스를 싱공적으로 구축하려면 생태계 차원에서의 역량이 필요하며, 이런 역량을 전제 조건으로 갖출 수 있게 보장하는 것이 중요하다. 하지만 아쉽게도 마이크로서비스 구현을 위한 표준 참조 모델은 없다.

마이크로서비스 구현에 필요한 역량은 상황에 따라 다를 수밖에 없지만, 이 책에서는 저수준 참조 아키텍처를 수립하는 대신 범용적으로 사용할 수 있는 마이크로서비스 역량 모델을 수립해보려고 한다. 5장 끝부분에서는 마이크로서비스 도입 성숙도 모델 maturity model도 살펴본다.

5장에서 다루는 내용은 다음과 같다.

- 마이크로서비스 생태계 역량 모델
- 각 역량에 대한 개요 및 마이크로서비스 생태계에서 해당 역량의 중요성
- 각 역량을 지원하는 도구와 기술에 대한 개요
- 마이크로서비스 성숙도 모델

▌ 마이크로서비스 역량 모델

서비스 지향 아키텍처 분야에는 구현에 필요한 기초를 이루는 참조 아키텍처가 존재한다. 예를 들어 오픈 그룹Open Group이 정의한 포괄적인 SOA 참조 아키텍처가 공개돼 있다.

 오픈 그룹의 SOA 참조 아키텍처는 http://www.opengroup.org/soa/source-book/ soa_refarch/index.htm에서 확인할 수 있다.

하지만 아직 한창 진화하고 있는 마이크로서비스에는 표준 아키텍처나 참조 아키텍처가 없다. 현재 공개돼 있는 많은 아키텍처는 주로 도구 벤더사에서 만든 것으로서 아무래도 어느 정도는 벤더사가 만든 도구에 편향돼 있다.

5장에서는 마이크로서비스 설계와 개발에 필요한 설계 가이드라인, 보편적인 패턴과 모범 사례를 바탕으로 마이크로서비스 역량 모델을 정의한다.

다음 다이어그램은 이 책 전반에서 참조 모델로 사용할 마이크로서비스 역량 모델을 보여준다.

역량 모델은 크게 다음과 같은 네 개의 영역으로 분류할 수 있다.

- 핵심 역량
- 지원 역량
- 인프라스트럭처 역량
- 프로세스 및 통제 역량

▌ 핵심 역량

핵심 역량Core capabilities은 하나의 마이크로서비스 안에 패키징되는 컴포넌트다. 예를 들어 주문 마이크로서비스는 주문 애플리케이션을 담고 있는 order.jar와 주문 데이터를 담고 있는 주문 DB 이렇게 2개의 핵심 요소로 배포할 수 있다. order.jar에는 서비스 리스너, 실행 라이브러리, 서비스 구현 코드, 서비스 API와 종단점이 들어 있으며, 주문 DB에는 주문 서비스를 위한 모든 데이터가 들어있다. 작은 마이크로서비스는 오직 이 두 가지 핵심 역량만 갖추면 된다.

가트너는 이런 핵심 역량을 내부 아키텍처$^{inner\ architecture}$, 핵심 역량 외의 나머지를 외부 아키텍처$^{outer\ architecture}$로 구분한다.

앞서 3장에서 스프링 부트를 이용해서 핵심 역량을 구현하는 방법을 알아봤다.

핵심 역량을 구성하는 요소를 하나하나 알아보자.

서비스 리스너와 라이브러리

서비스 리스너는 마이크로서비스로 들어오는 서비스 요청을 접수하는 종단점$^{end-point}$ 리스너. HTTP 또는 AMQP나 JMS 같은 메시지 리스너 등이 서비스 리스너로 주로 사용된다. HTTP 기반의 서비스 종단점을 통해 접근할 수 있는 마이크로서비스 안에는 HTTP 리스너가 내장돼 있으며, 어떤 외부의 애플리케이션 서버가 필요 없다. HTTP 리스너는 애플리케이션이 시작될 때 함께 시작된다. HTTP를 내장하고 있는 서비스 구현의 예로 스프링 부트 기반 서비스가 있다.

마이크로서비스가 비동기 통신 기반이라면 HTTP 리스너 대신에 메시지 리스너가 시작된다. 비동기 통신을 지원하려면 카프카^{Kafka}나 래빗엠큐^{RabbitMQ} 등과 같은 대규모 메시징 처리 시스템이 필요하다. 메시징 종단점은 RxJava 같은 리액티브^{Reactive} 클라이언트가 포함된 상황에서도 사용될 수 있다.

물론 상황에 따라 다른 프로토콜이 사용될 수도 있으며, 마이크로서비스가 스케줄링 서비스 기능을 담당한다면 아무런 리스너가 필요하지 않을 수도 있다.

저장 기능

마이크로서비스는 상태나 트랜잭션 데이터를 적절한 비즈니스 범위에 맞게 저장하는 일종의 저장 메커니즘을 갖고 있다. 저장 기능이 필요하다면 마이크로서비스 전용으로 한정돼야 한다. 하지만 마이크로서비스는 상태가 없는 계산 전용 서비스일 수도 있으므로, 저장 기능이 마이크로서비스에서 필수는 아니다.

구현된 저장 기능에 따라 MySQL 같은 RDBMS 또는 하둡^{Hadoop}, 카산드라^{Cassandra}, 네오포제이^{Neo4J}, 일래스틱서치^{ElasticSearch} 등과 같은 NoSQL에 저장될 수 있으며, 이에이치캐시^{Ehcache}, 헤이즐캐스트^{Hazelcast}, 인피니스팬^{Infinispan} 등과 같은 인메모리 저장 캐시 또는 인메모리 데이터 그리드에 저장될 수도 있다. 심지어 솔리드DB^{solidDB}, 타임스텐^{TimesTen} 등과 같은 인메모리 데이터베이스에 저장될 수도 있다.

서비스 구현

서비스 구현^{Service implementation}은 마이크로서비스의 핵심으로, 비즈니스 로직이 구현되는 곳이다. 자바, 스칼라^{Scala}, 클로저^{Clojure}, 얼랭^{Erlang} 등 어떤 언어로도 구현될 수 있다. 비즈니스 기능을 수행하기 위해 필요한 모든 비즈니스 로직은 마이크로서비스 자체에 내장된다. 보통의 애플리케이션 설계에서와 마찬가지로 서비스 구현에는 일반적인 모듈형, 계층형 아키텍처를 사용하는 것이 좋다. 서비스 구현은 구체적인 서비스 종단점 인터페이스를 제공한다.

마이크로서비스는 상태 변화를 외부에 알릴 수 있는데, 이 상태 변화 이벤트를 외부에서 어떻게 사용할지에 대해서는 관심을 기울이지 않게 구현하는 것이 가장 좋다. 상태 변화는 다른 마이크로서비스에 의해 사용될 수 있으며, 복제돼 감시에 사용될 수도 있고, 외부 애플리케이션 같은 지원 서비스에서 사용될 수도 있다. 이렇게 소비하는 측에 대한 의존성이 없게 구현하면 다른 마이크로서비스나 애플리케이션에도 상태 변화를 알려서 서비스를 동작하게 할 수 있다.

서비스 종단점

서비스 종단점^{end-point}은 외부의 서비스 소비자가 서비스에게 요청을 전송할 수 있게 외부에 공개한 API를 말한다. 종단점은 동기 방식일 수도 있고, 비동기 방식일 수도 있다.

동기 방식 종단점은 일반적으로 REST/JSON이지만, 아브로^{Avro}, 스리프트^{Thrift}, 프로토콜 버퍼^{Protocol Buffers} 등과 같은 프로토콜을 사용할 수도 있다. 비동기 방식 종단점은 스프링 AMQP, 스프링 클라우드 스트림 등과 같은 메시지 리스너를 통해 요청을 받아서 백엔드에 있는 래빗엠큐나 다른 메시징 서버 또는 제로엠큐^{ZeroMQ} 같은 다른 방식의 메시징 구현체를 통해 처리한다.

▌ 인프라스트럭처 역량

성공적인 배포와 대규모 마이크로서비스의 관리를 위해서는 인프라스트럭처 역량도 필요하다. 적절한 인프라스트럭처 역량을 갖추지 못한 채로 대규모의 마이크로서비스를 배포하면 여러 문제에 직면할 수 있으며, 실패로 이어질 수도 있다.

레드햇 오픈시프트^{OpenShift} 같은 서비스로서의 플랫폼^{PaaS, Platform as a Service} 벤더는 인프라스트럭처 관련 모든 기능을 쉽게 사용할 수 있는 형태로 제공한다.

인프라스트럭처 역량은 9장에서 자세히 다룬다.

클라우드

인프라스트럭처를 프로비저닝하는 데 오랜 시간이 소요되는 전통적인 데이터 센터 환경에서는 마이크로서비스를 구현하는 것이 어렵다. 마이크로서비스 전용으로 사용되는 대규모의 인프라스트럭처도 그다지 비용 효율적이지 못하다. 대규모 인프라스트럭처를 내부의 데이터 센터에서 관리하면 소유 비용과 운영비가 증가할 것이다. 마이크로서비스를 배포하는 데는 **서비스로서의 인프라스트럭처**[IaaS, Infrastructure as a Service] 같은 클라우드 인프라스트럭처가 더 나은 선택이다.

마이크로서비스에는 가상머신이나 컨테이너를 자동으로 프로비저닝할 수 있는 탄력적인 클라우드 방식의 인프라스트럭처가 적합하다. 컨테이너나 가상머신을 탄력적으로 늘리고 줄이는 일은 자동화 기능을 통해 처리된다.

AWS, 애저[Azure], IBM 블루믹스[Bluemix]나 설치형 또는 서비스형 자체 클라우드에 마이크로서비스를 배포할 수 있다.

컨테이터 런타임

다수의 마이크로서비스를 대용량 물리 장비에 배포하는 것은 비용 효율성이 떨어지고 관리하기도 힘들어진다. 물리적인 장비만으로는 자동화된 장애 대응성을 갖추기 어렵다.

컨테이너 오케스트레이션

컨테이너나 가상머신의 수가 많으면 자동으로 유지 관리하기 어렵다. 컨테이너 오케스트레이션 도구는 컨테이너 런타임 위에서 일관성 있는 운영 환경을 제공하며, 가용한 자원을 여러 컨테이너에게 분배한다. 아파치 메소스[Mesos], 랜처[Rancher], 코어OS[CoreOS], 쿠버네티스[Kubernetes] 등이 컨테이너 오케스트레이션 도구로서 널리 사용된다. 컨테이너 오케스트레이션 도구는 컨테이너 스케줄러 또는 서비스로서의 컨테이너라고 불리기도 한다.

수작업으로 프로비저닝하고 배포하는 것은 어려운 일이다. 배포 과정에 수작업이 포함된다면 개발자나 운영 관리자는 운영 토폴로지를 알아야 하고 트래픽 라우팅을 직접 처리해야 하며, 배포할 때도 모든 서비스가 업그레이드될 때까지 하나하나 차례로 실행해야 한다. 서버 인스턴스가 많은 상황에서는 이런 운영 작업은 매우 큰 부담이 되며, 수작업으로 인한 오류 발생 위험도 높아진다.

컨테이너 오케스트레이션 도구를 사용하면 애플리케이션 배포, 트래픽 제어, 인스턴스 복제, 무중단 업그레이드를 자동으로 수행할 수 있다. 다수의 마이크로서비스로 구성된 배포 환경에서는 컨테이너 오케스트레이션 도구를 사용하는 것이 좋다.

컨테이너 오케스트레이션 도구는 애플리케이션 가용성 확보와 여러 데이터 센터에 걸친 배포, 필요한 최소한의 인스턴스만 사용 등의 제약 사항 기반 배포와 같은 애플리케이션 라이프사이클 관리 활동 작업에도 도움이 된다. 쿠버네티스는 컨테이너 오케스트레이션 기능을 쓰기 쉬운 방식으로 제공하는 반면에 메소스는 인프라스트럭처 역량 관련 기능을 제공하기 위해 마라톤^{Marathon} 같은 프레임워크를 필요로 한다. 메소스피어^{Mesosphere}의 DCOS^{Data Center Operating System}는 메소스와 마라톤을 사용하기 쉽게 하나로 묶어서 제공한다.

▌ 지원 역량

지원 역량^{Supporting Capabilities}은 마이크로서비스와 직접적으로 연결되지는 않지만, 대규모 마이크로 서비스 배포에 필수적이다. 마이크로서비스의 실제 운영 런타임에서는 지원 역량에 대한 의존 관계가 발생한다.

서비스 게이트웨이

서비스 게이트웨이 또는 API 게이트웨이는 서비스 종단점에 대한 프록시 역할이나 여러 개의 종단점을 조합하는 역할을 담당하면서 간접화 계층을 제공한다. API 게이트웨이는 정책의 강제 적용이나 라우팅에도 자주 사용되며, 상황에 따라 실시간 로드 밸런싱에도 사용될 수 있다.

시장에는 스프링 클라우드 주울Zuul, 매셔리Mashery, 에이피아이지Apigee, Kong, WSO2, 3scale 등 다양한 API 게이트웨이 기술이나 제품이 나와 있다.

스프링 클라우드를 사용하는 API 게이트웨이는 7장에서 더 자세히 다룬다.

소프트웨어 정의 로드 밸런서

로드 밸런서는 배포 토폴로지의 변화를 이해하고 적절히 대처할 수 있을 만큼 지능적이어야 한다. 이는 정적 IP, 도메인 별칭, 클러스터 주소를 로드 밸런서에서 설정하는 전통적인 방식에서 벗어나야 함을 의미한다. 새로운 서버가 운영 환경에 추가되면 자동으로 감지해서 수작업 없이 논리적인 클러스터에 추가돼야 한다. 마찬가지로 서비스 인스턴스가 서비스 불가 상태가 되면 그 인스턴스는 로드 밸런서의 부하 분산 대상에서 제외돼야 한다.

스프링 클라우드 넷플릭스에 포함돼 있는 리본Ribbon, 유레카Eureka, 주울Zuul을 함께 사용해서 지능적인 소프트웨어 정의 로드 밸런서Software defined load balancer를 구현할 수 있다. 컨테이너 오케스트레이션 도구도 로드 밸런싱 기능을 쉽게 쓸 수 있는 방식으로 제공하고 있다. DCOS에는 마라톤Marathon 로드 밸런서가 있다.

소프트웨어 정의 로드 밸런서는 7장에서 더 자세히 다룬다.

중앙 집중형 로그 관리

로그 파일은 분석과 디버깅에 중요한 정보를 제공한다. 모든 마이크로서비스가 독립적으로 배포되므로 로그도 보통은 각자의 로컬 디스크에 남는다. 서비스를 여러 장비에 걸쳐 확장하면 각 서비스 인스턴스는 각자 별도의 파일에 로그를 쌓는다. 이렇게 되면 로그가 분산돼 로그 마이닝을 통해 서비스의 동작을 이해하고 디버깅하기가 극도로 어려워진다.

주문, 배송, 알림 이렇게 3개의 마이크로서비스를 생각해보자. 고객이 생성한 하나의 주문 트랜잭션에 연결되는 주문 정보, 배송 정보, 알림 정보가 각자의 로그에 저장되면 이를 연결 지어서 파악하는 것은 불가능하다.

그래서 마이크로서비스를 구현할 때는 각 서비스에서 생성되는 로그를 중앙의 로그 저장소에 적재할 수 있어야 한다. 이렇게 하면 로그가 로컬 디스크나 로컬 I/O로 분산되지 않고 한곳에 모인다. 이 방식의 두 번째 장점은 로그 파일이 중앙의 한곳에서 관리되므로 이력, 실시간, 트렌드 등 다양한 분석을 수행할 수 있다는 점이다. 여기에 연관 관계 ID$^{correlation\ ID}$를 사용하면 트랜잭션의 전 구간을 쉽게 추적할 수 있다.

서비스 인스턴스에서 생산되는 모든 로그에 연관 관계 ID를 부여해서 중앙 집중적인 방식으로 트랜잭션의 전 구간을 추적할 수 있는 기능이 필요하다.

중앙 집중형 로깅은 8장에서 자세히 다룬다.

서비스 탐색

많은 서비스 인스턴스가 실행되는 클라우드 환경에서 서비스의 위치를 정적으로 찾는 일은 거의 불가능하다. 그래서 대규모 마이크로서비스에는 서비스가 실행되는 위치를 자동으로 찾을 수 있는 메커니즘이 필요하다.

서비스 레지스트리는 서비스가 요청을 처리할 준비가 됐음을 운영 환경에 알려줄 수 있다. 레지스트리는 어디에서나 서비스 토폴로지를 이해하는 데 필요한 정보를 제공해주며, 서비스 소비자는 레지스트리에서 서비스를 탐색하고 찾을 수 있다.

서비스 레지스트리 도구로는 스프링 클라우드의 유레카^{Eureka}나, 주키퍼^{ZooKeeper}, Etcd 등이 있다. 컨테이너 오케스트레이션 도구에는 컨테이너 탐색 서비스가 포함돼 있다. 예를 들어 Mesos-DNS는 DCOS 배포본에 포함돼 있다.

서비스 탐색은 7장에서 자세히 다룬다.

보안 서비스

일체형 애플리케이션에서는 보안도 애플리케이션 그 자체의 일부로서 존재한다. 그래서 관리하기도 쉽다. 마이크로서비스에서는 다수의 서비스가 존재하며, 보안 관련 마스터 데이터를 하나의 서비스가 보유할 수 없으므로 보안이 상당히 까다로운 이슈로 떠오른다. 분산 마이크로서비스 생태계에서는 서비스 인증이나 토큰 서비스 같은 서비스 보안을 담당할 중앙의 서버를 필요로 한다.

스프링 시큐리티와 스프링 시큐리티 OAuth가 서비스 보안 기능을 개발할 때 사용할 수 있는 좋은 후보다. 마이크로소프트, 핑Ping, 옥타Okta 등 기업용 보안 솔루션 회사에서 내놓은 통합 인증SSO, Single Sign-On 솔루션도 마이크로서비스에 통합해서 사용할 수 있다.

보안 서비스 역량은 3장에서 스프링 부트를 사용하면서 다뤄봤다.

서비스 환경설정

서로 다른 서버에서 실행되는 다수의 마이크로서비스가 자동화 도구에 의해 배포되면 애플리케이션 설정을 일체형 애플리케이션 개발에서 했던 것처럼 정적으로 관리하기 어렵다.

마이크로서비스에서는 12 요소 애플리케이션에서 살펴봤던 것처럼 서비스 환경설정 정보가 모두 외부화돼야 한다. 중앙의 서비스를 두고 한곳에서 모든 환경설정 정보를 관리하는 것이 좋다. 환경설정 정보 관리 서버로 스프링 클라우드 컨피그Config 서버, 아카이우스Archaius를 사용할 수 있다. 환경설정 변경 사항이 동적으로 변할 필요가 없는 소규모 마이크로서비스에서는 스프링 부트 프로파일도 환경설정 관리로 충분하다.

서비스 환경설정은 7장에서 자세히 다룬다.

운영 모니터링

여러 버전의 서비스 인스턴스로 구성된 많은 수의 마이크로서비스에서는 어떤 서비스가 어느 서버에서 실행되고 있는지, 서비스 상태는 정상인지, 서비스의 의존 관계는 어떤지 알아내기가 어렵다. 이런 일은 애플리케이션이 고정된 서버에서 실행되는 일체형 애플리케이션 환경에서는 쉬운 일이다.

배포 토폴로지에 대한 이해는 별개로 하더라도 서비스 동작을 확인하고 디버깅하고 문제 지점을 식별하는 것도 어렵다. 마이크로서비스를 위한 인프라스트럭처를 관리하는 데는 강력한 모니터링 역량이 필요하다.

스프링 클라우드 넷플릭스, 터바인Turbine, 히스트릭스 대시보드Hystrix Dashboard 등은 서비스 수준에서의 모니터링 정보를 보여준다. 서비스 전 구간을 아우르는 앱 다이내믹AppDynamic, 뉴 렐릭New Relic, 다이나트레이스Dynatrace, 스탯디statd, 센수Sensu, 스피고Spigo, 시미안 비즈Simian Viz 등도 마이크로서비스 모니터링에 사용할 수 있다. 데이터로그Datalog 같은 도구는 인프라스트럭처를 효율적으로 관리할 수 있게 해준다.

모니터링 솔루션은 8장에서 자세히 다룬다.

의존 관계 관리

의존 관계 관리는 대규모 마이크로서비스 배포에서 핵심 이슈 중의 하나다. 서비스 변경에 대한 영향을 어떻게 식별하고 줄일 수 있을까? 의존하고 있는 모든 서비스가 정상적으로 실행되고 있는지 어떻게 확인할 수 있을까? 의존하는 서비스 중 하나가 정상적으로 동작하지 않는다면 어떤 일이 벌어질까?

지나치게 많은 의존 관계는 마이크로서비스에서 문제가 될 가능성이 높다. 이를 방지하기 위한 4가지 중요한 설계 관점은 다음과 같다.

- 서비스 경계를 적절히 설계해서 의존 관계를 낮춘다.

- 가능한 한 느슨한 결합을 사용하게 설계해서 영향 여파를 줄인다. 또한 서비스 간 상호작용을 비동기 통신 방식으로 설계하는 것도 변경에 의한 영향을 줄이는 좋은 방법이다.
- 서킷 브레이커^{circuit breaker} 같은 패턴을 사용해서 의존 관계로 인한 문제가 확산되는 것을 막는다.
- 의존 관계를 시각화해서 모니터링한다.

많은 마이크로서비스에서는 설정 가능한 아이템^{CI, Configurable Item}의 수가 지나치게 많아질 수 있다. 그리고 이런 설정 가능한 아이템이 배포되는 서버의 수도 예측하기 어렵다. 이는 전통적인 설정 관리 데이터베이스^{CMDB, Configuration Management Database}에서의 설정 데이터 관리를 극도로 어렵게 만든다. 대부분의 경우 현재의 실행 토폴로지를 CMDB에서 정적으로 관리하는 것보다 동적으로 탐색하는 것이 효율적이다. 그래프 기반의 CMDB는 이런 시나리오에 더 적합하다.

시장에는 여러 도구가 나와 있지만 의존 관계 이슈를 해결하기 위해서는 여러 도구의 조합이 필요하다. 운영 모니터링 도구 또는 앱 다이내믹^{AppDynamic} 같은 APM^{Application Performance Management} 도구가 도움이 되며, 클라우드 크래프트^{Cloud Craft}, 라이트 메시^{Light Mesh}, 시미안 비즈^{Simian Viz} 같은 도구도 좋다.

의존 관계 관리는 8장에서 자세히 다룬다.

데이터 호수

마이크로서비스는 각자의 로컬 트랜잭션 데이터 저장소를 추상화하며, 각자의 트랜잭션 목적에 맞게 사용한다. 저장소의 유형과 데이터 구조는 마이크로서비스가 제공하는 서비스에 맞게 최적화된다.

예를 들어 고객 관계 그래프를 개발한다면 네오포제이^{Neo4J}, 오리엔트디비^{OrientDB} 등과 같은 그래프 데이터베이스가 필요하다. 여권 번호, 주소, 이메일, 전화번호 등과 같은 정보를 기준으로 고객을 찾아내는 예측 텍스트 검색에는 일래스틱서치나 솔라^{Solr} 같은 인덱스 검색 데이터베이스가 필요하다.

이렇게 데이터가 파편화되면 각 데이터가 서로 동떨어져 연결될 수 없는 이질적인 데이터 섬$^{data\ island}$이 돼 버린다. 예를 들어 고객, 멤버십 포인트, 예약 마이크로서비스는 각자의 비즈니스에 맞는 데이터베이스를 사용할 텐데, 이 세 가지 마이크로서비스를 모두 조합해야 알아낼 수 있는 우수 고객을 실시간에 가까운 속도로 분석해야 한다면 어떻게 해야 할까? 일체형 애플리케이션에서는 모든 데이터가 하나의 데이터베이스 안에 모두 담겨 있으므로 이런 일을 비교적 쉽게 해낼 수 있다.

이런 요구 사항을 충족시키려면 데이터 웨어하우스나 데이터 호수$^{data\ lake}$가 필요하다. 오라클, 테라데이터 등의 전통적 데이터 웨어하우스는 주로 배치 프로세싱에 사용된다. 하지만 데이터 호수의 개념을 하둡 같은 NoSQL 데이터베이스와 마이크로 배치$^{micro\ batch}$ 기법과 함께 사용하면 실시간에 가까운 분석이 가능해진다. 배치 처리에 적합한 전통적인 데이터 웨어하우스와는 다르게 데이터 호수는 데이터가 어떻게 사용될지에 대해 고민하지 않고 데이터를 있는 그대로 저장한다. 그렇다면 마이크로서비스에서 나오는 데이터를 어떻게 데이터 호수에 저장할 수 있을까?

마이크로서비스의 데이터를 데이터 호수나 데이터 웨어하우스에 저장하는 방법은 여러 가지가 있다. 전통적인 ETL로도 가능하지만, ETL에 정상적이지 않은 비상 통로를 만들고 추상화를 깨야하므로 좋은 방법은 아니다. 예를 들어 고객 등록, 고객 정보 수정 등의 이벤트가 발생할 때 마이크로서비스에서 이벤트를 발생시켜서 데이터를 전달하는 것이 더 나은 방법이다. 데이터 입수$^{data\ ingestion}$ 도구는 이런 이벤트를 소비하고 상태 변화를 데이터 호수에 적절하게 전파한다. 스프링 클라우드 데이터 플로우, 카프카^{Kafka}, 플링크^{Flink}, 플룸^{Flume} 등의 데이터 입수 도구는 높은 확장성을 갖고 있다.

데이터 호수를 이용한 데이터 분석은 8장에서 자세히 다룬다.

신뢰성 메시징

마이크로서비스에는 리액티브 스타일을 사용하는 것이 좋다. 이렇게 하면 마이크로서비스의 결합도를 낮출 수 있으므로 더 높은 확장성을 확보할 수 있다. 리액티브 시스템에서는 신뢰성 있는 고가용성 메시징 인프라스트럭처 서비스가 필요하다.

메시징에는 래빗엠큐, 액티브엠큐^{ActiveMQ}, 카프카가 널리 사용된다. IBM MQ와 TIBCO의 EMS은 대규모 메시징 플랫폼에서 사용되는 상용 제품이다. 클라우드 메시징 또는 Iron.io 같은 서비스로서의 메시징도 인터넷으로 연결된 다양한 환경에서 협업하는 메시징에 사용된다.

▍프로세스 및 통제 역량

마이크로서비스 역량 모델 퍼즐의 마지막 조각은 프로세스 및 통제 역량이다. 프로세스 및 통제 역량은 마이크로서비스 구현에 필요한 프로세스, 도구, 가이드라인을 의미한다.

데브옵스

마이크로서비스 구현에서 가장 풀기 어려운 문제는 조직 문화라고 할 수 있다. 마이크로서비스 전달^{delivery} 속도를 높이려면 조직이 애자일 개발 프로세스, 지속적 통합, 자동화된 QA^{Quality Assurance, 품질 보증} 검사, 자동화된 전달 파이프라인, 자동화된 배포, 자동화된 인프라스트럭처 프로비저닝을 도입해야 한다.

폭포수 모형의 개발 방식이나 무거운 출시 관리 프로세스와 긴 출시 주기를 갖고 있는 조직에서는 마이크로서비스 개발이 더 어려워진다.

데브옵스를 도입하는 것은 성공적인 마이크로서비스 구현에 필요한 핵심 요소다. 데브옵스는 애자일 개발, 신속한 변경과 배포, 자동화, 변경 관리를 지원하는 마이크로서비스 개발을 적극 지원한다.

데브옵스 관련 자세한 내용은 11장에서 다룬다.

자동화 도구

애자일 개발, 지속적 통합, 지속적 전달, 지속적 배포를 통해 마이크로서비스를 성공적으로 전달하려면 자동화 도구가 필수적이다. 자동화 도구 없이 많은 수의 작은 마이크로서비스를 수작업으로 배포하는 것은 악몽이 될 수 있다. 마이크로서비스마다 변경 발생 빈도가 모두 다르므로 마이크로서비스마다 별도의 파이프라인을 구성하는 것이 좋다.

테스트 자동화 도구는 마이크로서비스 전달에서 매우 중요하다. 일반적으로 마이크로서비스는 서비스의 테스트 용이성에도 중요한 우선순위를 둔다. 하나의 서비스는 다른 서비스에 동기적으로 또는 비동기적으로 의존하고, 다른 서비스는 또 다른 서비스에 의존하는 관계가 연쇄적으로 이어질 수 있다. 문제는 서비스의 전 구간을 아우르는 테스트를 어떻게 수행할 수 있느냐다. 의존하는 서비스는 테스트 시점에 사용 가능한 상태일 수도 아닐 수도 있다.

서비스 가상화service virtualization와 모조 서비스service mocking 기법을 사용하면 실제 의존하는 서비스가 사용 가능한 상태가 아닐 때도 테스트를 수행할 수 있다. 테스트 환경에서 의존하는 대상 서비스가 사용할 수 없는 상태라면 실제 서비스의 동작을 흉내 내는 모조 서비스로 테스트를 진행할 수 있다. 마이크로서비스 생태계는 서비스 가상화 역량을 필요로 한다. 하지만 아주 깊은 의존 관계가 존재한다면 모조 서비스가 흉내 낼 수 없는 기능도 있을 수 있으므로, 서비스 가상화만으로 완전한 보장을 받기는 어렵다.

다른 방식으로 소비자 주도 계약consumer-driven contract이 있다. 소비자 주도 계약을 통해

서비스가 호출하는 모든 기능을 명세해서 빠지는 부분 없이 통합 테스트를 수행할 수 있다.

자동화된 기능 테스트, 실제 사용자 테스트, 종합 테스트[1], 통합 테스트, 출시 테스트, 성능 테스트는 아무리 강조해도 지나치지 않다. 테스트 자동화와 A/B 테스트, 기능 플래그Feature flag, 카나리아 테스트, 블루-그린 배포, 레드-블랙 배포와 같은 지속적 전달 방법도 모두 운영 환경으로의 출시 과정에서 발생할 수 있는 위험을 줄여준다.

붕괴 테스트destructive test도 마이크로서비스 배포에 유용한 기법이다. 넷플릭스는 시미안 아미Simian Army를 이용해서 붕괴 저항성을 테스트한다. 성숙한 서비스에는 서비스의 신뢰성에 대한 확인과 붕괴 시 대비책이 정상적으로 동작하는지 확인이 필요하다. 시미안 아미는 다양한 에러 유발 시나리오를 만들어서 시스템을 실패 지점으로 빠뜨리고, 그때의 시스템 동작을 확인할 수 있게 해준다.

자동화 도구 역량은 11장에서 자세히 다룬다.

컨테이너 레지스트리

버전 관리되는 마이크로서비스의 바이너리를 마이크로서비스 저장소에 저장한다. 마이크로저장소는 단순히 빌드 결과물을 담는 아티팩토리artifactory 저장소일 수 있으며, 도커 레지스트리처럼 컨테이너 저장소일 수도 있다. 일반적으로 도커 레지스트리는 기본 이미지 위에 만들어진 애플리케이션 이미지뿐만 아니라 기본 이미지 자체도 저장한다. 자동화 도구는 개발 및 전달 파이프라인의 일부로서 도커 레지스트리와 통합돼 도커 이미지를 업로드하거나 다운로드할 수 있게 해준다.

컨테이너 레지스트리를 지원 역량으로 분류할지 프로세스 및 통제 역량으로 분류할지에 대해서는 논란이 있을 수 있다. 컨테이너 레지스트리는 자동화 도구의 일부이고

---

1. 종합 테스트(Synthetic testing): 사용자 테스트의 일종으로, 사용자와 애플리케이션의 상호작용을 모사하는 에이전트를 사용해서 테스트를 수행한다. - 옮긴이

배포 외의 다른 역할을 맡지 않으므로 이 책에서는 컨테이너 레지스트리를 프로세스 및 통제 역량으로 분류한다. 레지스트리는 통제의 기본이기도 하다. 많은 조직은 기본 컨테이너 이미지에 여러 정책을 적용해서 보안 관련 문제 발생을 예방한다.

컨테이너 레지스트리로는 도커 허브^{Docker Hub}, 구글 컨테이너 저장소^{Google Container Repository}, 코어OS 키이^{CoreOS Quay}, 아마존 EC2 컨테이너 레지스트리가 널리 사용된다. 레지스트리는 조직의 보안 정책에 따라 공개일 수도 비공개일 수도 있다.

도커 레지스트리는 9장에서 자세히 다룬다.

마이크로서비스 문서화

마이크로서비스는 전통적인 SOA 통제와는 다르게 탈중앙화된 통제 방식을 취한다. 조직은 이런 변화에 적응하기 쉽지 않을 것이고, 이는 마이크로서비스 개발에 부정적인 요소로 작용할 수 있다.

탈중앙화된 통제 모델에는 여러 가지 과제가 있다. 누가 서비스를 소비하는지 어떻게 알 수 있을까? 서비스의 재사용을 어떻게 보장할 수 있을까? 어떤 서비스를 외부에 제공할지 어떻게 정의할 것인가? 기업 정책은 어떻게 적용할 것인가?

반드시 고려해야 할 가장 중요한 사항 중 하나는 모든 이해 관계자가 모든 서비스와 문서, 계약, 서비스 수준 협약을 볼 수 있어야 한다는 점이다. 스크럼 팀이 설계를 담당하는 분산 애자일 개발 환경에서는 어느 종단점을 공개하고 무슨 서비스를 제공하며, 어떻게 접근을 허용할지를 이해하고 그 내용을 중앙의 API 저장소에 담아두는 것이 중요하다.

좋은 API 저장소는 다음과 같은 특징이 있다.

- 웹 브라우저를 통해 저장소에 접근할 수 있다.
- API를 쉽게 탐색할 수 있다.

- 깔끔하게 조직화돼 있다.
- 샘플로 종단점을 테스트할 수 있다.

스웨거^{Swagger}나 RAML, API 블루프린트는 마이크로서비스를 문서화하는 데 큰 도움이 된다. 특히 스웨거는 많은 기업에서 널리 사용되고 있다.

 Spotify의 개발자 포털에 있는 서비스 문서(https://developer.spotify.com/web-api/endpoint-reference/)는 마이크로서비스 문서화의 좋은 사례로서 참고할 만하다.

스웨거를 사용한 마이크로서비스 문서화는 3장에서 다뤘다.

참조 아키텍처 및 라이브러리

탈중앙화된 통제 방식으로 개발되는 마이크로서비스는 각자 서로 다른 패턴, 도구, 기술을 사용할 수 있는데, 이런 점이 지나치면 비용 효율성이 떨어지고 서비스의 재사용도 어려워질 수 있다.

탈중앙화된 통제 모델에서 고려해야 할 가장 중요한 요소는 더 나은 서비스를 만드는 기준이 되는 참조 모델, 모범 사례와 가이드라인이다. 이는 표준 라이브러리, 도구 및 기법의 형태로 조직 내에서 사용할 수 있어야 한다. 이를 바탕으로 개발된 서비스는 높은 품질과 일관성 있는 개발 방식을 보장받을 수 있다.

참조 아키텍처는 조직 수준에서 서비스가 어떤 표준과 가이드라인에 따라 일관성 있는 방식으로 개발될 수 있게 청사진을 제공한다. 참조 아키텍처는 서비스 개발 철학을 녹여 넣을 수 있는 여러 개의 재사용 가능한 라이브러리로 나뉠 수 있다.

표준화된 도구 사용은 기업 내에서 만들어진 마이크로서비스가 서로 다른 팀에 의해 서로 다른 도구와 서로 다른 문서화, 서로 다른 이미지 레지스트리, 서로 다른 컨테이너 오케스트레이션 도구로 개발돼 서로 상호작용이 되지 않는 불상사를 막아준다.

참조 아키텍처와 라이브러리는 문서화에 대한 확고한 의지와 함께 탈중앙화된 마이크로서비스 통제 모델에 필수적이다.

▌ 마이크로서비스 성숙도 모델

마이크로서비스를 도입할 때는 철저한 고민이 필요하다. 성숙도를 편리하게 평가할 수 있다면 조직의 성숙도를 이해하고 마이크로서비스 개발 과정에서 부딪힐 많은 난관을 극복하는 데 도움이 된다.

다음 그림에 있는 성숙도 모델은 5장 앞부분에서 설명한 마이크로서비스 역량 모델에서 유도한 것이다.

	레벨 0 전통 방식	레벨 1 초급	레벨 2 중급	레벨 3 고급
애플리케이션	일체형	서비스 지향 통합	서비스 지향 애플리케이션	API 중심
데이터베이스	기업형 DB로 모든 문제 해결	기업형 DB + NoSQL + 소형 데이터베이스	폴리글랏, 서비스로서의 데이터베이스(DBaaS)	성숙한 데이터 호수/ 근 실시간 분석
인프라스트럭처	물리적 장비	가상화	클라우드	컨테이너
모니터링	인프라스트럭처	앱/인프라 모니터링	애플리케이션 성능 모니터링(APM)	애플리케이션 성능 모니터링 및 중앙 집중형 로그 관리
프로세스	폭포수 모형	애자일 및 지속적 통합(CI)	지속적 통합 및 지속적 전달	데브옵스

4×5 성숙도 모델은 신속하게 자체 평가를 수행하기에 충분하다. 5가지의 애플리케이션 개발 분야마다 4단계의 성숙도 레벨이 존재한다.

레벨 0: 전통 방식

다음 내용에 해당되는 조직의 성숙도는 레벨 0인 전통 방식에 해당한다.

- 여전히 일체형 방식으로 애플리케이션을 개발하고 있다. 서브시스템 설계를 통해 내부적으로 모듈화를 이루고 있더라도 결과물은 모두 하나의 WAR 파일에 일체형으로 패키징된다. 표준화된 RESTful 서비스 대신에 자체적인 비표준 내부 서비스 인터페이스를 사용한다.
- 애플리케이션의 유형이나 규모에 관계없이 하나로 모든 문제를 해결하는 라이선스 기반의 기업형 데이터베이스 모델을 사용한다.
- 인프라스트럭처가 물리적인 장비로만 주로 구성돼 있고 가상화를 사용하지 않는다.
- 인프라스트럭처 모니터링이 존재하지만 애플리케이션 URL 모니터링과 같이 애플리케이션에서의 일부 제한된 수준의 모니터링만 수행하고 있다.
- 길고 무거운 출시 주기를 가진 폭포수 모형 기반의 개발 방법론을 따르고 있다.

앞에서 나열한 것은 마이크로서비스 개발과 어울리지 않는다. 레벨 0인 조직에서 대규모 마이크로서비스 개발을 진행하면 많은 난관에 봉착할 가능성이 높다. 그래서 레벨 0 수준의 조직에는 소규모로 작게 시작해서 점차 확대해나가는 접근 방법을 권장한다. 큰 걸음을 내딛을 때는 세심한 계획과 관련 역량의 총동원이 필요하다.

레벨 1: 초급

성숙도 수준 초급 조직에는 다음과 같은 특징이 있다.

- 일체형 방식으로 애플리케이션을 개발하지만 애플리케이션 간의 통신을 위해 서비스 지향 통합Service oriented integration을 사용하고 있다.
- 하나로 모든 문제를 해결하는 데이터베이스 모델을 주로 사용하고 있지만 상

황에 따라 NoSQL과 경량 데이터베이스도 함께 사용하고 있다.

- 아직 클라우드를 도입하지는 않았지만 대부분의 인프라스트럭처가 가상머신 위에 존재한다.
- 복잡한 인프라스트럭처 모니터링을 수행하고 있다. 특히 애플리케이션 계층의 모니터링은 꽤 성숙한 편이다.
- 자동화 도구와 지속적 통합을 사용하는 애자일 개발을 적용하고 있다.

앞에서 나열한 내용에 해당하는 조직은 마이크로서비스 개발과 여전히 잘 어울리지 않는다. 이런 조직은 인프라스트럭처 사용량 최적화와 신속한 애플리케이션 전달에 문제를 겪을 가능성이 높다. 성숙도 레벨 1 수준의 조직은 마이크로서비스로 전환할 수 있는 후보군을 선정하고 단일 데이터베이스 인스턴스 공유와 같이 인프라스트럭처에 대한 전략적인 결정을 통해 조심스럽게 접근하는 것이 좋다. 레벨 0에 비해 마이크로서비스 도입 시 발생할 위험은 더 적다.

레벨 2: 중급

성숙도 수준 중급 조직에는 다음과 같은 특징이 있다.

- 서비스 기반 개발에 무게를 두고 서비스 지향 아키텍처 기반 애플리케이션을 개발한다.
- 폴리글랏^{polyglot} 데이터 저장 방식을 선호한다. 이런 조직은 규모의 경제 관점에 크게 구애받지 않고 목적에 적합한 데이터베이스를 선택할 수 있다.
- 인프라스트럭처는 주로 공개형 또는 비공개형 클라우드 기반이다.
- 전 구간을 아우르는 애플리케이션 모니터링을 위해 인프라스트럭처 모니터링과 APM 도구를 함께 사용한다.
- 지속적 통합과 전달을 위해 자동화된 도구를 이용하는 애자일 개발 방법을 사용한다.

레벨 2에 있는 조직은 완전한 마이크로서비스 성숙도 수준보다 딱 한 단계 아래에 있다. 이런 조직에서는 마이크로서비스가 다음 단계의 아키텍처로 자연스럽게 자리 잡게 된다. 레벨 2에서는 마이크로서비스 도입 위험이 매우 작다.

레벨 3: 고급

성숙도 수준 고급에는 다음과 같은 특징이 있다.

- API를 사용하는 개발 방식을 선호하고 API 우선 설계 철학을 사용한다.
- 폴리글랏 방식의 데이터 관리를 선호하며, 데이터 호수를 사용하고 근 실시간 near real-time 분석 역량을 갖추고 있다.
- 인프라스트럭처는 주로 클라우드 기반이지만, 컨테이너와 컨테이너 오케스트레이션 도구도 사용한다.
- 전 구간을 아우르는 애플리케이션 모니터링을 위해 인프라스트럭처 모니터링과 APM 도구 및 종합 테스트 및 실제 사용자 모니터링을 함께 사용하며, 중앙 집중형 로그 관리에 대한 해법을 갖고 있다.
- 애플리케이션 및 제품을 개발할 때 데브옵스 철학을 충실히 따른다.

레벨 3에 있는 조직은 이미 어떤 형태로든 일부라도 마이크로서비스를 사용하고 있으며, 대규모 마이크로서비스 개발을 수행할 수 있는 준비가 돼 있다고 볼 수 있다.

▌ 마이크로서비스 도입을 위한 진입점

마이크로서비스를 도입하려는 조직은 다음 그림에서와 같이 두 개의 진입점 중 한 가지를 선택한다.

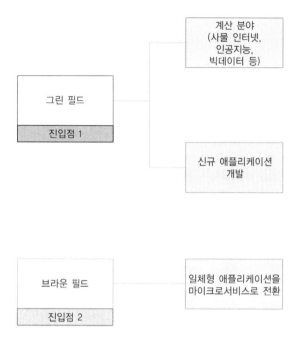

첫 번째 진입점은 그린 필드 접근 방식이다. 조직은 새로운 기능 개발을 위해 마이크로서비스를 사용한다. 그린 필드 개발에는 몇 가지 사례가 있다.

- 사물 인터넷, 인공지능 알고리듬, 빅데이터 처리 등의 계산 서비스 개발
- 처음부터 새로 만드는 애플리케이션 개발

두 번째 진입점은 브라운 필드 접근법인데, 일체형 애플리케이션을 마이크로서비스로 전환하는 데 사용하는 방식이다.

266

▌ 정리

5장에서는 마이크로서비스 역량 모델을 알아봤다. 마이크로서비스 역량 모델은 업계에 존재하는 성공적인 마이크로서비스 구현에서 얻은 모범 사례, 공통 패턴 및 설계 가이드라인을 바탕으로 한다. 마이크로서비스를 도입하려는 조직에서는 마이크로서비스 역량 모델을 통해 마이크로서비스를 여러 관점에서 바라보고 고민할 수 있다.

5장에서는 마이크로서비스 역량 모델을 하나하나 살펴보고 역량 모델의 각 요소가 마이크로서비스 구현에서 왜 중요한지 알아봤고, 이 역량을 확보하는 데 사용할 수 있는 다양한 기술 솔루션도 함께 알아봤다. 마지막으로 마이크로서비스 성숙도 모델도 살펴봤다.

6장에서는 마이크로서비스 아키텍처를 사용해서 실세계에 존재하는 문제를 모델링하고, 지금까지 배운 내용을 실전에 적용해본다.

06

마이크로서비스의 진화: 사례 연구

마이크로서비스 아키텍처는 서비스 지향 아키텍처^{SOA, Service Oriented Architecture}가 그렇듯 각 집단이 겪고 있는 문제에 따라 다르게 해석될 수 있다. 규모 있는 실무 사례를 자세히 살펴보지 않는 한 마이크로서비스 개념을 이해하기는 어렵다.

6장에서는 가상의 저가 항공사인 **브라운필드 항공**이 일체형 아키텍처^{monolithic architecture}로 구성된 **여객 판매와 서비스**^{PSS, Passenger Sales and Service} 애플리케이션을 차세대 마이크로서비스 아키텍처로 바꿔가는 여정을 따라가 본다. 먼저 기존 PSS 애플리케이션을 자세히 살펴본 후 책의 앞부분에서 설명했던 원리와 방법을 기반으로 일체형 시스템을 마이크로서비스 아키텍처로 바꿔가는 과정을 설명한다.

실무와 최대한 비슷하게 사례 연구를 하며, 마이크로서비스 아키텍처의 개념을 탄탄하게 다지는 것이 6장의 목표다.

6장에서 다루는 내용은 다음과 같다.

- 일체형 시스템에서 마이크로서비스로 전환하는 브라운필드 항공의 실무 사례
- 마이크로서비스로 마이그레이션하는 다양한 방법과 전략
- 스프링 프레임워크 컴포넌트를 이용해 PSS 애플리케이션을 대체할 새로운 마이크로서비스 설계
- 스프링 프레임워크와 스프링 부트를 이용한 마이크로서비스 구현

 소스코드는 https://github.com/rajeshrv/Spring5Microservice의 chapter6 프로젝트에 있다.

▌ PSS 애플리케이션의 이해

브라운필드 항공은 빠르게 성장하는 저가 지역 항공사다. 적은 수의 목적지와 비행기로 시작한 스타트업 항공사지만, 100곳 이상의 목적지에 직항을 운행할 정도로 발전했다. 브라운필드 항공은 여객 판매와 서비스를 관리하기 위해 PSS 애플리케이션을 자체 개발했다.

비즈니스 절차적 관점

이 사례는 논의를 위해 매우 단순화시켰다. 다음 다이어그램은 현재 PSS 애플리케이션에서 관장하는 승객 서비스 작업의 전체 진행 과정을 보여준다.

현재의 애플리케이션은 내부적으로 작동하는 작업뿐만 아니라 고객이 진행하는 작업의 일부도 자동화하고 있다. 내부 작업에는 비행 전과 비행 후 두 가지가 있다. 비행 전 기능은 비행 스케줄과 비행기 배정 등을 준비하는 계획 단계다. 비행 후 기능은 수익 관리와 회계 등을 위해 백 오피스에서 사용하는 기능이다. 검색 기능과 예약 기능은 온라인 좌석 예약을 담당하고, 체크인 기능은 공항에서 승객을 확인하는 절차를 위한 기능이다. 물론 인터넷에서 온라인 체크인을 통해 체크인 기능을 이용할 수도 있다.

앞의 다이어그램에서 화살표의 X 표시는 두 기능이 단절돼 있고 서로 다른 타임라인에서 발생함을 의미한다. 예를 들어 예약은 360일 전에 미리 할 수 있지만, 체크인은 보통 출발 24시간 전에 일어난다.

기능적 관점

다음 다이어그램은 브라운필드 항공의 PSS 애플리케이션을 기능적인 블록으로 표현해본 것이다. 각각의 비즈니스 절차와 연관된 부속 기능들은 같은 행에 나열했다.

위 다이어그램의 각 부속 기능^{subfunction}은 전체 비즈니스에서 맡은 역할을 보여준다. 일부 부속 기능은 한 개 이상의 비즈니스 절차에 관여한다. 예를 들어 목록 기능은 검색과 예약 양쪽에서 사용되는데, 다이어그램상의 복잡함을 줄이기 위해 표시하지는 않았다. 데이터 관리 기능과 공통 기능의 경우에는 많은 비즈니스 기능에 걸쳐 사용된다.

아키텍처 관점

브라운필드 항공은 승객 서비스 작업을 효과적으로 관리하기 위해 10여 년 전에 PSS 애플리케이션을 자체 개발했다. 자바와 JEE 기술을 그 당시 최고의 오픈소스들과 결합해 애플리케이션을 구성했다.

전반적인 구조와 기술은 다음 다이어그램에서 볼 수 있다.

다이어그램에서 볼 수 있듯이 경계가 잘 정의돼 있는 구조다. 또한 서로 다른 관심사는 서로 다른 레이어로 분리돼 있고, 웹 애플리케이션은 N-티어^{tier} 컴포넌트 기반의 모듈 시스템으로 개발돼 있다. 각 기능은 EJB 종단점 형태로 정의된 서비스 계약을 통해 상호작용한다.

설계 관점

이 애플리케이션은 여러 개의 논리적인 기능 그룹, 서브시스템^{subsystem}을 갖고 있다. 나아가 각각의 서브시스템은 다음 다이어그램에서 표현한 것처럼 많은 컴포넌트를 갖고 있다.

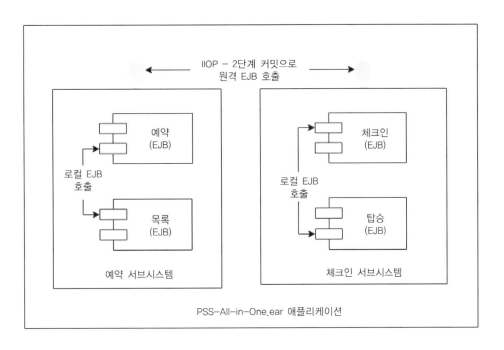

각각의 서브시스템은 IIOP^Internet Inter-ORB Protocol 프로토콜을 이용한 원격 EJB 호출을 통해 상호작용한다. 트랜잭션 경계는 서브시스템 전반에 퍼져있다. 서브시스템 내부에 있는 각각의 컴포넌트는 로컬 EJB 컴포넌트 인터페이스를 통해 상호작용한다. 서브시스템 간에는 원격 EJB 종단점을 이용하고 있기 때문에 이론적으로는 물리적으로 분리된 애플리케이션 서버에서 운영할 수 있다. 이는 설계 목표 중 하나이기도 했다.

구현 관점

다음과 같은 구현 관점 다이어그램은 서브시스템과 컴포넌트들의 내부 구조를 보여준다. 또한 다이어그램을 통해 여러 종류의 아티팩트^artifact도 볼 수 있다.

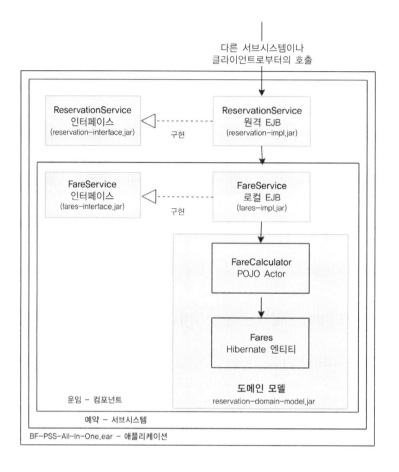

앞의 다이어그램에서 회색 박스는 서로 다른 메이븐^{Maven} 프로젝트를 의미하고, 물리적 아티팩트라고 생각할 수 있다. 서브시스템과 컴포넌트는 "구현이 아닌 인터페이스에 대해 프로그래밍하라."는 원칙에 입각해 설계됐다. 인터페이스는 분리된 JAR 파일로 패키징돼 클라이언트가 구현을 신경 쓰지 않아도 된다. 비즈니스 로직의 복잡함은 도메인 모델에 감춰져있고, 로컬 EJB는 컴포넌트 인터페이스로 사용됐다. 최종적으로 모든 서브시스템은 하나의 올인원^{all-in-one} EAR로 패키징돼 애플리케이션 서버에 배포된다.

배포 관점

맨 처음 애플리케이션을 배포했을 때는 다음과 같이 간단했다.

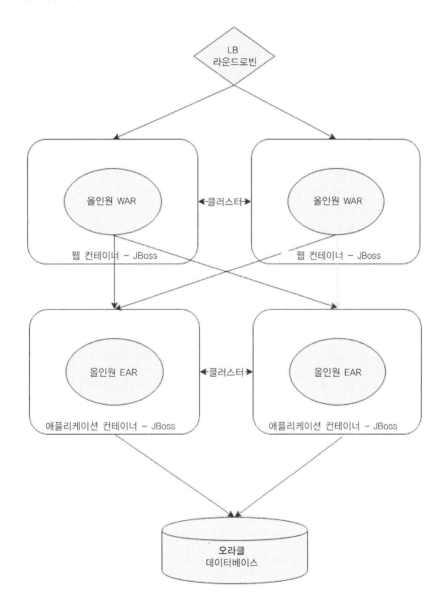

웹 모듈과 비즈니스 모듈은 서로 다른 애플리케이션 서버 클러스터에 배포됐다. 애플리케이션은 클러스터에 더 많은 애플리케이션 서버를 추가함으로써 수평적으로 확장됐다.

대기^{standby} 클러스터를 마련해 끊김없이 매끄럽게 해당 클러스터로 트래픽이 전환돼 다운타임 없는 배포가 가능하게 했다. 기본 클러스터가 새 버전으로 패치되고 서비스 가능 상태가 되면 대기 클러스터는 삭제된다. 데이터베이스 변경이 일어나는 경우 대부분은 하위 호환성을 고려하며 설계됐지만, 급격한 변화는 애플리케이션의 중단으로 이어졌다.

▌ 일체형의 죽음

PSS 애플리케이션은 기대했던 서비스 수준뿐만 아니라 모든 비즈니스 요구 사항을 성공적으로 지원하며 잘 작동했다. 처음 몇 년 동안에는 사업의 유기적인 성장과 함께 시스템을 확장하는 데 문제가 없었다.

그러다가 어느 순간 사업이 폭발적인 성장을 했다. 비행기 보유 대수가 큰 폭으로 증가했고 새로운 목적지들이 추가됐다. 이 급격한 성장으로 인해 예약도 증가해 예약 트랜잭션이 예상보다 200배에서 500배 증가했다.

문제점

사업의 급격한 성장으로 애플리케이션에 무리가 갔다. 알 수 없는 안정성 문제와 성능 문제가 드러났다. 배포를 새로 하면 작동하던 코드가 망가지기 시작했다. 더욱이 변경 비용과 변경을 반영하는 속도가 늦어져서 사업 운영에 심각한 영향을 미치기 시작했다.

사업부는 철저한 아키텍처 검토를 요구했고, 검토 결과 실패의 근본적인 원인과 함께 다음과 같은 시스템의 약점들이 노출됐다.

- **안정성** 안정성 문제는 주로 스레드가 멈춤으로써 발생하는데, 이는 더 많은 거래를 수용할 수 있는 서버를 충분히 사용하지 못하게 한다. 스레드가 멈추는 것은 주로 데이터베이스 테이블 락 때문이다. 또한 메모리 문제도 안정성 문제를 야기했다. 많은 리소스를 필요로 하는 특정 작업들이 전체 애플리케이션에 영향을 미치는 문제도 있었다.

- **중단** 중단 시간이 길어진 주요한 원인은 서버 시작 시간이 길어진 탓이다. 이 문제의 근본적인 원인은 EAR의 크기가 커졌기 때문이다. 중단 시간 동안 쌓인 메시지는 중단 시간 직후의 애플리케이션 사용을 무겁게 만든다. 모든 것이 하나의 EAR에 패키징돼 있기 때문에 아무리 작은 코드 변경이더라도 전체 재배포를 해야 한다. 앞서 설명했던 다운타임 없는 배포 모델이 복잡해지고 서버 시작에 오랜 시간이 소요되면서 서버 중단 횟수와 중단 시간도 늘어났다.

- **민첩성** 시간이 지나며 코드의 복잡도도 증가했다. 변경 사항을 구현하는 데에 있어서 원칙이 부족했기 때문이다. 결과적으로 변경 사항을 반영하기가 더 어려워졌다. 또한 영향 분석을 하는 것도 복잡해졌다. 덕분에 부정확한 분석에 의한 코드 수정이 잘 작동하던 코드를 종종 망가뜨리는 결과로 이어졌다. 애플리케이션 빌드 시간도 몇 분이었던 것이 몇 시간으로 심각하게 길어져 개발 생산성을 떨어뜨렸다. 빌드 시간의 증가는 빌드 자동화를 어렵게 만들었고 결국 지속적 통합[CI, Continuous Integration]과 단위 테스트를 제대로 수행하지 못하게 했다.

간극 메우기 중단

성능 문제는 1장에서 설명했던 스케일 큐브의 Y축 확장 방법을 적용함으로써 부분적으로 해결할 수 있다. 올인원 일체형 EAR는 여러 개의 분리된 클러스터에 배포된다. 다음 다이어그램에서 볼 수 있듯이 소프트웨어 프록시를 이용해 트래픽을 지정된 클러스터로 선택적으로 유도하게 했다.

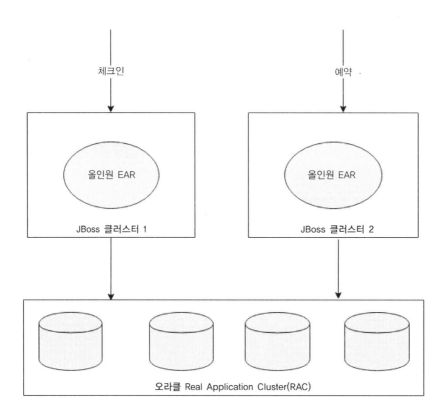

앞의 구조는 브라운필드의 IT 부서가 애플리케이션 서버를 확장하는 데 도움이 됐고, 덕분에 안정성 문제를 관리할 수 있었다. 그러나 이는 곧 데이터베이스 수준에서의 병목을 야기했다. 이 문제의 해결책으로 데이터베이스 레이어에 오라클의 RAC^{Real Application Cluster}를 적용했다.

이 새로운 확장 모델은 안정성 문제를 줄여줬지만 복잡도의 증가와 오너십 비용의 증가를 불러왔다. 기술 부채 또한 시간이 지날수록 증가돼 프로그램을 완전히 새로 작성하는 것만이 기술 부채를 줄이는 유일한 방법이 돼버렸다.

회고

애플리케이션이 잘 설계됐고 기능 컴포넌트 간에 명확한 분리가 있었다. 결합도는 낮았고, 표준 인터페이스를 통해 접근하는 방식으로 인터페이스에 대해 프로그래밍돼 있었고, 도메인 모델도 풍부했다.

이렇듯 잘 설계된 애플리케이션이 왜 기대에 부응하지 못했는지 의문이 생긴다. 아키텍트가 무엇을 더 할 수 있었을까?

시간이 흐르면서 무엇이 어떻게 잘못돼 갔는지 이해하는 것이 중요하다. 마이크로서비스가 어떻게 이런 시나리오의 반복을 피할 수 있게 해주는지 이해하는 것도 중요하다. 다음 절에서는 이 시나리오의 일부를 살펴본다.

모듈화보다 데이터 공유 우선

대부분의 기능 모듈은 항공사의 세부 사항, 비행기의 세부 사항, 공항과 도시 목록, 국가 목록, 통화 목록 등의 참조 데이터가 필요하다. 예를 들어 운임은 출발지(도시)를 기준으로 책정되고, 비행은 출발지와 도착지(공항들) 간의 일이며, 체크인은 출발지(공항)에서의 일이다. 어떤 기능에서는 참조 데이터가 정보 모델로서 사용되고, 또 어떤 기능에서는 유효성 확인 목적으로 사용되기도 한다.

참조 데이터의 대부분은 완벽하게 동적이지도 않고, 완벽하게 정적이지도 않다. 항공사가 새로운 항로를 도입하면 국가, 도시, 공항 등의 데이터가 추가된다. 항공사가 비행기의 좌석 구성을 바꾸거나 새로운 비행기를 사들이면 비행기 데이터가 변할 수 있다.

참조 데이터가 사용되는 일반적인 시나리오 중 하나는 특정 참조 데이터를 기반으로 작업 데이터를 필터링하는 것이다. 예를 들어 어떤 사용자가 한 국가로 가는 모든 비행기를 보려고 한다고 해보자. 작업의 흐름은 다음과 같을 것이다. 먼저 선택된 국가에 속한 모든 도시를 찾고, 해당 도시들에 있는 모든 공항을 찾고, 그 공항들을 목적지로 하는 모든 비행기를 찾는 요청을 보내는 것이다.

아키텍트는 시스템을 설계할 때 여러 가지 방법을 고려한다. 참조 데이터를 다른 서브시스템처럼 독립적인 서브시스템으로 분리하는 것도 고려하는 사항 중 한 가지였을 것이다. 하지만 이는 성능 이슈를 낳을 수도 있기 때문에 개발 팀은 참조 데이터에 대해서는 다른 거래들과 다르게, 앞에 다뤘던 쿼리 패턴의 본질을 고려해 참조 데이터를 공유 라이브러리로 사용하는 방식을 적용하기로 결정했다. 이 경우에 서브시스템은 EJB 인터페이스를 거치지 않고 참조 전달$^{pass-by-reference}$ 방식으로 직접 접근할 수 있다. 이는 또한 하이버네이트 엔티티가 서브시스템과 관계없이 엔티티 관계의 일부로 참조 데이터를 사용할 수 있음을 의미한다.

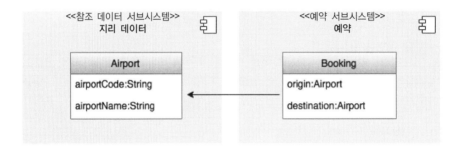

앞의 다이어그램에서 표시된 것처럼 예약^{Reservation} 서브시스템에 있는 예약^{Booking} 엔티티는 공항^{Airport} 참조 데이터 엔티티를 사용할 수 있다.

일체형 단일 데이터베이스

중간 계층에서 충분한 분리가 되긴 했지만, 모든 기능이 단일한 데이터베이스의 동일한 데이터베이스 스키마를 바라보고 있다. 단일 스키마 접근은 많은 문제를 낳는다.

네이티브 쿼리

하이버네이트^{Hibernate} 프레임워크는 데이터베이스에 대한 추상화를 제공한다. 특정 방언^{dialect}을 사용하는 데이터베이스를 대상으로 효율적인 SQL문을 생성한다. 하지만 때로는 네이티브 JDBC SQL을 작성하는 것이 더 나은 성능과 자원 효율을 가져오는 경우도 있다. 데이터베이스의 네이티브 함수를 사용하는 것이 훨씬 나은 성능을 가져 다주는 경우도 있다.

초반에는 단일 데이터베이스 방식이 잘 작동했다. 그러나 시간이 흐를수록 서로 다른 서브시스템이 소유한 테이블을 연결하면서 허점을 드러냈다. 테이블 연결을 쉽게 해 주는 네이티브 JDBC SQL은 이런 허점을 만들어내는 원인이기도 하다.

다음 다이어그램은 네이티브 JDBC SQL을 이용해 두 개의 서브시스템이 소유한 두 개의 테이블을 연결하는 예제다.

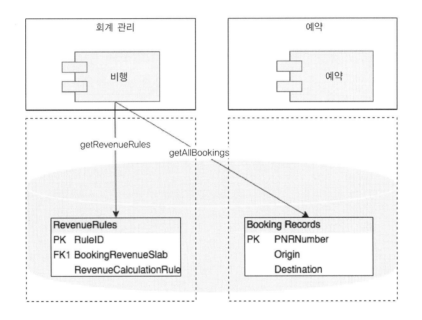

위의 다이어그램에서 보듯이 **회계**^{Accounting} 컴포넌트는 당일 결제 처리를 하기 위해 **예약**^{Booking} 컴포넌트로부터 하루 동안 주어진 도시에 대해 모든 예약 기록을 받아야 한다. 서브시스템에 기반을 둔 설계는 회계 컴포넌트가 모든 예약 기록을 받기 위해 **예약** 컴포넌트에 서비스 호출을 하게 만든다. 호출 결과로 N개의 예약 기록이 나왔다 고 해보자. 이제 회계 컴포넌트는 각 예약 기록에 해당하는 운임 코드를 기반으로 적용할 규칙을 찾기 위해 기록마다 데이터베이스 요청을 보내야 한다. 이로 인해 N+1번의 비효율적인 JDBC 호출이 발생한다. 배치^{batch} 쿼리나 병렬 배치 실행 등의 우회 방법도 있지만, 복잡도를 높이고 코딩에 더 많은 공을 들여야 한다. 개발자들은 이 이슈를 네이티브 JDBC 쿼리로 쉽게 구현할 수 있는 길을 택했다. 이 방법은 최소한의 코딩 공수로 호출 수를 N+1에서 한 번으로 줄여준다.

이러한 습관이 여러 컴포넌트와 서브시스템에 걸쳐 테이블을 연결하는 무수한 네이티브 JDBC 쿼리를 작성하는 것으로 이어졌다. 결과적으로는 컴포넌트 간의 결합도를 높였을 뿐만 아니라 문서화되지 않은 찾기 힘든 코드를 만들었다.

저장 프로시저

단일 데이터베이스를 사용했을 때의 또 다른 문제는 복잡한 저장 프로시저^{stored} ^{procedures}의 사용이다. 중간 계층에서 작성된 데이터 중심의 복잡한 로직 중 일부는 제대로 작동하지 않아 느린 응답, 메모리 문제, 스레드 블로킹$^{thread\ blocking}$ 문제를 야기했다.

개발자들은 이런 문제를 해결하기 위해 중간 계층의 복잡한 비즈니스 로직의 일부를 저장 프로시저에 직접 담아 데이터베이스 계층에서 구현하기로 결정했다. 이 결정으로 일부 작업에서는 더 나은 성능이 나왔고 일부 안정성 문제도 해소됐다. 그래서 시간이 지날수록 더 많은 프로시저가 추가됐다. 그러다보니 결국 애플리케이션의 모듈성이 깨졌다.

도메인 경계 침범

도메인 경계가 잘 설정돼 있음에도 불구하고, 모든 컴포넌트는 하나의 EAR 파일로 패키징돼 있다. 모든 컴포넌트가 단일 컨테이너에서 돌아가기 때문에 개발자들이 이 경계를 넘어서 객체를 참조해도 아무런 문제가 되지 않았다. 시간이 지나면서 프로젝트 구성원이 바뀌고, 변경 및 배포에 대한 압박이 커졌으며, 복잡도가 어마어마하게 증가했다. 개발자들은 제대로 된 해결책을 찾기보다는 빠른 해결책을 찾기 시작했다. 느리지만 꾸준하게 애플리케이션의 모듈성이 사라져갔다.

다음 다이어그램에서는 서브시스템 경계를 넘어 생성된 하이버네이트 관계를 보여준다.

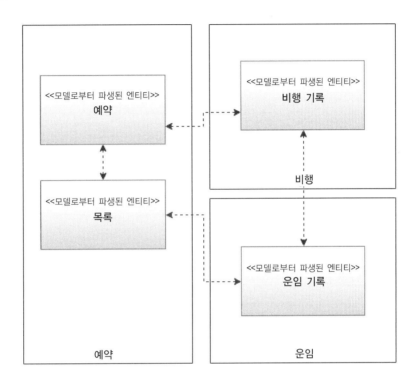

▌ 마이크로서비스 구조대: 계획적 마이그레이션

현재로서는 브라운필드 항공의 사업 수요 증가를 충족시킬 수 있는 개선의 여지가 많지 않은 상황이다. 브라운필드 항공은 혁명적인 모델보다는 진화적인 접근 방식으로 시스템을 새로 정립하려고 한다.

마이크로서비스는 사업에 최소한의 영향을 미치면서 일체형 레거시 애플리케이션을 변경할 수 있는 이상적인 선택이다.

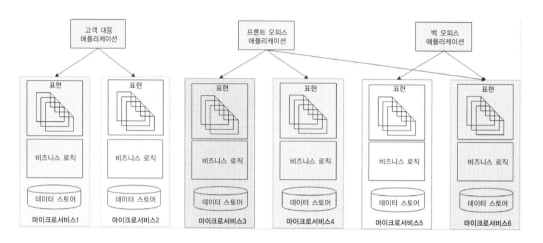

위 다이어그램에서 볼 수 있듯 비즈니스 범위에 맞춰 마이크로서비스 아키텍처로 이동하는 것이 목표다. 각 마이크로서비스는 데이터 스토어, 비즈니스 로직, 표현 계층을 각각 갖고 있을 것이다.

브라운필드 항공은 고객 대응 업무, 프론트 오피스, 백 오피스 같이 특정한 사용자 커뮤니티를 타겟팅해서 여러 개의 웹 애플리케이션을 만드는 전략을 택했다. 이 전략의 장점은 모델링의 유연함과 더불어 서로 다른 사용자 커뮤니티를 다르게 처리할 수 있는 데에 있다. 예를 들어 인터넷으로 상호작용하는 애플리케이션의 정책과 구조, 테스트 방식은 인트라넷으로 상호작용하는 애플리케이션의 정책과 구조, 테스트 방식과는 다르다. 인터넷 애플리케이션은 페이지 이동을 할 때 CDN^{Content Delivery Networks}을 이용해 사용자와 가까운 곳에서 데이터를 받아 올 수 있겠지만, 인트라넷 애플리케이션은 페이지를 데이터 센터로부터 직접 받아와야 한다.

비즈니스 사례

마이그레이션을 위한 비즈니스 사례를 구축할 때 흔히 "마이크로서비스 아키텍처에서는 향후 5년 내에 동일한 문제가 발생하지 않게 만들기 위해 어떤 전략을 취하는가?"하는 의문이 제기된다.

마이크로서비스는 1장에서 배웠던 모든 이점을 제공하지만, 현재의 상황에서 핵심적인 몇 가지를 나열해보자면 다음과 같다.

- **서비스 의존성** 일체형 애플리케이션에서 마이크로서비스로 넘어가는 동안 의존성은 더 명확해지고, 그로 인해 개발자와 아키텍트가 미래에 발생할 수 있는 의존성 문제를 더 쉽게 다룰 수 있다. 즉, 개발자와 아키텍트는 일체형 애플리케이션으로부터 얻은 교훈 덕분에 더 나은 시스템을 설계할 수 있다.
- **물리적 경계** 마이크로서비스는 데이터 스토어와 비즈니스 로직, 그리고 표현 계층을 포함한 모든 영역에서 물리적 경계를 강화한다. 물리적 분리 덕분에 서브시스템과 마이크로서비스를 넘나드는 접근이 제한적이다. 심지어 서로 다른 기술을 기반으로 운영될 수도 있다.
- **선택적 확장** 마이크로서비스 아키텍처에서는 선택적 확장Selective scaling이 가능하다. 이는 일체형 시나리오에서 사용되는 Y축 확장 방식에 비해 비용 효율적인 확장 메커니즘이다.
- **기술 노후화** 기술 전환이 전체 애플리케이션 수준이 아닌 마이크로서비스 수준에서 이뤄질 수 있다. 그렇기 때문에 엄청난 투자가 필요하지는 않다.

마이그레이션 방식

몇 백만 줄의 코드로 만들어진 애플리케이션을 분리하는 것은 간단치 않다. 특히 코드가 복잡한 의존성을 갖고 있다면 더욱 그렇다. 이를 어떻게 분리해야 할까? 아니, 먼저 어디서부터 시작을 하고 어떻게 문제에 접근해야 할까?

이 문제를 해결하는 가장 좋은 방법은 전환^{transition} 계획을 수립하고, 점진적으로 기능을 마이크로서비스에 옮기는 것이다. 모든 과정에 걸쳐 마이크로서비스는 일체형 애플리케이션의 외부에서 만들어지고, 트래픽은 다음 다이어그램에 표시된 것처럼 새 서비스로 전환될 것이다.

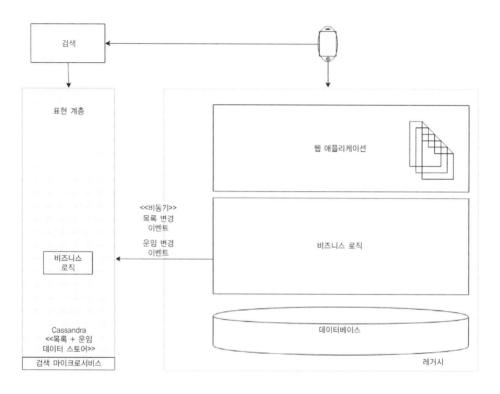

성공적으로 마이그레이션하기 위해서는 전환 관점에서 제기되는 다음과 같은 몇 가지 중요한 질문에 대한 답이 필요하다.

- 마이크로서비스 경계 식별
- 마이그레이션을 위한 마이크로서비스 우선순위 지정
- 전환 단계에서의 데이터 동기화 처리
- 이전의 UI와 새로운 UI를 다루기 위한 사용자 인터페이스^{UI, User Interface} 통합
- 새로운 시스템에서의 참조 데이터 처리

286

- 비즈니스 범위가 제대로 유지될 수 있게 보장하는 테스트 전략
- 마이크로서비스의 기능, 프레임워크 등과 같은 마이크로서비스 개발을 위한 전제 조건 확인

마이크로서비스 경계 식별

가장 먼저 해야 할 일은 마이크로서비스의 경계를 식별하는 것이다. 전환 과정 중 가장 흥미로운 부분이자 가장 어려운 부분이기도 하다. 마이크로서비스의 경계를 제대로 구분해놓지 않으면 마이그레이션이 더 복잡한 관리 문제를 야기할 수도 있다.

서비스 지향 아키텍처에서와 같이 서비스를 분해해보는 것이 서비스를 식별하는 가장 좋은 방법이다. 서비스 지향 아키텍처에서는 서비스 분해가 원자 단위의 아주 작은 단위에까지 수행되지만, 마이크로서비스로의 전환을 위한 분해 과정은 비즈니스 범위나 또는 경계 지어진 컨텍스트^{Bounded Context}의 수준을 넘어서는 안 된다는 점에 유의해야 한다.

도메인 분해에는 주로 하향식 접근법이 사용된다. 상향식 접근법도 기존 일체형 애플리케이션에 존재하는 많은 지식과 기능, 동작을 활용할 수 있으므로, 기존 시스템을 분석할 때 유용하다.

분해 단계를 거치면 잠재적인 마이크로서비스의 목록이 나온다.

이렇게 나온 목록이 최종 확정된 목록은 아니지만, 좋은 시작점이 될 수 있다. 우리는 몇 가지 필터링 과정을 거쳐 최종 목록을 산출할 것이다. 기능적 분해의 첫 번째 단계는 책의 앞부분에서 봤던 기능적 관점의 다이어그램과 유사하다.

의존 관계 분석

다음 단계는 바로 앞 절에서 뽑아낸 마이크로서비스 후보 간의 의존 관계를 분석하는 것이다. 이 단계가 끝나면 의존 관계 그래프를 그릴 수 있다.

 이 단계에서는 아키텍트, 비즈니스 분석가, 개발자, 배포 관리자, 지원 스태프로 구성된 팀이 있어야 한다.

의존 관계 그래프를 그리는 한 가지 방법은 레거시 시스템의 모든 컴포넌트를 나열한 후 그 위에 컴포넌트 간에 존재하는 의존 관계를 그리는 것이다. 구체적으로는 다음에 열거한 방법들 중 한 가지 이상을 사용할 수 있다.

- 수동 코드 분석 및 의존 관계 재생성
- 개발 팀의 경험을 이용해 의존 관계 재생성
- PomExplorer, PomParser 등의 도구를 이용해 그린 메이븐^{Maven} 의존 관계 그래프 이용
- 호출 스택을 확인하고 의존 관계를 도출하기 위해 앱다이내믹스^{AppDynamics} 같은 성능 엔지니어링 도구 이용

함수 간 의존 관계를 다음과 같이 그렸다고 가정해보자.

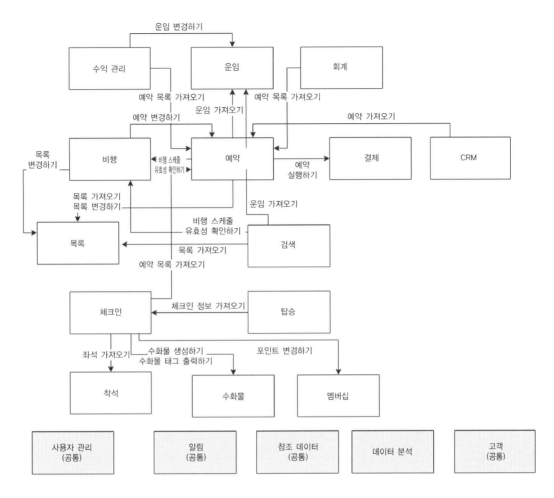

수많은 의존 관계가 서로 다른 모듈 사이에 앞뒤로 얽혀있는 것을 볼 수 있다. 의존 관계 그래프의 가장 아래에 표시한 계층은 여러 모듈에서 공통으로 수행되는 횡단 관심사를 나타내고 있다. 지금 시점에서 보면 모듈들은 자율적인 단위라기보다는 이리저리 뒤섞여 있는 스파게티에 가깝다.

다음 단계에서는 이런 의존 관계를 분석하고 개선해서 더 단순한 의존 관계 그래프로 만들어본다.

쿼리와 대조되는 이벤트

의존 관계는 쿼리 기반일 수도 이벤트 기반일 수도 있는데, 확장 가능한 시스템에서는 이벤트 기반 의존 관계가 더 낫다. 쿼리 기반의 커뮤니케이션을 이벤트 기반의 커뮤니케이션으로 변경할 수 있는 경우도 있다. 의존 관계는 대부분의 경우 사업 조직이 관리되는 방식이나 기존 시스템이 사업 시나리오를 관리하던 방식 때문에 존재한다.

바로 전의 다이어그램에서 수익 관리와 운임 서비스 부분을 다음과 같이 떼어낼 수 있다.

수익 관리^{Revenue Management}는 예약 수요 예측에 기반을 두고 최적의 운임을 계산할 때 사용되는 모듈이다. 출발지와 도착지 간의 운임이 변경되면 운임^{Fare} 모듈의 운임 변경하기 기능이 수익 관리 모듈에 의해 호출돼 운임 모듈의 각 운임들이 업데이트된다.

약간 다르게 생각하면 운임 변경이 있을 때마다 수익 관리 모듈이 이벤트를 발행^{publish}하고, 운임 모듈은 구독^{subscribe}하는 방식이라고 생각할 수도 있다. 이러한 리액티브 프로그래밍 방식은 운임 모듈과 수익 관리 모듈이 독립적으로 유지되면서도 신뢰할 만한 메시징 시스템을 통해 연결돼 더욱 유연해지는 방식이다. 똑같은 패턴이 체크인, 멤버십, 그리고 탑승 모듈까지 여러 시나리오에 적용될 수 있다.

이번에는 CRM과 예약 시나리오를 살펴보자.

이 시나리오는 앞에 설명한 시나리오와는 약간 다른 양상을 띤다. CRM 모듈은 승객 불만 접수에 사용된다. CRM 모듈이 불만을 접수하면 해당하는 승객의 예약^{Booking} 데이터를 찾아온다. 실제로는 예약 수에 비해 불만의 수가 무시할 수 있을 정도로 적기 때문에 앞서 봤던 것처럼 CRM이 모든 예약을 구독하는 패턴을 그대로 적용하면 비효율적임을 확인할 수 있다.

이번에는 체크인 모듈과 예약 모듈 사이의 시나리오를 살펴보자

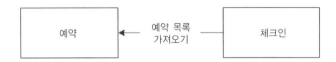

체크인 모듈이 **예약 목록 가져오기** 기능을 호출하는 대신 **예약** 이벤트를 기다리고[listen] 있을 수 있을까? 가능하긴 하지만, 예약이 360일 전부터 가능한 데 비해 **체크인**은 출발 24시간 전부터 가능하다는 점에서 어려움이 생긴다. **체크인** 모듈에서 360일이나 미리 모든 예약 사항을 들고 있는 것은 그리 좋은 방법은 아니다. **체크인** 모듈에서는 출발 24시간 전이 되기 전까지 이 데이터가 필요 없기 때문이다.

대안으로 (출발 24시간 전에) **체크인**이 열렸을 때 **체크인** 모듈이 해당 비행에 대한 예약 스냅샷을 제공하는 **예약** 모듈을 호출하는 방법이 있다. 이렇게 하면 **체크인** 모듈은 특정 비행에 대한 예약 이벤트를 구독할 수 있게 된다. 이 경우에는 쿼리 기반의 접근 방식과 이벤트 기반의 접근 방식이 함께 사용된 것이다. 결과적으로 두 서비스 간의 쿼리 수를 줄였을 뿐만 아니라, 불필요한 이벤트와 저장 용량을 줄였다.

요약하자면 모든 시나리오에 적용할 수 있는 단 하나의 정책은 없다. 각 시나리오의 상황을 고려해서 가장 적절한 패턴을 찾아야 한다.

동기적 업데이트와 대조되는 이벤트

쿼리 모델뿐만 아니라 의존성 역시 업데이트 대상이 될 수 있다. 수익 관리 모듈과 예약 모듈을 보자.

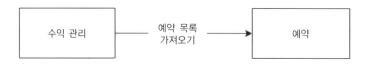

현재 수요에 대한 분석과 예측을 하기 위해서는 수익 관리 모듈이 모든 비행에 대한 모든 예약 정보를 알아야 한다. 의존 관계 그래프에서 볼 수 있는 현재의 접근 방식은 수익 관리 모듈이 마지막 동기화 시점으로부터 변경된 모든 예약 정보를 들고 오기 위해 **예약 목록 가져오기** 기능을 호출하는 예정 작업$^{schedule\ job}$을 갖고 있다.

예약이 추가되거나 변경될 때마다 비동기 푸시로 정보를 보내는 방법도 있다. 같은 패턴이 예약^{Reservation} 기능에서 **회계**^{Accounting} 기능으로 가는 시나리오, 비행^{Flight} 기능에서 **목록**^{Inventory} 기능으로 가는 시나리오, 비행^{Flight} 기능에서 **예약**^{Booking} 기능으로 가는 시나리오 등에 적용될 수 있다. 이 방법은 시작점이 되는 서비스$^{source\ service}$가 상태 변경이 일어날 때마다 이벤트를 발행^{publish}하는 방법이다. 이 이벤트를 필요로 하는 어떤 모듈이든 이벤트 스트림을 구독하고 로컬에 저장할 수 있다. 이 방법은 시스템의 결합도를 낮춰준다.

다음 다이어그램에서 의존 관계를 확인할 수 있다.

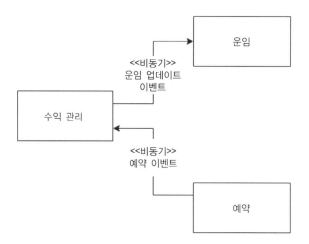

두 개의 의존 관계를 비동기 이벤트로 바꾼 것을 확인할 수 있다.

마지막으로 분석해 볼 사례는 예약 모듈에서 목록 모듈의 **목록 변경하기** 기능을 호출하는 경우다.

예약이 완료되면 **목록** 서비스에 저장돼 있는 목록을 소거함으로써 목록의 상태를 변경한다. 예를 들어 좌석 하나를 예약할 때 이코노미석 10개가 비어있었다면 예약이 끝날 무렵에는 9개로 줄어들어야 한다. 현재의 시스템에서 잔여석은 1개인데, 여러 명의 고객이 동시에 예약하려고 하는 시나리오를 처리하기 위해 **예약**과 **목록 업데이트**가 같은 트랜잭션 내에서 일어난다. 새로운 설계에서 이전과 같은 방식의 이벤트 주도 패턴^{event-driven pattern}을 적용한다면 시스템 상태가 불일치하는 결과가 생길 수도 있다. 이러한 경우는 이번 6장의 뒷부분에서 더 자세히 살펴본다.

까다로운 요구 사항

요구 사항을 다시 살펴보면 목표했던 상태를 대부분 충족시킬 수 있다.

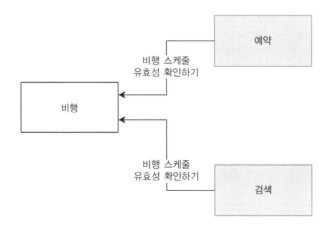

앞의 다이어그램에서 볼 수 있듯 비행 스케줄 유효성 확인하기 기능 호출이 예약 모듈에서 한 번, 검색 모듈에서 한 번, 총 두 번 일어난다. 비행 스케줄 유효성 확인하기 기능은 여러 채널로 들어오는 비행 스케줄 데이터의 유효성을 확인하기 위한 서비스다. 이 서비스를 호출하는 목적은 잘못된 데이터가 저장되거나 서비스되는 것을 막는 것이다. 고객이 BF100이라는 비행을 검색했다면 시스템은 다음과 같은 것들을 확인할 것이다.

- 이 비행 스케줄이 유효한 비행인가?
- 이 비행 스케줄이 특정한 날짜에 존재하는가?
- 이 비행 스케줄을 예약하는 데 제약이 있는가?

이 문제를 해결하는 방법은 앞에서 주어진 조건에 맞춰 비행 목록을 조정하는 것이다. 예를 들어 비행에 제약이 있다면 목록을 모두 지우는 것처럼 말이다. 이 경우에 정보가 비행 모듈에 남아있을 것이고, 목록을 지속적으로 업데이트시킬 것이다. 검색 모듈과 예약 모듈에서는 모든 요청에 대해 비행 유효성을 확인하는 대신 목록만 살펴보면 된다. 이 방법이 기존 방법에 비해 훨씬 효율적이다.

다음으로는 결제 사례를 살펴볼 것이다. 결제 기능은 일반적으로 **지불 카드 산업 데이터 보안 표준**_{PCIDSS, Payment Card Industry Data Security Standard}과 같은 표준 등의 보안 제약으로 인해 독립된 기능으로 존재한다. 결제를 처리하는 가장 명확한 방법은 브라우저를 결제 서비스에서 돌아가는 결제 페이지로 리다이렉트시키는 것이다. 카드를 처리하는 애플리케이션은 PCIDSS가 적용돼야 하기 때문에 결제 서비스와는 어떤 직접적인 의존 관계도 없는 것이 좋다. 따라서 **예약-결제** 간의 직접적 의존성을 없애고 UI 수준에서 통합하는 방법을 선택하기로 한다.

까다로운 서비스 경계

이번에는 체크인 모듈과 좌석, 수화물 모듈에 대한 체크인 모듈의 의존 관계를 이용해 요구 사항과 의존 관계 그래프에 기반을 둔 서비스 경계를 검토해보려고 한다.

좌석 배정 기능은 비행기에 할당된 좌석의 현재 상태에 기초해 몇 가지 알고리듬을 실행한다. 그를 통해 다음 승객을 위한 최적의 위치를 찾아 무게와 균형이 잘 맞게 좌석을 배분한다. 이는 미리 정의된 몇 가지 사업 규칙에 의해 정해진다. 그런데 이때 체크인 모듈 외에는 좌석 기능을 필요로 하는 모듈이 없다. 비즈니스 기능 관점에서 봤을 때 좌석 기능은 그 자체로 비즈니스 기능이라기보다는 체크인 모듈의 일부일 뿐이다. 그러므로 이 로직을 체크인 모듈에 포함시키는 편이 더 낫다.

수화물 기능 역시 마찬가지다. 브라운필드 항공은 수화물 처리 시스템을 별도로 분리 했다. 수화물 태그를 출력하고 체크인 기록에 해당하는 수화물 데이터를 저장하는 것까지가 PSS에서의 수화물 기능이다. 이 기능과 관련된 다른 비즈니스 기능은 하나 도 없다. 따라서 이 기능을 체크인 모듈로 옮기는 것이 더 좋다.

예약, 검색, 목록 기능을 재설계한 후의 다이어그램은 다음과 같다.

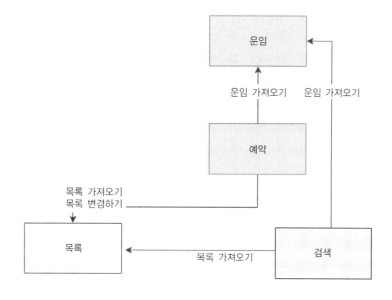

비슷한 방식으로 **목록** 기능과 **검색** 기능도 **예약** 기능의 일부로서 작동한다. 다른 비즈 니스 기능과는 관련이 없다. 따라서 앞서 내렸던 판단처럼 두 기능을 예약 기능의 일부로 귀속시키는 편이 더 낫다. 일단 검색, 목록, 예약 기능이 예약[Reservation]이라는 하나의 마이크로서비스로 묶였다고 가정해보자.

브라운필드 항공의 통계에 따르면 검색 트랜잭션은 예약 트랜잭션에 비해 10배 정도 더 일어난다. 사실 검색은 예약 기능과는 달리 수익을 창출하는 트랜잭션도 아니다. 이러한 이유로 검색과 예약에 대해서는 각각 서로 다른 확장 모델^{scalability model}이 필요하다. 검색 트랜잭션이 갑자기 증가하더라도 예약 기능이 영향을 받아선 안 된다. 사업적 관점에서 볼 때 하나의 유효한 예약 트랜잭션을 살리기 위해 검색 트랜잭션을 하나를 포기해야 하는 상황이라면 그렇게 하는 편이 낫다는 뜻이다.

다음 다이어그램은 여러 요구 사항이 혼재돼 비즈니스 기능 조정을 흐트러뜨리는 예다. 이런 경우에는 **검색** 서비스를 **예약** 서비스로부터 분리하는 편이 더 낫다. **검색** 기능을 없앴다고 가정해보자. **예약** 마이크로서비스에는 **목록** 기능과 **예약** 기능만 남아 있는 것이다. 이제 **검색** 기능은 목록을 검색하기 위해 **예약** 모듈과 상호작용해야 한다. 이는 예약 트랜잭션에 영향을 미칠 수 있다.

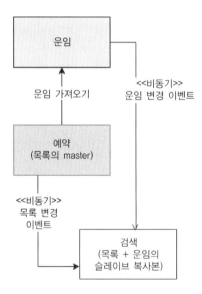

더 나은 방법은 앞의 그림처럼 예약 모듈에 목록을 유지하면서 검색 기능 하위에 목록의 읽기 전용 복사본을 두는 것이다. 물론 신뢰할 수 있는 메시징 시스템을 통해 목록 데이터를 지속적으로 동기화해줘야 한다. 목록 기능과 예약 기능이 함께 작동하는 덕에 2단계 커밋 문제도 해결됐다. 두 기능 모두 로컬에서 작동하기 때문에 로컬 트랜잭션으로도 잘 작동한다.

이제 운임 모듈 설계를 해보자. 고객이 특정한 날짜에 A와 B 사이의 비행을 검색할 때 비행 스케줄과 운임을 함께 보여주려고 한다. 이는 읽기 전용 목록이 목록뿐만 아니라 운임과도 결합돼야 함을 뜻한다. 그렇게 되면 검색이 운임 모듈을 구독하며 운임 변경 이벤트를 인지할 것이다. 운임 정보는 운임 서비스 내부에 남아 있는 상태에서 검색 기능의 운임 캐시 데이터를 지속적으로 업데이트해주는 것이다.

개선된 최종 의존 관계 그래프

동기적 호출이 몇 개 남아있긴 하지만, 일단 그대로 남겨두자. 앞에서 다룬 모든 사항을 적용한 후의 의존 관계 그래프는 다음과 같다.

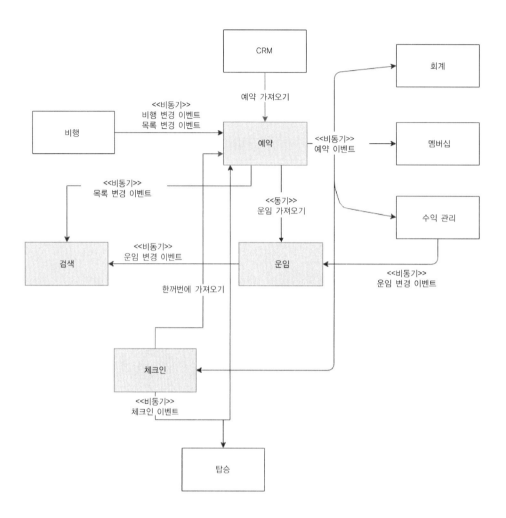

이제 위 다이어그램에서 보이는 각각의 박스를 하나의 독립적인 마이크로서비스로 생각할 수 있다. 의존성을 많이 없애고 비동기적 모델로 바꿨다. 전반적인 시스템을 어느 정도 리액티브 스타일로 설계한 것이다. 다이어그램에서 굵은 선으로 보이는 체크인의 한꺼번에 가져오기 기능이나 CRM의 **예약 가져오기** 기능, 예약의 **운임 가져오기** 기능 등의 동기 호출이 아직 남아 있긴 하다. 트레이드오프 분석에 의하면 이 동기 호출은 기본적으로 필요한 것들이다.

마이그레이션을 위한 마이크로서비스 우선순위 지정

지금까지는 마이크로서비스 아키텍처로 가기 위한 초기 설계를 해봤다. 다음 단계로 는 우선순위를 분석하고 마이그레이션 순서를 지정해야 한다. 그러기 위해서는 다음 과 같은 몇 가지 요소를 고려해야 한다.

- **의존 관계** 의존 관계 그래프는 우선순위를 결정하는 데 도움이 될 수 있는 요소 중 하나다. 의존 관계가 전혀 없거나 거의 없는 서비스는 마이그레이션 이 쉬운 반면, 복잡한 의존 관계를 갖는 서비스는 어렵다. 의존 관계가 복잡한 서비스는 의존하는 모듈들도 함께 마이그레이션돼야 한다. 회계, 멤버십, CRM, 탑승과 같은 모듈은 예약이나 체크인 같은 모듈에 비해 의존성이 적다. 높은 의존성을 가진 모듈은 마이그레이션할 때 위험성이 더 높아진다.

- **트랜잭션 크기** 트랜잭션 크기를 분석하는 것도 도움이 된다. 트랜잭션 크기가 큰 서비스를 마이그레이션하는 것은 현재 시스템의 로드를 줄여 준다. 이는 IT 지원, 유지 보수 관점에서 봤을 때 큰 가치가 있다. 그러나 위험 부담이 크다는 단점도 있다. 앞에서 언급한 것처럼 검색 요청은 예약 요청에 비해 10배 정도 더 많다. 체크인 트랜잭션의 크기는 검색과 예약 다음인 세 번째로 많다.

- **리소스 이용률** 리소스 이용률은 CPU, 메모리, 커넥션 풀, 스레드 풀 등의 이용률을 기반으로 측정된다. 리소스를 많이 사용하는 서비스를 마이그레이 션하면 남은 서비스들의 기능이 더 잘 작동할 수 있다. 비행, 수익 관리, 회계 기능은 리소스를 많이 사용하는 서비스다. 예측, 결제, 비행 스케줄 변경 등에 서 데이터 트랜잭션이 많이 일어나기 때문이다.

- **복잡도** 복잡도는 비즈니스 로직과 관련된 서비스의 수, 테이블 수, 코드 등으 로 측정할 수 있다. 덜 복잡한 모듈은 복잡한 모듈에 비해 마이그레이션하기 가 훨씬 쉽다. 예약 서비스는 탑승, 검색, 체크인 서비스에 비해 무척 복잡하다.

- **사업 중요도** 사업 중요도는 수익이나 고객의 경험에 기반을 두고 결정된다.

중요도가 높은 모듈일수록 더 높은 사업적 가치를 가진다. 예약 기능은 사업적 관점에서 수익을 가장 많이 창출하는 서비스이긴 하지만, 체크인 기능 역시 출발 시간 지연으로 연결돼 수익 감소나 고객 불만을 야기할 수 있기 때문에 사업적으로 중요하다.

- **변경 속도** 변경 속도는 짧은 시간 동안 해당 기능에 대해 얼마나 많은 변경 요구가 있는지를 의미한다. 이를 변경 및 배포 속도와 민첩성으로 해석할 수도 있다. 변경 요구가 잦은 모듈은 안정적인 모듈에 비해 더 좋은 마이그레이션 후보다. 통계를 보면 검색, 예약, 운임 서비스에 잦은 변경이 있었던 반면, 체크인 서비스는 가장 안정적이었다.

- **혁신** 파괴적 혁신 프로세스를 거치는 기능은 안정적인 비즈니스 프로세스에 기반을 둔 백 오피스 기능에 비해 더 높은 우선순위를 가진다. 레거시 시스템에서 혁신을 이뤄내는 것은 마이크로서비스에서의 혁신을 이뤄내는 것보다 어렵다. 대부분의 혁신적인 개선 사항은 백 오피스의 회계 모듈보다는 검색, 예약, 운임, 수입 관리, 체크인 같은 모델에서 많이 찾을 수 있다.

브라운필드의 분석에 따르면 검색 기능은 혁신이 필요하고 변경 속도가 빠르며, 사업 중요도가 상대적으로 낮고 사업 부문과 IT 부문 모두에게 긍정적 영향을 미칠 수 있기 때문에 우선순위가 가장 높다. 검색은 레거시 시스템과 데이터를 동기화할 필요가 없기 때문에 의존성도 매우 낮다.

마이그레이션 중의 데이터 동기화

전환 단계 동안 레거시 시스템과 새로운 마이크로서비스는 병렬적으로 운영된다. 따라서 둘 간의 데이터를 동기화하는 것이 중요하다.

가장 간단한 방법은 데이터 동기화 도구를 이용해 데이터베이스 수준에서 동기화를 하는 것이다. 사실 이 방법은 두 시스템이 같은 데이터 저장 기술을 사용할 때 유용한 방법이다. 사용하는 기술이 다르다면 문제가 복잡해진다. 또한 마이크로서비스의 내부 데이터 저장소를 외부에 노출시키게 되는 문제도 있다. 이는 마이크로서비스 원칙에 어긋난다.

일반적인 해법을 도출하기 전에 검색 기능을 자세히 살펴보자. 다음 다이어그램은 검색 요청이 들어왔을 때의 데이터 마이그레이션 및 동기화 모습을 보여준다.

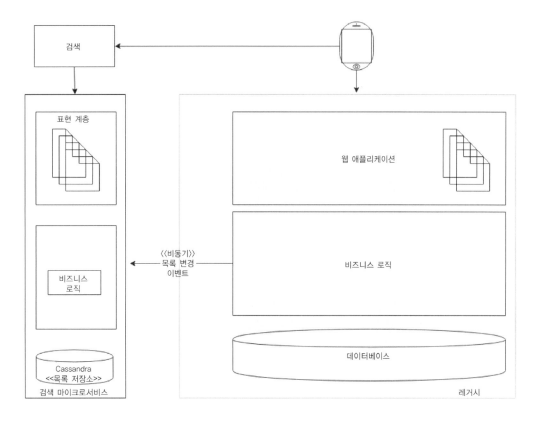

검색을 위한 목록과 운임 데이터를 저장하기 위해 NoSQL 데이터베이스를 이용한다고 가정해보자. 레거시 시스템이 비동기 이벤트로 새로운 서비스에 데이터를 제공하게 만들기만 하면 된다. 현재의 시스템이 운임 변경이나 목록 변경을 이벤트로 전송하게 바꿔주면 되는 것이다. 그렇게 하면 **검색** 서비스가 이벤트를 받아 로컬 NoSQL 저장소에 저장할 것이다.

예약 서비스와 같이 복잡한 서비스에서는 이 과정이 따분하고 반복적일 수 있다.

새 예약 마이크로서비스는 검색 서비스에 목록 변경 이벤트를 보낸다. 거기에 레거시 애플리케이션도 검색 서비스에 운임 변경 이벤트를 보내야 한다. 그래야만 다음 그림과 같이 예약 서비스가 MySQL에 정보를 저장한다.

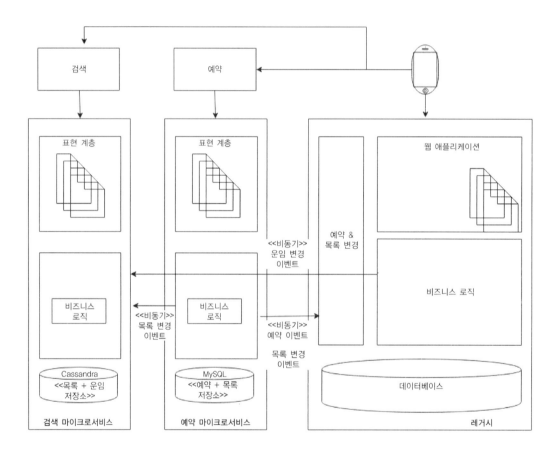

가장 복잡한 문제는 예약 서비스가 레거시 시스템에 예약 이벤트와 목록 이벤트를 보내야 한다는 데 있다. 이는 레거시 시스템의 기능이 전과 같이 동작하게 하기 위한 것이다. 이를 해결하는 간단한 방법으로는 이벤트를 받아 이전의 예약 기록을 업데이트하는 업데이트 컴포넌트를 새로 만들어 다른 레거시 모듈을 변경하지 않아도 되게 하는 것이다. 예약, 목록 데이터를 어떤 레거시 컴포넌트도 참조하지 않을 때까지 이런 방식으로 문제를 풀어갈 것이다. 이렇게 함으로써 레거시 시스템의 변경을 최소화하고 실패 위험을 줄일 수 있다.

요약하면 단 하나의 접근 방식으로는 문제를 풀어가기에 충분하지 않기 때문에 상황에 맞는 여러 가지 방법으로 마이그레이션을 진행해야 한다.

참조 데이터 관리

일체형 애플리케이션을 마이크로서비스로 이전하는 과정에서 맞닥뜨리는 가장 큰 문제는 참조 데이터를 관리하는 것이다. 다음 다이어그램과 같이 참조 데이터를 그 자체로 하나의 마이크로서비스로 만드는 것도 간단한 방법이다.

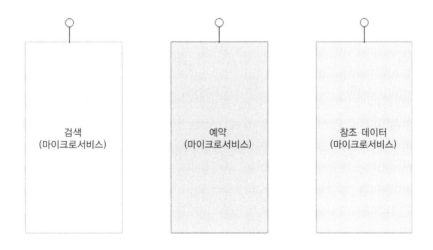

이런 경우에 참조 데이터를 필요로 하는 무엇이든 마이크로서비스 종단점을 통해 접근해야 한다. 이렇게 하면 괜찮은 구조화된 방법이긴 하지만, 기존 레거시 시스템이 겪었던 성능 문제가 또다시 발생할 수 있다.

또 다른 방법으로는 모든 관리자와 CRUD 기능을 위한 참조 데이터 마이크로서비스를 만드는 것이다. 이렇게 하면 각 서비스에 대해 캐시가 생성될 것이고, 참조 데이터에 접근하는 프록시 라이브러리가 각 서비스에 적용될 것이다. 참조 데이터 접근 프록시는 데이터가 캐시에서 온 것인지, 원격 서비스에서 온 것인지 추상화해준다.

다음 다이어그램을 살펴보자. 마스터 노드가 실제 참조 데이터 마이크로서비스다.

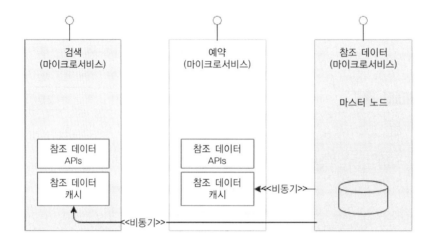

이때 발생하는 문제는 마스터와 슬레이브 간 데이터 동기화 문제다. 자주 변경되는 캐시 데이터에 대해 구독 메커니즘이 필요하다.

더 좋은 방법은 다음 그림과 같이 로컬 캐시를 인메모리 데이터 그리드[in-memory data grid]로 교체하는 방법이다.

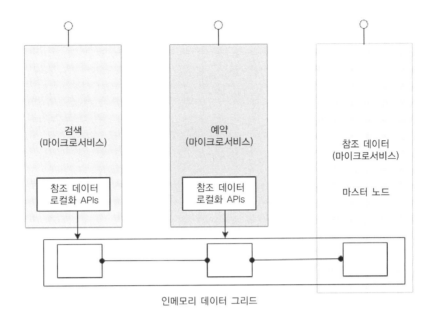

인메모리 데이터 그리드

위의 다이어그램과 같이 참조 데이터 마이크로서비스는 데이터 그리드에 데이터를 쓰고, 프록시 라이브러리는 읽기 전용 API를 통해 접근한다. 데이터 구독 형태를 없앤 덕분에 훨씬 효율적이고 일관성 있는 데이터를 유지할 수 있게 됐다.

사용자 인터페이스와 웹 애플리케이션

전이transition 단계에서는 이전 UI와 새로운 UI 모두를 유지해야 한다. 일반적으로 이 시나리오에서 사용하는 방법은 3가지가 있다.

첫 번째 방법은 이전 UI와 새로운 UI 사이에 연결 고리 없이 분리된 사용자 애플리케이션으로 만드는 방법이다. 다음 다이어그램에 묘사돼 있다.

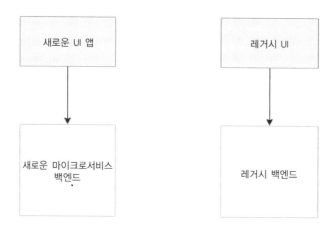

사용자는 이전 애플리케이션에 로그인함과 동시에 새로운 애플리케이션에도 로그인한다. 둘 사이에는 **통합 인증**^{SSO, Single Sign-On}이 없고, 둘은 서로 다른 애플리케이션처럼 동작한다. 이 방법은 간단하고 추가 부담도 없지만, 대부분의 경우 이 방식은 두 개의 서로 다른 사용자 커뮤니티를 대상으로 하는 비즈니스가 아닌 한 받아들여지지 않을 것이다.

두 번째 방법은 레거시 UI를 주 애플리케이션으로 사용하고 사용자가 새로운 애플리케이션의 페이지를 요청하면 새로운 UI로 페이지 이동시켜주는 것이다.

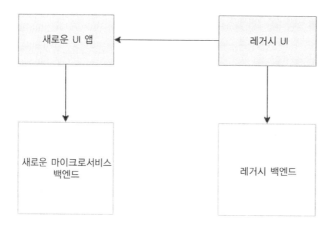

306

이 경우에는 이전 애플리케이션과 새 애플리케이션이 웹 브라우저에서 돌아가는 웹 기반 애플리케이션이기 때문에 사용자 입장에서는 사용에 끊김을 느끼지 못할 것이다. 이전 UI와 새 UI 간에는 SSO가 구현돼 있어야 한다.

세 번째 방법은 레거시 UI를 새로운 마이크로서비스 백엔드에 바로 통합시키는 방법이다. 다음 다이어그램을 살펴보자.

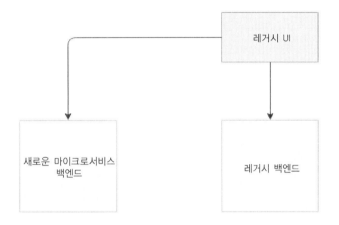

이 경우에는 새로운 마이크로서비스가 표현 계층 없이 화면 없는 애플리케이션으로 구성돼 있다. 이전 UI에 서비스 호출을 도입하고 데이터 모델을 변경하는 등의 변화가 필요한 만큼 꽤 까다로울 수 있다.

두 번째와 세 번째 방법에서의 또 다른 문제는 서비스와 리소스의 인증을 어떻게 할 것인지에 대한 것이다.

세션 관리 및 보안

새로운 서비스가 토큰 기반의 권한 부여 전략과 함께 스프링 시큐리티로 구현돼 있고, 기존 애플리케이션은 로컬 ID 저장소와 함께 자체 구현한 인증 방식을 사용한다고 해보자.

다음 다이어그램은 기존 서비스와 새로운 서비스를 어떻게 통합할 것인지 보여준다.

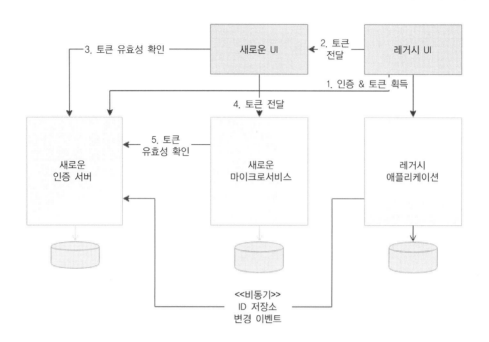

위와 같이 가장 간단한 방법은 인증 서비스를 스프링 시큐리티를 이용해서 마이크로 서비스로 만들고 새로운 ID 저장소를 구축하는 것이다. 이는 우리의 모든 리소스와 모든 마이크로서비스, 서비스 보호 장치에 이용될 것이다.

기존 UI 애플리케이션은 새로운 인증 서비스에 대해 자체 인증하고 토큰을 확보한다. 이 토큰은 새로운 UI 혹은 새로운 마이크로서비스에 전달된다. 두 경우 모두 UI 또는 마이크로서비스가 토큰 유효성을 확인하기 위해 인증 서비스에 요청을 보낼 것이다. 토큰이 유효하다면 UI 또는 마이크로서비스가 호출을 받아들인다.

여기서 주목해야 할 점은 레거시 ID 저장소가 새로운 ID 저장소와 동기화돼야 한다는 것이다.

테스트 전략

마이그레이션 전과 비교했을 때 모든 기능이 전과 비슷하게 작동한다는 것을 어떻게 보장할 수 있는가는 테스트의 관점에서 중요한 질문이다.

통합 테스트 케이스는 마이그레이션이나 리팩토링 전에 마이그레이션될 서비스에 대해 작성돼야 한다. 그렇게 해야 마이그레이션된 후에 같은 결과를 받고 시스템의 동작이 같다는 것을 보장할 수 있다. 자동 회귀 테스트 패키지도 있어야 한다. 그래서 새로운 시스템이나 오래된 시스템을 변경할 때마다 실행되게 해야 한다.

다음 다이어그램에서는 각 서비스마다 EJB 종단점에 대한 하나의 테스트가 있어야 하고, 마이크로서비스 종단점에 대한 또 하나의 테스트가 필요함을 보여준다.

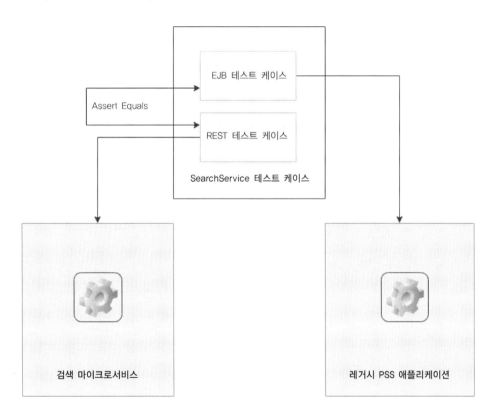

생태계 역량 구축

실제 마이그레이션을 시작하기 전에 기존의 모든 비즈니스 범위를 3장에서 다뤘던 마이크로서비스 역량 모델에 따라 정리해야 한다. 이 작업은 마이크로서비스 시스템 개발의 선행 조건이다.

더불어 참조 데이터, 보안과 통합 인증, 고객 기능과 알림 기능 등의 애플리케이션 기능에 대한 정리도 필요하다. 데이터 웨어하우스나 데이터 호수 또한 미리 결정해야 한다.

 효과적인 접근 방법은 이러한 기능들이 실제로 필요할 때까지 개발을 미루면서 점진적으로 구축해나가는 것이다.

모듈 마이그레이션은 필요할 때만

지금까지 일체형 애플리케이션을 마이크로서비스로 이전하는 방법을 살펴봤다. 모든 모듈을 마이크로서비스 구조로 옮길 필요는 없다는 것을 이해하는 것이 중요하다. 마이그레이션에는 비용이 들기 때문에 필요하지 않는 한 할 필요가 없다.

실제로 마이그레이션이 필요 없는 사례를 보자. 브라운필드 항공은 PSS 수익 관리 기능을 대체할 외부 수익 관리 시스템을 벌써 사용하기로 했다. 또한 회계 기능을 중앙 집중 형태로 바꾸고 있어서 마이그레이션을 할 필요가 없다. 이러한 시점에서는 CRM 기능을 마이그레이션하는 것도 크게 의미가 없기에 CRM 기능은 레거시 시스템의 것을 그대로 사용하기로 결정했다. 장기적으로는 SaaS 기반의 CRM 솔루션으로 옮길 클라우드 전략도 세웠다. 마이그레이션을 진행하는 중간에 중단하게 되면 시스템 복잡도에 심각한 영향을 미칠 수 있다는 것도 유의해야 한다.

마이크로서비스의 내부 계층 구조

이번 절에서는 마이크로서비스의 내부 구조를 좀 더 자세히 살펴본다. 내부 구조에 관해서는 특별히 따라야 할 표준이 없다. 구체적인 구현을 간단한 서비스 종단점 뒤로 숨겨 추상화한다는 경험적 법칙이 있을 뿐이다.

전형적인 구조는 다음과 같다.

UI는 서비스 게이트웨이를 통해 REST 서비스에 접근한다. API 게이트웨이는 마이크로서비스당 한 개, 혹은 API 게이트웨이를 통해 무엇을 하려는지에 따라 여러 개의

마이크로서비스당 한 개를 둘 수 있다. 마이크로서비스에 의해 노출되는 REST 종단점
역시 한 개 이상이 될 수 있다. 그리고 이 종단점은 서비스 내부의 비즈니스 컴포넌트
중 하나와 연결된다. 그러면 비즈니스 컴포넌트는 도메인 엔티티의 도움을 받아 모든
비즈니스 기능을 실행한다. 리파지토리 컴포넌트는 뒷단의 데이터 스토어와 상호작용
하는 데 이용된다.

마이크로서비스 오케스트레이션

예약을 조율^{orchestration}하는 로직과 예약 규칙의 실행은 예약 서비스 내에서 이뤄진다.
예약에 관한 핵심은 하나 또는 그 이상의 예약 관련 컴포넌트의 형태로 예약 서비스
내에 존재한다. 내부적으로 비즈니스 컴포넌트는 다른 비즈니스 컴포넌트나 외부 서
비스에 의해 노출된 private API를 조율해서 상호작용한다.

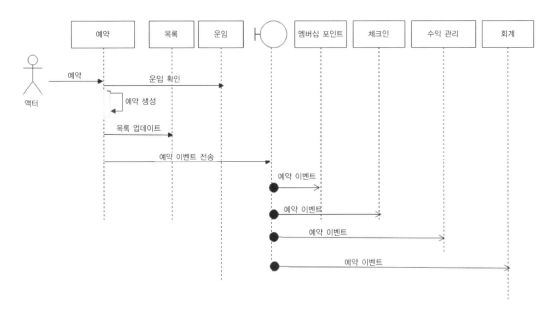

앞의 그림에서처럼 예약 서비스는 목록을 업데이트하기 위해 운임 서비스를 호출하는
대신 내부 컴포넌트를 호출한다.

312

이 과정을 위해 별도의 오케스트레이션 엔진이 필요할까? 그 답은 요구 사항에 따라 다르다. 복잡한 시나리오에서는 여러 가지 일을 병렬적으로 해야 한다. 예를 들어 예약을 생성하며, 내부적으로 여러 개의 예약 규칙을 적용하고, 운임을 확인하고, 최종 생성하기 전에 남은 좌석을 확인해야 한다. 이런 일들을 병렬적으로 실행하려면 자바 동시성 API나 리액티브 자바 라이브러리를 사용하면 된다.

 훨씬 복잡한 상황에서는 스프링 인티그레이션(Spring Integration)이나 임베디드 모드의 아파치 카멜^{Camel} 같은 통합 프레임워크를 이용해 볼 수 있다.

다른 시스템과의 통합

마이크로서비스 세계에서는 비마이크로서비스 시스템과 통합하기 위해 API 게이트웨이나 신뢰할 만한 메시지 버스를 이용한다.

브라운필드 시스템에 PSS 외에도 예약 데이터를 필요로 하는 다른 시스템이 있다고 가정해보자. 안타깝게도 이 시스템은 예약 마이크로서비스가 발행하는 예약 이벤트를 구독할 수 없다. 이런 경우에는 EAI$^{Enterprise\ Application\ Integration}$ 솔루션을 적용해볼 수 있다. 이 솔루션은 예약 이벤트를 기다리고^{listen} 있다가 네이티브 어댑터를 이용해서 데이터베이스를 업데이트한다.

공유 라이브러리 관리

일부 비즈니스 로직은 한 개 이상의 마이크로서비스에서 사용된다. 예제에서는 검색 마이크로서비스와 예약 마이크로서비스가 목록 규칙$^{inventory\ rules}$을 공유한다. 이런 경우에 공유 라이브러리는 두 개의 마이크로서비스에 중복으로 존재한다.

예외 처리

여러 가지 예외 처리 방식을 살펴보기 위해 예약 시나리오를 보자. 다음과 같은 시퀀스 다이어그램에는 X 표시가 돼 있는 화살표가 3개 있다. 이 화살표는 해당 과정에서 예외가 발생할 수 있음을 의미한다.

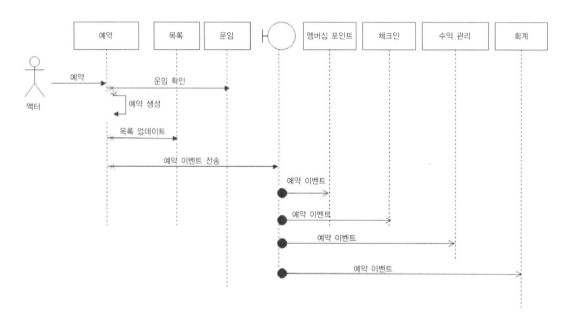

예약 서비스와 운임 서비스 간에는 동기 호출이 있다. 운임 모듈이 서비스 불가능할 경우에는 어떻게 될까? 사용자에게 에러를 그대로 던지면 수익 감소로 이어질 것이다. 요청의 일부로 들어오는 운임을 신뢰하는 방법도 있다. 검색을 하면 검색 결과가 운임 정보도 갖고 있을 것이기 때문이다. 즉, 사용자가 비행 스케줄을 선택하면 선택된 비행 스케줄의 운임 정보도 요청이 들어오고 있다. 그러면 운임 모듈이 서비스 불가능한 경우에 요청에 있는 운임 정보를 신뢰하고 예약을 진행하는 방법이 있다. 특별한 상태의 예약을 생성하고 재시도^{retry}나 수동 작업을 할 수 있게 큐에 쌓아두는 서킷 브레이커^{circuit breaker}와 폴백^{fallback} 서비스를 이용할 수도 있다.

예약 생성 자체가 예상치 못하게 실패하면 어떻게 해야 할까? 이 경우에는 사용자에게 실패 메시지를 노출하는 것이 더 나은 방법이다. 다른 방법이 없지는 않지만 이를 적용하면 시스템의 복잡도를 전반적으로 높일 수 있다. 목록 업데이트에 대해서도 마찬가지다.

예약을 생성하고 목록을 업데이트하는 것은 같은 로컬 트랜잭션 안에서 실행되게 하는 편이 좋다. 예약은 생성됐는데 목록이 업데이트되지 않는 경우가 없어야 하기 때문이다. 이는 두 컴포넌트가 같은 서브시스템 내에 있을 때 가능하다.

다음 그림에서 체크인 시나리오를 살펴보자. 체크인 서비스는 탑승과 예약 서비스에 이벤트를 보낸다.

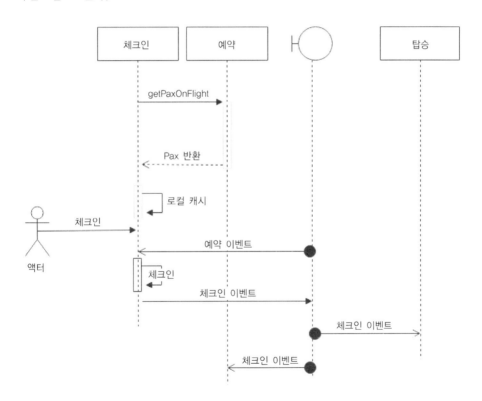

체크인이 완료됐다는 이벤트가 전송되자마자 체크인 서비스가 실패하는 시나리오를 생각해보자. 체크인 완료 이벤트를 받은 서비스는 체크인이 완료됐다고 가정하고 처리했는데, 실제 체크인은 롤백된 것이다. 이는 2단계 커밋을 적용하지 않았기 때문에 발생한 문제다. 이 문제를 해결하기 위해서는 이벤트를 되돌리는 메커니즘이 필요하다. 체크인 서비스 실패를 일으킨 예외를 잡아서 체크인 취소 이벤트를 전송하는 것이다.

위와 같은 오류 수정 트랜잭션의 사용을 최소화하기 위해 보통 체크인 이벤트 전송 로직을 체크인 트랜잭션의 가장 뒤에 놓는다. 이렇게 하면 이벤트가 전송된 후에 실패하는 경우를 줄일 수 있다.

체크인은 성공했는데 이벤트 전송이 실패하는 시나리오도 생각해볼 수 있다. 이 문제를 다루는 데는 두 가지 방법이 있다. 첫 번째 방법은 별도의 폴백 서비스로 로컬에 저장하고 이벤트를 나중에 재전송하는 또 다른 프로그램을 이용하는 것이다. 이 경우에는 재시도가 여러 번 될 수도 있다. 결과적으로 복잡도가 더 높아지고 효율성도 그리 좋지 않을 수 있는 것이다. 두 번째 방법은 사용자에게 예외를 던져서 다시 시도할 수 있게 유도하는 것이다. 이 방법은 고객 관점에서 약간 불편할 수 있지만, 시스템의 건전성 측면에서는 훨씬 더 나은 선택이다.

이처럼 트레이드오프 분석을 통해 주어진 상황에서 최선의 선택지를 찾아야 한다.

▌ 구현 목표

다음 그림은 브라운필드 마이크로서비스 시스템의 구현 모습이다.

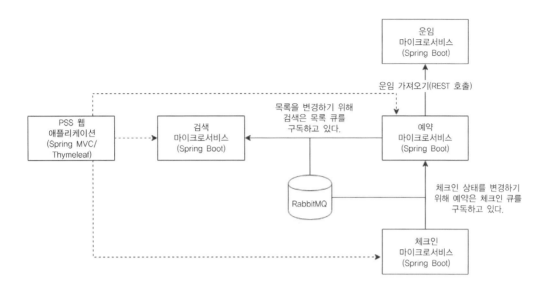

앞의 그림에서 볼 수 있듯이 4개(검색, 운임, 예약, 체크인)의 마이크로서비스를 구현하고 있다. 이 애플리케이션을 테스트하기 위해 타임리프^{Thymeleaf} 템플릿과 스프링 MVC로 개발된 웹사이트 애플리케이션도 있다. 비동기 메시징은 래빗엠큐^{RabbitMQ}를 이용해 구현했고, 기본으로 들어있는 H2 데이터베이스를 데모용 인메모리 저장소로 사용했다.

앞의 그림에서 나온 것처럼 예약으로부터 운임으로의 호출은 다음 코드와 같이 스프링 웹플럭스^{WebFlux}의 모노를 사용해서 원격의 운임 데이터를 리액티브하게 수집할 수 있다.

```
public void validateFareReactively(BookingRecord record){
    Mono<Fare> result = webClient.get()
        .uri("/fares/get?flightNumber="+record.getFlightNumber()
            +"&flightDate="+record.getFlightDate())
        .accept(MediaType.APPLICATION_JSON)
        .exchange().flatMap(response -> response.bodyToMono(Fare.class));
    result.subscribe(fare -> checkFare(record.getFare(),fare.getFare()));
}
```

프로젝트 구현

브라운필드 항공의 PSS 마이크로서비스는 다음 표에 나온 다섯 개의 핵심 프로젝트로 구현할 수 있다. 표에는 예약이 진행되는 동안 일관성을 유지할 수 있게 각 프로젝트가 사용하는 포트 범위도 나와 있다.

마이크로서비스	프로젝트	포트 범위
예약 마이크로서비스	chapter6.book	8060–8069
체크인 마이크로서비스	chapter6.checkin	8070–8079
운임 마이크로서비스	chapter6.fares	8080–8089
검색 마이크로서비스	chapter6.search	8090–8099
웹사이트	chapter6.website	8001

웹사이트는 PSS 마이크로서비스를 테스트하기 위한 UI 애플리케이션이다.

예제의 모든 마이크로서비스 프로젝트는 다음 화면과 똑같은 패키지 구조를 따른다.

각 패키지에 대한 설명은 다음과 같다.

- 루트 폴더(com.brownfield.pss.book)는 디폴트 스프링 부트 애플리케이션을 포함하고 있다.
- component 패키지는 비즈니스 로직이 구현된 모든 서비스 컴포넌트를 포함하고 있다.
- controller 패키지는 REST와 메시징 종단점을 포함하고 있다. 내부적으로 컨트롤러 클래스가 컴포넌트 클래스를 이용한다.
- entity 패키지는 데이터베이스 테이블과 맵핑된 JPA 엔티티 클래스를 포함하고 있다.
- repository 패키지에는 스프링 데이터 JPA에 기반을 둔 리파지토리 클래스가 들어있다.

프로젝트 실행 및 테스트

6장에서 구축한 마이크로서비스를 실행하고 테스트하기 위해 다음의 과정을 따라 해보자.

1. https://github.com/rajeshrv/Spring5Microservice/의 chapter6에 있는 chapter6.book, chapter6.checkin, chapter6.fares, chapter6.search, chapter6.website[1] 프로젝트를 다음과 같이 메이븐^{Maven}으로 빌드한다. test 플래그^{flag}가 꺼져있는지 확인한다. 테스트 프로그램이 의존하는 다른 서비스는 이미

---

1. chapter6.book/src/main/java/com/brownfield/pss/book/component/BookingComponent.java 파일을 다음과 같이 수정한다. - 옮긴이

```
//BookingRecord record = bookingRepository.findById(new Long(bookingId)).get();
//record.setStatus(status);
bookingRepository.findById(new Long(bookingId))
    .ifPresent(r -> r.setStatus(status));
```

실행돼 운영 중이라고 가정한다. 의존하는 다른 서비스가 죽어있으면 테스트는 실패한다.

```
mvn -Dmaven.test.skip=true install
```

2. 다음과 같이 래빗엠큐 서버를 실행한다.

```
rabbitmq_server-3.5.6/sbin$ ./rabbitmq-server
```

3. 다음의 명령을 각각 별개의 터미널 창에서 실행한다.[2]

```
java -jar target/fares-1.0.jar
java -jar target/search-1.0.jar
java -jar target/checkin-1.0.jar
java -jar target/book-1.0.jar
java -jar target/website-1.0.jar
```

4. website 프로젝트는 시작할 때 모든 테스트 케이스를 실행하는 커맨드라인러너^{CommandLineRunner}로 구성돼 있다. 모든 서비스가 성공적으로 시작되면 브라우저에서 http://localhost:8001을 띄운다.

```
http://localhost:8001
```

5. 기본 인증$^{Basic\ Authentication}$이 활성화돼 있으면 브라우저가 기본적인 보안 자격을 물을 것이다. 사용자 이름에 guest를 입력하고 비밀번호에 guest123을 입력한 후 로그인을 클릭한다. 이 예제는 기본 인증 메커니즘으로 구성돼 있

---

2. java 9으로 실행할 때는 실행 옵션으로 --add-modules java.xml.bind를 모두 추가해줘야 한다. – 옮긴이
  예) java --add-modules java.xml.bind -jar target/fares-1.0.jar

다. 3장에서 설명했듯이 실제 상용 서비스 수준의 보안은 OAuth2를 이용해서 구현할 수 있다.

6. 올바른 보안 자격을 입력하면 다음과 같은 화면을 볼 수 있다. 이 화면이 브라운필드 PSS 애플리케이션의 홈 화면이다.

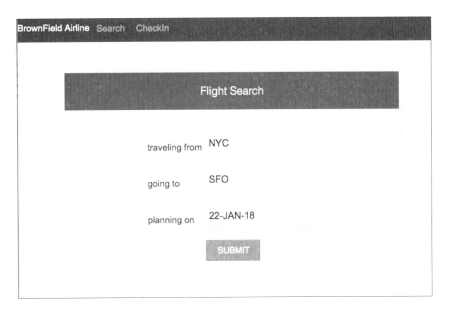

7. SUBMIT 버튼은 화면에 입력한 조건을 만족하는 비행 스케줄을 불러오는 검색 마이크로서비스를 호출한다. 일부 비행 스케줄은 검색 마이크로서비스가 시작될 때 미리 채워져 있다. 필요하다면 검색 서비스 코드를 수정해 추가적으로 비행 스케줄을 채울 수 있다. SUBMIT 버튼을 클릭한다.

8. 다음 화면은 비행 스케줄 목록을 보여주는 결과 화면이다. BOOK 링크가 선택한 비행 스케줄에 대한 예약 화면으로 이동시켜준다. 맨 위에 있는 2 BF101편의 가장 오른쪽에 있는 Book을 클릭한다.

9. 다음 화면은 예약 화면이다. 승객 상세 정보를 입력하고 CONFIRM 버튼을 눌러 예약을 할 수 있다. 이는 예약 마이크로서비스를 호출하고, 내부적으로 운임 서비스도 호출한다. 더불어 검색 마이크로서비스에 메시지도 보낸다. First Name과 Last Name을 적절히 입력하고 CONFIRM 버튼을 누른다.

BrownField Airline   Search   CheckIn

Selected Flight

BF101 NYC SFO 22-JAN-18 101

First Name   Rajesh

Last Name   RV

Gender   Male   ↕

CONFIRM

10. 성공적으로 예약되면 예약 번호를 확인할 수 있는 다음과 같은 화면이 나타난다.

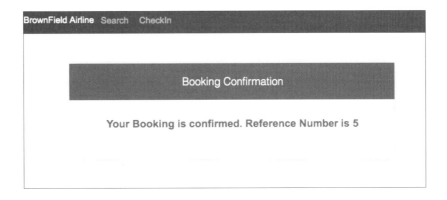

11. 이제 체크인 마이크로서비스를 테스트해보자. 화면 상단의 CheckIn 메뉴를 클릭하면 나오는 화면에 이전 단계에서 봤던 예약 번호를 입력한다.

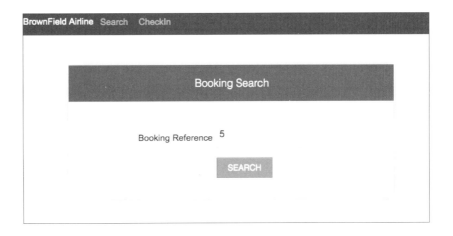

12. SEARCH를 누르면 예약 정보를 가져오기 위해 예약 마이크로서비스를 호출한다. 그리고 CheckIn 링크를 누르면 체크인이 된다. 이는 체크인 마이크로서비스를 호출한다.

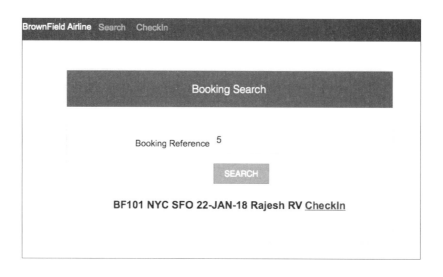

13. 체크인이 성공적으로 되면 다음과 같은 확인 메시지와 함께 확인 번호가 나온다. 내부적으로 체크인 서비스를 호출한 결과다. 체크인 서비스는 이제 체크인 상태를 변경하기 위해 예약 서비스에 메시지를 보낸다.

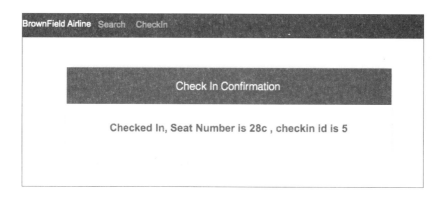

지금까지 스프링 부트를 활용해 브라운필드 PSS 마이크로서비스를 구현하고 테스트하는 과정을 모두 마쳤다.

▌ 심화 학습

이제 책의 절반을 마쳤다. 지금까지 스프링 부트를 사용해서 몇 가지 마이크로서비스를 만들어봤으며, 다음과 같은 목표를 완수했다.

- 마이크로서비스 아키텍처 기초 개념 이해
- 다양한 설계 선택의 적용 방식 및 트레이드오프 이해
- 복잡한 사용 사례를 만들 때 마주치는 난관 이해
- 스프링 부트를 사용해서 5가지 마이크로서비스를 구현하고, 스프링 부트의 기능 학습

예제로 만든 마이크로서비스 구현체는 쓸 만하며, 마이크로서비스 개발을 시작할 때 기초적인 주춧돌이 돼줄 수 있다. 여기서 한 걸음 더 나아가려면 기업 환경에서 마이크로서비스를 확장하는 방법을 익히는 것이 좋다.

 이 시점에서 택할 수 있는 두 가지 선택이 있는데, 도커(Docker) 같은 컨테이너를 쓰느냐 아니면 일반적인 스프링 부트 애플리케이션을 선택하느냐다.

이제부터 나올 책의 내용은 다음과 같이 두 가지 경로로 구성된다.

- 스프링 부트를 사용해서 마이크로서비스를 구현하고 독립 설치형 서비스로 실행해본다. 이 방식은 마이크로서비스의 확장 및 관리를 위한 스프링 클라우드와 잘 어울리며, 7장, 8장에서 설명한다.
- 메소스^{Mesos}와 마라톤^{Marathon} 같은 도구와 함께 컨테이너를 사용한다. 이 방식은 9장, 10장에서 설명한다.

두 가지 방식은 상호 배타적이고 겹치는 부분이 없다. 사실은 스프링 클라우드가 컨테이너와 함께 사용될 수 있지만, 둘을 함께 사용하면 배포 환경이 너무 복잡해진다.

▌ 정리

6장에서는 실무에서 마이크로서비스 구조를 어떻게 적용할 수 있는지 배웠다.

일체형 애플리케이션을 마이크로서비스로 진화시켜가는 실무 사례의 다양한 과정을 살펴봤고, 여러 가지 방법의 장단점과 마이그레이션할 때 마주칠 수 있는 문제들도 확인할 수 있었다. 마지막으로 우리가 살펴봤던 사례의 전 구간에 걸친 마이크로서비스 설계를 논의하고, 본격적인 마이크로서비스 구현과 설계의 유효성도 검증했다.

7장에서는 스프링 클라우드를 이용해 브라운필드의 PSS 마이크로서비스를 인터넷 환경으로 확장하는 방법을 살펴본다.

07

스프링 클라우드 컴포넌트를 활용한 마이크로서비스 확장

인터넷을 통해 들어오는 대규모의 다양한 요청을 처리할 수 있는 마이크로서비스를 관리하기 위해서는 스프링 부트 프레임워크가 제공하는 기능만으로는 충분하지 않다. 스프링 클라우드 프로젝트는 스프링 부트의 범위를 넘어서는 클라우드 환경에서 필요한 기능들을 쉽게 추가할 수 있는 맞춤형 컴포넌트 제품군을 포함하고 있다.

7장에서는 유레카^{Eureka}, 주울^{Zuul}, 리본^{Ribbon}, 스프링 컨피그^{Spring Config} 같은 스프링 클라우드의 다양한 컴포넌트들을 5장에서 다뤘던 마이크로서비스 역량 모델과 비교하면서 심도 있게 살펴본디. 책 앞부분에서 민들었던 브라운필드 힝공사의 PSS 마이크로서비스 시스템을 스프링 클라우드로 확장해보면서 스프링 클라우드가 어떤 식으로 도움을 주는지도 함께 알아본다.

7장에서 다루는 내용은 다음과 같다.

- 환경설정 외부화를 담당하는 스프링 컨피그 서버[Config Server]
- 서비스 등록 및 탐색[discovery][1]을 담당하는 유레카 서버
- 프록시 및 게이트웨이 역할을 담당하는 주울
- 마이크로서비스 자동 등록 및 서비스 탐색의 구현
- 비동기 리액티브 마이크로서비스 구성에 필요한 스프링 클라우드 메시징

▎ 스프링 클라우드란?

스프링 클라우드 프로젝트(https://github.com/spring-projects/spring-cloud)는 스프링 팀에서 만든 일종의 포괄적 상위 프로젝트로, 분산 시스템 개발에 필요한 공통적인 패턴들을 모아 사용하기 쉬운 스프링 라이브러리 형태로 구현해서 제공한다. 스프링 클라우드는 이름과 달리 클라우드 솔루션이 아니다. 스프링 클라우드는 12 요소 애플리케이션 원칙을 준수하면서 클라우드에 배포될 시스템을 개발할 때 필수적인 기능들을 제공한다. 스프링 클라우드를 사용하면 개발자들은 분산, 장애 대응, 자체 치유 기능을 스프링 클라우드에게 맡기고, 스프링 부트를 바탕으로 비즈니스 기능을 만드는 데만 집중할 수 있다.

스프링 클라우드 솔루션들은 배포 환경과 무관하게 사용될 수 있어서 일반 데스크톱 PC 환경과 탄력적인 클라우드 환경 모두에서 개발하고 배포할 수 있다. 스프링 클라우드로 개발된 클라우드용 솔루션은 클라우드 파운드리[Cloud Foundry], AWS, 허로쿠[Heroku] 등과 같은 다양한 클라우드 벤더의 제품에 종속적이지 않아서 여러 클라우드 서비스에 무리 없이 이관될 수 있다. 스프링 클라우드를 사용하지 않으면 결국 클라우드

---

1. 탐색(discovery): discovery를 발견이라고 번역할 수도 있으나 동작 방식이나 역할을 고려하면 탐색이 더 가까워 이 책에서는 탐색으로 옮긴다. – 옮긴이

벤더에서 제공하는 서비스를 사용하게 되고, 이는 특정 PaaS 벤더의 서비스와 높은 결합도를 형성하게 된다. 이를 피하려면 개발자가 직접 많은 양의 코드를 작성해야 한다. 스프링 클라우드는 단순하고 사용하기 쉬운 스프링 친화적인 API를 제공하는데, 이런 API는 AWS의 알림 서비스와 같은 특정 벤더의 서비스 API를 추상화한다.

스프링의 '설정에 우선하는 관례' 접근 방식으로 만들어진 스프링 클라우드는 모든 환경설정 내용이 기본 값으로 자동 구성돼 있기 때문에 개발자가 아주 금방 개발을 시작할 수 있게 도와준다. 스프링 클라우드는 복잡성을 숨기고 단순한 선언형 환경설정을 통해 시스템을 만들 수 있게 해준다. 적은 공간을 차지하는 스프링 클라우드 컴포넌트는 개발자 친화적이며, 클라우드용 애플리케이션을 쉽게 개발할 수 있게 해준다.

스프링 클라우드는 다양한 요구 사항을 만족시킬 수 있는 많은 옵션을 제공한다. 예를 들어 서비스 레지스트리는 유레카, 주키퍼^{ZooKeeper} 또는 컨설^{Consul} 같은 인기 있는 기술 중에 선택해서 구현할 수 있다. 스프링 클라우드 컴포넌트들은 서로 독립적이어서 개발자들은 필요한 컴포넌트들을 선택할 때 호환성에 대해 고민할 필요 없이 유연하게 선택할 수 있다.

 스프링 클라우드와 클라우드 파운드리의 차이점은 무엇인가? 스프링 클라우드는 인터넷을 통해 들어오는 대규모의 다양한 요청을 처리할 수 있는 스프링 부트 애플리케이션을 만드는 데 사용되는 개발자 키트(developer kit)라고 한다면 클라우드 파운드리는 애플리케이션의 개발, 배포, 확장을 위한 오픈소스 PaaS 플랫폼이라고 할 수 있다.

▌ 스프링 클라우드 출시 버전

스프링 클라우드 프로젝트는 다양한 컴포넌트의 조합을 포함하고 있는 대단히 중요한 프로젝트다. 컴포넌트들의 버전은 spring-cloud-starter-parent BOM에 지정돼 있다.

> 이 책에서는 Dalston SR1 버전의 스프링 클라우드를 사용한다. Dalston은 스프링 부트 2.0.0과 스프링 5를 지원하지 않는다. 2017년 말에 출시될 예정인 스프링 클라우드 Finchley[2]는 스프링 부트 2.0.0을 지원한다. 그래서 7장에서 사용되는 예제는 스프링 부트 1.5.9.RELEASE 버전을 사용해야 한다.

스프링 클라우드 Dalston을 사용하려면 다음과 같이 pom.xml에 의존 관계를 추가해야 한다.

```
<dependency>
    <groupId>org.springframework.cloud</groupId>
    <artifactId>spring-cloud-dependencies</artifactId>
    <version>Dalston.SR1</version>
    <type>pom</type>
    <scope>import</scope>
</dependency>
```

▌ 브라운필드 PSS 시스템 개발 환경설정

7장에서는 스프링 클라우드의 기능을 이용해서 6장에서 만들었던 프로젝트를 수정하고, 스프링 클라우드 컴포넌트를 사용해서 서비스를 엔터프라이즈 수준으로 업그레이드하는 방법을 알아본다.

개발 환경설정을 위해 STS에서 chapter6 폴더를 chapter7-config 폴더로 복사한 후에 예제에 사용될 chapter6.* 프로젝트를 STS에서 가져 온다.[3]

---

2. 스프링 클라우드 Finchley는 2018년 2월말 출시 예정(https://github.com/spring-cloud/spring-cloud-release/milestones)이다. - 옮긴이
3. 깃허브에 있는 chapter7 소스는 진도가 더 많이 나간 상태로 저장돼 있으므로, 7장의 예제는 chapter7의 파일을 사용하지 말고 반드시 chapter6의 소스를 가져와서 진행해야 한다. - 옮긴이

스프링 클라우드 컨피그

스프링 클라우드 컨피그^{Spring Cloud Config} 서버는 애플리케이션과 서비스의 모든 환경설정 속성 정보를 저장하고, 조회하고 관리할 수 있게 해주는 외부화된 환경설정 서버다. 스프링 컨피그는 환경설정 정보의 버전 관리 기능도 지원한다.

지금까지 책에서 다뤄왔던 스프링 부트 애플리케이션은 모든 환경설정 파라미터를 프로젝트에 함께 패키징되는 application.properties 파일이나 application.yml 파일에서 읽어왔다. 이렇게 하면 모든 환경설정 속성을 소스코드에서 빼내 한곳에 모을 수 있어서 좋다. 하지만 마이크로서비스가 어떤 환경에서 다른 환경으로 옮겨지게 되면 환경설정 속성 정보가 변경돼야 하며, 환경설정 파일이 애플리케이션에 함께 패키징돼 있으므로 애플리케이션 전체를 다시 빌드해야 한다. 이는 12 요소 애플리케이션의 원칙 중 하나인 환경설정 외부화 원칙을 위반하게 된다.

좀 더 나은 접근 방식은 3장에서 소개했던 프로파일 개념을 적용하는 것이다. 프로파일을 적용하면 다른 환경에 대해서는 다른 속성 값들이 적용되게 구분할 수 있다. 특정 프로파일에서만 작동하는 환경설정 파일은 application-{profile}.properties라는 이름 규약을 지켜야 한다. 예를 들어 application-development.properties 파일은 개발 환경에 특화된 환경설정 속성 정보를 담는다.

하지만 이 방식도 여전히 환경설정 정보가 정적으로 애플리케이션에 패키징된다는 약점이 있다. 환경설정 정보의 변경을 적용하려면 애플리케이션을 다시 빌드해야 한다.

환경설정 속성 정보를 애플리케이션 배포 패키지에서 분리해서 외부화하고 외부 소스에서 설정 정보를 읽어오는 방법은 여러 가지가 있다.

- JNDI 네임스페이스(java:comp/env)를 사용하는 외부의 JNDI 서버로 외부화
- 자바의 시스템 환경설정 정보(System.getProperties()) 또는 자바 애플리케이션 실행 시 -D 옵션을 이용한 외부화
- PropertySource 환경설정을 위한 외부화

```
@PropertySource("file:${CONF_DIR}/application.properties")
public class ApplicatoinConfig {
}
```

- 자바 애플리케이션 실행 시 환경설정 파일 위치 지정을 통한 외부화

```
java -jar myproject.jar --spring.config.location=<file location>
```

JNDI 연산은 비싸고 유연성이 부족해서 복제하기가 어려우며, 버전 관리도 안 된다. System.properties 방식은 대규모 배포에는 충분한 유연성을 보장하지 못한다. 나머지 두 가지 방식은 서버에 마운트돼 있는 로컬 또는 공유 파일 시스템에 의존하게 된다.

대규모 배포에서는 단순하지만 강력한 중앙 집중형 환경설정 정보 관리 솔루션이 필요하다.

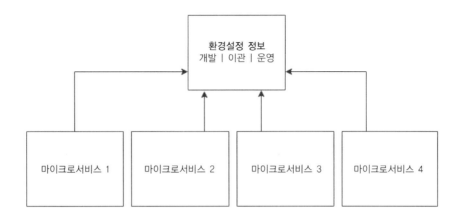

앞의 그림에서 볼 수 있는 것처럼 모든 마이크로서비스가 필요한 환경설정 파라미터를 읽기 위해 중앙에 있는 하나의 서버에 접근한다. 마이크로서비스는 성능 향상을 위해 중앙 서버에서 읽어온 환경설정 정보를 로컬에 캐시해둔다. 중앙의 환경설정 서버는 환경설정 정보가 변경되면 자신을 바라보는 모든 마이크로서비스에 변경 사항을 전파하고, 모든 마이크로서비스는 변경 사항을 로컬 캐시에 반영한다. 중앙의 환경설정 서버는 개발 환경별 프로파일 기능도 지원한다.

다음 그림에는 환경설정 서버를 만들 수 있게 스프링 클라우드 프로젝트에서 지원하는 여러 옵션으로 Config Server, ZooKeeper Configuration, Consul Configuration이 표시돼 있다. 7장에서는 스프링 컨피그 서버 구현만 다루기로 한다.

Cloud Config

☐ **Config Client**
spring-cloud-config Client

☐ **Config Server**
Central management for configuration via a git or svn backend

☐ **Zookeeper Configuration**
Configuration management with Zookeeper and spring-cloud-zookeeper-config

☐ **Consul Configuration**
Configuration management with Hashicorp Consul

스프링 컨피그 서버는 환경설정 정보를 깃[Git]이나 SVN 같은 버전 관리 도구에 저장한다. 깃 저장소는 로컬에 둘 수도 있고 원격에 둘 수도 있다. 대규모 분산 마이크로서비스 배포에서는 고가용성의 원격 깃 저장소를 사용하는 것이 좋다.

스프링 클라우드 컨피그 서버 아키텍처는 다음 그림과 같다.

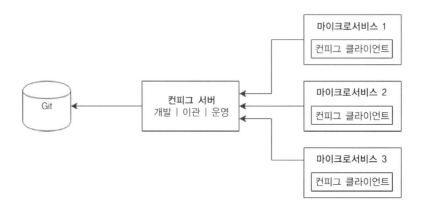

앞의 그림에서 볼 수 있는 것처럼 컨피그 클라이언트는 스프링 부트 마이크로서비스에 내장돼 단순한 선언적 방식으로 환경설정 정보를 중앙의 컨피그 서버에서 가져올 수 있으며, 가져온 정보를 로컬의 스프링 환경에 저장한다. 환경설정 정보는 일일 거래 한도, URL, 각종 인증 정보 등 애플리케이션 수준의 환경설정 정보가 포함될 수 있다.

스프링 부트와는 다르게 스프링 클라우드는 부트스트랩 컨텍스트를 이용한다. 부트스트랩 컨텍스트는 메인 애플리케이션의 부모 컨텍스트 역할을 담당하며, 컨피그 서버에서 환경설정 정보를 읽어오는 책임을 갖는다. 부트스트랩 컨텍스트는 초기 환경설정 정보를 bootstrap.yml 또는 bootstrap.properties 파일에서 읽어온다. 스프링 부트 애플리케이션에서는 application.* 파일을 bootstrap.* 파일로 이름을 바꾸면 된다.

컨피그 서버로 마이크로서비스 구축

다음에는 실제 시나리오에 따라 컨피그 서버를 사용하는 방법을 알아본다. 이를 위해 코드 저장소의 chapter7.search에 있는 검색 마이크로서비스를 컨피그 서버를 사용하게 수정한다. 다음 그림은 이 시나리오를 보여준다.

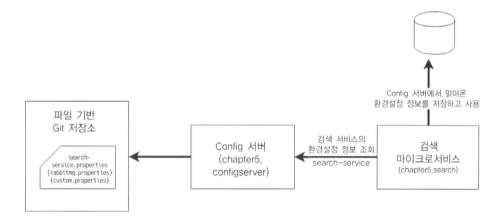

이번 예제에서는 검색 서비스가 시동될 때 컨피그 서버에 서비스 이름인 search-service를 전달하고 컨피그 서버에서 환경설정 정보를 조회한다. search-service를 위한 환경설정 정보는 래빗엠큐^{RabbitMQ} 속성 정보를 포함한다.

컨피그 서버 설정

STS에서 다음의 내용을 따라 하면서 새 컨피그 서버를 만든다.

1. File ❯ New ❯ Spring Starter Project를 실행하고 name: chapter7.configserver, Group Name은 com.brownfield.pss, Artifact: chapter7.configserver, Package: com.brownfield를 입력하고 프로젝트를 생성한다.

   선택 옵션에서 Config Server와 Actuator를 선택한다.

Dependencies:
▶ Frequently Used

    Type to search dependencies

▶ Cloud AWS
▶ Cloud Circuit Breaker
▶ Cloud Cluster
▼ Cloud Config
    ☐ Config Client   ☑ Config Server   ☐ Zookeeper Configuration   ☐ Consul Configuration
▶ Cloud Core
▶ Cloud Discovery
▶ Cloud Messaging
▶ Cloud Routing
▶ Cloud Tracing
▶ Core
▶ Data
▶ Database
▶ I/O
▶ Ops
▶ Social
▶ Template Engines
▶ Web

2. 깃 저장소를 구성한다. 예를 들면 https://github.com/spring-cloud-samples/ config-repo와 같은 원격 깃 기반의 환경설정 정보 저장소를 가리키게 하면 되는데, 이 링크는 스프링 클라우드 예제용 URL이며, 이번 예제에서는 위 링크가 아니라 별도로 만든 깃 저장소를 사용할 것이다.

3. 다른 방법으로 로컬 파일 시스템 기반의 깃 저장소를 사용할 수도 있다. 실제 운영 시나리오에서는 로컬이 아닌 외부에 있는 깃 저장소를 사용할 것을 권장한다. 이번 예제에서는 로컬 파일 시스템 기반의 깃 저장소를 사용한다.

4. 로컬 깃 저장소를 설정하기 위해 다음 명령을 실행한다.

```
$ cd $HOME
$ mkdir config-repo
$ cd config-repo
$ git init .
$ echo message : helloworld > application.properties
$ git add -A .
$ git commit -m "Added sample application.properties"
```

실행하면 로컬 파일 시스템에 깃 저장소가 생성된다. message라는 속성 값이 hellworld로 설정된 내용이 담겨있는 application.properties라는 이름의 파일이 깃 저장소 내에 생성된다.

> application.properties 파일은 예제에 사용할 목적으로 만들었으며, 앞으로 조금씩 변경할 것이다.

5. 이제 컨피그 서버가 앞에서 만든 깃 저장소를 사용하게 설정한다. 컨피그 서버 내의 application.properties 파일의 이름을 bootstrap.properties로 바꾼다.

6. bootstrap.properties 파일의 내용을 다음과 같이 변경한다.

```
server.port=8888
spring.cloud.config.server.git.uri=
    file://${user.home}/config-repo
```

> 8888 포트는 컨피그 서버가 사용하는 기본 포트이므로, 8888 포트를 명시하지 않아도 기본적으로 8888 포트에서 실행된다. 윈도우 환경에서는 URL의 맨 끝에 /를 추가해줘야 한다.

7. management.security.enabled=false를 추가해서 보안 검증을 비활성화한다.

8. 필수는 아니지만 자동으로 생성된 Application.java 파일이 들어있는 기본 패키지 이름을 com.brownfield에서 com.brownfield.configserver로 변경한다. 그다음에 Application.java에 @EnableConfigServer 애노테이션을 추가한다.

```
@EnableConfigServer
@SpringBootApplication
public class ConfigserverApplication {
```

9. 프로젝트에서 마우스 오른쪽 클릭하고 스프링 부트 애플리케이션으로 실행한다.

10. http://localhost:8888/env에 접속해서 서버가 구동 중인지 확인한다. 모든 것이 정상적으로 설정됐다면 환경설정 정보가 화면에 표시될 것이다. /env는 스프링 액추에이터용 종단점이다.

11. http://localhost:8888/application/default/master에 접속하면 앞의 단계에서 작업한 application.properties 파일의 내용을 다음과 같이 JSON 형식으로 볼 수 있다.

```
{
    "name": "application",
    "profiles": ["default"],
    "label": "master",
    "version": "6046fd2ff4fa09d3843767660d963866ffcc7d28",
    "propertySources": [{
        "name": "file:///Users/rvlabs
            /config-repo/application.properties",
        "source": {
            "message": "helloworld"
        }
    }]
}
```

컨피그 서버 URL의 이해

앞에서 환경설정 정보를 확인하기 위해 http://localhost:8888/application/default/master에 접속했었는데, 이 URL을 어떻게 해석해야 할까?

URL의 첫 번째 부분은 애플리케이션의 이름을 의미한다. 예제 애플리케이션의 이름은 application이었다. 애플리케이션 이름은 스프링 부트 애플리케이션의 bootstrap.properties 파일에 `spring.application.name` 속성으로 지정된 이름이다. 각 애플리케이션은 고유한 이름을 가져야 한다. 컨피그 서버는 컨피그 서버 저장소에서 이 이름에 맞는 환경설정 정보를 찾는다. 애플리케이션 이름은 종종 서비스 ID로 불리기도 한다. 애플리케이션의 이름이 **myapp**이라면 **myapp**에 대한 환경설정 정보는 환경설정 정보 저장소 내의 myapp.properties라는 파일 내에 작성돼야 한다.

URL의 두 번째 부분은 프로파일이다. 하나의 애플리케이션에 대한 환경설정 정보 파일에는 여러 개의 프로파일이 존재할 수 있다. 프로파일은 다양한 시나리오에 사용되는데, 대표적인 두 가지 사례로는 개발 환경을 Dev, Test, Stage, Prod로 나누는 방식과 서버 환경설정 정보를 Prmiary, Secondary 등으로 나누는 방식이다. 그중 전자는 동일한 애플리케이션의 서로 다른 환경을 의미하고, 후자는 애플리케이션이 배포될 서로 다른 서버를 의미한다.

프로파일 이름은 저장소에서 파일 이름을 매칭하는 데 사용되는 논리적인 이름이다. 기본 프로파일은 **default**다. 서로 다른 환경에 대한 환경설정 정보를 사용하려면 다음과 같이 서로 다른 이름의 환경설정 정보 파일을 작성해야 한다.

```
application-development.properties
application-production.properties
```

프로파일별 환경설정 정보 조회 URL은 다음과 같다.

```
http://localhost:8888/application/development
http://localhost:8888/application/production
```

URL의 마지막 부분은 레이블[label]인데, 기본 값은 **master**다. 레이블은 필수가 아닌 옵션 정보며, 깃의 브렌치 이름이 레이블로 사용된다.

정리하면 URL은 다음과 같은 패턴으로 구성된다.

```
http://localhost:8888/{name}/{profile}/{label}
```

프로파일이 없는 URL도 유효하다. 다음의 세 가지 URL은 모두 동일한 환경설정 정보 파일을 가리킨다.

```
http://localhost:8888/application/default
http://localhost:8888/application/master
http://localhost:8888/application/default/master
```

프로파일별로 서로 다른 깃 저장소를 지정하게 할 수도 있는데, 프로파일별로 서로 다른 저장소를 사용하는 운영 시스템에서는 의미가 있다.

클라이언트에서 컨피그 서버 접근

컨피그 서버를 구성해서 웹 브라우저를 통해 접근하는 방법을 알아봤다. 이번에는 검색 마이크로서비스가 컨피그 클라이언트로서 컨피그 서버에 접근하게 수정해본다.

검색 마이크로서비스가 application.properties 대신 컨피그 서버에서 환경설정 정보를 읽어오게 하는 절차는 다음과 같다.

1. 스프링 클라우드 컨피그에 대한 의존 관계를 pom.xml 파일에 추가한다. 스프링 액추에이터에 대한 의존 관계가 아직 없다면 함께 추가한다. 환경설정 정보를 새로 고침해서 보려면 액추에이터가 반드시 필요하다. 6장 예제에서 사용했던 webflux에 대한 의존 관계는 삭제하고 spring-boot-starter-web에 대한 의존 관계를 추가한다.

```xml
<dependency>
    <groupId>org.springframework.cloud</groupId>
    <artifactId>spring-cloud-starter-config</artifactId>
</dependency>

<dependency>
    <groupId>org.springframework.boot</groupId>
    <artifactId>spring-boot-starter-web</artifactId>
</dependency>
```

2. 예제에서 사용하고 있는 스프링 부트 검색 마이크로서비스는 책의 앞부분에서 만든 것을 수정하고 있으므로, 스프링 클라우드에 대한 의존 관계도 추가해야 한다. 프로젝트를 처음부터 새로 만드는 경우에 이번 단계는 필요하지 않다.

```xml
<dependencyManagement>
    <dependencies>
        <dependency>
            <groupId>org.springframework.cloud</groupId>
            <artifactId>spring-cloud-dependencies</artifactId>
            <version>Dalston.SR1</version>
            <type>pom</type>
            <scope>import</scope>
        </dependency>
    </dependencies>
</dependencyManagement>
```

3. 애플리케이션을 처음부터 새로 생성할 때는 스프링 스타터[starter] 라이브러리 선택 화면에서 다음 그림과 같이 Config Client와 Actuator를 선택한다.

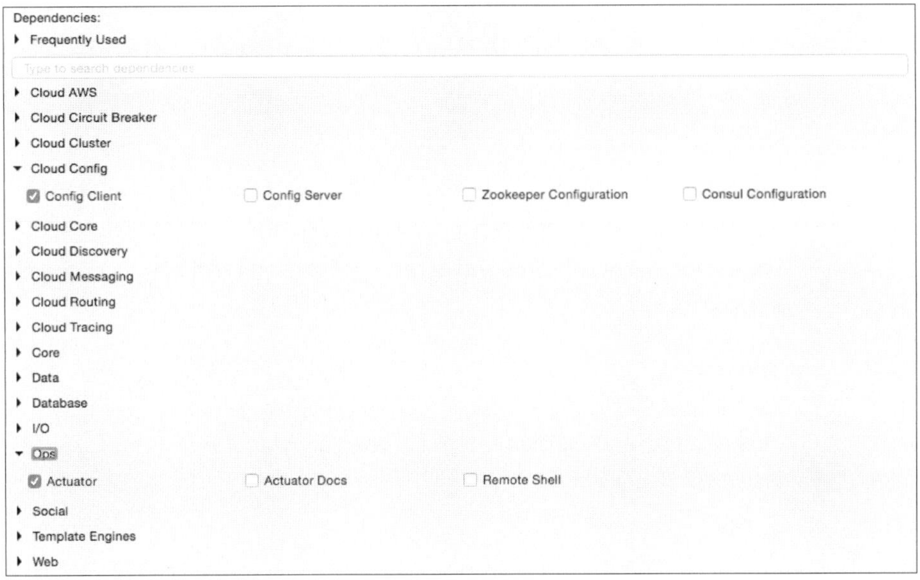

4. application.properties를 bootstrap.properties로 이름을 바꾸고, 애플리케이션 이름과 컨피그 서버 URL을 다음과 같이 지정한다. 컨피그 서버가 로컬 호스트의 8888에서 실행되면 컨피그 서버의 URL은 반드시 지정할 필요는 없다.

```
spring.application.name=search-service
spring.cloud.config.uri=http://localhost:8888
server.port=8090
spring.rabbitmq.host=localhost
spring.rabbitmq.port=5672
spring.rabbitmq.username=guest
spring.rabbitmq.password=guest
```

search-service는 검색 마이크로서비스의 논리적 이름이며, 서비스 ID로 취급된다. 컨피그 서버는 저장소에서 search-service.properties를 찾게 된다.

5. 깃 저장소의 config-repo 폴더 안에 search-service.properties 파일을 생성한다. **search-service**는 bootstrap.properties 파일에서 검색 마이크로 서비스의 서비스 ID로 지정된 이름임에 주목한다. 서비스에 필요한 환경설정 정보를 bootstrap.properties 파일로부터 새로 만든 search-service.properties 파일로 옮긴다. 다음의 환경설정 정보는 bootstrap.properties에서 삭제되고 search-service.properties에 추가된다.

```
spring.rabbitmq.host=localhost
spring.rabbitmq.port=5672
spring.rabbitmq.username=guest
spring.rabbitmq.password=guest
```

6. 중앙 집중화된 환경설정 정보의 변경이 잘 전파되는지 확인하기 위해 search-service.properties 파일에 애플리케이션에서 사용될 환경설정 정보를 추가해 보자. **originairports.shutdown** 속성은 검색할 때 결과에 포함되지 않아야 할 공항을 의미한다. **originairports.shutdown**에 지정된 공항에서 출발하는 항공편은 사용자의 검색 결과에 포함되지 않는다.

```
originairports.shutdown=SEA
```

SEA를 출발지로 검색하면 아무런 항공편도 나오지 않을 것이다.

7. 다음의 명령을 실행해서 새로 만든 환경설정 정보 파일을 깃 저장소에 커밋 ^{commit}한다.

```
git add -A .
git commit -m "adding new configuration"
```

지금까지 작업한 search-service.properties 파일의 내용은 다음과 같다.

```
spring.rabbitmq.host=localhost
spring.rabbitmq.port=5672
spring.rabbitmq.username=guest
spring.rabbitmq.password=guest
originairports.shutdown=SEA
```

chapter7.search 프로젝트의 bootstrap.properties 파일 내용은 다음과 같다.

```
spring.application.name=search-service
server.port=8090
spring.cloud.config.uri=http://localhost:8888
```

8. 검색 마이크로서비스에 originairports.shutdown 속성을 사용하는 코드를 추가한다. 환경설정 사항이 변경됐을 때 새로운 값을 자동으로 가져 오려면 @RefreshScope 애노테이션이 클래스에 추가돼야 한다. 예제에서는 Search RestController 클래스에 @RefreshScope 애노테이션을 추가한다.

```
@RefreshScope
```

9. originairports.shutdown에 지정된 값을 읽어서 담아두는 코드를 추가한다. search-service.properties 파일의 속성 이름은 다음과 같이 @Value 애노테이션 내의 값과 일치해야 한다.

```
@Value("${originairports.shutdown}")
private String originAirportShutdownList;
```

10. 이 속성을 사용하는 애플리케이션 코드를 추가한다. search 메소드를 다음과 같이 수정한다.

```
@RequestMapping(value="/get", method = RequestMethod.POST)
List<Flight> search(@RequestBody SearchQuery query){
    logger.info("Input : "+ query);
    if(Arrays.asList(originAirportShutdownList.split(",")))
            .contains(query.getOrigin())) {
        logger.info("The origin airport is in shutdown state");
        return new ArrayList<Flight>();
    }
    return searchComponent.search(query);
}
```

search 메소드는 검색하려는 출발지 공항이 originAirportsShutdownList
에 포함돼 있으면 실제 검색을 수행하지 않고 비어있는 항공편 리스트를 반환
한다.

11. 컨피그 서버를 먼저 실행하고, 검색 마이크로서비스도 실행한다.[4] 래빗엠큐
    서버는 먼저 실행되고 있어야 한다.

12. chapter7.website 프로젝트가 컨피그 서버를 사용할 수 있게 bootstrap.
    properties를 다음과 같이 수정한다.

```
spring.application.name=test-client
server.port=8001
spring.cloud.config.uri=http://localhost:8888
```

---

4. 검색 마이크로서비스의 Application.java 파일의 flightRepository.saveAll(flights);를 flightRepository.
   save(flights)로 수정한다. - 옮긴이

13. chapter7.website 프로젝트의 Application.java에 있는 `CommandLineRunner`의 run 메소드를 다음과 같이 SEA 공항 정보를 포함해 검색하게 수정한다.[5]

```
SearchQuery searchQuery = new SearchQuery("SEA", "SFO", "22-JAN-16");
```

14. chapter7.website 프로젝트를 실행하면 `CommandLineRunner`가 비어있는 리스트를 반환하고, 다음의 메시지가 서버에 출력된다.

```
The origin airport is in shutdown state
```

환경설정 정보 변경 전파 및 반영

/refresh 종단점은 로컬에 캐시된 설정 정보를 컨피그 서버에서 가져온 값으로 갱신한다.

검색 마이크로서비스의 환경설정 정보를 최신화하려면 검색 마이크로서비스의 /refresh 종단점을 호출해야 한다. /refresh는 액추에이터의 새로 고침 기능을 담당하는 종단점이다. 다음 명령은 /refresh 종단점에 아무 내용 없는 POST 요청을 보낸다.[6]

```
curl -d {} localhost:8090/refresh
```

---

5. `Flight[] flights = searchClient.postForObject("http://localhost:8083/search/get", searchQuery, Flight[].class);`으로 돼 있는 부분의 8083 포트를 8090으로 수정해야 한다.
   `Arrays.asList(flights).forEach()` 아래의 내용을 주석 처리하지 않으면 예약 마이크로서비스, 체크인 마이크로서비스, 운임 마이크로서비스 등 모든 마이크로서비스를 실행해야 하므로 `Arrays.asList(flights).forEach()` 아래를 주석 처리하면 컨피그 서버, 검색, 웹사이트 마이크로서비스만으로도 스프링 클라우드 컨피그의 기능을 간단하게 테스트해볼 수 있다. – 옮긴이

6. 검색 마이크로서비스의 bootstrap.properties 파일에 `management.security.enabled=false`를 추가하고 검색 마이크로서비스를 재시작해야 /refresh 요청 처리가 성공한다.
   bootstrap.properties 대신 search-service.properties에 추가하고 재시작해도 된다. – 옮긴이

환경설정 변경을 전파하는 스프링 클라우드 버스

앞에서 살펴본 것처럼 환경설정 파라미터는 마이크로서비스를 재시작하지 않고도 변경 사항을 적용할 수 있다. 한 개나 두 개의 서비스 인스턴스가 실행되고 있다면 이 방식은 꽤 효과적이다. 하지만 인스턴스가 많을 때는 어떨까?

예를 들어 5개의 인스턴스가 실행되고 있다면 환경설정 정보를 다시 읽어올 때마다 5개의 서비스 인스턴스 모두에서 /refresh를 호출해야 하는데, 아주 귀찮은 일이다.

다음 그림은 스프링 클라우드 버스^{Spring Cloud Bus}가 이 문제를 해결하는 방법을 보여준다.

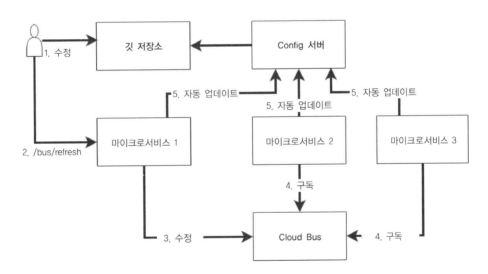

스프링 클라우드 버스는 현재 실행되고 있는 서비스 인스턴스의 수나 위치에 관계없이 환경설정 변경 내용이 모든 인스턴스에 적용되게 할 수 있다. 이 방식은 하나의 마이크로서비스에 대한 여러 개의 인스턴스가 실행되고 있거나 아예 서로 다른 마이크로서비스 여러 개가 실행되고 있을 때는 특히 편리하다. 모든 서비스 인스턴스를 하나의 메시지 브로커에 연결하면 이와 같은 방식이 가능하다. 각 인스턴스는 하나의 메시지 브로커를 통해 변경 이벤트를 구독하고, 변경 이벤트가 발생하면 각 인스턴스는 변경된 환경설정 정보를 새로 읽어 와서 로컬에 캐시돼 있는 환경설정 정보를 업데이트한다. 어떤 인스턴스 하나의 /bus/refresh 종단점이 호출되면 클라우드 버스와 공통의 메시지 브로커를 통해 변경이 모두에게 전파된다.

컨피그 서버에 고가용성 적용

앞에서 컨피그 서버를 구성하는 방법과 환경설정 내용을 실시간으로 변경하는 방법을 알아봤다. 하지만 컨피그 서버는 아키텍처 관점에서 보면 단일 장애 지점single point of failure이기도 하다.

앞의 예제에서는 기본 아키텍처 기준으로 3개의 단일 장애 지점이 존재한다. 첫 번째는 컨피그 서버고, 두 번째는 깃 저장소, 세 번째는 래빗엠큐 서버다.

다음 그림은 컨피그 서버의 고가용성 확보를 위한 아키텍처를 보여준다.

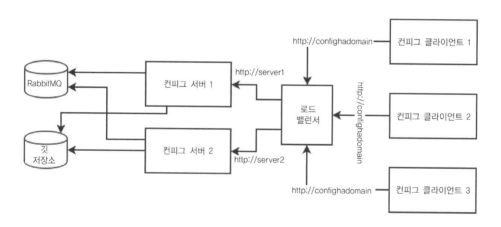

아키텍처의 동작 메커니즘과 설계 의도는 다음과 같이 설명할 수 있다.

컨피그 서버에 장애가 발생하면 컨피그 서버에서 환경설정 정보를 읽어오는 서비스들이 정상적으로 실행될 수 없으므로, 컨피그 서버에는 고가용성이 필요하다. 그래서 이를 보완할 여분의 컨피그 서버가 필요하다. 하지만 컨피그 서버에 의존하는 서비스들이 이미 정상적으로 시동돼 동작하고 있다면 컨피그 서버가 다운돼도 서비스 애플리케이션은 정상 동작할 수 있다. 이미 실행돼 있는 서비스는 이미 컨피그 서버에서 읽어서 로컬에 캐시해둔 환경설정 정보를 기준으로 동작할 수 있기 때문이다. 그래서 컨피그 서버의 가용성은 다른 마이크로서비스의 가용성과 동일한 수준으로 취급돼야 하는 것은 아니다.

컨피그 서버의 고가용성을 확보하려면 여러 개의 컨피그 서버 인스턴스가 필요하다. 컨피그 서버는 상태가 유지되지 않는 HTTP 서비스이므로 다수의 컨피그 서버 인스턴스는 병렬적으로 실행돼도 괜찮다. 컨피그 서버로 들어오는 부하량을 기준으로 인스턴스의 개수는 조절될 수 있다. bootstrap.properties 파일은 하나의 컨피그 서버 주소만 지정할 수 있으므로, 다수의 컨피그 서버에 대한 정보는 무정지 장애 대응failover[7]이나 무정지 원상 복구failback[8] 기능이 있는 로드 밸런서나 로컬 DNS에 저장돼야 한다. 이 경우 로드 밸런서나 DNS 서버의 URL이 컨피그 서버를 바라보는 각 마이크로서비스의 bootstrap.properties 파일에 저장된다. 이 방식은 DNS 서버나 로드 밸런서에 고가용성이 적용돼 있고, 장애 대응 기능도 갖고 있다는 전제 조건을 필요로 한다.

실제 서비스 운영 상황에서는 로컬 파일 기반의 깃 저장소를 환경설정 정보의 저장소로 사용하는 것은 좋지 않다. 컨피그 서버는 고가용성이 확보된 깃 서비스를 기반으로 운영돼야 한다. 외부에 존재하는 깃 서비스든 내부에 존재하는 깃 서비스든 고가용성만 확보돼 있다면 어느 쪽이든 관계없다. 그리고 SVN도 고려해볼 만하다.

고가용성이 필요하긴 하지만, 이미 시작된 컨피그 서버는 언제나 환경설정 내용의 로컬 복사본으로도 잘 동작하므로 컨피그 서버가 확장될 필요가 있을 때에만 깃 저장소의 고가용성이 의미를 갖게 된다. 그래서 환경설정 정보 저장소의 고가용성 역시 컨피그 서버의 고가용성과 마찬가지로 다른 마이크로서비스의 고가용성과 동일한 수준으로 취급돼야 하는 것은 아니라고 할 수 있다.

---

7. failover: 동작 중인 서버에 장애가 발생할 때 곧바로 여분의 다른 서버가 서비스 요청을 처리하게 만드는 기능을 말하며, 책에서는 무정지 장애 대응이라고 번역한다. – 옮긴이
8. failback: 장애가 발생한 서버가 복구되면 그 이후 들어오는 서비스의 요청을 복구된 원래의 서버가 처리하게 만드는 기능을 말하며, 책에서는 무정지 원상 복구라고 번역한다. – 옮긴이

환경설정 정보 저장소의 고가용성에 대해 GitLab에서 예제를 제공하고 있다.
https://about.gitlab.com/high-availability/

래빗엠큐에도 고가용성이 적용돼야 한다. 래빗엠큐에 대한 고가용성은 래빗엠큐에 장애가 발생하더라도 환경설정 정보의 변경을 동적으로 모든 인스턴스에게 푸시[push]해서 알려주는 것을 목적으로 한다. 환경설정 정보의 갱신은 래빗엠큐를 통해 전파하는 방식뿐 아니라, 각 마이크로서비스의 /refresh 종단점을 직접 호출하는 방식으로도 가능하므로, 래빗엠큐의 고가용성도 다른 컴포넌트들과 동일한 수준의 고가용성을 필요로 하지는 않는다.

래빗엠큐에 대한 고가용성은 클라우드 서비스를 이용하는 방식이나 고가용성을 위한 래빗엠큐 서비스를 로컬에 설정하는 방식으로 적용할 수 있다.

 래빗엠큐의 고가용성은 공식 문서를 참고한다.
https://www.rabbitmq.com/ha.html

컨피그 서버 상태 모니터링

컨피그 서버는 사실 특별한 것이 없는 일반적인 스프링 부트 애플리케이션이라고 할 수 있으며, 기본 값으로 액추에이터 서비스를 사용하게 설정돼 있다. 따라서 액추에이터 종단점(http://localhost:8888/health)에 접속하는 방식으로 컨피그 서버 상태를 모니터링할 수 있다.

컨피그 서버 환경설정 파일

환경설정을 외부화하다 보면 logback.xml처럼 완전한 파일 전체를 외부화해야 할 때도 있다. 컨피그 서버는 다음과 같은 URL에 접근해서 환경설정 파일 내의 정보를 관리할 수 있는 파일 외부화도 지원한다.

```
/{애플리케이션 이름}/{프로파일}/{레이블}/{경로}
```

{경로}에는 logback.xml 같은 파일 이름이 들어간다.

컨피그 서버를 사용하는 환경설정 외부화 완성

브라운필드 항공사의 PSS 시스템의 환경설정 외부화를 완성하려면 모든 서비스가 컨피그 서버를 이용하게 해야 한다.

 chapter7.*에 있는 모든 마이크로서비스 예제 모두 컨피그 서버를 통해 설정 파라미터를 읽어오도록 수정해야 한다.

검색, 예약, 체크인 서비스에서 사용되는 큐 이름은 외부화하지 않았다. 7장의 나머지 부분에서 스프링 클라우드 스트림^{Spring Cloud Streams}을 사용하게 수정할 것이다.

▎ 유레카를 이용한 서비스 등록 및 탐색

지금까지 환경설정 파라미터를 외부화하고, 여러 서비스 인스턴스 사이에서 부하 분산 기능을 적용하는 방법을 알아봤다.

리본^{Ribbon} 기반의 부하 분산은 대부분의 마이크로서비스 환경에서는 충분히 쓸 만하지만, 다음과 같은 몇 가지 사용 사례에서는 한계가 드러난다.

- 아주 많은 수의 마이크로서비스가 있어서 인프라스트럭처의 최적화가 필요하다면 서비스 인스턴스의 개수와 관련된 서버의 개수를 동적으로 조절해야 한다. 이 경우 예측을 통해 서버의 URL을 환경설정 파일에 정적으로 미리 지정하는 것은 적합하지 않다.
- 고가용성 마이크로서비스를 위해 클라우드로의 배포를 목표로 하고 있다면 클라우드 환경의 탄력성을 고려할 때 서비스를 정적으로 등록하고 찾는 것은 그리 좋은 해결 방법이 아니다.
- 클라우드 배포 시나리오에서 IP 주소는 예측할 수 없으며, 파일에서 정적으로 관리하기 어렵다. 파일에서 정적으로 관리하려면 IP 주소가 바뀔 때마다 환경설정 파일에서 주소 값을 바꿔줘야만 한다.

리본을 사용하면 서비스 인스턴스를 동적으로 변경할 수 있으므로 이런 문제의 일부를 해결할 수는 있다. 하지만 새로운 인스턴스를 추가하거나 제거해야 할 경우 컨피그 서버를 수동으로 업데이트해야 한다. 스프링 클라우드 버스^{Spring Cloud Bus}를 활용하면 환경설정 정보를 필요로 하는 모든 인스턴스에게 변경 사항이 자동으로 전파되기는 하지만, 수동으로 바꾼 환경설정 정보는 대규모 배포에서는 제대로 작동하지 않는다. 대규모 배포를 관리할 때는 가능한 한 자동화하는 것이 필수다.

이 차이를 메꾸려면 마이크로서비스가 자신의 서비스를 동적으로 등록함으로써 마이크로서비스 스스로 자신의 라이프사이클을 관리하게 해야 하며, 서비스가 등록되면 자동으로 사용자의 서비스 탐색 대상에 포함돼 발견되게 해야 한다.

동적 서비스 등록 및 탐색의 이해

동적 등록^{dynamic registration}은 주로 서비스 제공자의 관점에서 바라보는 프로세스다. 동적 등록이 가능하면 새로운 서비스가 시작될 때 저절로 중앙의 서비스 레지스트리에 등록된다. 비슷한 방식으로 서비스에 장애가 발생해 더 이상 서비스를 제공할 수 없는 상태가 되면 자동으로 서비스 레지스트리에서 제외된다. 레지스트리는 언제나 사용 가능한 서비스들로만 구성된 최신 정보와 메타데이터를 갖고 있어야 한다.

동적 탐색^{dynamic discovery}은 서비스 사용자의 관점에서 적용할 수 있는 프로세스다. 동적 탐색은 사용자가 서비스 레지스트리에서 현재의 서비스 간 구성 및 토폴로지를 찾아서 필요한 서비스를 호출할 수 있게 해주는 역할을 담당한다. 이렇게 하면 서비스 URL을 정적으로 설정하고 관리하는 대신에 서비스 레지스트리를 통해 그때그때 사용 가능한 URL을 탐색해서 찾을 수 있게 된다.

클라이언트는 더 빠른 처리를 위해 레지스트리 데이터를 로컬에 캐시해 둘 수도 있다. 어떤 레지스트리 구현체는 클라이언트가 필요로 하는 아이템을 계속 감시할 수 있게 하기도 한다. 이렇게 하면 레지스트리 서버의 상태 변화는 그 변화의 감지를 필요로 하는 서비스에게 전파되므로, 오래된 정보가 사용되는 것을 막을 수 있다.

동적 서비스 등록 및 발견에는 여러 가지 옵션이 있다. 다음과 같은 http://start.spring.io/ 스크린샷에서 볼 수 있는 것처럼 스프링 클라우드에서는 넷플릭스^{Netflix} 유레카, 주키퍼, 컨설을 사용할 수 있다. Etcd는 스프링 클라우드에서 제공하지는 않지만 동적 서비스 등록 및 발견을 가능하게 해주는 또 다른 옵션이다. 7장에서는 유레카를 활용한 구현 방법에 초점을 맞출 것이다.

Cloud Discovery

☐ **Eureka Discovery**

Service discovery using spring-cloud-netflix and Eureka

☐ **Eureka Server**

spring-cloud-netflix Eureka Server

☐ **Zookeeper Discovery**

Service discovery with Zookeeper and spring-cloud-zookeeper-discovery

☐ **Cloud Foundry Discovery**

Service discovery with Cloud Foundry

☐ **Consul Discovery**

Service discovery with Hashicorp Consul

유레카의 이해

스프링 클라우드 유레카^{Spring Cloud Eureka}도 넷플릭스 OSS에서 유래됐다. 스프링 클라우드 프로젝트는 선언적이고 스프링 친화적인 방식으로 유레카와 스프링 기반 애플리케이션을 통합할 수 있게 해준다. 유레카는 자가 등록^{self-registration}, 동적 탐색 및 부하 분산에 주로 사용되며, 부하 분산을 위해 내부적으로 리본을 사용한다.

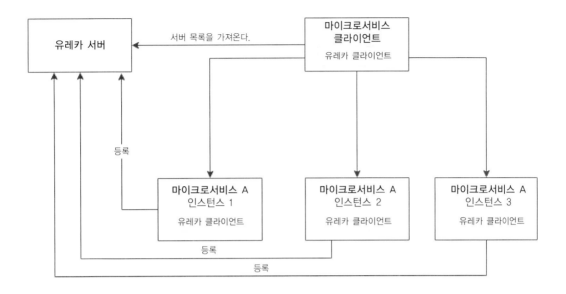

앞의 그림에 나타난 것처럼 유레카는 서버 컴포넌트와 클라이언트 컴포넌트로 이뤄져 있다. 서버 컴포넌트는 모든 마이크로서비스가 자신의 가용성을 등록하는 레지스트리다. 등록되는 정보는 일반적으로 서비스 ID와 URL이 포함된다. 마이크로서비스는 유레카 클라이언트를 이용해서 자기 자신의 가용성을 유레카 서버의 레지스트리에 등록한다. 등록된 마이크로서비스를 호출해서 사용하는 컴포넌트도 유레카 클라이언트를 이용해서 필요한 서비스를 탐색한다.

마이크로서비스가 시작되면 유레카 서버에 접근해서 서비스 ID와 URL 등의 정보를 등록하고 자신의 존재를 알린다. 일단 등록되면 유레카 서버의 레지스트리에 30초 간격으로 ping 요청을 날리면서 자신이 살아 있다는 것을 알린다. 이 ping 요청이 몇 번 전송되지 않으면 이 서비스는 죽은 것으로 간주돼 레지스트리에서 제외된다. 레지스트리 정보는 모든 유레카 클라이언트에 복제돼 클라이언트가 요청을 날릴 때마다 유레카 서버를 거쳐서 살아있는 서비스 목록을 파악할 수 있게 된다. 유레카 클라이언트는 서버로부터 레지스트리 정보를 읽어와 로컬에 캐시한다. 그러고 나서 클라이언트는 로컬에 캐시된 레지스트리 정보를 이용해서 필요한 다른 서비스를 찾을 수 있게 된다. 이 정보는 30초마다 주기적으로 갱신되며, 최근에 가져온 정보와 현재 레지스트리 정보의 차이를 가져오는 방식$^{delta\ updates}$으로 갱신된다.

클라이언트가 마이크로서비스 종단점에 접속하려고 하면 유레카 클라이언트는 요청된 서비스 ID를 기준으로 현재 사용 가능한 서비스의 목록을 제공한다. 유레카 서버는 구역^{zone} 정보를 알고 있다. 구역 정보는 서비스를 등록할 때 제공받을 수도 있다.

클라이언트가 서비스 인스턴스에 요청을 보내면 유레카 서비스는 동일한 구역 내에서 실행되고 있는 서비스를 찾는다. 리본 클라이언트는 유레카 클라이언트가 알려주는 사용 가능한 서비스 인스턴스들에게 요청을 분산해서 보내는 방식으로 부하 분산을 실행한다. 유레카 클라이언트와 서버 사이의 커뮤니케이션에는 REST와 JSON이 사용된다.

유레카 서버 구성

이번 절에서는 유레카 서버를 구성하는 방법을 따라 하면서 익혀보자.

 소스코드는 https://github.com/rajeshrv/Spring5Microservice의 chapter7/chapter7.eurekaserver 프로젝트에 있다. 유레카 서버의 등록과 갱신에는 30초가 소요되므로, 서비스와 클라이언트를 실행할 때는 40~50초 정도 기다려야 한다.

새 스프링 스타터 프로젝트 만들기에서 다음 그림과 같이 Config Client, Eureka Sever, Actuator를 선택한다.

▶ Cloud AWS			
▶ Cloud Circuit Breaker			
▶ Cloud Cluster			
▼ Cloud Config			
☑ Config Client	☐ Config Server	☐ Zookeeper Configuration	☐ Consul Configuration
▶ Cloud Core			
▼ Cloud Discovery			
☐ Eureka Discovery	☑ Eureka Server	☐ Zookeeper Discovery	☐ Cloud Foundry Discovery
☐ Consul Discovery			
▶ Cloud Messaging			
▶ Cloud Routing			
▶ Cloud Tracing			
▶ Core			
▶ Data			
▶ Database			
▼ I/O			
☐ Batch	☐ Integration	☐ Activiti	☐ JMS (Artemis)
☐ JMS (HornetQ)	☐ AMQP	☐ Mail	
▼ Ops			
☑ Actuator	☐ Actuator Docs	☐ Remote Shell	
▶ Social			
▶ Template Engines			
▶ Web			

유레카 서버의 프로젝트 구조는 다음과 같다.

메인 애플리케이션 파일의 이름이 EurekaserverApplication.java라는 점에 주목하자.[9]

유레카 서버도 컨피그 서버를 이용하므로 application.properties 파일의 이름을 bootstrap.properties로 바꾼다. 앞에서 했던 것처럼 컨피그 서버 접속을 위한 정보를 bootstrap.properties 파일에 설정해둬야 컨피그 서버의 위치를 파악할 수 있다. bootstrap.properties 파일의 내용은 다음과 같다.

```
spring.application.name=eureka-server1
server.port:8761
spring.cloud.config.uri=http://localhost:8888
```

유레카 서버는 독립 설치형 모드와 클러스터 모드 모두 가능하다. 여기에서는 독립 설치형 모드로 진행한다. 기본 값으로 유레카 서버는 동시에 유레카 클라이언트이기도 하다. 이 점은 고가용성을 위해 여러 개의 유레카 서버를 운영할 때 특히 유용하다. 클라이언트 컴포넌트는 다른 유레카 서버와 상태를 동기화하는 책임을 담당한다. 유레카 클라이언트는 eureka.client.serviceUrl.defaultZone 속성 값이 같은 다른 유레카 클라이언트와 동료peer 관계를 형성한다.

독립 설치형 모드에서 eureka.client.serviceUrl.defaultZone은 자기 자신의 인스턴스를 가리킨다. 유레카 서버를 클러스터 모드에서 실행하는 방법은 나중에 살펴볼 것이다.

유레카 서버 설정을 위해 다음 과정을 따라 해보자.

1. eureka-server1.properties 파일을 컨피그 설정 파일 깃 저장소인 config-repo에 생성한다. eureka-server1은 앞에서 bootstrap.properties 파일에 spring.application.name 속성의 값으로 지정했던 이름이다. 독립 설치형

---

9. 기본으로는 Applilcation.java며, 실습 과정에서 나중에 파일 이름을 EurekaserverApplication.java로 바꾸게 된다. - 옮긴이

모드이므로 serviceUrl은 localhost에 앞단계에서 유레카 서버용으로 지정한 8761 포트를 지정한다. 다음과 같이 eureka-server1.properties 파일을 작성하고 깃 저장소에 커밋한다.

```
spring.application.name=eureka-server1
eureka.client.serviceUrl.defaultZone=http://localhost:8761/eureka/
eureka.client.registerWithEureka=false
eureka.client.fetchRegistry=false
```

2. Application.java 파일을 수정한다. 패키지 이름을 com.brownfield.pss. eurekaserver로 바꾸고, 클래스 이름도 EurekaserverApplication으로 바꾼다. EurekaserverApplication 클래스에 @EnableEurekaServer 애노테이션을 추가한다.

```
@EnableEurekaServer
@SpringBootApplication
public class EurekaserverApplication {
```

3. 이제 유레카 서버를 시작할 준비가 됐다. 먼저 컨피그 서버가 시작돼 있는지 확인하고, 유레카 서버 프로젝트에서 오른쪽 클릭해서 Run As Spring Boot App을 선택한다.[10] 애플리케이션이 시작되면 브라우저로 아래의 URL에 접속해서 유레카 콘솔 화면을 볼 수 있다.

```
http://localhost:8761
```

4. 콘솔의 Instances currently registered with Eureka를 보면 아직 아무 인스턴스도 등록돼 있지 않다고 나오는데, 아직 아무런 유레카 클라이언트도 실행된

---

10. java 9을 사용한다면 IDE의 실행 옵션에 --add-modules java.xml.bind를 추가해줘야 한다. - 옮긴이

것이 없기 때문이다.

5. 유레카 서비스를 이용해서 서비스 동적 등록 및 탐색 기능을 추가해보자. 먼
저 pom.xml에 유레카에 대한 의존 관계를 추가한다. 프로젝트를 처음부터
새로 구성한다면 스프링 스타터 화면에서 다음과 같이 Config Client,
Actuator, Web과 함께 Eureka discovery를 추가한다.

6. 서비스 동적 등록 및 탐색 기능을 이용할 예약, 체크인, 요금, 검색 마이크로서
비스의 pom.xml에 다음 의존 관계를 추가한다.

```
<dependency>
    <groupId>org.springframework.cloud</groupId>
```

```
    <artifactId>spring-cloud-starter-eureka</artifactId>
</dependency>
```

각 서비스의 bootstrap.properties 파일을 다음과 같이 작성한다.

```
spring.application.name=book-service
server.port=8060
spring.cloud.config.uri=http://localhost:8888

spring.application.name=checkin-service
server.port=8070
spring.cloud.config.uri=http://localhost:8888

spring.application.name=fares-service
server.port=8080
spring.cloud.config.uri=http://localhost:8888

spring.application.name=search-service
server.port=8090
spring.cloud.config.uri=http://localhost:8888
```

config-repo 폴더에 있는 각 마이크로서비스의 환경설정 파일[11]에 유레카 서버에 연결할 수 있게 해주는 다음의 내용을 추가하고[12] 깃 저장소에 커밋한다.

---

11. 각 마이크로서비스의 bootstrap.properties에 있는 spring.application.name에 정의된 값을 파일이름으로 하는 properties 파일 – 옮긴이
    예) 요금 서비스: fares-service.properties
12. book-service.properties와 checkin-service.properties, search-service.properties에는 다음과 같이 래빗엠큐 설정 내용을 추가한다. – 옮긴이
    spring.rabbitmq.host=localhost
    spring.rabbitmq.port=5672
    spring.rabbitmq.username=guest
    spring.rabbitmq.password=guest

```
eureka.client.serviceUrl.defaultZone=http://localhost:8761/eureka/
```

7. 예약, 체크인, 요금, 검색 마이크로서비스의 스프링 부트 메인 클래스에 @EnableDiscoveryClient 애노테이션을 추가한다. 이렇게 하면 스프링 부트 애플리케이션이 실행될 때 자동으로 서비스의 가용성을 유레카 서버에 알릴 수 있게 된다.

8. 요금 서비스, 예약, 체크인, 검색 서비스를 시작한다.

9. 브라우저에서 유레카 서버인 http://localhost:8761에 접근하면 4개의 인스턴스가 실행되고 있는 것을 확인할 수 있다.

Instances currently registered with Eureka

Application	AMIs	Availability Zones	Status
BOOK-SERVICE	n/a (1)	(1)	UP (1) - 192.168.0.102:book-service:8060
CHECKIN-SERVICE	n/a (1)	(1)	UP (1) - 192.168.0.102:checkin-service:8070
FARES-SERVICE	n/a (1)	(1)	UP (1) - 192.168.0.102:fares-service:8080
SEARCH-SERVICE	n/a (1)	(1)	UP (1) - 192.168.0.102:search-service:8090

10. 웹사이트 프로젝트의 bootstrap.properties 파일을 다음과 같이 작성한다.

```
spring.application.name=test-client
server.port=8001
spring.cloud.config.uri=http://localhost:8888
```

config-repo에 test-client.properties 파일을 생성해서 다음 내용을 추가한다.

```
eureka.client.serviceUrl.defaultZone=http://localhost:8761/eureka/
```

11. 웹사이트 프로젝트의 Application 클래스에 @EnableDiscoveryClient를 추가해서 유레카를 인식할 수 있게 한다.

12. Application.java를 열고 `AppConfiguration` 클래스를 추가한다. `AppConfiguraton` 에는 `@LoadBalanced` 애노테이션이 붙어 있는 `RestTemplate`을 Bean으로 등록 해서 부하 분산이 적용된 `RestTemplate`을 사용할 수 있게 해준다. 기존에 `new` 를 통해 직접 생성하던 `searchClient`, `bookingClient`, `checkInClient`도 부 하 분산된 `RestTemplate`을 주입 받게 수정한다.

```java
@Configuration
class AppConfiguration {
    @LoadBalanced
    @Bean
    RestTemplate restTemplate() {
        return new RestTemplate();
    }
}
```

BrownFieldSiteController.java 파일과 Application.java 파일을 열고 기존에 `new`를 통해 직접 생성하던 `searchClient`, `bookingClient`, `checkInClient`를 부하 분산이 적용된 `RestTemplate`을 주입 받게 수정한다.

```java
@Autowired
RestTemplate restClient;
```

13. `RestTemplate` 인스턴스를 사용해서 모든 서비스를 호출한다. Application.java 와 BrownFieldSiteController.java에 호스트 이름과 포트 번호로 하드코딩돼 있 던 마이크로서비스의 URL을 유레카 서버에 등록돼 있는 서비스 ID인 `search-service`, `book-service`, `checkin-service`로 대체한다.

```java
Flight[] flights = restClient.postForObject(
    "http://search-service/search/get",
```

```
        searchQuery, Flight[].class);

    long bookingId = restClient.postForObject(
        "http://book-service/booking/create", booking, long.class);

    long checkinId = restClient.postForObject(
        "http://checkin- service/checkin/create", checkIn,
        long.class);
```

14. 이제 테스트할 준비가 됐다. 웹사이트 프로젝트를 실행시키고 별 이상이 없으면 CommandLineRunner가 자동 실행되면서 검색, 예약, 체크인 서비스를 호출하는 작업을 성공적으로 수행할 것이다.

15. 브라우저에서 http://localhost:8001을 호출해도 CommandLineRunner가 수행한 것과 동일한 내용으로 테스트할 수 있다.

고가용성 유레카 서버

앞에서 유레카 서버를 독립 설치형 모드로 만들어 실행해봤는데, 이미 언급한 대로 실제 운영 시스템에서는 독립 설치형 모드는 적합하지 않다.

유레카 클라이언트는 서버에 연결해서 레지스트리 정보를 가져와 로컬에 캐시한다. 이후 클라이언트는 언제나 로컬 캐시의 내용을 기반으로 동작한다. 유레카 클라이언트는 주기적으로 서버의 정보를 체크해서 변경 사항을 로컬 캐시에 다시 반영한다. 유레카 서버가 장애로 인해 접근할 수 없는 상태가 돼도 유레카 클라이언트는 기존 로컬 캐시에 저장돼 있는 내용을 기반으로 오류 없이 동작한다. 하지만 이렇게 되면 클라이언트가 최신 정보를 반영하지 않으므로 일관성 문제가 생길 수 있다.

이런 이슈를 해결하기 위해 유레카 서버에 고가용성을 적용하는 방법을 알아보자. 고가용성 유레카 서버 아키텍처는 다음과 같다.

유레카 서버는 P2P[peer-to-peer] 방식의 데이터 동기화 메커니즘을 바탕으로 만들어졌다. 런타임의 상태 정보는 데이터베이스에 저장되지 않고 인메모리 캐시에서 관리된다. 유레카 서버의 고가용성 구현에서는 CAP 정리[13]에 따라 가용성과 분리 내구성을 선택하고 일관성을 포기한다. 유레카 서버 인스턴스는 비동기적인 메커니즘으로 피어[peer] 관계에 있는 다른 인스턴스와 동기화하기 때문에 상태 정보가 모든 서버 인스턴스 사이에서 언제나 동일하지는 않다. P2P 동기화는 각 인스턴스가 serviceUrls로 서로의 위치를 지정하는 방식으로 이뤄진다. 하나 이상의 유레카 서버가 있다면 각 유레카 서버는 피어 관계에 있는 서버 중 최소한 하나의 서버와 연결돼야 한다. 상태가 모든 피어 관계에 있는 서버 사이에 복제되므로, 유레카 클라이언트는 피어 관계에 있는 여러 서버 중에서 현재 사용 가능한 어떤 서버와 연결돼도 유레카 서비스를 이용할 수 있다.

유레카 서비스에 고가용성을 적용하는 가장 좋은 방법은 여러 대의 유레카 서버를 클러스터링해서 로드 밸런서나 로컬 DNS 뒤에 두는 것이다. 클라이언트는 언제나 로컬 DNS나 로드 밸런서에 접속하고, DNS나 로드 밸런서는 장애가 있는 유레카 서버

---

13. CAP 정리: 분산 시스템에서는 Consistency(일관성), Availability(가용성), Partition Tolerance(분리 내구성)을 모두 갖는 것은 불가능하다. – 옮긴이

는 피하고 현재 사용 가능한 유레카 서버에 연결해 줄 수 있다. 따라서 이 방식에서는 로컬 DNS나 로드 밸런서의 주소가 유레카 클라이언트에게 제공돼야 한다.

이제 2대의 유레카 서버를 고가용성 클러스터 모드로 운영하는 구체적인 방법을 알아 보자. 먼저 eureka-server1.properties, eureka-server2.properties 이렇게 두 개의 속 성 정보 파일을 정의한다. 이 둘은 피어 관계에 있는 서버며, 하나에 장애가 발생하면 다른 하나가 장애가 발생한 서버의 몫까지 처리한다. 이 둘은 서버인 동시에 서로 상태를 동기화하기 위해 서로를 바라보는 클라이언트이기도 하다. 다음과 같이 두 개의 속성 정보 파일을 작성하고 깃 저장소에 올려서 커밋한다. 클라이언트 URL은 서로 상대방을 가리키며 피어 네트워크를 형성한다.

```
# eureka-server1.properties
eureka.client.serviceUrl.defaultZone=http://localhost:8762/eureka/
eureka.client.registerWithEureka=false
eureka.client.fetchRegistry=false

# eureka-server2.properties
eureka.client.serviceUrl.defaultZone=http://localhost:8761/eureka/
eureka.client.registerWithEureka=false
eureka.client.fetchRegistry=false
```

유레카의 bootstrap.properties 파일의 애플리케이션 이름을 eureka로 변경한다. 이렇 게 변경하면 eureka-server1.properties는 eureka 애플리케이션의 server1 프로파일 을 의미하고, eureka-server2.properties는 server2 프로파일을 의미하게 된다. 따라 서 애플리케이션을 시작할 때 지정한 프로파일을 기준으로 컨피그 서버가 eureka-server1 또는 eureka-server2를 찾게 된다.

```
spring.application.name=eureka
spring.cloud.config.uri=http://localhost:8888
```

실행 중이던 컨피그 서버, 유레카 서버 및 검색, 요금, 예약, 체크인, 웹사이트 서비스를 모두 종료하고, 컨피그 서버를 재시작한다.

server1 프로파일로 지정한 유레카 인스턴스는 8761 포트에서 실행하고, server2 프로파일로 지정한 유레카 인스턴스는 8762 포트에서 실행한다.

```
java -jar -Dserver.port=8761 -Dspring.profiles.active=server1
    demo-0.0.1-SNAPSHOT.jar

java -jar -Dserver.port=8762 -Dspring.profiles.active=server2
    demo-0.0.1-SNAPSHOT.jar
```

현재는 모든 서비스가 여전히 server1만 바라보고 있다. 두 개의 브라우저를 열어서 하나는 http://localhost:8761, 하나는 http://localhost:8762에 접속한다.

이제 브라운필드 PSS 시스템의 모든 마이크로서비스를 시작한다.[14] 8761 포트에 접속한 마이크로서비스는 변경 사항이 바로 반영되고, 8762 포트에 접속한 마이크로서비스는 상태 변경이 반영될 때까지 30초가 더 소요된다. 두 개의 유레카 서버가 클러스터를 이루고 있으므로, 두 개의 서버 사이에 상태가 동기화된다. 이 두 서버를 로드 밸런서나 DNS 뒤에 두면 클라이언트는 항상 가용한 유레카 서버에 접속할 수 있다.

이번 고가용성 실습을 다 마치면 나머지 실습은 다시 독립 설치형 모드에서 진행한다.

---

14. 요금 서비스는 예약 서비스보다 먼저 실행해야 한다. - 옮긴이

▌주울 프록시 API 게이트웨이

대부분의 마이크로서비스 구현체에서 내부적인 마이크로서비스 종단점은 외부에 공개되지 않고 비공개 서비스로 남는다. 공개될 서비스는 API 게이트웨이를 통해 클라이언트에 공개된다. 이렇게 하는 이유는 다음과 같다.

- 클라이언트는 일부 마이크로서비스만 필요로 한다.
- 클라이언트별로 적용돼야 할 정책이 있다면 그 정책을 여러 곳에 분산해서 두는 것보다 한곳에 두고 적용하는 것이 더 간편하다. 크로스오리진 접근cross-origin access 정책이 바로 이런 방식의 대표적인 예다.
- 서비스 종단점에서 클라이언트별 변환 로직을 구현하는 것은 어렵다.
- 대역폭이 제한돼 있는 환경에서 데이터 집계aggregation가 필요하다면 다수의 클라이언트의 요청이 집중되지 않게 중간에 게이트웨이를 두는 것이 좋다.

주울은 간단한 게이트웨이 서비스 또는 에지edge 서비스[15]로서 앞에서 언급한 상황에 잘 들어맞는다. 주울도 역시 넷플릭스의 마이크로서비스 제품군 중 하나다. 주울은 다른 기업용 API 게이트웨이 제품과는 달리 개발자가 특정한 요구 사항에 알맞게 설정하고 프로그래밍할 수 있게 개발자에게 완전한 통제권을 준다.

다음 그림에서는 주울이 마이크로서비스 A의 로드 밸런서 역할을 하고 있다.

---

15. 에지 서비스(edge service): Netflix의 Zuul 소개 페이지(http://techblog.netflix.com/2013/06/announcing-zuul-edge-service-in-cloud.html)에 나오는 개념으로, 메인 서비스에서 가장 멀리 떨어져서 API 게이트와 같은 역할을 수행하면서 개발 신속성, 유연성, 확장성 등을 강화한 말단 또는 경계 서비스라고 볼 수 있다. 아직 통용되는 국내 용어가 없으므로 무리하게 말단 또는 경계 서비스라고 번역하는 대신 에지(edge) 서비스로 표기한다. – 옮긴이

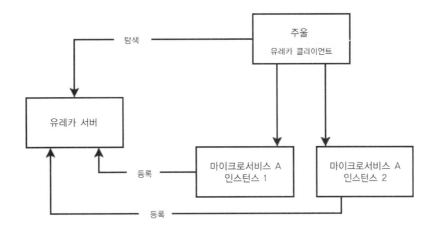

주울 프록시는 내부적으로 서비스 탐색을 위해 유레카 서버를 사용하고, 서비스 인스턴스 사이의 부하 분산을 위해 리본을 사용한다.

주울 프록시는 라우팅, 모니터링, 장애 복구 관리, 보안 등 다양한 기능을 수행할 수 있다. 주울은 API 계층에서 서비스의 기능을 재정의^{override}해서 뒤에 있는 서비스의 동작을 바꿀 수도 있다.

주울 설정

유레카 서버나 컨피그 서버와는 다르게 일반적으로 주울은 특정 마이크로서비스 단위에서 구성된다. 하지만 하나의 API 게이트웨이가 여러 마이크로서비스를 담당하는 경우도 있다. 이번 예제는 주울을 검색, 예약, 요금, 체크인 마이크로서비스에 각각 추가하는 방식으로 진행한다.

 소스코드는 https://github.com/rajeshrv/Spring5Microservice의 chapter7/chapter7.*-apigateway 프로젝트에 있다.

다음 과정을 따라 하면서 주울을 설정하는 방법을 알아보자.

1. 브라운필드 PSS 시스템의 마이크로서비스들을 하나씩 전환해보자. 먼저 검색 API 게이트웨이부터 추가해보자. 스프링 스타터$^{Spring Starter}$ 프로젝트를 새로 만들어 다음 그림과 같이 Zuul, Config Client, Actuator, Eureka Discovery 를 선택한다.

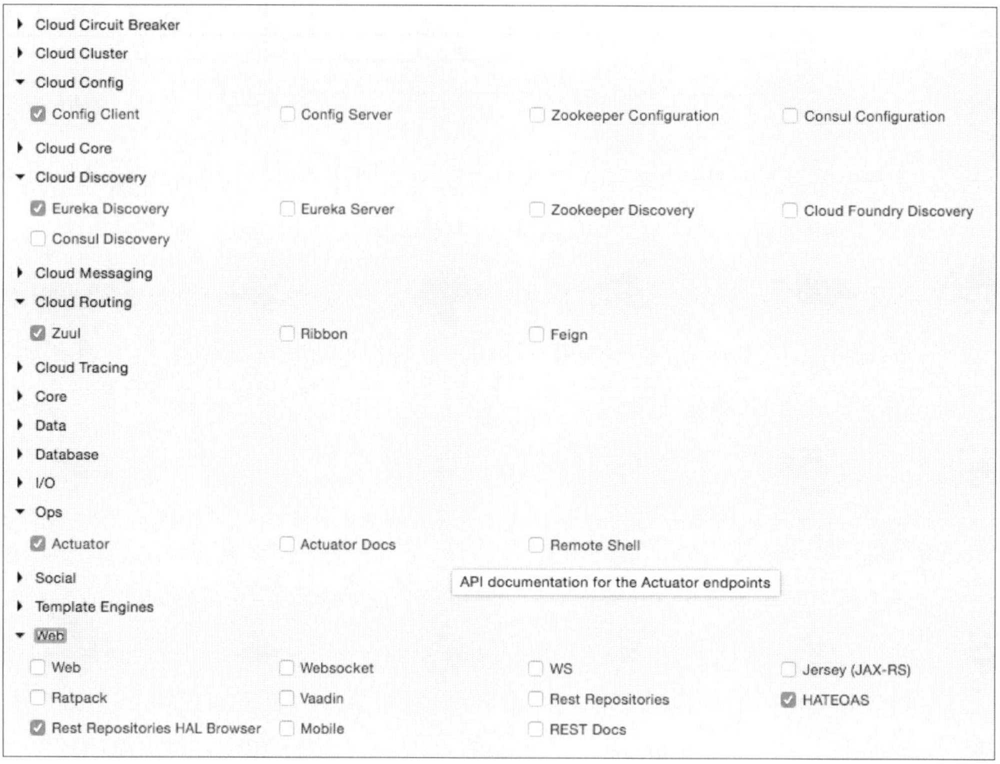

search-apigateway의 프로젝트 구조는 다음 그림과 같다.

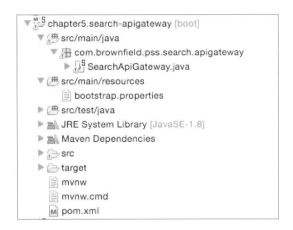

2. API 게이트웨이를 유레카 및 컨피그 서버와 통합한다. **config-repo**에 search-apigateway.properties 파일을 생성한 후 다음과 같이 작성하고 깃 저장소에 커밋한다.

```
spring.application.name=search-apigateway
zuul.routes.search-apigateway.serviceId=search-service
zuul.routes.search-apigateway.path=/api/**
eureka.client.serviceUrl.defaultZone=http://localhost:8761/eureka/
```

앞의 내용에는 트래픽을 어떻게 전달할 것인지에 대한 규칙이 담겨있다. API 게이트웨이의 **/api** 종단점으로 들어오는 모든 요청은 **search-service**로 전송된다.

search-service는 검색 서비스의 서비스 ID이며, 유레카 서버를 통해 ID 값이 구해진다.

3. **search-apigateway** 프로젝트이 bootstrap.properties 파일을 다음과 같이 수정한다. 별로 새로운 것 없이 서비스 이름, 포트 번호, 컨피그 서버의 URL이 담겨있다.

```
spring.application.name=search-apigateway
server.port=8095
spring.cloud.config.uri=http://localhost:8888
```

4. Application.java 파일을 수정한다. 패키지 이름을 com.brownfield.pss.
   search.apigateway로 바꾸고, 클래스 이름도 SearchApiGateway로 바꾼다.
   다음과 같이 @EnableZuulProxy 애노테이션을 추가해서 애플리케이션이 주울
   프록시 역할을 한다는 것을 스프링 부트에 알려준다.

```
@EnableZuulProxy
@EnableDiscoveryClient
@SpringBootApplication
public class SearchApiGateway {
```

5. 컨피그 서버, 유레카 서버와 검색 마이크로서비스가 실행돼 있는지 확인하고,
   스프링 부트 애플리케이션을 실행한다.

6. website 프로젝트의 CommandLineRunner와 BrownFieldSiteController에
   서 API 게이트웨이를 호출하게 다음과 같이 수정한다.

```
Flight[] flights =
        searchClient.postForObject("http://search-
        apigateway/api/search/get",
        searchQuery, Flight[].class);
```

이번 예제에서 주울 프록시는 브라운필드 시스템의 모든 마이크로서비스의 종단점을
대신하는 리버스 프록시^{reverse proxy} 역할을 담당한다. 앞선 예제에서는 들어오는 요청
을 처리할 백엔드 서비스에 그냥 전달하기 때문에 주울 프록시를 통해 얻는 효과는
그다지 크지 않다.

주울 프록시는 다음과 같은 요구 사항 중 하나 이상에 해당할 때 특히 더 쓸모가 있다.

- 인증이나 보안을 모든 마이크로서비스 종단점에 각각 적용하는 대신 게이트웨이 한 곳에 적용한다. 게이트웨이는 요청을 적절한 서비스에 전달하기 전에 보안 정책 적용, 토큰 처리 등을 수행할 수 있다. 또한 특정 블랙리스트 사용자로부터의 요청은 거부할 수 있는 비즈니스 정책도 게이트웨이에서 처리할 수 있다.

- 비즈니스 통찰insights 및 모니터링 기능도 게이트웨이 수준에서 구현될 수 있다. 실시간 통계 데이터를 수집하고 수집된 데이터를 외부에 있는 분석 시스템에 전달할 수 있는데, 이 역시도 다수의 마이크로서비스에서 직접 수집/전달하는 방식 대신에 게이트웨이 한 곳에서 처리하게 할 수 있다.

- API 게이트웨이는 세밀한 제어를 필요로 하는 동적 라우팅에서도 매우 유용하다. '우수 고객'과 같이 비즈니스에서 정하는 특정 값에 따라 요청을 분류해 다른 서비스 인스턴스로 보내는 것을 예로 들 수 있다. 특정 지역으로부터의 모든 요청을 어떤 한 그룹의 서비스 인스턴스로 보내는 것도 이런 사례에 해당한다. 특정 상품에 대한 모든 요청을 특정 서비스 인스턴스 그룹으로 모두 전달하는 것도 이런 동적 라우팅의 사용 사례 중 하나다.

- API 게이트웨이는 부하 슈레딩shredding[16]이나 부하 스로틀링throttling[17]이 필요한 상황에서도 유용하다. 일일 요청 수와 같은 어떤 한계 값을 바탕으로 부하를 제어하는 경우도 이에 해당하는데, 일일 요청수가 적은 서드파티 온라인 채널로부터의 요청을 제한하는 것을 예로 들 수 있다.

- 주울 게이트웨이는 세밀한 제어를 필요로 하는 부하 분산 처리에도 유용하게 사용될 수 있다. 주울, 유레카 클라이언트, 리본을 함께 사용하면 세밀한 조절 능력을 갖고 부하 분산 요구 사항에 대처할 수 있다. 주울 구현체는 사실 원하

---

16. 부하 슈레딩(load shredding): (어떤 장비를 닫기 위해) 부하를 점진적으로 줄여나가는 것 – 옮긴이
17. 부하 스로틀링(load throttling): (어떤 장비를 시동한 직후) 부하를 점진적으로 늘려나가는 것 – 옮긴이

는 대로 구현할 수 있는 또 하나의 스프링 부트 애플리케이션이므로, 개발자가 부하 분산에 대한 완전한 제어권을 가질 수 있다.

- 주울 게이트웨이는 데이터 집계가 필요한 상황에서도 유용하다. 사용자 가 큰 덩어리로 나눠진 고수준의 서비스를 필요로 한다면 클라이언트를 대신해 서 게이트웨이가 하나 이상의 서비스를 호출해서 데이터를 집계할 수 있다. 이는 클라이언트가 낮은 대역폭을 가진 환경에서 운영되고 있는 경우에 특히 적합하다.

주울은 사전 필터^{pre filters}, 라우팅 필터, 사후 필터^{post filters}, 에러 필터 등 여러 가지 필터도 제공한다. 이런 필터들은 이름에서 알 수 있는 것처럼 서비스 호출의 서로 다른 여러 단계에 적용될 수 있다. 주울은 개발자가 자체 필터를 만들 수 있는 기능도 제공한다. 자체 필터를 작성하려면 추상 클래스인 ZuulFilter를 상속하고 다음의 메소드를 구현해야 한다.

```java
public class CustomZuulFilter extends ZuulFilter{
    public Object run(){}
    public boolean shouldFilter(){}
    public int filterOrder(){}
    public String filterType(){}
```

자체 필터 구현이 완성되면 메인 컨텍스트에 추가하면 된다. 예제에서는 SearchApiGateway 클래스에 다음과 같이 Bean으로 추가한다.

```java
@Bean
public CustomZuulFilter customFilter() {
    return new CustomZuulFilter();
}
```

앞에서 언급했던 것처럼 주울 프록시는 스프링 부트 애플리케이션이라서 프로그래밍적인 방법을 통해 원하는 대로 게이트웨이를 만들 수 있다. 다음 코드와 같이 결과적으로 백엔드 서비스를 호출하는 게이트웨이에 특정 종단점을 할당할 수 있다.

```
@RestController
class SearchAPIGatewayController {
    @RequestMapping("/")
    String greet(HttpServletRequest req){
        return "<H1>Search Gateway Powered By Zuul</H1>";
    }
}
```

앞의 예제 코드에서는 단순히 종단점을 하나 추가하고 게이트웨이에서 값을 반환하고 있지만, @LoadBalanced 애노테이션이 붙은 RestTemplate을 이용해서 백엔드 서비스를 호출할 수도 있다. 앞서 얘기한 대로 개발자가 완전한 제어권을 갖기 때문에 데이터 변환, 데이터 집계 등 다른 처리도 가능하다. 유레카 API를 이용해 서버 목록을 받은 후 리본에서 기본으로 제공하는 부하 분산 기능과 완전히 독립적인 부하 분산 또는 트래픽 조절 메커니즘을 새로 만드는 것도 가능하다.

고가용성 주울

주울은 단순히 HTTP 종단점을 갖고 있는 무상태 서비스이므로 원하는 만큼 많은 주울 인스턴스를 생성할 수도 있다. 여러 개의 주울 인스턴스에 대해 어떤 선호affinity나 접착성stickiness[18]도 필요하지 않다. 하지만 모든 트래픽이 주울 프록시를 통해 들어오므로 주울의 고가용성은 매우 중요하며, 반드시 필요하다. 하지만 탄력적인 확장 기능은 무거운 처리를 모두 담당하는 백엔드의 마이크로서비스들만큼 필수적이지는 않다.

---

18. 접착성(stickiness): 어떤 장비에 연결되면 다음 연결에도 그 장비에 연결하는 기능 또는 특성 – 옮긴이

주울의 고가용성 아키텍처는 주울이 사용되는 환경에 따라 달라진다. 전형적인 사용 사례는 다음과 같다.

- 원격 브라우저에 있는 앵귤러JS 같은 클라이언트 측 자바스크립트 MVC 프레임워크가 주울 서비스를 호출
- 주울을 통해 마이크로서비스 혹은 마이크로서비스가 아닌 그냥 서비스에 접근하는 서비스

PL/SQL로 작성된 레거시 애플리케이션처럼 상황에 따라서는 클라이언트가 유레카 클라이언트 라이브러리를 사용할 수 없을 수도 있다. 이런 경우 조직의 정책에 따라 인터넷 클라이언트가 클라이언트단에서 부하 분산을 처리하는 것을 허용하지 않는다. 브라우저 기반의 클라이언트인 경우에는 서드파티에서 만든 유레카용 자바스크립트 라이브러리도 사용할 수 있다.

어떤 경우이든 결국에는 유레카 라이브러리를 쓸 수 있느냐 없느냐로 귀결된다. 따라서 고가용성 주울을 구성하는 방법 역시 두 가지로 나뉜다.

클라이언트가 유레카 클라이언트이기도 할 때의 고가용성 주울

클라이언트가 유레카 클라이언트이기도 하면 주울은 다른 마이크로서비스와 마찬가지 방식으로 구성될 수 있다. 주울은 자신의 서비스 ID로 유레카에 자신을 등록하면 클라이언트는 유레카에 등록된 서비스 ID를 통해 주울 인스턴스에 접근할 수 있다.

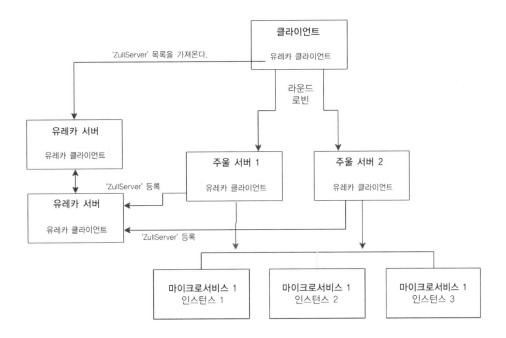

앞의 그림에서 볼 수 있는 것처럼 주울 서비스는 이번 예제에 사용된 search-apigateway 같은 서비스 ID로 자기 자신을 유레카에 등록한다. 유레카 클라이언트는 search-apigateway라는 서비스 ID를 이용해서 서버의 목록을 요청한다. 유레카 서버는 현재 주울 토폴로지를 바탕으로 서버의 목록을 반환한다. 유레카 클라이언트는 받아온 서버 목록 중 하나를 선택해서 호출한다.

유레카 클라이언트는 서비스 ID를 통해 주울 인스턴스를 식별해낼 수 있다. 다음 코드에서는 search-apigateway가 유레카에 등록된 주울 서비스 ID다.

```
Flight[] flights = searchClient.postForObject(
    "http://search-apigateway/api/search/get",
    searchQuery,
    Flight[].class);
```

클라이언트가 유레카 클라이언트가 아닐 때의 고가용성 주울

클라이언트가 유레카 클라이언트가 아니면 유레카 서버에 의한 부하 분산 처리를 쓸 수 없다. 다음의 그림에 나타난 것처럼 클라이언트는 로드 밸런서에게 요청을 보내고, 결과적으로 사용할 주울 서비스 인스턴스를 로드 밸런서가 식별해낸다.

이 경우에는 주울 인스턴스는 HAProxy 또는 하드웨어 로드 밸런서인 NetScaler 같은 로드 밸런서 뒤에 위치해 실행된다.

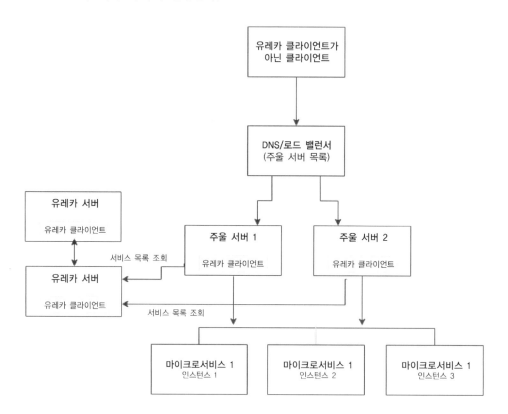

백엔드에 있는 마이크로서비스는 여전히 유레카 서버를 이용하는 주울에 의해 부하 분산 처리가 이뤄진다.

다른 모든 브라운필드 마이크로서비스에 주울 적용

이번 예제를 완성하려면 예약, 검색, 체크인, 요금 등 모든 마이크로서비스에 *-apigateway라는 이름의 API 게이트웨이 프로젝트를 추가해야 한다. 다음의 과정을 따라 모든 마이크로서비스에 주울을 적용해보자.

1. *-apigateway 서비스마다 새로운 속성 정보 파일을 생성하고 깃 저장소에 저장한다.[19]

2. application.properties 파일을 bootstrap.properties 파일로 이름을 바꾸고 필요한 설정 내용을 추가한다.

3. @EnableZuulProxy를 모든 *-apigateway 프로젝트의 Application.java 파일에 추가한다.

4. @EnableDiscoveryClient를 모든 *-apigateway 프로젝트의 Application.java 파일에 추가한다.

5. 선택 옵션으로 패키지 이름과 파일 이름을 바꾼다.

결과적으로 다음과 같이 4개의 API 게이트웨이 프로젝트가 생성된다.

- chapter7.fares-apigateway
- chapter7.search-apigateway
- chapter7.checkin-apigateway
- chapter7.book-apigateway

---

19. 다음과 같이 작성한다. - 옮긴이

```
spring.application.name=서비스이름-apigateway
zuul.routes.search-apigateway.serviceId=서비스이름-service
zuul.routes.search-apigateway.path=/api/**
eureka.client.serviceUrl.defaultZone=http://localhost:8761/eureka/
```

▌ 리액티브 마이브로서비스를 위한 스트림

스프링 클라우드 스트림은 메시징 인프라스트럭처 추상화 계층을 제공한다. 추상화 계층 아래에 있는 실제 메시징 구현체는 래빗엠큐, 레디스[Redis] 또는 카프카[Kafka]일 수도 있다. 스프링 클라우드 스트림에서는 선언적으로 메시지를 주고받는 방법을 제공해준다.

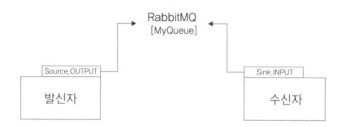

앞의 그림에 나타난 대로 클라우드 스트림은 입구[source]와 출구[sink]에서 동작한다. 입구는 메시지가 들어가서 발신되는 곳이고, 출구는 메시지가 나와서 수신되는 곳이다.

앞의 그림에서는 발신자가 메시지를 보낼 수 있는 Source.OUTPUT이라는 논리적인 큐를 정의한다. 수신자는 메시지를 수신할 수 있는 Sink.INPUT이라는 논리적인 큐를 정의한다. 환경설정을 통해 OUTPUT을 INPUT으로 물리적으로 엮어줄 수 있다. 그림에서는 OUTPUT과 INPUT 모두 래빗엠큐에 물리적으로 존재하는 MyQueue를 가리키고 있다. 따라서 한쪽에서는 Source.OUTPUT이 MyQueue를 가리키고 있고, 다른 한쪽에서는 Sink.INPUT이 MyQueue를 가리키고 있다.

스프링 클라우드는 카프카에서 나오는 입력 스트림을 레디스로 된 출력 스트림으로 보내는 것과 같이 하나의 애플리케이션에서 다수의 메시징 솔루션을 쉽게 사용할 수 있게 해주는 유연성을 제공한다. 스프링 클라우드 스트림은 메시지 기반 통합의 근간을 이룬다. 클라우드 스트림 모듈 프로젝트는 다양한 말단 구현체를 제공하는 스프링 클라우드 라이브러리다.

이번에는 마이크로서비스 간 커뮤니케이션에 클라우드 스트림을 사용하게 만들어보자. 다음 그림에서 볼 수 있는 것처럼 검색 마이크로서비스에는 InventoryQ에 연결되는 SearchSink를 정의한다. 예약 마이크로서비스에는 InventoryQ와 연결돼 재고 변화 메시지를 전송하는 BookingSource를 정의한다. 비슷한 방식으로 체크인 마이크로서비스에는 래빗엠큐 위에 존재하는 CheckinQ와 연결돼 체크인 메시지를 전송하는 CheckinSource를 정의하고, 예약 마이크로서비스에는 메시지를 수신하는 BookingSink를 정의한다.

다음 그림은 스트림 기반 아키텍처를 사용하는 예제를 보여준다.

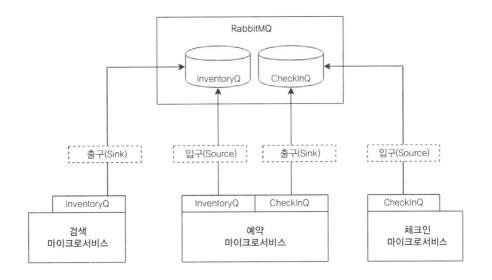

이번 예제에서는 메시지 브로커로 래빗엠큐를 사용한다. 다음 과정을 따라 해보자.

1. 예약, 검색, 체크인 프로젝트의 pom.xml 파일에 다음과 같이 의존 관계를 추가한다.

```
<dependency>
    <groupId>org.springframework.cloud</groupId>
```

```
<artifactId>spring-cloud-starter-stream-rabbit</artifactId>
</dependency>
```

2. 다음과 같이 두 개의 설정 값을 book-service.properties 파일에 추가해
서 논리적인 inventoryQ를 물리적인 inventoryQ에 바인딩하고, 논리적인
checkinQ를 물리적인 checkinQ에 바인딩한다.

```
spring.cloud.stream.bindings.inventoryQ.destination=inventoryQ
spring.cloud.stream.bindings.checkInQ.destination=checkInQ
```

3. search-service.properties 파일에 다음의 속성을 추가해서 논리적인 inventoryQ
를 물리적인 inventoryQ에 바인딩한다.

```
spring.cloud.stream.bindings.inventoryQ.destination=inventoryQ
```

4. checkin-service.properties 파일에 다음의 속성을 추가해서 논리적인 checkinQ
를 물리적인 checkinQ에 바인딩힌다.

```
spring.cloud.stream.bindings.checkInQ.destination=checkInQ
```

5. 변경 사항을 깃 저장소에 커밋한다.

6. 이제 소스코드를 수정해보자. 검색 마이크로서비스는 예약 마이크로서비스에
서 전송한 메시지를 받아 사용하므로, 예약 마이크로서비스가 입구[Source]가 되
고 검색 마이크로서비스는 출구[Sink]가 된다.

7. @EnableBinding 애노테이션을 예약 서비스의 Sender 클래스에 추가하면 클
래스 패스에 있는 메시지 브로커 라이브러리를 바탕으로 클라우드 스트림이
자동 환경설정을 수행한다. 예제에서 사용되는 메시지 브로커는 래빗엠큐다.

BookingSource 파라미터는 이 환경설정에 사용되는 논리적인 채널을 정의한다.

```
@EnableBinding(BookingSource.class)
public class Sender {
```

BookingSource는 inventoryQ라는 메시지 채널을 정의한다. inventoryQ는 환경설정에서 지정한 대로 래빗엠큐의 물리적인 inventoryQ에 바인딩된다. BookingSource는 채널이 출력 타입이며, 따라서 메시지가 이 모듈에서 나가서 외부로 전송된다는 것을 의미하는 @Output이라는 애노테이션을 사용한다. 이 정보는 메시지 채널을 자동 환경설정할 때 사용된다.

```
interface BookingSource {
    public static String InventoryQ="inventoryQ";
    @Output("inventoryQ")
    public MessageChannel inventoryQ();
}
```

8. 서비스가 오직 하나의 출구와 입구만을 가진다면 자체적인 인터페이스를 사용하지 않고 스프링 클라우드 스트림에서 기본으로 제공하는 **Source** 인터페이스를 사용할 수도 있다.

```
public interface Source {
    @Output("output")
    MessageChannel output();
}
```

9. 메시지 발신자 쪽에 BookingSource를 바탕으로 메시지 채널을 정의한다. 다음 코드는 BookingSource에서 정의한 inventoryQ라는 출력 메시지 채널을 주입한다.

```
@Output (BookingSource.InventoryQ)
@Autowired
private MessageChannel;
```

10. BookSender에 있는 send 메소드를 다시 구현한다.

```
public void send(Object message){
    messageChannel.send(
        MessageBuilder.withPayload(message).build( ));
}
```

11. 예약 서비스에서 했던 것과 마찬가지 방식으로 다음과 같이 Receiver 클래스를 추가한다.

```
@EnableBinding(SearchSink.class)
public class Receiver {
```

12. SearchSink 인터페이스를 다음과 같이 작성해서 논리적인 출구 큐를 정의한다. 이번에 사용되는 메시지 채널은 메시지를 받아들이는 쪽이므로 @Input 애노테이션을 추가한다.

```
interface SearchSink {
    public static String INVENTORYQ="inventoryQ";

    @Input("inventoryQ")
    public MessageChannel inventoryQ( );
}
```

13. 다음과 같이 메시지를 수신할 수 있게 검색 서비스의 Receiver 클래스를 수정한다.

```
public void accept(Map<String,Object> fare){
    searchComponent.updateInventory(
        (String)fare.get("FLIGHT_NUMBER"),
        (String)fare.get("FLIGHT_DATE"),
        (int)fare.get("NEW_INVENTORY"));
}
```

14. 메시지 브로커를 연결하기 위해 다음의 정보는 모든 브라운필드 마이크로서
비스에서 여전히 필요하다.

```
spring.rabbitmq.host=localhost
spring.rabbitmq.port=5672
spring.rabbitmq.username=guest
spring.rabbitmq.password=guest
server.port=8090
```

15. 모든 서비스를 실행하고 website 프로젝트도 실행한다. website 프로젝트는
검색, 예약, 체크인 서비스에 정상적으로 접근할 수 있다. 브라우저에서
http://localhost:8001에 접속해도 동일한 테스트를 진행할 수 있다.

▌ 스프링 클라우드 시큐리티를 활용한 마이크로서비스 보호

일체형 애플리케이션에서는 사용자가 로그인하면 사용자 관련 정보는 HTTP 세션에
저장된다. 그 이후의 모든 요청은 HTTP 세션에 저장된 정보를 기준으로 검증된다.
이 방식은 모든 요청이 세션 선호affinity를 통하든 분리돼 공유되는 세션 저장소에 있는
세션 정보를 통하든 결국 동일한 세션을 통해 라우팅되므로 관리하기 쉽다.

마이크로서비스에서는 많은 서비스가 배포되고 원격으로 연결하므로 인가되지 않은
접근으로부터 시스템을 보호하기가 더 어렵다. 마이크로서비스에서 이를 해결하는

전형적인 단순한 패턴은 게이트웨이를 경비병watchdog으로 두고 경계를 넘지 못하게 보안을 구현하는 것이다. 게이트웨이로 들어오는 모든 요청은 일종의 암구어를 요청 받고 올바른 암구어를 대야만 통과할 수 있다. 이때 마이크로서비스로 향하는 모든 요청이 API 게이트웨이를 거쳐 가도록 보장하는 것이 중요하다. 일반적으로 앞단에 있는 로드 밸런서가 게이트웨이로 요청을 보내는 유일한 클라이언트일 것이다. 이 방식에서 마이크로서비스는 모든 요청이 이미 인증을 받고 신뢰할 수 있다고 가정하고, 인증 절차를 수행하지 않고 요청을 처리한다. 이는 모든 마이크로서비스 종단점은 모두에게 열려있음을 의미한다.

하지만 이 방식은 엔터프라이즈 사이버 보안 차원에서는 용납될 수 없다. 이를 해결하는 방법은 네트워크를 격리하고 안전지대를 만들어서 서비스가 게이트웨이에만 열려 있게 하는 것이다. 이를 구현하는 단순한 패턴은 예제에서 사용한 것처럼 마이크로서비스마다 1:1로 게이트웨이를 두는 것보다 여러 마이크로서비스로의 접근을 담당하는 소비자 주도consumer-driven 게이트웨이를 두는 것이다.

또는 다음 그림과 같이 토큰 릴레이token relay를 활용하는 방식도 있다.

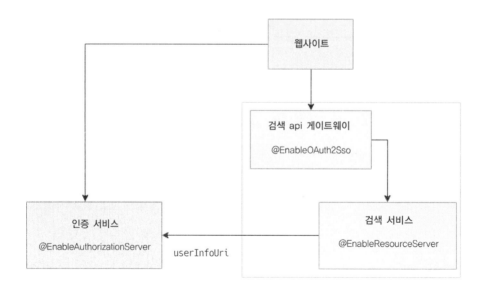

이렇게 하면 각 마이크로서비스는 중앙의 인증 서버를 두는 자원^{resource} 서버 역할을 겸하게 된다. API 게이트웨이는 요청을 토큰과 함께 마이크로서비스로 보낸다.

▌ 브라운필드 PSS 시스템 아키텍처 정리

다음 그림에서는 컨피그 서버, 유레카, Feign, 주울, 클라우드 스트림^{Cloud Stream} 등 브라운필드 PSS 시스템의 전체적인 아키텍처를 볼 수 있다. 모든 컴포넌트에 고가용성이 적용돼 있으며, 클라이언트가 유레카 클라이언트 라이브러리를 사용한다고 가정하고 있다.

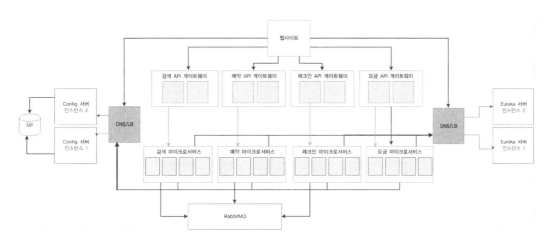

브라운필드 PSS 시스템에 포함된 마이크로서비스와 프로젝트 및 포트 번호를 정리하면 다음과 같다.

마이크로서비스	프로젝트	포트 번호
예약 마이크로서비스	chapter7.book	8060 - 8064
체크인 마이크로서비스	chapter7.checkin	8070 - 8074

(이어짐)

마이크로서비스	프로젝트	포트 번호
요금 마이크로서비스	chapter7.fares	8080 − 8084
검색 마이크로서비스	chapter7.search	8090 − 8094
웹사이트 클라이언트	chapter7.website	8001
스프링 클라우드 컨피그 서버	chapter7.configserver	8888/8889
스프링 클라우드 유레카 서버	chapter7.eurekaserver	8761/8762
예약 API 게이트웨이	chapter7.book-apigateway	8095 − 8099
체크인 API 게이트웨이	chapter7.checkin-apigateway	8075 − 8079
요금 API 게이트웨이	chapter7.fares-apigateway	8085 − 8089
검색 API 게이트웨이	chapter7.search-apigateway	8065 − 8069

마지막으로 다음 과정을 따라 전체 시스템을 실행한다.

1. 래빗엠큐를 실행한다.
2. 전체 프로젝트를 빌드하기 위해 프로젝트 루트 위치에서 다음 명령을 실행한다.

```
mvn -Dmaven.test.skip=true clean install
```

3. 각 프로젝트 폴더에서 다음과 같이 프로젝트를 실행한다.[20] 다음번 서비스를 실행하기 전에 40~50초 정도 기다려야 한다는 점을 잊지 말자.[21] 의존하고 있는 서비스가 등록되고 사용 가능해지려면 어느 정도 시간이 필요하다.

```
java -jar target/config-server-1.0.jar
```

---

20. java 9에서 실행하려면 --add-modules java.xml.bind를 추가해줘야 한다. − 옮긴이
    예) java --add-modules java.xml.bind -jar target/config-server-1.0.jar
21. 검색, 체크인, 예약 서비스 실행 시 amqp 관련 에러가 발생하면 pom.xml에서 스프링 부트의 버전을 1.5.6으로 낮추고 실행한다. − 옮긴이

```
java -jar target/eureka-server-1.0.jar
java -jar target/fares-1.0.jar
java -jar target/search-1.0.jar
java -jar target/checkin-1.0.jar
java -jar target/book-1.0.jar
java -jar target/fares-apigateway-1.0.jar
java -jar target/search-apigateway-1.0.jar
java -jar target/checkin-apigateway-1.0.jar
java -jar target/book-apigateway-1.0.jar
java -jar target/website-1.0.jar
```

4. 브라우저를 열고 http://localhost:8081에 접속한다. 6장의 프로젝트 실행 및 테스트에서 실행해봤던 항공편 예약 절차를 다시 수행해본다.

▌ 정리

7장에서는 스프링 클라우드 프로젝트를 이용해서 12 요소 스프링 부트 애플리케이션 마이크로서비스를 확장하는 방법을 알아봤다. 6장에서 만들었던 브라운필드 항공사의 PSS 마이크로서비스에 확장성을 적용하는 실습도 진행했다.

마이크로서비스의 환경설정 내용을 외부화하기 위해 스프링 컨피그 서버를 구축하는 방법을 살펴봤고, 컨피그 서버에 고가용성도 적용해봤다. 부하 분산, 동적 서비스 등록 및 탐색을 위해 유레카를 사용해봤다. 주울을 이용해서 API 게이트웨이를 구현해봤으며, 마지막으로 스프링 클라우드 스트림을 이용해서 마이크로서비스를 리액티브 방식으로 통합하는 과정도 살펴봤다.

브라운필드 항공사 PSS 시스템은 이제 인터넷 환경에 상용으로 배포할 수 있게 됐다. 히스트릭스Hystrix, 슬루스Sleuth 등의 다른 스프링 클라우드 컴포넌트는 8장에서 알아본다.

08

마이크로서비스
로깅 및 모니터링

인터넷을 통해 들어오는 대규모의 다양한 요청을 처리할 수 있는 마이크로서비스는 분산 환경에서 운영된다는 특징 때문에 각각의 마이크로서비스에 대한 로깅과 모니터링이 큰 고민거리라고 할 수 있다. 서로 다른 개별 마이크로서비스에서 발생하는 로그를 연결지어 트랜잭션의 처음부터 끝까지 추적해내는 것은 어렵다. 일체형 애플리케이션에서와 마찬가지로 분산돼 있는 마이크로서비스에도 한눈에 모니터링할 수 있는 관리 콘솔 같은 것은 없다.

8장에서는 마이크로서비스의 로깅과 모니터링의 필요성 및 중요성에 대해 알아보고, 다양한 아키텍처와 기술을 살펴보면서 로깅과 모니터링 관련 문제와 해결 방법을 심도 있게 다뤄본다.

8장에서 다루는 내용은 다음과 같다.

- 로그 관리를 위한 다양한 옵션, 도구 및 기술
- 마이크로서비스의 추적성 확보를 위한 스프링 클라우드 슬루스Spring Cloud Sleuth 의 사용법
- 마이크로서비스의 전 구간 모니터링에 사용되는 다양한 도구
- 서킷circuit 모니터링을 위한 스프링 클라우드 히스트릭스Spring Cloud Hystrix와 터바인 Turbine의 사용법
- 비즈니스 데이터 분석을 가능하게 해주는 데이터 호수data lake[1]의 사용법

로그 관리와 관련한 난제

로그는 실행 중인 프로세스에서 발생하는 이벤트의 흐름을 의미한다. 전통적인 JEE 애플리케이션 환경에서는 로그에 사용되는 프레임워크나 라이브러리가 꽤 많다. 자바 자체에 포함돼 있어서 별도의 설치도 필요하지 않은 Java LoggingJUL이 있고, Log4J, 로그백Logback, SLF4J 등과 같은 인기 있는 로깅 프레임워크도 있다. 이런 로깅 프레임 워크는 TCP 프로토콜뿐 아니라 UDP 프로토콜도 지원한다. 애플리케이션은 로그를 콘솔이나 파일 시스템으로 보내며, 쌓여진 로그가 디스크 공간을 꽉 채우는 일이 발생 하지 않게 파일 재활용 기법이 사용된다.

로그 처리와 관련해 가장 좋은 모범 사례 중 하나는 운영 모드에서는 불필요한 로그를 꺼두는 것이다. 디스크 IO는 매우 비싼 작업이기 때문이다. 불필요한 로그를 켜두는 것은 잦은 디스크 IO를 발생시켜 애플리케이션을 느리게 할 뿐 아니라 확장성에도 심각한 영향을 미칠 수 있다. 로그를 디스크에 남기려면 많은 디스크 공간이 필요하

---

1. 데이터 호수(data lake): 데이터를 가공하지 않고 있는 그대로 담아두는 커다란 저장소라는 개념이다. 데이터 호수의 개념에 대해 더 알고 싶다면 http://martinfowler.com/bliki/DataLake.html를 참고한다. - 옮긴이

며, 디스크 공간이 고갈되면 애플리케이션도 다운된다. 로깅 프레임워크는 어떤 로그를 남기고 어떤 로그를 남기지 말아야 할지 런타임에 제어할 수 있는 옵션을 제공한다. 대부분의 로깅 프레임워크는 세밀한 수준의 로깅 제어 기능을 제공하며, 로깅 관련 설정을 런타임에 변경할 수 있는 옵션을 제공한다.

로그는 중요한 정보를 담고 있기도 하므로 적절히 분석한다면 높은 가치의 정보를 얻을 수도 있다. 그래서 로그를 남기는 것을 제한하면 애플리케이션의 동작을 이해하는 데 방해가 되는 것도 사실이다.

전통적인 비클라우드 환경에서 클라우드 환경으로 옮겨오면 애플리케이션은 더 이상 미리 정의한 사양의 특정한 장비에 종속되지 않는다. 가상머신과 컨테이너는 애플리케이션과 강한 결합 관계를 맺지 않는다. 배포에 사용되는 장비는 그때그때 다를 수 있다. 게다가 도커 같은 컨테이너는 본질적으로 짧은 수명을 전제로 한다. 이는 결국 디스크의 저장 상태에 더 이상 의존할 수 없음을 의미한다. 디스크에 기록된 로그는 컨테이너가 종료되고 재시작되면 사라질 수 있다. 그래서 로그 파일을 로컬 장비의 디스크에 기록하는 것에 의존해서는 안 된다.

2장에서 살펴본 것처럼 12 요소 애플리케이션에서 말하는 원칙 중 하나는 로그 파일을 애플리케이션 내부에 저장하지 말라는 로그 외부화다. 마이크로서비스는 독립적인 물리적 장비 혹은 가상머신에서 운영되므로, 외부화하지 않은 로그 파일은 결국 각 마이크로서비스별로 파편화fragmented된다. 이렇게 되면 여러 마이크로서비스에 걸쳐서 발생하는 트랜잭션을 처음부터 끝까지 추적하는 것은 불가능해진다.

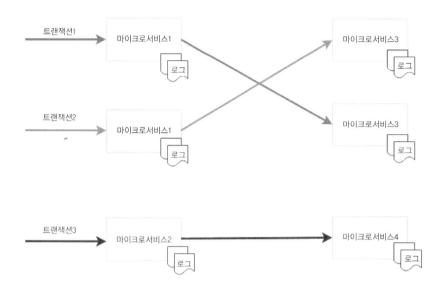

앞의 그림에 나온 것처럼 각 마이크로서비스는 각자의 로컬 파일 시스템에 로그를 남긴다. 트랜잭션1은 마이크로서비스1을 호출하고, 마이크로서비스1은 마이크로서비스3을 호출한다. 마이크로서비스1과 마이크로서비스3은 물리적으로 다른 장비에서 실행되고 있으므로, 마이크로서비스1과 마이크로서비스3은 물리적으로 별개인 각자의 로그 파일에 로그를 남긴다. 이렇게 되면 트랜잭션의 흐름을 처음부터 끝까지 연결해가며 이해하는 것이 매우 어려워진다. 또한 2개의 마이크로서비스1 인스턴스와 2개의 마이크로서비스3 인스턴스는 서로 다른 2대의 장비 위에서 실행되고 있는데, 이 경우 서비스 수준에서 로그를 통합하고 집계하는 것은 매우 어렵다.

▌ 중앙 집중형 로깅

앞에서 살펴봤던 난제들을 해결하려면 전통적인 로깅 방식을 심각하게 재검토해야 한다. 새로운 로깅 방식은 앞에서 언급했던 난제들을 해결하는 것뿐 아니라 다음과 같은 역량도 갖춰야 한다.

- 모든 로그 메시지를 수집할 수 있는 능력과 로그 메시지를 분석할 수 있는 능력
- 트랜잭션의 처음부터 끝까지 연결지어가며 추적할 수 있는 능력
- 로그 정보를 오랜 기간 동안 보관해서 트렌드를 파악하고 예측하는 능력
- 로컬 디스크 시스템에 대한 의존을 제거하는 능력
- 네트워크 장치, 운영체제, 마이크로서비스 등과 같은 여러 소스에서 오는 로그 정보를 수집하는 능력

이런 문제들을 해결하려면 로그의 출처와 관계없이 모든 로그를 중앙 집중적으로 저장하고 분석해야 한다. 이런 새로운 로깅 방식에 도입된 기본적인 원칙은 로그의 저장과 처리를 서비스 실행 환경에서 떼어내는 것이다. 엄청나게 많은 수의 로그 메시지를 마이크로서비스 실행 환경에서 저장하고 처리하는 것보다 빅데이터 솔루션을 활용해서 처리하는 것이 훨씬 효율적이다.

중앙 집중형 로깅 방식에서는 각 서비스의 실행 환경에서 발생한 로그 메시지가 한곳에 모아진 후 중앙의 빅데이터 저장소로 보내진다. 로그 분석과 처리는 빅데이터 솔루션에 의해 수행된다.

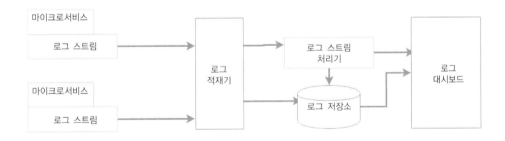

앞의 그림에 표시된 것처럼 중앙 집중형 로깅 방식은 다음과 같은 컴포넌트들로 구성돼 있다.

- **로그 스트림(log stream)** 로그 생산자가 만들어내는 로그 메시지의 스트림을

말한다. 로그 생산자는 마이크로서비스일 수도 다른 애플리케이션일 수도 있으며, 심지어 네트워크 장비일 수도 있다. 일반적인 자바 기반의 시스템에서 로그 스트림은 Log4J 로그 메시지 스트리밍과 같다.

- **로그 적재기(log shipper)** 로그 적재기는 서로 다른 로그 생산자나 종단점에서 나오는 로그 메시지의 수집을 담당한다. 로그 적재기는 메시지를 데이터베이스에 쓰거나, 대시보드에 푸시하거나, 실시간 처리를 담당하는 스트림 처리 종단점으로 보내는 등 여러 다른 종단점으로 메시지를 보낸다.

- **로그 저장소(log store)** 로그 저장소는 실시간 분석, 트렌드 분석 등을 위해 모든 로그 메시지를 저장하는 책임을 진다. 일반적으로 로그 저장소는 대용량 데이터를 처리할 수 있는 HDFS 같은 NoSQL 데이터베이스다.

- **로그 스트림 처리기** 로그 스트림 처리기는 신속한 의사 결정에 필요한 실시간 로그 이벤트를 분석할 수 있다. 스트림 처리기는 대시보드로 정보를 전송하거나 알람 공지 등의 역할을 담당한다. 자체 치유 시스템self-healing system에서는 스트림 처리기가 문제점을 바로잡는 역할을 수행하기도 한다.

- **로그 대시보드** 로그 대시보드는 로그 분석 결과를 그래프나 차트로 한눈에 파악할 수 있게 해준다. 대시보드는 운영 조직이나 관리 조직에서 많이 사용된다.

중앙 집중형 방식의 장점은 로컬 I/O나 디스크 쓰기 블로킹blocking이 없으며, 로컬 장비의 디스크 공간을 사용하지도 않는다는 점이다. 이런 아키텍처는 빅데이터 처리에 사용되는 람다 아키텍처와 근본적으로 비슷하다.

 람다 아키텍처에 대한 내용은 http://lambda-architecture.net을 참고한다.

각 로그 메시지에 컨텍스트, 메시지, 연관 IDcorrelation ID를 포함하는 것은 매우 중요하다. 컨텍스트는 보통 타임스탬프timestamp, IP 주소, 사용자 정보, 처리 상세 정보(서비스,

클래스, 함수 등), 로그 유형, 분류 등의 정보를 담고 있다. 메시지는 쉽고 간단한 텍스트 형식이다. 연관 ID는 서비스 호출 사이에서 추적성을 유지하기 위해 사용되며, 마이크로서비스 사이에서의 호출도 추적할 수 있게 해준다.

▌ 로깅 솔루션

중앙 집중식 로깅 솔루션을 구현하는 데 사용할 수 있는 옵션은 여러 가지가 있다. 이러한 솔루션은 다양한 접근 방식, 아키텍처 및 기술을 사용한다. 필요한 기능을 이해하고 필요에 맞는 올바른 솔루션을 선택하는 것이 중요하다.

클라우드 서비스

SaaS 솔루션으로 제공되는 다양한 클라우드 로깅 서비스가 있다. 로글리^{Loggly}는 가장 많이 사용되는 클라우드 기반 로깅 서비스 중 하나다. 스프링 부트 마이크로서비스는 로글리의 Log4j 및 로그백 어펜더$^{Logback\ appenders}$를 사용해 로그 메시지를 로글리 서비스로 직접 스트리밍할 수 있다.

애플리케이션이나 서비스가 AWS에 배포된 경우 로그 분석을 위해 AWS 클라우드트레일^{CloudTrail}을 로글리와 통합할 수 있다.

또 다른 클라우드 기반 로깅 솔루션으로는 페이퍼트라이얼^{Papertrial}, 로그신^{Logsene}, 스모로직$^{Sumo\ Logic}$, 구글 클라우드 로깅$^{Google\ Cloud\ Logging}$ 및 로그엔트리^{Logentries}가 있다. 시큐리티 오퍼레이션 센터$^{SOC,\ Security\ Operations\ Center}$에 있는 일부 도구도 중앙 집중형 로그 관리에 사용할 수 있나.

클라우드 로깅 서비스는 단순한 통합 서비스로 제공하기 때문에 복잡한 인프라와 대용량 스토리지 솔루션에 대한 오버헤드를 없애준다.

내장 가능한 로깅 솔루션

사내 데이터 센터 또는 클라우드에 설치돼 전 구간을 아우르는 로그 관리 기능을 제공하는 많은 특별한 도구가 있다.

그레이로그Graylog는 인기 있는 오픈소스 로그 관리 솔루션 중 하나며, 로그 저장을 위해 일래스틱서치ElasticSearch를 사용하고 메타데이터 저장소로 몽고디비MongoDB를 사용한다. 그레이로그는 또한 Log4j 로그 스트리밍을 위해 GELF 라이브러리를 사용한다.

스플렁크Splunk는 로그 관리 및 분석에 사용할 수 있는 상용 도구 중 하나다. 로그를 수집하는 다른 솔루션에서는 로그 스트리밍 방식을 사용하는데, 스플렁크는 로그 파일 적재 방식을 사용한다.

최상의 조합

마지막 방법은 동급 최강의 컴포넌트를 선택해 커스텀 로깅 솔루션을 구축하는 것이다.

로그 적재기

서비스 전 구간을 아우르는 로그 관리 솔루션을 구축하기 위해 다른 도구와 결합될 수 있는 로그 적재기가 있으며, 로그 적재 도구마다 기능이 다르다.

로그스태시Logstash는 로그 파일을 수집하고 적재하는 데 사용할 수 있는 강력한 데이터 파이프라인 도구다. 로그스태시는 서로 다른 소스에서 스트리밍 데이터를 받아 다른 대상과 동기화하는 메커니즘을 제공하는 브로커 역할을 한다. 또한 Log4j와 로그백 어펜더는 스프링 부트 마이크로서비스에서 로그스태시로 그 메시지를 직접 보내는 데 사용할 수 있으며, 로그스태시는 스프링 부트 마이크로서비스에서 받은 로그 메시지를 일래스틱서치, HDFS 또는 다른 데이터베이스에 저장한다.

플루언트디^{Fluentd}는 로그스파웃^{LogSpout}과 마찬가지로 로그스태시와 매우 유사한 또 다른 도구지만, 도커 컨테이너 기반 환경에서는 로그스파웃이 더 적합하다.

로그 스트림 처리기

스트림 처리 기술은 필요에 따라 로그 스트림을 즉시 처리하는 데 사용된다. 예를 들어 특정 서비스 호출에 대한 응답으로 404 오류가 계속 발생하는 경우 이는 서비스에 문제가 있음을 의미하는데, 이런 상황은 가능한 한 빨리 처리해야 한다. 스트림 처리기는 전통적인 반응 분석에서는 할 수 없는 어떤 특정 이벤트 스트림에 반응할 수 있기 때문에 404 오류 처리처럼 시급히 처리해야 하는 상황에서 사용하기에 매우 편리하다.

스트림 처리에 사용되는 일반적인 아키텍처에서는 플룸^{Flume}과 카프카^{Kafka}를 스톰^{Storm} 또는 스파크 스트리밍^{Spark Streaming}과 함께 사용한다. Log4j에는 로그 메시지를 수집하는 데 유용한 플룸 어펜더가 있다. 이러한 메시지는 분산된 카프카 메시지 큐에 푸시된다. 스트림 프로세서는 카프카에서 데이터를 수집하고 일래스틱서치 및 기타 로그 저장소로 보내기 전에 즉시 처리한다.

스프링 클라우드 스트림^{Spring Cloud Stream}, 스프링 클라우드 스트림 모듈^{Spring Cloud Stream Modules} 및 스프링 클라우드 데이터 플로우^{Spring Cloud Data Flow}를 사용해 로그 스트림 처리를 구축할 수도 있다.

로그 저장소

실시간 로그 메시지는 일반적으로 일래스틱서치에 저장된다. 일래스틱서치를 사용하면 클라이언트가 텍스트 기반 인덱스를 바탕으로 쿼리할 수 있다. 일래스틱서치 외에도 HDFS는 일반적으로 아카이브된 로그 메시지를 저장하는 데 사용된다. 몽고디비 또는 카산드라^{Cassandra}는 매월 집계되는 트랜잭션 수와 같은 요약 데이터를 저장하는 데 사용된다. 오프라인 로그 처리는 하둡^{Hadoop}의 맵리듀스^{MapReduce} 프로그램을 사용해서 수행할 수 있다.

대시보드

중앙 집중형 로깅 솔루션에 필요한 마지막 부분은 대시보드다. 로그 분석을 위해 가장 일반적으로 사용되는 대시보드는 일래스틱서처 데이터 스토어에서 사용되는 키바나^{Kibana} 가 있다. 그래파이트^{Graphite} 및 그래파나^{Grafana}도 로그 분석 보고서를 표시하는 데 사용된다.

사용자 정의 로깅 구현

앞에서 언급한 도구를 활용해 사용자 지정 구간 전체를 대상으로 로깅 솔루션을 구축할 수 있다. 사용자 정의 로그 관리에 가장 일반적으로 사용되는 아키텍처는 로그스태시, 일래스틱서치 및 키바나(ELK 스택이라고도 함)의 조합이다.

8장의 예제 완성본 소스코드는 https://github.com/rajeshrv/Spring5Microservice/chapter8에 있다. 본문의 내용을 따라 하려면 chapter7 폴더 안의 chapter7.configserver, chapter7.eurekaserver, chapter7.search, chapter7.search-apigateway, chapter7.website를 복사해서 chapter8.*로 이름을 바꾼 후에 시작한다.

참고: 스프링 클라우드 Dalston SR1은 공식적으로 스프링 부트 1.5.2.RELEASE를 지원하지만, 히스트릭스와 관련한 몇 가지 문제가 있다. 히스트릭스 예제를 테스트하려면 스프링 부트 버전 1.5.4.RELEASE를 사용하는 것이 좋다.[2]

다음은 로그 모니터링 흐름이다.

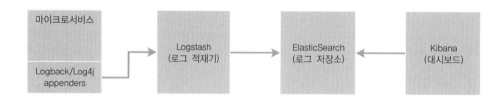

---

2. 2018년 1월 현재 스프링 이니셜라이저 사이트에서는 스프링 부트 1.5.9를 지원하고 있다. – 옮긴이

이 절에서는 ELK 스택을 사용하는 사용자 지정 로깅 솔루션의 간단한 구현을 살펴본다.

다음과 같은 과정에 따라 로깅을 위한 ELK 스택을 구현한다.

1. https://www.elastic.co에서 일래스틱서치, 키바나, 그리고 로그스태시를 다운로드해 설치한다.

2. 검색 마이크로서비스(chaper8.search)를 업데이트한다. 검색 마이크로서비스의 Application.java에 로깅 코드가 있는지 검토하고 확인한다. 로깅 코드는 특별하지 않으며, 다음과 같이 slf4j를 사용한 간단한 코드다.

```
import org.slf4j.Logger;
import org.slf4j.LoggerFactory;

//관련 코드

private static final Logger logger =
    LoggerFactory.getLogger(SearchRestController.class);

//관련 코드

logger.info("Looking to load flights...");

for (Flight flight :
    flightRepository
        .findByOriginAndDestinationAndFlightDate(
        "NYC", "SFO", "22-JAN-18")) {
      logger.info(flight.toString());
}
```

3. 검색 서비스의 pom.xml 파일에 다음과 같이 로그스태시 의존성을 추가해 로그백을 로그스태시에 통합한다.

```xml
<dependency>
    <groupId>net.logstash.logback</groupId>
    <artifactId>logstash-logback-encoder</artifactId>
    <version>4.6</version>
</dependency>
```

4. 기본 로그백 설정을 오버라이드한다. 다음 예제 코드를 src/main/resources 아래의 새로운 logback.xml 파일에 추가하면 된다.

```xml
<xml version="1.0" encoding="UTF-8" >
<configuration>
    <include resource="org/springframework/boot/logging/logback/
        defaults.xml"/>
    <include resource="org/springframework/boot/logging/logback/
        console-appender.xml" />
    <appender name="stash" class="net.logstash.logback.appender.
        LogstashTcpSocketAppender">
        <destination>localhost:4560</destination>
        <!-- 여기에 인코더 필요 -->
        <encoder class="net.logstash.logback.encoder.
            LogstashEncoder" />
    </appender>
    <root level="INFO">
        <appender-ref ref="CONSOLE" />
        <appender-ref ref="stash" />
    </root>
</configuration>
```

위 설정은 4560 포트로 리스닝하고 있는 로그스태시 서비스로 흘러드는 모든 로그 메시지를 처리할 새 TCP 소켓 어펜더로 기본 로그백 어펜더 설정을 오버라이드한다.

5. logstash.conf 파일에 다음 코드와 같이 설정을 작성하고 저장한다. 이 파일의 위치는 로그스태시를 시작할 때 인수로 전달되므로 상관없다. 이 설정은 4560 포트의 수신 대기 소켓에서 입력을 받아 9200 포트에서 실행되는 일래스틱서치로 출력을 보낼 것이다. stdout은 선택 사항이며, 디버그^{debug}로 설정된다.

```
input {
    tcp {
        port => 4560
        host => localhost
    }
}
output {
    elasticsearch { hosts => ["localhost:9200"] }
    stdout { codec => rubydebug }
}
```

6. 다음과 같이 로그스태시, 일래스틱서치, 키바나를 실행한다.

```
./bin/elasticsearch
./bin/kibana
./bin/logstash -f logstash.conf
```

7. 검색 마이크로서비스를 실행한다. 그러면 유닛 테스트 케이스가 호출돼 앞에서 언급한 로그를 출력하게 된다. 검색 마이크로서비스를 실행할 때 래빗엠큐^{RabbitMQ}, 컨피그^{Config} 서버, 유레카^{Eureka} 서버가 먼저 실행되고 있어야 한다.

8. 브라우저를 켜고 http://localhost:5601을 입력해 키바나에 접근한다. Settings ▶ Configure an index pattern에 접근하면 다음과 같은 화면이 나타난다.

Configure an index pattern

In order to use Kibana you must configure at least one index pattern. Index patterns are used to identify the Elasticsearch index to run search and analytics against. They are also used to configure fields.

☑ Index contains time-based events
☐ Use event times to create index names

Index name or pattern

Patterns allow you to define dynamic index names using * as a wildcard. Example: logstash-*

logstash-*

Time-field name ❶ refresh fields

@timestamp

Create

9. 로그를 볼 수 있는 Discover 메뉴로 이동한다. 모든 게 성공했다면 다음과 같은 키바나 스크린샷을 볼 수 있을 것이며, 로그 메시지는 키바나 화면에 표시된다.

키바나는 로그 메시지를 사용해 요약 차트와 그래프를 쉽게 작성할 수 있는 기능을 제공한다.

키바나 UI는 다음과 같다.

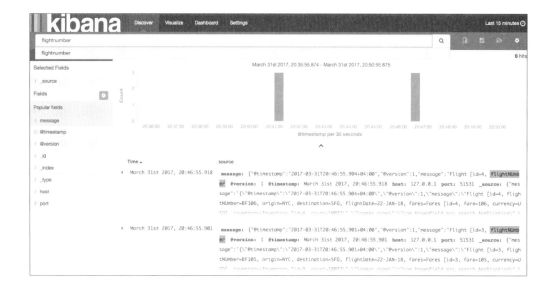

스프링 클라우드 슬루스로 분산 로그 추적

마이크로서비스에서 분산되고 파편화되는 로깅 문제를 중앙 집중형 로깅 방식으로 해결하는 방법을 앞에서 알아봤다. 중앙 집중형 로깅 솔루션을 사용하면 모든 로그를 중앙 저장소에 보관할 수 있다. 그러나 여전히 트랜잭션의 전 구간을 추적하는 것은 거의 불가능하다. 여러 마이크로서비스에 걸쳐 있는 트랜잭션의 전 구간을 추적하려면 하나의 연관 ID가 있어야 한다.

트위터의 집킨^{Zipkin}, 클라우데라^{Cloudera}의 HTrace 및 구글의 대퍼^{Dapper} 시스템은 분산 추적에 사용되는 시스템이며, 스프링 클라우드는 스프링 클라우드 슬루스 라이브러리를 사용하고 그 위에 래퍼^{wrapper} 컴포넌트를 제공한다.

분산형 추적은 **구간**^{span}과 **추적**^{trace} 개념으로 동작한다. 구간은 작업 단위로 볼 수 있는데, 예를 들어 하나의 서비스 호출은 64비트의 구간 ID^{span ID}로 식별된다. 여러 개의 구간으로 이뤄진 한 세트의 트리 구조를 추적^{trace}이라고 한다. 추적 ID^{trace ID}를 사용해 서비스의 호출을 처음부터 끝까지 추적할 수 있다.

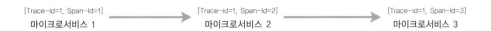

다이어그램에 보여주는 것과 같이 마이크로서비스 1은 마이크로서비스 2를 호출하고 있고, 마이크로서비스 2는 마이크로서비스 3을 호출하고 있다. 이 경우 다이어그램에 표시된 것과 같이 동일한 추적 ID가 모든 마이크로서비스에 전달돼 트랜잭션의 전 구간을 추적하는 데 사용할 수 있다.

이를 보여주기 위해 검색 API 게이트웨이 및 검색 마이크로서비스를 사용한다. 새로운 종단점은 검색 서비스를 내부적으로 호출해서 데이터를 반환하는 검색 API 게이트웨이(chapter8.search-apigateway)에 추가돼야 한다. 추적 ID가 없으면 웹사이트에서 검색 API 게이트웨이로, 이어서 검색 마이크로서비스로 오는 호출을 추적하거나 연결

짓는 것은 거의 불가능하다. 지금과 같은 경우에는 2~3개의 서비스만 관련 있지만, 복잡한 환경에서는 상호 의존적인 서비스가 더 많이 있을 수 있다.

슬루스를 사용해 예제를 만들려면 다음 과정을 따른다.

1. 검색 마이크로서비스와 검색 API 게이트웨이를 업데이트한다. 일단 각 POM 파일에 다음과 같이 슬루스 의존 관계를 추가해야 한다.

```
<dependency>
    <groupId>org.springframework.cloud</groupId>
    <artifactId>spring-cloud-starter-sleuth</artifactId>
</dependency>
```

2. 앞에서 봤던 예제처럼 검색 서비스에 로그스태시 의존 관계와 로그백 설정을 추가한다.

3. 다음 단계는 다음과 같이 로그백 설정에 두 개의 속성[property]을 추가한다.

```
<property name="spring.application.name"
    value="search-service"/>
<property name="spring.application.name"
    value="search-apigateway"/>
```

4. 다음과 같이 검색 API 게이트웨이에 검색 서비스를 호출하는 새 종단점을 추가한다. 이 종단점을 통해 호출 구간에 포함되는 다수의 마이크로서비스에 추적 ID를 전파할 수 있다. 게이트웨이에 있는 이 새로운 메소드는 검색 서비스를 호출해서 공항의 운영 허브 정보를 받아온 후 이를 반환한다. @Loadbalanced가 붙은 RestTemplate과 로거[Logger]가 SearchAPIGateway. java에 추가돼야 한다.

```
@RequestMapping("/hubongw")
String getHub(HttpServletRequest req){
    logger.info("Search Request in API gateway
            for getting Hub, forwarding to search-service ");

    String hub = restTemplate.getForObject(
            "http://search-service/search/hub", String.class);

    logger.info("Response for hub received, Hub "+ hub);

    return hub;
}
```

5. 다음과 같이 검색 서비스에 또 다른 종단점을 추가한다.

```
@RequestMapping("/hub")
String getHub(){
    logger.info("Searching for Hub, received from search-apigateway ");
    return "SFO";
}
```

6. 종단점을 추가한 후에 두 서비스를 모두 실행한다. 브라우저에 다음 주소를
   입력해 게이트웨이 종단점(/hubongw)을 통해 게이트웨이의 새 허브에 접근해
   본다.

```
http:// localhost:8095/hubongw
```

앞에서 말했듯이 검색 API 게이트웨이는 8095 포트로 실행되고 있고, 검색
서비스는 8090 포트로 실행되고 있다.

7. 추적 ID와 구간 ID가 출력된 콘솔 로그를 살펴보자. 다음 출력 내용은 검색
   API 게이트웨이에서 온 것이다.

```
2017-03-31 22:30:17.780 INFO
[search-apigateway,9f698f7ebabe6b83,9f698f7ebabe6b83,false]
47158 --- [nio-8095-exec-1]
c.b.p.s.a.SearchAPIGatewayController: Response for hub
received, Hub SFO
```

다음 출력 내용은 검색 서비스에서 온 것이다.

```
2017-03-31 22:30:17.741 INFO [search-
service,9f698f7ebabe6b83,3a63748ac46b5a9d,false]
47106---[nio-8090-exec-
1]c.b.p.s.controller.SearchRestController : Searching
for Hub, received from search-apigateway
```

추적 ID는 둘 모두 9f698f7ebabe6b83으로 동일하다.

8. 키바나 콘솔을 열고 앞에서 확인한 추적 ID로 검색해본다. 추적 ID는
9f698f7ebabe6b83이다. 다음 스크린샷에서 볼 수 있듯이 추적 ID를 사용하
면 여러 서비스에 걸쳐있는 서비스 호출을 추적할 수 있다.

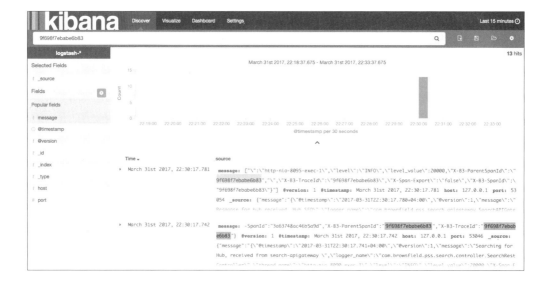

▌마이크로서비스 모니터링

마이크로서비스는 유연한 배포 토폴로지를 가진 진정한 분산 시스템이다. 정교한 모니터링이 없다면 운영 팀은 대규모 마이크로서비스를 관리하는 데 어려움을 겪을 수 있다. 전통적인 일체형 애플리케이션 배포는 다수의 알려진 서비스, 인스턴스, 컴퓨터 등으로 한정되는데, 이는 잠재적으로 서로 다른 시스템에서 실행되는 많은 수의 마이크로서비스 인스턴스에 비해 관리가 더 쉽다. 좀 더 복잡해지면 이러한 서비스들은 자신들의 배포 토폴로지를 동적으로 변경한다. 중앙 집중식 로깅 기능은 문제의 일부분만 해결할 수 있으므로, 운영 팀이 런타임 배포 토폴로지와 시스템 동작을 이해하는 것이 중요하다. 이는 중앙 집중형 로깅이 제공할 수 있는 것 이상을 요구한다.

일반적으로 모니터링이란 지표, 집계 및 특정 기준 값에 대한 유효성 검사의 모음이다. 서비스 수준의 결함이 있는 경우 모니터링 도구는 경고를 생성해 관리자에게 전달한다. 수백 또는 수천 개의 상호 연결된 마이크로서비스 환경에서 전통적인 모니터링 방식은 효과적이지 못하다. 모니터링에 대한 단일 접근 방식이나 하나의 창구로 모든 것을 모니터링하는 방식을 대규모 마이크로서비스에 적용하는 것은 쉽지 않다.

마이크로서비스 모니터링의 주요 목표 중 하나는 사용자 경험 관점에서 시스템의 동작을 이해하는 것이다. 이렇게 하면 전 구간의 동작에 일관성이 생기고, 사용자가 기대하는 대로 동작하게 된다.

모니터링의 어려움

파편화된 로깅 문제와 마찬가지로 마이크로서비스 모니터링의 핵심은 마이크로서비스 생태계에 동적인 부분들이 낳나는 점이다.

주요 문제들을 요약하면 다음과 같다.

- 통계와 지표가 많은 서비스, 인스턴스, 장비에 걸쳐 파편화돼 있다.

- 마이크로서비스들이 서로 다른 기술들로 구현돼 있을 수 있으며, 이로 인해 문제가 더 복잡해진다. 단일 모니터링 도구는 필요한 모든 모니터링 옵션을 제공하지 않을 수 있다.
- 마이크로서비스 배포 토폴로지는 동적이므로 서버, 인스턴스 및 모니터링 파라미터를 미리 구성할 수 없다.

전통적인 모니터링 도구의 대다수는 일체형 애플리케이션을 모니터링하는 데 적합하지만, 분산돼 있고 상호 연결된 대규모의 마이크로서비스 시스템을 모니터링하는 데는 적합하지 않다. 기존 모니터링 도구의 대부분은 대상 서버나 애플리케이션 인스턴스에 미리 설치하는 에이전트 기반 방식인데, 이것은 다음과 같은 두 가지 문제점을 내포하고 있다.

- 에이전트가 서비스나 운영체제와의 긴밀한 통합이 필요하다면 동적인 환경에서는 관리하기 어렵다.
- 모니터링 도구가 애플리케이션을 모니터링하거나 모니터링을 위한 오류 진단이나 로깅 기능 등을 추가하면서 애플리케이션에 오버헤드를 떠넘기게 될 경우 성능 문제가 발생할 수 있다.

많은 전통적인 모니터링 도구에는 기본 측정 지표가 필요하다. 시스템을 "CPU 사용률이 60%를 초과하고 2분 동안 이 수준을 유지한다면 관리자에게 경고를 보낸다."와 같이 미리 설정된 규칙으로 작동하게 할 수 있다. 하지만 인터넷으로 연결된 다양한 환경의 배포 구조에서는 이런 값을 사전 설정하는 것은 매우 어렵다.

차세대 모니터링 애플리케이션은 애플리케이션의 동작을 스스로 학습하고 자동으로 임계값을 설정하므로, 관리자는 그런 작업을 더 이상 수행하지 않아도 된다. 자동화된 기준치는 때로는 인간의 예측보다 더 정확하다.

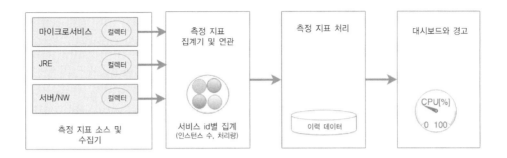

위 다이어그램에서 보여주는 바와 같이 마이크로서비스 모니터링의 핵심은 다음과 같다.

- **측정 지표 소스 및 데이터 수집기** 소스에서의 측정 지표 수집은 서버가 측정 지표 정보를 중앙 수집기로 푸시하거나 내장된 경량 에이전트에 의해 정보를 수집함으로써 수행된다. 데이터 수집기는 네트워크, 물리적 시스템, 컨테이너, 소프트웨어 구성 요소, 응용 프로그램 등과 같은 다양한 소스에서 모니터링 측정 지표를 수집한다. 어려운 점은 정적 구성 대신 자동 검색 메커니즘을 사용해 이 데이터를 수집하는 것이다.

  이런 작업은 측정 지표의 소스가 되는 장비에서 컴퓨터에서 에이전트를 실행하거나, 원본에서 데이터를 스트리밍하거나, 주기적인 폴링을 통해 수행된다.

- **측정 지표의 집계 및 상관관계** 집계 기능은 사용자 트랜잭션, 서비스, 인프라, 네트워크 등과 같은 여러 소스에서 수집된 측정 지표를 집계하는 데 필요하다. 집계는 서비스의 의존 관계, 서비스의 그룹화 등과 같이 응용 프로그램의 동작을 어느 정도 이해해야 하므로 어려울 수 있다.

  대부분의 경우 이는 소스에 의해 제공된 메타데이터를 기반으로 자동으로 만들어지며, 일반적으로 측정 지표를 수락하는 중개자가 수행한다.

- **지표 처리 및 통합 정보** 데이터가 모이면 그 다음에 할 일은 측정이다. 측정은 일반적으로 설정된 임계값을 사용해 수행된다. 차세대 모니터링 시스템에서는 이러한 임계값이 자동으로 찾아진다. 모니터링 도구는 데이터를 분석하고

실행 가능한 통합 정보$^{actionable\ insights}$를 제공한다.

빅데이터 및 스트림 분석 솔루션이 이런 도구로 사용될 수 있다.

- **경고, 작업 및 대시보드** 문제는 발견되는 즉시 담당자나 시스템에 알려져야만 한다. 기존 시스템과 달리 마이크로서비스 모니터링 시스템은 실시간으로 조치를 취할 수 있어야 한다. 사전 예방식 모니터링은 자체 치유를 가능하게 하는 데 필수적이다.

  대시보드는 SLA, KPI 등을 표시하는 데 사용되며, 대시보드 및 경고 도구는 이러한 요구 사항을 처리할 수 있다.

마이크로서비스 모니터링은 일반적으로 세 가지 접근 방식으로 수행된다. 효과적인 모니터링을 위해서는 세 가지 방식의 조합이 필요하다.

- **애플리케이션 성능 모니터링(APM)**(디지털 성능 모니터링^{DPM}이라고 부르기도 한다)은 시스템 측정 지표 수집, 처리, 경고 및 대시보드 렌더링에 대한 전통적인 접근 방식이라고 할 수 있는데, 시스템 관점이 더 강조된다. 많은 APM 도구에는 애플리케이션 토폴로지 탐색 및 시각화 같은 새로운 기능이 구현돼 있는데, 세부적인 기능은 APM 제공업체마다 다르다.
- **통합 모니터링**은 시스템 전 구간을 아우르는 트랜잭션을 사용하는 여러 테스트 시나리오로 운영 환경이나 운영 환경과 유사한 환경에서 시스템의 동작을 모니터링하는 데 사용되는 기법이다. 시스템의 동작 및 잠재적인 문제점을 확인하기 위해 데이터를 수집한다. 통합 모니터링은 시스템 의존 관계를 이해하는 데도 도움이 된다.
- **실제 사용자 모니터링(RUM)** 혹은 사용자 경험 모니터링은 일반적으로 응답 시간, 가용성 및 서비스 수준과 같은 실제 사용자 통계를 기록하는 브라우저 기반 소프트웨어다. 빈번한 출시 주기와 동적 토폴로지를 가진 마이크로서비스의 경우 사용자 경험 모니터링은 더 중요하다.

모니터링 도구

마이크로서비스를 모니터링하는 데 사용할 수 있는 도구는 많다. 또한 많은 도구들이 서로 겹치는 부분이 있다. 모니터링 도구의 선택은 실제로 모니터링 대상이 되는 생태계에 달려있다. 대부분의 경우 전체 마이크로서비스 생태계를 모니터링하는 데는 하나 이상의 도구가 필요하다.

공통적으로 많이 사용되는 마이크로서비스 친화적 모니터링 도구에 대해 알아보자.

- 가트너 매직 쿼드런트Gartner Magic Quadrant 2015에 따르면 앱다이내믹스AppDynamics, 다이나트레이스Dynatrace, 뉴 렐릭New Relic은 APM 분야에서 최고의 벤더로 꼽혔으며, 이들의 제품은 마이크로서비스 친화적이고 단일 콘솔에서 효과적인 마이크로서비스 모니터링을 지원한다. 럭싯Ruxit, 데이터도그Datadog 및 데이터루프Dataloop는 본질적으로 마이크로서비스 친화적인 분산 시스템에 특화된 제품을 제공한다. 다양한 모니터링 도구들이 플러그인을 사용해 데이터도그에 데이터를 제공할 수 있다.

- 클라우드 벤더는 자체 모니터링 도구를 제공하지만, 대부분의 경우 이러한 모니터링 도구만으로는 대규모 마이크로서비스 모니터링에 충분하지 않다. 예를 들어 AWS는 클라우드와치CloudWatch를 사용하고 구글 클라우드 플랫폼은 클라우드 모니터링Cloud Monitoring을 사용해 다양한 소스의 정보를 수집한다.

- 자빅스Zabbix, 스탯디statd, 컬렉트디collectd, 제이엠엑스트랜스jmxtrans 등과 같은 일부 데이터 수집 라이브러리는 저수준에서의 런타임 통계, 측정 지표, 게이지 및 카운터를 수집한다. 수집된 정보는 일반적으로 리만Riemann, 데이터도그, 리브라토Librato와 같은 데이터 수집기 및 처리기 또는 그래파이트와 같은 대시보드로 공급된다.

- 스프링 부트 액추에이터는 3장에서 다룬 바와 같이 마이크로서비스 측정 지표, 게이지 및 카운터를 수집할 수 있는 좋은 수단 중 하나다. 스프링 부트 액추에이터와 비슷한 측정 지표 수집기인 넷플릭스 서보Servo와 큐빗QBit, 드랍위저드

메트릭^{Dropwizard Metrics} 또한 동일한 범주의 측정 지표 수집기에 해당한다. 이런 범주의 측정 지표 수집기로 전체적인 모니터링을 하려면 집계기^{aggregator}와 대시보드가 필요하다.

- 로깅을 통한 모니터링은 널리 사용되지만 마이크로서비스 모니터링에서는 효과가 떨어진다. 앞에서 알아본 것처럼 로그 메시지는 마이크로서비스, 컨테이너, 네트워크 등 다양한 소스에서 중앙으로 적재된다. 중앙에 적재된 로그 파일을 통해 트랜잭션 추적, 문제 지점 식별 등과 같은 작업을 할 수 있다. 이 분야에서는 로글리, ELK, 스플렁크, 트레이스^{Trace} 같은 도구가 좋은 후보가 될 수 있다.

- 센수^{Sensu}는 오픈소스 커뮤니티에서 인기 있는 마이크로서비스 모니터링 도구다. 위브 스코프^{Weave Scope}는 컨테이너화된 배포물을 주요 대상으로 하는 모니터링 도구다. 시미안 비즈^{Simian Viz}(예전의 스피고^{Spigo})는 마이크로서비스 모니터링에 특화된 시스템으로서 넷플릭스 스택을 모니터링하는 데 특히 적합하다. 크로니터^{Cronitor}도 쓸 만한 도구다.

- 핑덤^{Pingdom}, 뉴 렐릭 신세틱스^{New Relic Synthetics}, 런스코프^{Runscope}, 캐치포인트^{Catchpoint} 등은 통합 트랜잭션 모니터링 및 실제 시스템에서의 사용자 환경 모니터링에 사용된다.

- 서코너스^{Circonus}는 데브옵스 모니터링 도구로 더 많이 분류되지만, 마이크로서비스 모니터링도 수행할 수 있다. 나기오스^{Nagios}는 널리 사용되는 오픈소스 모니터링 도구지만 마이크로서비스 모니터링보다는 전통적인 모니터링 시스템으로 분류된다.

- 프로메테우스^{Prometheus}는 사용자 정의 모니터링 도구를 직접 구축하는 데 유용한 시계열 데이터베이스 및 시각화 GUI를 제공한다.

마이크로서비스 의존 관계 모니터링

의존 관계가 있는 마이크로서비스가 아주 많은 경우에는 마이크로서비스 사이의 의존 관계를 표시할 수 있는 모니터링 도구를 갖는 것이 중요하다. 이런 복잡한 의존 관계를 정적으로 구성하고 관리하는 방식은 확장성이 좋지 않다. 마이크로서비스 의존 관계를 모니터링하는 데 유용한 도구에는 여러 가지가 있다.

앱다이내믹스, 다이나트레이스 및 뉴 렐릭 같은 멘토링 도구는 마이크로서비스 사이의 의존 관계를 그려낼 수 있다. 또한 전 구간을 아우르는 트랜잭션 모니터링은 트랜잭션 의존 관계를 추적할 수 있다. 스피고와 같은 모니터링 도구는 마이크로서비스 의존 관계 관리에 유용하다.

디바이스42^{Device42}와 같은 CMDB 도구 또는 어코던스^{Accordance} 같은 특수 목적 도구는 마이크로서비스의 의존 관계를 관리하는 데 유용하다. VRA^{Veritas Risk Advisor} 또한 인프라 탐색에 유용하다.

네오포제이^{Neo4J}와 같은 그래프 데이터베이스 구현체도 또한 유용하다. 이 경우 마이크로서비스는 의존 관계를 직접 또는 간접적으로 미리 구성해야 하며, 서비스를 시작할 때는 네오포제이 데이터베이스로 의존 관계 발행 및 교차 확인을 수행한다.

장애를 견딜 수 있는 마이크로서비스를 위한 스프링 클라우드 히스트릭스

이번에는 장애를 견뎌낼 수 있고 응답 지연을 견딜 수 있는 마이크로서비스 구현을 위한 라이브러리인 스프링 클라우드 히스트릭스에 대해 살펴본다. 히스트릭스는 빨리 실패하고 빨리 복구하는 것을 원칙으로 한다. 서비스에 문제가 있는 경우 히스트릭스가 서비스 격리에 도움을 주며, 미리 구성된 또 다른 대체 서비스로 서비스를 신속하게 복구하는 데 도움이 된다. 히스트릭스는 넷플릭스에서 철저하게 테스트된 라이브러리며, 서킷 브레이커^{Circuit Breaker} 패턴을 바탕으로 한다.

서킷 브레이커 패턴에 대한 자세한 내용은 https://msdn.microsoft.com/en-us/library/dn589784.aspx를 참고한다.

이번에는 스프링 클라우드 히스트릭스로 서킷 브레이커를 구축할 것이다. 검색 API 게이트웨이 서비스를 변경해 히스트릭스와 통합하려면 다음 과정을 수행한다. 먼저 검색 API 게이트웨이 서비스를 업데이트한다.

히스트릭스 의존성을 서비스에 추가한다.

```
<dependency>
    <groupId>org.springframework.cloud</groupId>
    <artifactId>spring-cloud-starter-hystrix</artifactId>
</dependency>
```

처음부터 개발하는 경우 다음과 같은 라이브러리를 선택한다.

```
▶ Cloud AWS
▼ Cloud Circuit Breaker
  ☑ Hystrix          ☑ Hystrix Dashboard      ☐ Turbine              ☐ Turbine AMQP
  ☐ Turbine Stream
▶ Cloud Cluster
▶ Cloud Config
▶ Cloud Core
▶ Cloud Data Flow
▶ Cloud Discovery
▶ Cloud Messaging
▶ Cloud Routing
▶ Cloud Tracing
▶ Core
▶ Data
▶ Database
▶ I/O
▼ Ops
  ☑ Actuator         ☐ Actuator Docs          ☐ Remote Shell
▶ Social
▶ Template Engines
▼ Web
  ☑ Web              ☐ Websocket              ☐ WS                   ☐ Jersey (JAX-RS)
  ☐ Ratpack          ☐ Vaadin                 ☐ Rest Repositories    ☐ HATEOAS
  ☐ Rest Repositories HAL Browser  ☐ Mobile   ☐ REST Docs
```

스프링 부트 애플리케이션 클래스인 SearchAPIGateway에 @EnableCircuitBreaker 애노테이션을 추가한다. 이 애노테이션은 애플리케이션에서 서킷 브레이커를 사용할 수 있게 스프링 클라우드 히스트릭스에게 알려 주고, 측정 지표 수집에 사용될 /hystrix.stream 종단점을 노출한다.

검색 API 게이트웨이 서비스의 컴포넌트 클래스를 @HystrixCommand 애노테이션이 달린 getHub 메소드에 추가한다. 이것은 스프링에게 이 메소드가 실패하는 경향이 있다는 것을 알려준다. 스프링 클라우드 라이브러리는 서킷 브레이커를 활성화해 장애를 견딜 수 있게 하고, 응답 지연 시간 허용 오차를 처리하기 위해 이 메소드를 래핑^{wrapping}한다. 일반적으로 히스트릭스 명령은 실패에 대비해 대체 메소드^{fallback method}가 따라온다. 실제로 실패가 발생하면 다음 코드에서 보이는 바와 같이 트래픽을 대체 메소드로 보낸다. 다음 코드에서 getHub가 실패하면 대체 메소드인 getDefaultHub로 트래픽이 전달될 것이다.

```
@Component
class SearchAPIGatewayComponent {

    @LoadBalanced
    @Autowired
    RestTemplate restTemplate;

    @HystrixCommand(fallbackMethod = "getDefaultHub")
    public String getHub(){
        String hub = restTemplate.getForObject(
            "http://search-service/search/hub",
            String.class);

        return hub;
    }

    public String getDefaultHub(){
        return "Possibily SFO";
```

```
   }
}
```

SearchAPIGatewayController의 getHub 메소드는 다음과 같이 SearchAPIGateway
Component의 getHub 메소드를 호출한다.

```
@RequestMapping("/hubongw")
String getHub(){
    logger.info("Search Request in API gateway for getting Hub,
            forwarding to search-service ");
    return component.getHub();
}
```

이번 실습의 마지막 파트인 히스트릭스 대시보드를 만들어보자. 히스트릭스를 포함한
히스트릭스 대시보드와 액추에이터를 포함한 또 다른 스프링 부트 애플리케이션을
만든다.

이렇게 만들어진 스프링 부트 애플리케이션에 @EnableHystrixDashboard 애노테이
션을 추가한다.

검색 서비스, 검색 API 게이트웨이, 히스트릭스 대시보드 애플리케이션을 실행하고,
히스트릭스 대시보드 애플리케이션의 URL을 브라우저 주소 창에 입력한다. 이 예제
에서 히스트릭스 대시보드는 9999 포트를 사용한다.

그럼 이제 http://localhost:9999/hystrix에 접속해보자.

다음 스크린샷과 같이 화면에 표시될 것이다. 히스트릭스 대시보드에 모니터링할 서
비스의 URL을 입력한다.

이 경우 검색 API 게이트웨이는 8095 포트로 실행된다. 따라서 hystrix.stream URL
은 다음과 같이 http://localhost:8095/hystrix.stream이 된다.

Hystrix Dashboard

http://localhost:8095/hystrix.stream

Cluster via Turbine (default cluster): http://turbine-hostname:port/turbine.stream
Cluster via Turbine (custom cluster): http://turbine-hostname:port/turbine.stream?cluster=[clusterName]
Single Hystrix App: http://hystrix-app:port/hystrix.stream

Delay: 2000   ms   Title: SearchAPIGateway

Monitor Stream

히스트릭스 대시보드가 다음과 같이 표시된다.

Hystrix Stream: SearchAPIGateway

Circuit   Sort: Error then Volume | Alphabetical | Volume | Error | Mean | Median | 90 | 99 | 99.5

Success | Short-Circuited | Timeout | Rejected | Failure | Error %

getHub

6	0	0.0 %
0	0	
	0	

Host: **0.6/s**
Cluster: **0.6/s**
Circuit Closed

Hosts	1	90th	16ms
Median	12ms	99th	19ms
Mean	12ms	99.5th	19ms

Thread Pools   Sort: Alphabetical | Volume |

SearchAPIGatewayComponent

Host: **0.6/s**
Cluster: **0.6/s**

Active	0	Max Active	1
Queued	0	Executions	6
Pool Size	10	Queue Size	5

이런 화면을 보려면 최소한 하나의 트랜잭션을 실행해야 한다. http://localhost:
8095/hubongw로 접근해보자.

검색 서비스를 종료시켜서 실패 시나리오를 만든다. http://localhost:8095/ hubongw
를 입력하면 대체 메소드가 호출될 것이다.

오류가 연속해서 계속 발생하면 서킷 상태가 Open으로 변경된다. 앞의 URL에 여러
번 접속하면 이런 상황을 만들 수 있다. Open 상태가 되면 원래 서비스는 더 이상
체크되지 않을 것이다. 히스트릭스 대시보드에서는 다음의 스크린샷과 같이 서킷 상
태가 Open으로 표시될 것이다. 서킷 상태가 Open이 되면 시스템은 회복을 위해 주기
적으로 원본 서비스 상태를 체크하고, 원본 서비스가 돌아오면 서킷 브레이커는 원본
서비스로 복구하고 상태를 Closed로 설정한다.

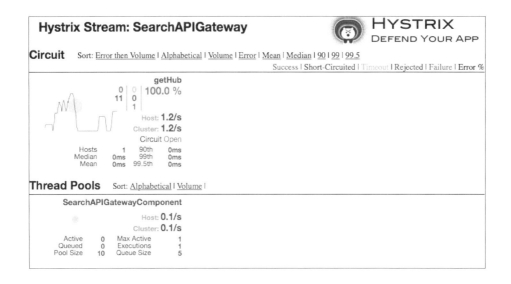

 각 파라미터의 의미를 알고 싶으면 Hystrix 위키 페이지(https://github.com/Netflix/
Hystrix/wiki/Dashboard에서 Hystrix wiki)를 방문해보자

터바인을 통한 히스트릭스 스트림 통합

앞의 예제에서 /hystrix.stream 종단점은 히스트릭스 대시보드에 제공됐다. 히스트릭스 대시보드는 한 번에 하나의 마이크로서비스만 모니터링할 수 있다. 모니터링해야 할 마이크로서비스가 많을 경우 모니터링할 때마다 마이크로서비스를 가리키는 히스트릭스 대시보드를 변경해야 한다. 한 번에 하나씩 인스턴스를 조사하는 일은 지루하고 반복적이며, 마이크로서비스 또는 다중 마이크로서비스의 인스턴스가 많을 경우 특히 더하다.

다수의 /hystrix.stream 인스턴스에서 가져온 데이터를 집계해 하나의 대시보드 화면으로 통합하는 메커니즘이 필요한데, 터바인이 바로 그런 일을 한다. 터바인은 여러 인스턴스에서 히스트릭스 스트림을 수집해 하나의 /turbine.stream 인스턴스로 통합하는 또 다른 서버다. 이제 히스트릭스 대시보드가 /turbine.stream을 바라보면 터바인을 통해 통합 정보를 얻을 수 있다.

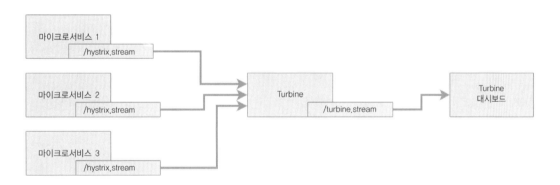

터바인은 현재 서로 다른 호스트 이름으로만 작동하므로, 각 인스턴스는 별도의 호스트에서 실행해야 한다. 여러 시비스를 동일한 호스트에 로길로 테스트하는 경우 여러 호스트를 모의 실험할 수 있게 호스트 파일(/etc/hosts)을 수정하고, bootstrap. properties를 다음과 같이 구성해야 한다.

eureka.instance.hostname=localdomain2

이번 예제에서는 터바인을 사용해 여러 인스턴스 및 서비스에서 서킷 브레이커를 모니터링하는 방법을 보여주며, 검색 서비스와 검색 API 게이트웨이를 사용할 것이다. 터바인은 내부적으로 모니터링하기 위해 설정된 서비스 ID를 확인하기 위해 유레카를 사용한다.

이 예제를 빌드하고 실행하려면 다음 과정을 수행한다.

1. 터바인 서버는 스프링 부트 스타터를 사용해 스프링 부트 애플리케이션으로 만들 수 있다. 터바인 라이브러리를 포함하려면 Turbine을 선택한다.

2. 애플리케이션이 만들어지면 스프링 부트 애플리케이션의 메인 클래스에 @EnableTurbine 애노테이션을 추가한다. 이 예제의 경우 스프링 부트 애플리케이션에 터바인과 히스트릭스 대시보드 둘 다 설정한다. 새로 만들어진 터바인 애플리케이션에 다음과 같이 애노테이션을 추가하면 된다.

```
@EnableTurbine
@EnableHystrixDashboard
@SpringBootApplication
public class TurbineServerApplication {
```

3. 모니터링하려고 하는 인스턴스를 지정하기 위해 .yaml 혹은 .properties 파일에 다음과 같은 설정을 추가한다.

```
spring:
  application:
      name : turbineserver
turbine:
  clusterNameExpression: new String('default')
  appConfig : search-service,search-apigateway
server:
  port: 9090
```

```
eureka:
  client:
    serviceUrl:
      defaultZone: http://localhost:8761/eureka/
```

4. 앞의 설정은 search-service 및 search-apigateway 서비스를 찾기 위해 터
   바인 서버가 유레카 서버를 검색하게 한다. search-service 및 search-
   apigateways 서비스 ID는 유레카에 서비스를 등록하는 데 사용된다. 터바인
   은 이러한 이름으로 유레카 서버를 확인해 실제 서비스 호스트 및 포트를 확인
   한다. 그런 다음 각 인스턴스에서 /hystrix.stream을 읽기 위해 이 정보를
   사용한다. 그러면 터바인은 모든 개별 히스트릭스 스트림을 읽고 모든 스트림
   을 집계해 터바인 서버의 /turbine.stream URL로 노출한다.

   이 예제에서는 명시적 클러스터를 구성하지 않았으므로, 클러스터 이름은 기본 클
   러스터로 설정된다. 클러스터를 수동으로 구성한 경우 다음 설정을 사용해야 한다.

```
turbine:
  aggregator:
    clusterConfig: [comma separated clusternames]
```

5. 또 다른 서킷 브레이커를 추가하기 위해 검색 서비스의 SearchComponent를
   다음과 같이 변경한다.

```
@HystrixCommand(fallbackMethod = "searchFallback")
public List<Flight> search(SearchQuery query) {
```

6. 검색 서비스 애플리케이션의 메인 클래스에 @EnableCircuitBreaker 애노테
   이션을 추가한다. 이 예제에서는 search-apigateway라는 두 개의 인스턴스
   를 실행한다. 하나는 localdomain1:8095이고, 다른 하나는 localdomain2:

8096이다. service-instance 인스턴스 한 개도 localdomain1:8090에서 실행한다.

7. 서로 다른 호스트 주소를 관리하기 위해 다음과 같은 명령으로 마이크로 서비스를 실행한다.

```
java -jar -Dserver.port=
    8096 -Deureka.instance.hostname=localdomain2 -
    Dserver.address=localdomain2
    target/search-apigateway-1.0.jar

java -jar -Dserver.port=
    8095 -Deureka.instance.hostname=localdomain1 -
    Dserver.address=localdomain1
    target/search-apigateway-1.0.jar

java -jar -Dserver.port=
    8090 -Deureka.instance.hostname=localdomain1 -
    Dserver.address=localdomain1
    target/search-1.0.jar
```

8. 브라우저에 http://localhost:9090/hystrix를 입력해 히스트릭스 대시보드를 연다.

9. 이제 /hystrix.stream 대신 /turbine.stream을 사용할 것이다. 이 예제에서 터바인 스트림은 9090 포트로 실행된다. 따라서 히스트릭스 대시보드의 URL은 http://localhost:9090/turbine.stream이 된다.

10. 브라우저 창을 열고 http://localhost:8095/hubongw 및 http://localhost:8096/hubongw 두 개의 URL을 접속해 트랜잭션을 실행한다.

11. 이 작업이 완료되면 대시보드 페이지에 getHub 서비스가 표시된다.

12. chapter8.website를 실행한다. 웹사이트 http://localhost:8001에 접근하면 검색 트랜잭션을 실행된다.

13. 다음과 같이 대시보드 페이지에 search- service도 표시된다.

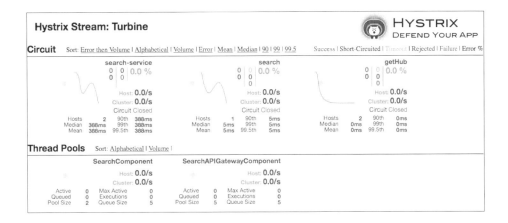

대시보드에 나온 것처럼 search-service와 getHub는 검색 API 게이트웨이에서 온 것이다. 검색 API 게이트웨이 인스턴스가 2대 있으므로 getHub도 두 개의 호스트에서 오며, 그림에서 Hosts에 2라고 표시된다. 검색은 검색 마이크로서비스에서 온다. 데이터는 검색 마이크로서비스에어 우리가 만든 SearchComponent와 검색 API 게이트웨이 마이크로서비스의 SearchAPIGateway 컴포넌트, 이렇게 2개의 컴포넌트에 의해 제공된다.

▌ 데이터 호수를 사용한 데이터 분석

파편화된 로그 및 모니터링의 시나리오와 마찬가지로 파편화된 데이터는 마이크로서비스 아키텍처에서 마주치게 되는 또 다른 난관이다. 파편화된 데이터는 데이터 분석을 어렵게 만든다. 데이터는 간단한 비즈니스 이벤트 모니터링, 데이터 감사에 사용될 수 있으며, 비즈니스 인텔리전스를 유도해내는 데도 사용될 수 있다.

데이터 호수 또는 데이터 허브는 이러한 시나리오를 처리하는 데 이상적인 솔루션이다. 이벤트 소싱Event-sourcing 아키텍처 패턴은 일반적으로 이벤트를 통해 상태와 상태 변경을 외부 데이터 저장소와 공유하는 데 사용된다. 상태가 변경되면 마이크로서비스는 상태 변화를 이벤트로 발행하며, 관련 마이크로서비스들은 이러한 이벤트를 구독할 수 있고 요구 사항에 맞게 처리할 수 있다. 중앙 이벤트 저장소는 이러한 이벤트를 구독하고 나중에 분석할 수 있게 빅데이터 저장소에 저장할 수 있다.

이런 방식의 데이터 처리를 위해 흔히 사용되는 아키텍처 중 하나가 다음의 다이어그램에 표시돼 있다.

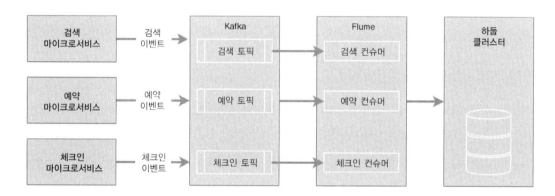

검색, 예약 및 체크인 이벤트와 같은 마이크로서비스에서 생성된 상태 변경 이벤트는 카프카^{Kafka}와 같은 고성능 분산 메시징 시스템으로 푸시된다. 플룸^{Flume}과 같은 데이터 입수^{data ingestion} 서비스는 이러한 이벤트를 구독하고 HDFS 클러스터에 업데이트할 수 있다. 경우에 따라 이러한 메시지는 스파크 스트리밍^{Spark Streaming}에서 실시간으로 처리될 것이다. 이질적인 이벤트 소스를 처리하기 위해 이벤트 소스와 카프카 사이에 플룸을 사용할 수도 있다.

스프링 클라우드 스트림, 스프링 클라우드 스트림 모듈 및 스프링 데이터 플로우^{Spring Data Flow} 또한 고속 데이터 처리를 위한 대안으로 유용하다.

▌ 정리

8장에서는 인터넷을 통해 들어오는 대규모의 다양한 요청을 처리할 수 있는 마이크로 서비스에서 발생할 수 있는 로깅 및 모니터링 관련 문제에 대해 알아봤다.

중앙 집중식 로깅을 위한 다양한 솔루션을 살펴봤으며, 또한 **일래스틱서치, 로그스태시 및 키바나**(ELK)를 사용해 사용자 정의 중앙 집중형 로깅을 구현하는 방법에 대해서도 배웠다. 분산 추적을 이해하기 위해 스프링 클라우드 슬루스를 사용해서 브라운필드 마이크로서비스를 업그레이드했다.

후반부에서는 마이크로서비스 모니터링 솔루션에 필요한 기능과 다양한 모니터링 방식을 자세히 알아봤고, 마이크로서비스 모니터링에 사용할 수 있는 여러 가지 도구를 살펴봤다.

브라운필드 마이크로서비스는 스프링 클라우드 히스트릭스 및 터바인으로 더욱 강화돼 서비스 간 통신에서 발생하는 지연 시간과 오류를 모니터링한다. 또한 서킷 브레이커 패턴을 사용해 장애 발생 시 대기 중인 다른 서비스로 트래픽을 전달해서 서비스가 지속되게 하는 방법도 알아봤다.

마지막으로 데이터 호수의 중요성과 마이크로서비스 환경에서 데이터 호수 아키텍처를 통합하는 방법도 살펴봤다.

마이크로서비스 관리는 대규모 마이크로서비스 배포를 처리할 때 해결해야 할 또 하나의 중요한 과제다. 9장에서는 컨테이너가 마이크로서비스 관리를 단순화하는 데 어떻게 도움이 되는지 살펴본다.

09

도커 컨테이너와
마이크로서비스

마이크로서비스의 관점에서는 서비스를 컨테이너화^{containerization}해서 배포할 수 있다면 금상첨화라고 할 수 있다. 컨테이너화하면 하부의 인프라스트럭처를 포함하므로 마이크로서비스가 자기 완비적이고 더 자율적이게 되며, 그래서 마이크로서비스가 특정 클라우드 환경에 종속되지 않고 중립성을 유지할 수 있다.

9장에서는 가상머신 이미지 및 컨테이너화된 마이크로서비스 배포의 개념과 그 타당성에 대해 알아본다. 그리고 스프링 부트와 스프링 클라우드로 만들어진 브라운필드 PSS 마이크로서비스를 위한 도커^{Docker} 이미지를 구축하는 방법을 익힐 수 있는 예제도 준비돼 있다. 끝으로 운영 환경에서 도커 이미지를 관리하고 배포하는 방법도 살펴본다.

9장에서 다루는 내용은 다음과 같다.

- 컨테이너화의 개념과 마이크로서비스 관점에서 컨테이너화의 타당성
- 마이크로서비스를 도커 이미지 및 도커 컨테이너로 만들고 배포하는 방법
- AWS를 활용한 클라우드 기반의 도커 배포

▌지금까지 만든 브라운필드 PSS 마이크로서비스의 한계

7장에서 브라운필드 PSS 마이크로서비스는 스프링 부트와 스프링 마이크로서비스로 개발됐다. 만들어진 마이크로서비스는 버전 관리되는 JAR 파일로 만들어져 별도의 라이브러리가 없는 베어 메탈bare metal 환경(특히 로컬 개발 장비)에 배포됐다. 8장에서는 중앙 집중화된 로깅과 모니터링 솔루션을 통해 로깅 및 모니터링과 관련한 고민을 해결할 수 있었다.

이 정도만 해도 사실 대부분의 경우에는 충분하다. 하지만 지금까지 만든 브라운필드 PSS 시스템과 완전한 클라우드 기반 마이크로서비스 사이에는 아직 몇 가지 격차가 더 남아 있다. 지금까지 구현하면서 사실 클라우드 인프라스트럭처를 사용한 적은 한 번도 없었다. 배포를 위한 전용 머신은 일체형 애플리케이션 배포에서와 마찬가지로 마이크로서비스 배포 대상으로 가장 적합한 대상은 아니다. 자동 프로비저닝, 수요에 따라 조절되는 확장성, 자율적인 서비스, 사용량 기반의 요금 지불 등은 대규모 마이크로서비스 배포를 효율적으로 관리하는 데 필수적인 기능들이다. 일반적으로 클라우드 인프라스트럭처는 이런 필수적인 기능들을 모두 제공한다. 이런 기능들이 제공되는 사설 또는 공개 클라우드는 인터넷을 통해 들어오는 대규모의 다양한 요청을 처리할 수 있는 마이크로서비스를 배포하는 데 있어서 전용 장비보다 훨씬 더 적합하다.

또한 베어 메탈 장비 하나당 하나의 마이크로서비스를 운영하는 것은 비용 효율적이

지 못하다. 그래서 대부분 기업 환경에서는 여러 개의 마이크로서비스를 하나의 베어 메탈 서버에 배포한다. 하나의 베어 메탈 장비에 여러 개의 마이크로서비스를 운영하는 것은 '시끄러운 이웃' 문제를 일으킨다. 동일한 장비 위에서 실행되는 마이크로서비스 인스턴스는 서로 독립적이지 못하다. 그 결과 하나의 장비에 배포된 마이크로서비스들은 서로의 공간을 좀 먹을 수도 있고, 결국 성능에 영향을 미치게 된다.

이에 대한 대안으로는 여러 개의 마이크로서비스를 여러 개의 가상머신에서 운영하는 것이다. 하지만 가상머신은 태생적으로 무겁다. 그래서 하나의 물리적인 장비에 여러 개의 작은 가상머신을 운영하는 것은 자원 효율적이지 못하며, 결국에는 자원 고갈로 이어지기 마련이다. 하나의 가상머신을 여러 개의 서비스가 공유하면 개발자는 앞에서 베어 메탈 장비를 예로 들어 설명한 것과 같은 이슈에 직면하게 된다.

자바 기반의 여러 마이크로서비스들이 하나의 가상머신이나 베어 메탈 장비를 공유하는 방식으로 운영되면 JRE도 마이크로서비스 사이에 공유된다. 앞에서 만든 브라운필드 PSS 시스템은 애플리케이션 코드와 의존 라이브러리를 내장해서 추상화할 뿐 JRE를 포함하고 있지는 않기 때문이다. 장비에 설치된 JRE의 업데이트는 해당 장비에 배포된 모든 마이크로서비스에 영향을 미치게 된다. 마찬가지로 어떤 특정 마이크로서비스를 위해 OS 수준의 파라미터나 라이브러리 또는 튜닝이 필요하다면 자원을 공유하는 환경에서는 이런 튜닝을 문제없이 처리하는 것은 매우 어렵다.

마이크로서비스의 원칙 중 하나는 실행 환경의 하나부터 열까지 모두를 완전하게 캡슐화해서 자기 완비적이고 자율적인 특성을 유지하는 것이다. 이 원칙에 따르면 OS, JRE, 마이크로서비스 바이너리와 같은 모든 컴포넌트가 실행 파일에 모두 포함돼 자기 완비성을 갖춰야 하고, 다른 실행 파일과 분리돼 고립돼야 한다. 이렇게 하려면 가상머신 하나당 하나의 마이크로서비스를 배포하는 것밖에는 다른 방법이 없다. 하지만 이렇게 하면 대부분의 경우 가상머신 사용률이 낮으며, 이로 인한 비용의 증가는 마이크로서비스의 장점을 상쇄시켜 버릴 수도 있다.

▌ 컨테이너란 무엇인가?

컨테이너는 기존 통념을 깨는 혁신적인 기술은 아니며, 이미 꽤 오랜 시간 현장에서 사용돼 왔다. 하지만 클라우드 컴퓨팅이 각광을 받으면서 컨테이너 기술도 새롭게 재조명되기 시작했다. 클라우드 컴퓨팅 공간에서 드러난 기존의 전통적인 가상머신의 단점들로 인해 컨테이너 기술의 확산이 가속화됐다. 도커와 같은 컨테이너 제공자는 컨테이너 기술을 획기적으로 단순화해서 오늘날 컨테이너 기술이 광범위한 분야에서 사용되는 데 큰 역할을 했다. 최근의 데브옵스와 마이크로서비스의 인기 역시 컨테이너 기술의 재탄생에 촉매 역할을 했다.

그래서 컨테이너가 도대체 무엇이라는 말인가? 컨테이너는 운영체제 위에서 폐쇄적인 사적 공간을 제공한다. 이 기법은 운영체제 가상화^{operating system virtualization}라고 불리기도 한다. 컨테이너를 사용하면 운영체제의 커널이 독립적인 가상 공간을 제공한다. 이런 각각의 가상 공간을 컨테이너 또는 가상 엔진^{VE, Virtual Engine}이라고 부른다. 컨테이너는 호스트 운영체제 위의 고립된 환경에서 프로세스가 실행될 수 있게 해준다. 동일한 호스트에서 실행되는 다수의 컨테이너를 그림으로 나타내면 다음과 같다.

컨테이너는 뚜렷하게 구분되는 소프트웨어 컴포넌트를 빌드하고, 탑재하고 실행할 수 있는 편리한 메커니즘이다. 일반적으로 컨테이너는 하나의 애플리케이션을 실행하는 데 필수적인 모든 실행 바이너리 파일과 라이브러리를 함께 패키징한다. 컨테이너는 자신만의 파일 시스템, IP 주소, 네트워크 인터페이스, 내부 프로세스, 네임스페이스, OS 라이브러리, 애플리케이션 실행 바이너리 파일, 필요한 의존 라이브러리와 애플리케이션 환경설정까지 모두 포함할 수 있다.

수많은 컨테이너가 실제로 사용되고 있고, 많은 대규모 조직에서 컨테이너 기술에
대규모로 투자하고 있다. 도커는 컨테이너 기술 경쟁에서 큰 격차로 선두를 달리고
있고, 많은 대규모의 OS 벤더와 클라우드 서비스 제공자들이 도커를 지지하고 있다.
도커 외에도 엘엠시티파이^{Lmctfy}, 시스템디앤스폰^{SystemdNspawn}, 로켓^{Rocket}, 드로우브리지
^{Drawbridge}, LXD, 쿠마^{Kurma}, 칼리코^{Calico} 등의 컨테이너 솔루션도 있다. 오픈 컨테이너
명세도 개발 중에 있다.

▌ 가상머신과 컨테이너의 차이

하이퍼브이^{Hyper-V}, 브이엠웨어^{VMWare}, 젠^{Zen}과 같은 가상머신은 수년 전부터 데이터 센터
가상화에 널리 사용돼 왔다. 기업들은 전통적인 베어 메탈 장비에 가상화를 구현해서
비용을 절감했고, 또한 기존 인프라스트럭처도 더 최적화해서 사용할 수 있었다. 가상
머신이 자동화를 지원하므로 많은 기업들은 인프라스트럭처 관리 노력도 줄일 수 있
었으며, 애플리케이션을 고립된 환경에서 운영할 수 있게 됐다.

언뜻 보면 가상화와 컨테이너화는 정확하게 동일한 특징을 갖고 있는 것으로 보인다.
하지만 컨테이너와 가상화는 같지 않다. 그래서 가상머신과 컨테이너를 동일선상에서
비교하는 것은 공정하지 않다. 가상머신과 컨테이너는 가상화 분야에서 서로 다른
문제들을 해결하는 두 개의 다른 기법이다. 다음의 그림을 보면 이 차이를 명백히
알 수 있다.

A) 가상머신 스택   B) 컨테이너 스택

가상머신[VM]은 컨테이너에 비해 훨씬 더 로우레벨에서 동작한다. 가상머신은 CPU, 메인보드, 메모리 등과 같은 하드웨어를 가상화한다. 가상머신은 일반적으로 게스트 OS라고 불리는 내장된 별도의 운영체제를 가진 고립된 유닛[unit]이다. 가상머신은 운영체제 전체를 복제해서 가상머신 위에서 실행하는데, 이때 호스트 운영체제 환경에 전혀 의존하지 않는다. 가상머신이 운영체제 전체를 내장하고 있기 때문에 가상머신은 본질적으로 무겁다. 이는 장점이기도 하고 단점이기도 한데, 장점은 가상머신에서 실행되는 프로세스들에 완전히 고립된 환경을 제공한다는 점이고, 단점은 가상머신에 필요한 자원 요구량이 많기 때문에 하나의 베어 메탈 장비에 얹을 수 있는 가상머신의 수가 제한적이라는 점이다.

가상머신의 크기는 가상머신을 기동하고 종료하는 데 필요한 시간에 직접적인 영향을 미친다. 가상머신을 시작하면 먼저 OS를 시작해야 하기 때문에 가상머신의 기동 시간은 일반적으로 느리다. 가상머신은 인프라스트럭처 팀에 좀 더 친화적이라고 할 수 있는데, 인프라스트럭처 팀은 가상머신을 관리하기 위해 저수준의 인프라스트럭처를 다룰 수 있는 능력을 필요로 하기 때문이다. 가상머신 안에서 실행되는 프로세스는 동일한 호스트에서 실행되는 다른 가상머신 안에서 실행되는 프로세스와 완전히 격리된다.

이제 컨테이너 세상을 살펴보자. 컨테이너는 전체 하드웨어나 운영체제를 에뮬레이트하지 않는다. 가상머신과는 달리 컨테이너는 호스트의 커널 및 운영체제의 일부분을 공유한다. 컨테이너에는 게스트 OS라는 개념이 없다. 컨테이너는 호스트 운영체제 위에서 고립된 실행 환경을 제공한다. 그래서 가볍고 빠르다는 장점이 있다. 동일한 장비에 있는 컨테이너들은 호스트 운영체제를 공유하기 때문에 전반적인 자원 사용량도 훨씬 적다. 덕분에 동일한 장비라고 하더라도 무거운 가상머신에 비해 더 많은 수의 컨테이너를 실행할 수 있다. 컨테이너 내부에서 실행되는 프로세스들은 동일한 장비상의 다른 컨테이너에서 실행되고 있는 프로세스들과 완전히 독립적이다. 하지만 동일한 호스트에 있는 컨테이너들이 운영체제를 공유하므로 제약 사항들도 있다. 예를 들어 컨테이너 내부에서는 IP 테이블 방화벽 규칙 같은 것을 설정할 수 없다.

가상머신과는 달리 컨테이너 이미지는 커뮤니티 포털에 공개돼 있으며, 가져다 쓸 수 있다. 백지 상태에서부터 이미지를 만들 필요 없이 믿을 만한 출처에서 제공하는 기본 이미지 위에 필요한 소프트웨어 컴포넌트를 추가해서 이미지를 비교적 쉽게 만들 수 있으므로 개발자의 삶의 질이 높아질 수 있다.

컨테이너가 가볍다는 특성 덕분에 어쩌면 지나치다 싶을 정도로 광범위하게 사용될 수 있게 됐는데, 자동화된 빌드, 퍼블리싱^{publishing}, 컨테이너 이미지의 다운로드/복사 등에도 사용된다. 불과 몇 개의 명령어 또는 REST API를 이용해서 컨테이너를 다운로드해 빌드하고 탑재하고 실행할 수 있게 된 덕분에 개발자는 컨테이너를 더욱 애용하게 됐다. 새 컨테이너는 불과 몇 초 만에 만들 수 있으므로, 컨테이너는 지속적 전달continuous delivery의 일부 또는 지속적 전달의 한 단위가 됐다.

정리하면 컨테이너는 가상머신에 비해 많은 장점이 있지만, 가상머신 역시 특유의 강점이 있다. 많은 조직에서는 가상머신 위에서 컨테이너를 운영하는 것처럼 컨테이너와 가상머신을 모두 사용한다.

컨테이너의 장점

컨테이너가 가상머신에 비해 장점이 많다는 것은 앞에서 이미 살펴봤으니, 이번에는 가상머신의 장점을 뛰어넘는 컨테이너의 전반적인 장점에 대해 알아보자.

컨테이너의 장점을 몇 가지로 요약하면 다음과 같다.

- **자기 완비적** 컨테이너 패키지는 필수적인 애플리케이션 실행 바이너리와 의존하는 모든 라이브러리를 함께 포함하고 있어서 개발, 테스트, 운영 환경 사이에서 환경 문제로 짝이 맞지 않는 일이 없게 보장한다. 이런 점은 12 요소 애플리케이션의 개념과 불변 컨테이너 개념에 부합한다. 스프링 부트 마이크로서비스는 애플리케이션이 필요로 하는 모든 의존 라이브러리를 꾸러미에 패키징하는데, 컨테이너는 여기에서 한걸음 더 나아가서 JRE와 운영체제 수준의 라이브러리, 환경설정 등까지도 포함한다.

- **경량성** 컨테이너는 일반적으로 크기가 작다. 가장 작은 컨테이너로 알려진 알파인^{Alpine}은 5메가도 안 된다. 가장 간단한 스프링 부트 마이크로서비스와 JRE를 알파인 컨테이너에 담으면 약 170메가 정도밖에 안 된다. 이 정도면 사실 크기가 작다고 할 수는 없겠지만, 기가 단위의 가상머신 이미지 크기에 비하면 훨씬 작은 수준이다. 작은 공간만 사용하는 컨테이너는 새 컨테이너를 신속하게 띄울 수 있게 해줄 뿐 아니라 컨테이너를 만들고, 탑재하고 저장하는 것도 쉽게 해준다.

- **확장성** 컨테이너 이미지는 크기가 작고, 실행될 때 OS 부팅이 필요 없으므로 서버를 내리거나 올리는 작업을 빨리 수행할 수 있다. 바로 이 점이 클라우드 친화적이며 탄력적인 조절을 필요로 하는 애플리케이션에 컨테이너가 많이 사용되는 이유다.

- **이식성** 컨테이너는 장비 간 및 클라우드 서비스 간 이식이 가능하다. 필요한 모든 의존 관계를 포함해서 컨테이너가 만들어지면 하부의 장비에 전혀 의존하지 않고 다수의 장비 또는 다수의 클라우드 서비스에 이식될 수 있다. 컨테

이너는 심지어 데스크톱에서 클라우드 환경으로 이식될 수도 있다.

- **저렴한 라이선스 비용** 많은 소프트웨어 라이선스는 물리적인 코어에 비례해서 요금이나 가격이 매겨지는 경우가 많은데, 컨테이너는 운영체제를 공유하고 물리적인 자원 수준에서 가상화되는 것이 아니므로, 라이선스 비용이 덜 든다.

- **데브옵스** 컨테이너는 가벼워서 작은 공간만을 필요로 하므로, 빌드, 퍼블리싱, 원격 저장소에서의 다운로드를 자동화하기가 쉽다. 이는 자동화된 변경 및 배포 파이프라인$^{delivery\ pipeline}$에 통합돼 애자일한 데브옵스 환경을 더 쉽게 이용할 수 있게 해준다. 컨테이너는 빌드 타임에 불변 컨테이너를 생성하고 여러 환경 사이에서 이동하는 방식으로 '한 번만 빌드$^{build\ once}$' 개념을 구현하고 있다. 컨테이너는 인프라스트럭처 깊숙이 들어가지 않기 때문에 여러 분야에 걸쳐있는 데브옵스 팀은 컨테이너를 일상생활처럼 자연스럽게 관리할 수 있다.

- **버전 관리** 컨테이너는 버전 관리를 기본적으로 지원한다. 그래서 아카이브 파일의 버전을 관리하는 것처럼 컨테이너도 버전 관리되는 산출물로 만들 수 있다.

- **재사용성** 컨테이너 이미지는 재사용이 가능하다. 컨테이너 이미지가 어떤 목적을 위해 여러 가지 라이브러리를 조합해서 만들어졌다면 그 컨테이너는 비슷한 다른 상황에서 재사용될 수 있다.

- **불변 컨테이너** 컨테이너는 생성되고 사용 후에 폐기될 뿐 결코 수정되지 않는다는 것이 불변 컨테이너의 개념이다. 불변 컨테이너는 배포 단위의 수정 과정에서 발생하는 복잡성을 피하기 위해 많은 환경에서 사용된다. 수정하면 추적성이 떨어지게 되며, 만드는 환경의 일관성을 유지하기 어려워진다.

▌ 마이크로서비스와 컨테이너

마이크로서비스와 컨테이너는 직접적으로 아무런 관련이 없다. 마이크로서비스는 컨테이너 없이도 실행될 수 있으며, 컨테이너 역시 일체형 애플리케이션을 실행할 수 있다. 하지만 마이크로서비스와 컨테이너는 궁합이 아주 잘 맞는다.

컨테이너는 일체형 애플리케이션과도 잘 어울리지만, 일체형 애플리케이션의 크기와 복잡성은 컨테이너의 장점을 상쇄시키는 면이 있다. 예를 들어 새 컨테이너를 신속하게 생성할 수 있다는 장점은 무거운 일체형 애플리케이션과 함께하는 순간 많이 희미해진다. 게다가 일체형 애플리케이션은 일반적으로 로컬 디스크나 다른 시스템과의 스토브파이프[stovepipe] 의존 관계[1] 등과 같이 로컬 환경에 의존성을 갖고 있는데, 이런 애플리케이션을 컨테이너 기술로 관리하는 것은 어렵다. 하지만 자기 완비적인 마이크로서비스는 이런 면에서 컨테이너와 조합이 잘 맞는다.

다음 그림은 동일한 장비 위에서 실행되는 세 개의 폴리글랏 마이크로서비스를 보여준다. 마이크로서비스들은 운영체제는 공유하지만 각자의 실행 환경은 추상화해서 스스로 보유하고 있다.

---

1. 스토브파이프 의존 관계(stovepipe dependency): 공통의 추상화된 계층이나 노드(node) 없이 모듈이나 시스템끼리 직접적으로 의존하는 방식을 의미한다. 스토브파이프 시스템은 https://sourcemaking.com/antipatterns/stovepipe-system을 참고한다. - 옮긴이

컨테이너는 자바로 개발된 마이크로서비스, 얼랭^{Erlang}으로 개발된 마이크로서비스, 파이썬으로 개발된 마이크로서비스 등 여러 개의 폴리글랏 마이크로서비스를 운영할 때 그 진가를 발휘한다. 컨테이너는 개발자가 어떤 플랫폼에서 어떤 언어나 기술을 사용해서 개발하고 패키징하는지에 관계없이 서로 다른 여러 환경에 걸쳐 같은 방식으로 배포될 수 있다. 배포 팀은 환경별 설정에 지나치게 많은 노력을 들이지 않고도 여러 환경에 배포할 수 있다. 컨테이너를 사용하면 폴리글랏 마이크로서비스를 다루기 위해 서로 다른 배포 관리 도구를 사용할 필요가 없다. 컨테이너는 실행 환경을 추상화할 뿐 아니라 서비스에 접근하는 방법도 추상화한다. 사용된 기술에 관계없이 컨테이너화된 마이크로서비스는 REST API를 제공한다. 컨테이너가 시작돼 실행되면 어떤 특정 포트에 바인딩되고 그 포트를 통해 API를 외부에 공개한다. 컨테이너가 자기 완비적이고 서비스들 사이에서 완전한 격리를 보장하기 때문에, 하나의 가상머신이나 베어 메탈 장비에서도 여러 가지 서로 다른 기술과 구조의 마이크로서비스들을 실행할 수 있고, 일관된 방법으로 관리할 수 있다. 컨테이너는 설정과 운영 환경에 대해 개발, 테스트, 운영 팀 사이에서 발생할 수 있는 불필요한 충돌을 줄이는 데 큰 도움이 된다.

▎ 도커 소개

앞에서 컨테이너가 무엇인지, 장점은 무엇인지 살펴봤다. 컨테이너는 이미 수년 전부터 현장에서 실제로 사용돼 왔지만, 도커^{Docker}가 새 지평을 열었다고 해도 과언이 아니다. 그 결과 도커 아키텍처를 바탕으로 다양한 종류의 컨테이너가 생겨났고 컨테이너에 대한 다양한 관점도 생겨났다. 컨테이너화라는 용어 대신 **도커화**^{dockerization}라는 용어를 쓸 정도로 도커의 인기는 압도적이다.

도커는 리눅스 커널 기반으로 가벼운 컨테이너를 만들고, 탑재하고 실행할 수 있는 플랫폼이다. 처음에는 리눅스 플랫폼에서만 실행할 수 있었지만, 현재 버추얼 박스^{Virtual}

위에서 실행되는 Boot2Docker를 사용해서 맥과 윈도우에서도 사용할 수 있다.

AWS에서는 도커를 쉽게 사용할 수 있는 EC2 컨테이너 서비스[ECS]를 제공한다. 도커는 베어 메탈 장비나 브이엠웨어, 하이퍼브이 같은 전통적인 가상머신에도 설치할 수 있다.

도커 핵심 컴포넌트

도커에는 도커 데몬과 도커 클라이언트라는 두 개의 핵심 컴포넌트가 있다. 도커 데몬과 도커 클라이언트 모두 별개의 실행 파일로 제공된다.

다음 그림은 도커 설치 프로그램의 핵심 컴포넌트를 보여준다.

도커 데몬

도커 데몬은 호스트 장비 위에 설치되는 서버 측 컴포넌트로서 도커 컨테이너를 만들고, 실행하고 배포하는 역할을 담당한다. 도커 데몬은 도커 클라이언트를 위한 API를 외부에 노출해서 도커 클라이언트가 도커 데몬과 상호작용할 수 있게 한다. 이런 API는 주로 REST 기반의 종단점 형식으로 제공된다. 도커 데몬을 호스트 장비 위에서 실행되는 컨트롤러 서비스라고 생각해도 무리가 없다. 개발자는 API를 이용해서 프로그래밍적으로 도커 클라이언트를 자체적으로 만들 수도 있다.

도커 클라이언트

도커 클라이언트는 소켓이나 REST API를 통해 도커 데몬과 상호작용할 수 있는 커맨드라인 인터페이스CLI, Command Line Interface 프로그램이다. 도커 클라이언트 CLI는 데몬이 실행되고 있는 호스트와 동일한 호스트에서 실행할 수도 있고, 다른 호스트에서 실행되고 있는 원격의 데몬과도 연결할 수 있다. 도커 사용자는 CLI를 이용해서 도커 컨테이너를 만들고, 탑재하고 실행할 수 있다.

도커 주요 개념 도커 아키텍처는 이미지, 컨테이너, 레지스트리, 도커파일Dockerfile 같은 몇 가지 개념들을 중심으로 만들어졌다.

도커 이미지

도커의 핵심 개념 중 하나는 도커 이미지다. 도커 이미지는 운영체제 라이브러리, 애플리케이션 및 의존 라이브러리의 읽기 전용 복사본이다. 이미지가 생성되면 아무런 수정도 필요 없이 어떤 도커 플랫폼 위에서든 확실히 실행될 수 있다.

스프링 부트 마이크로서비스에서는 도커 이미지가 우분투Ubuntu, 알파인 같은 운영체제[2]나 JRE, 스프링 부트 애플리케이션 JAR 파일을 모두 이미지 안에 패키징한다. 도커 이미지에는 애플리케이션을 실행하고 서비스를 외부에 노출하는 명령들도 포함된다.

---

2. 원문에는 운영체제라고 되어 있지만, 여기에서 말하는 운영체제는 운영체제 역할을 담당하는 도커 이미지라고 보는 것이 맞다. 예를 들어 우분투 리눅스 도커 이미지에 GUI 등은 포함되지 않으며, 우분투 운영체제의 크기는 16.04 LTS desktop 기준으로 1.4G 정도지만 우분투 도커 이미지는 188M다. 앞으로도 책에서 도커 이미지 또는 기반 이미지로서의 운영체제를 말하는 경우 운영체제 자체가 아니라 운영체제의 도커 이미지라고 이해하면 혼동을 줄일 수 있다. - 옮긴이

| 스프링 부트
애플리케이션 JAR 파일 |
| 자바 런타임 |
| 운영체제 |

앞의 그림에서 볼 수 있는 것처럼 도커 이미지는 계층형 아키텍처에 바탕을 두고 있는데, 가장 아래에는 기반 이미지라고 할 수 있는 리눅스와 같은 운영체제를 포함하는 이미지가 있다. 각 계층은 앞의 그림에 나타난 것처럼 기반 이미지 위에 추가돼 목표로 하는 이미지를 완성하게 된다. 이때 앞에 먼저 추가된 이미지가 부모 계층 역할을 한다고 볼 수 있다. 도커에는 모든 계층을 하나의 이미지로 조립하고 단일 파일 시스템을 형성하기 위해 유니온 파일 시스템union file system 개념이 적용돼 있다.

일반적인 경우라면 개발자가 완전 백지 상태에서부터 도커 이미지를 만들 일은 없다. 운영체제 이미지나 자바 8 이미지처럼 신뢰할 수 있는 출처를 통해 이미지를 구할 수 있기 때문이다. 개발자는 이런 기반 이미지를 토대로 원하는 이미지를 만들 수 있다. 스프링 부트 마이크로서비스의 기반 이미지는 우분투 같은 리눅스 배포판을 포함하는 이미지가 아니라 JRE 8이 포함돼 있는 이미지다.

애플리케이션을 빌드하면 변경된 레이어만 다시 빌드되고, 나머지 레이어는 원래 있던 그대로 남는다. 중간의 모든 레이어는 캐시되므로 중간 레이어에 변경 사항이 없다면 도커 사용자는 이전에 캐시된 레이어를 사용한다. 동일한 장비에서 운영되며, 기반 이미지의 타입이 같은 다수의 컨테이너들은 기반 이미지를 재사용할 수 있다. 그래서 배포 작업의 크기를 줄일 수 있다. 예를 들어 우분투 리눅스가 포함된 도커 이미지를 기반 이미지로 사용하는 다수의 컨테이너가 있다면 다수의 컨테이너마다 따로따로 우분투 이미지를 기반 이미지로 포함할 필요 없이 하나의 우분투 이미지를 함께 재사용할 수 있다. 이는 이미지를 퍼블리싱하거나 다운로드할 때도 마찬가지로 적용될 수 있다.

442

쓰기 가능
파일 시스템

스프링 부트

JRE

rootfs
(우분투/알파인)

bootfs
(리눅스 커널)

앞의 그림에 있는 이미지에서 부트 파일 시스템^{bootfs}이 가장 아래 레이어에 있는데, 부트 파일 시스템은 리눅스 커널 및 부트 로더와 비슷하다. 부트 파일 시스템은 모든 이미지에 대한 가상 파일 시스템으로 동작한다.

부트 파일 시스템 위에는 rootfs라는 운영체제 파일 시스템이 위치한다. 루트 파일 시스템은 일반적인 운영체제 디렉터리 구조를 컨테이너에 추가한다. 도커의 rootfs는 리눅스 시스템과는 달리 읽기 전용 모드로 동작한다.

rootfs 위에는 애플리케이션에 필요한 다른 이미지가 위치한다. 앞의 그림에서는 JRE 와 스프링 부트 마이크로서비스 JAR가 위치하고 있다. 컨테이너가 시작되면 프로세스를 시작하기 위해 지금까지 설명한 모든 파일 시스템 위에 쓰기 가능한 파일 시스템이 놓여진다. 하부에 있는 파일 시스템에 작용했던 프로세스에 의해 생긴 변경 사항은 실제 컨테이너에는 반영되지 않으며, 맨 위에 있는 쓰기 가능한 파일 시스템에 써진다. 이 쓰기 가능 파일 시스템은 휘발성^{volitile}이라서 컨테이너가 종료되면 저장하고 있던 데이터는 보존되지 않고 모두 사라진다. 이런 이유로 도커 컨테이너는 어떤 면에서는 태생적으로 수명이 짧다고 할 수 있다.

도커 컨테이너

도커 컨테이너는 실행 중인 도커 이미지의 인스턴스다. 컨테이너는 호스트 운영체제의 커널을 이용한다. 그래서 동일한 호스트에서 함께 실행 중인 다른 컨테이너와 호스트 커널을 공유한다. 도커 런타임은 cgroups 같은 커널 기능이나 운영체제의 커널 네임스페이스를 사용해서 컨테이너 프로세스들이 각자 독립적인 프로세스 공간을 할당받을 수 있게 보장한다. 이런 자원 격리뿐 아니라, 컨테이너들은 각자의 고유한 파일 시스템과 네트워크 환경을 갖게 된다.

컨테이너는 인스턴스화되면 메모리나 CPU 같은 자원을 할당받을 수 있다. 또한 동일한 이미지에서 인스턴스화된다고 하더라도 자원 할당을 서로 다르게 할 수 있다. 도커 컨테이너는 기본적으로 독립된 고유한 서브넷subnet과 네트워크에 연결되는 게이트웨이gateway를 갖는다.

도커 레지스트리

도커 레지스트리는 도커 이미지를 퍼블리싱하고 다운로드할 수 있는 중앙 저장소라고 할 수 있다. 도커 허브(https://hub.docker.com)는 도커에 의해 제공되는 중앙 저장소다. 도커 레지스트리에는 누구나 다운로드받아 기반 이미지로 사용할 수 있는 공개 이미지가 있으며, 계정별로 접근 권한이 제한된 비공개 이미지도 있다. 다음은 도커 레지스트리의 스크린샷이다.

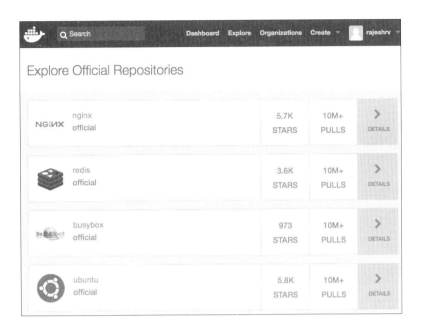

도커는 자체적으로 보유하고 있는 환경에 도커 레지스트리를 구성하는 데 사용할 수 있는 도커 트러스티드 레지스트리[DTR, Docker Trusted Registry]도 제공한다.

도커파일

도커파일[Dockerfile]은 도커 이미지를 만들 수 있는 명령어를 포함하고 있는 빌드 파일 또는 스크립트 파일이다. 도커파일에는 기반 이미지를 가져오는 것부터 시작해서 여러 단계가 포함될 수 있다. 도커파일은 텍스트 파일이며, 일반적으로 파일 이름도 Dockerfile이다. docker build 명령은 도커파일을 찾아 도커파일의 내용대로 이미지를 만든다. 도커파일은 메이븐[Maven]의 pom.xml 파일에 해당한다고 볼 수 있다.

▌마이크로서비스를 도커에 배포

지금까지 배운 내용을 바탕으로 브라운필드 PSS 마이크로시스템을 위한 컨테이너를 만들어보자.

 9장의 예제 완성본 소스코드는 https://github.com/rajeshrv/Spring5Microservice 의 chapter9 프로젝트에 있다. 책 내용대로 따라 하려면 chapter6의 모든 프로젝트를 복사해서 STS의 새 워크스페이스에 복사하고 chapter9.*로 이름을 바꾼다.

브라운필드 PSS 마이크로서비스를 담은 도커 컨테이너를 구축하기 위한 과정은 다음과 같다.

1. 공식 도커 사이트(https://www.docker.com)를 통해 도커를 설치한다.
2. Get Started 링크를 타면 사용 중인 운영체제에 맞는 설치 파일과 설치 방법을 알 수 있다.
3. 설치가 완료되면 Docker.app를 실행해서 정상 설치 여부를 확인한다.

```
Client:
Version:        17.03.1-ce
API version:    1.27
Go version:     go1.7.5
Git commit:     c6d412e
Built:          Tue Mar 28 00:40:02 2017
OS/Arch:        darwin/amd64
Server:
Version:        17.03.1-ce
API version:    1.27
Go version:     go1.7.5
Git commit:     c6d412e
Built:          Fri Mar 24 00:00:50 2017
OS/Arch:        darwin/amd64
```

```
Experimental: true
```

4. 가장 먼저 해야 할 일은 모든 서비스의 application.properties 파일에 있는 localhost를 실제 IP 주소로 변경하는 것이다. 도커 컨테이너 안에서는 localhost가 어떤 IP 주소를 가리키는지 해석할 수 없기 때문이다. 실제 현장에서는 DNS나 로드 밸런서의 IP 주소를 지정한다. 6장에서 배운 것처럼 포트 바인딩에 따라 포트를 설정한다.

수정 후의 application.properties 파일은 다음과 같다.

```
server.port=8090
spring.rabbitmq.host=192.168.0.101
spring.rabbitmq.port=5672
spring.rabbitmq.username=guest
spring.rabbitmq.password=guest
```

 로컬에서 실습하는 경우 컨피그(Config) 서버의 URL을 로컬 장비의 IP 주소로 바꾼다.

5. chapter9.website의 Application.java와 BrownFieldSiteController.java의 localhost도 앞에서 설정한 새 IP 주소로 변경한다.

6. chapter9.book의 BookingComponent.java의 localhost도 앞에서 설정한 새 IP 주소로 변경한다.

7. 모든 서비스의 루트 디렉터리에서 도커파일을 생성한다. 예를 들어 검색 마이크로서비스에 대한 도커파일은 다음과 같다.

```
FROM frolvlad/alpine-oraclejdk8
VOLUME /tmp
```

```
ADD target/search-1.0.jar search.jar
EXPOSE 8090
ENTRYPOINT ["java","-jar","/search.jar"]
```

8. 도커파일의 내용은 다음과 같다.

- **FROM frolvlad/alpine-oraclejdk8** 도커에게 alpine-oraclejdk8 버전을 기반 이미지로 해서 도커 이미지를 만들라고 알려준다. frolvlad 는 alpine-oraclejdk8 이미지가 저장된 저장소를 의미한다. alpine-oraclejdk8 이미지는 알파인 리눅스와 오라클 JDK8로 만들어진 도커 이미지다. 이 이미지를 기반 이미지로 사용하면 직접 자바 라이브러리를 설치하지 않아도 자바를 사용하는 애플리케이션 이미지를 만들 수 있다. 이번 실습에서는 로컬 이미지 저장소가 없으므로 사용할 기반 이미지를 도커 허브^{Hub} 레지스트리에서 다운로드하게 된다.

- **VOLUME /tmp** VOLUME에 지정된 디렉토리에 컨테이너가 접근할 수 있게 해준다. 이번 실습에서는 /tmp 디렉토리를 지정했는데, 이 디렉토리는 스프링 부트 애플리케이션이 톰캣을 위한 작업 디렉토리를 생성하는 곳이다. tmp 디렉토리는 컨테이너에게는 논리적인 디렉토리며, 호스트의 로컬 디렉토리를 간접적으로 가리킨다.

- **ADD target/search-1.0.jar** search.jar 애플리케이션 실행 바이너리 파일을 지정한 이름으로 컨테이너에 추가한다. target/search-1.0.jar 파일을 search.jar 파일로 이름을 바꿔 컨테이너에 추가한다.

- **EXPOSE 8090** 컨테이너 내부에서 실행되는 스프링 부트 서비스를 호스트의 8090 포트에 바인딩한다.

- **ENTRYPOINT ["java","-jar","/search.jar"]** 컨테이너가 시작될 때 기본으로 실행되는 애플리케이션을 지정한다. java -jar 명령으로 search.jar 파일을 실행한다.

9. 도커파일이 저장된 디렉토리에서 docker build 명령을 실행한다. 명령이 실행되면 기반 이미지가 먼저 다운로드되고 도커파일에 있던 나머지 내용이 순차적으로 실행되면서 도커 이미지가 만들어진다.

   검색 서비스 도커 이미지를 만드는 도커 명령은 다음과 같다.

```
docker build -t search:1.0 .
```

앞의 명령을 실행하면 다음과 같은 로그가 표시되고 검색 서비스 도커 이미지가 생성된다.

```
rvslab:chapter9.search rajeshrv$ docker build -t search:1.0 .
Sending build context to Docker daemon 57.01 MB
Step 1/5 : FROM frolvlad/alpine-oraclejdk8
latest: Pulling from frolvlad/alpine-oraclejdk8
627beaf3eaaf: Pull complete
95a531c0fa10: Pull complete
b03e476748e7: Pull complete
Digest: sha256:8ad40ff024bff6df43e3fa7e7d0974e31f6b3f346c666285e275afee72c74fcd
Status: Downloaded newer image for frolvlad/alpine-oraclejdk8:latest
 ---> f656c77f5536
Step 2/5 : VOLUME /tmp
 ---> Running in c816f2b47568
 ---> e6028f6a76bc
Removing intermediate container c816f2b47568
Step 3/5 : ADD target/search-1.0.jar search.jar
 ---> 39f28a242676
Removing intermediate container b4463e6220fc
Step 4/5 : EXPOSE 8090
 ---> Running in 2c25a35d20ea
 ---> d0738b1fb63a
Removing intermediate container 2c25a35d20ea
Step 5/5 : ENTRYPOINT java -jar /search.jar
 ---> Running in 095e60d75f13
 ---> a9f2ae1252c2
Removing intermediate container 095e60d75f13
Successfully built a9f2ae1252c2
```

10. 이제까지 수행한 과정을 검색 서비스 외의 다른 모든 서비스에 대해서도 동일하게 수행한다.

11. 이미지가 만들어지면 다음과 같이 docker images 명령을 실행해서 확인할 수 있다. docker images 명령은 이미지의 크기 등과 같은 세부 내용을 표시한다.

```
docker images
```

```
rvslab:chapter9.website rajeshrv$ docker images
REPOSITORY              TAG                 IMAGE ID            CREATED             SIZE
book                    1.0                 8c0dbbe5ffc4        11 minutes ago      203 MB
checkin                 1.0                 2ee2d759fecd        12 minutes ago      209 MB
fares                   1.0                 13275668b4ea        12 minutes ago      202 MB
website                 1.0                 b4b3c7d59ff8        13 minutes ago      187 MB
search                  1.0                 8f42cd4d1f86        13 minutes ago      203 MB
```

12. 이제 docker run 명령으로 도커 컨테이너를 실행할 차례다. 이 명령은 컨테이너를 로딩하고 실행한다. 컨테이너가 시작되면서 마이크로서비스를 담고 있는 스프링 부트 실행 파일도 함께 실행된다.

```
docker run -p 8090:8090 -t search:1.0
docker run -p 8080:8080 -t fares:1.0
docker run -p 8060:8060 -t book:1.0
docker run -p 8070:8070 -t checkin:1.0
docker run -p 8001:8001 -t website:1.0
```

앞의 명령은 검색 마이크로서비스와 검색 API 게이트웨이 마이크로서비스, 웹사이트 마이크로서비스를 실행한다.

모든 서비스가 시작되면 docker ps 명령으로 실행 여부를 확인할 수 있다.

```
rvslab:chapter9.website rajeshrv$ docker ps
CONTAINER ID    IMAGE           COMMAND               CREATED          STATUS          PORTS                     NAMES
9a11b3478e28    book:1.0        "java -jar /book.jar"   36 seconds ago   Up 34 seconds   0.0.0.0:8060->8060/tcp    hardcore_booth
2e629addd32b    website:1.0     "java -jar /websit..."  12 minutes ago   Up 12 minutes   0.0.0.0:8001->8001/tcp    boring_mcclintock
bf0b4436a387    checkin:1.0     "java -jar /checki..."  12 minutes ago   Up 12 minutes   0.0.0.0:8070->8070/tcp    angry_darwin
02d9c291b8b8    fares:1.0       "java -jar /fares.jar"  13 minutes ago   Up 13 minutes   0.0.0.0:8080->8080/tcp    affectionate_sinoussi
8a40e771dbe2    search:1.0      "java -jar /search..."  14 minutes ago   Up 14 minutes   0.0.0.0:8090->8090/tcp    loving_edison
```

브라우저 창에 다음 URL을 입력하고 브라운필드 웹사이트에 접속한다.

```
http://localhost:8001
```

▌ 도커에서 래빗엠큐 실행

실습 예제에서 래빗엠큐RabbitMQ를 사용하고 있으므로, 래빗엠큐를 도커 컨테이너로 구성하는 방법을 알아보자. 다음 명령은 도커 허브에서 래빗엠큐 이미지를 가져와서 래빗엠큐를 실행한다.

```
docker run rabbitmq
```

▌ 도커 레지스트리 사용

도커 허브는 모든 도커 이미지를 갖고 있는 중앙 저장소라고 할 수 있다. 이미지는 공개형으로 저장될 수도 있고, 비공개형으로 저장될 수도 있다. 대부분의 조직에서는 보안 문제 때문에 자체 장비에 자사 전용 도커 레지스트리를 구성해서 사용한다.

로컬 레지스트리를 구성하고 실행하는 방법은 다음과 같다.

1. 다음 명령을 실행하면 5000번 포트에서 레지스트리를 시작한다.

```
docker run -d -p 5000:5000 --restart=always --name registry
    registry:latest
```

2. 도커 이미지에 search:1.0 태그를 붙인다.

```
docker tag search:1.0 localhost:5000/search:1.0
```

3. 도커 이미지를 레지스트리에 푸시한다.

```
docker push localhost:5000/search:1.0
```

4. 도커 이미지를 레지스트리에서 다운로드한다.

```
docker pull localhost:5000/search:1.0
```

도커 허브 구성

앞에서 로컬 도커 레지스트리를 사용해봤는데, 이번에는 도커 컨테이너를 퍼블리싱하기 위해 도커 허브를 구성하고 사용하는 방법을 알아본다. 이 방식은 도커 이미지에 전역적으로 접근할 수 있는 편리한 방법을 제공해준다. 도커 이미지를 로컬 장비에서 도커 허브로 퍼블리싱해 EC2 인스턴스에서 다운로드할 수 있게 하는 방법도 알아본다.

공개 도커 허브 계정과 저장소를 설정하려면 다음 링크에 있는 절차를 따라 한다.

```
https://docs.docker.com/engine/installation/
```

레지스트리는 모든 도커화된 마이크로서비스가 저장되고 접근되는 마이크로서비스 저장소와 비슷한 역할을 한다. 이는 마이크로서비스 역량 모델에서 설명된 역량 중 하나다.

도커 허브에 마이크로서비스 퍼블리싱

도커화된 서비스를 도커 허브에 푸시하려면 먼저 도커 이미지에 태그를 붙인 다음, 태그된 도커 이미지를 도커 허브 저장소에 푸시한다.

```
docker tag search:1.0 brownfield/search:1.0
docker push brownfield/search:1.0
```

컨테이너 이미지가 성공적으로 퍼블리싱됐는지 확인하기 위해 다음 링크에 있는 도커 허브 저장소에 접속한다.

```
https://hub.docker.com/u/brownfield
```

 brownfield를 앞 절에서 사용한 저장소 이름으로 대체한다.

앞에서 수행한 과정을 모든 브라운필드 마이크로서비스에 대해 반복해서 모든 브라운 필드 마이크로서비스 이미지를 도커 허브에 퍼블리싱한다.

▌ 클라우드에서의 마이크로서비스

마이크로서비스 역량 모델 중 하나는 클라우드 인프라스트럭처의 사용이다. 9장 앞부 분에서 마이크로서비스의 배포를 위해 클라우드를 사용해야 할 필요성에 대해 알아봤 다. 하지만 아직까지는 아무것도 클라우드에 배포하지 않았다. 다수의 마이크로서비 스를 로컬 장비에서 실행하기는 어렵다.

이제 브라운필드 PSS 마이크로서비스를 AWS 클라우드 플랫폼에서 실행하는 방법을 알아보자.

AWS EC2에 도커 설치

이번에는 도커를 EC2 인스턴스에 설치하는 방법을 알아본다.

이번 예제는 독자가 AWS에 익숙하고, AWS에 계정을 갖고 있다고 가정한다.

다음 과정을 따라 하면서 EC2에 도커를 설치해보자.

1. EC2 인스턴스를 띄운다. 모든 마이크로서비스 인스턴스를 함께 실행하려면 용량이 큰 EC2 인스턴스가 필요하므로 t2.large를 사용한다.

 예제에서는 Ubuntu Server 16.04 LTS(HVM), SSD Volume Type-ami-a58d0dc5 버전의 우분투 AMI 이미지를 사용한다.

2. EC2에 연결해서 다음 명령을 실행한다.

```
sudo apt-get update
sudo apt-get install docker.io
```

3. 앞의 명령을 실행하면 EC2 인스턴스에 도커가 설치된다. 다음 명령으로 설치 성공 여부를 확인한다.

```
sudo docker version
```

▌ EC2에서 브라운필드 서비스 실행

이번에는 앞에서 생성한 EC2 인스턴스에 브라운필드 마이크로서비스를 구성해보자. 마이크로서비스의 빌드는 로컬 데스크톱에서 만들고, 실행 바이너리는 AWS에 배포한다.

EC2 인스턴스에서 다음 과정을 실행한다.

1. *.properties 파일에 있는 모든 IP 주소가 EC2 인스턴스의 IP 주소를 반영하게 수정한다.
2. chapter9.book과 chapter9.website에 있는 자바 파일의 IP 주소를 변경한다.

3. 로컬 장비에서 모든 프로젝트를 다시 컴파일하고 모든 마이크로서비스를 도 커 이미지로 생성한다. 생성한 모든 도커 이미지를 도커 허브 레지스트리에 푸시한다.

4. EC2 인스턴스에 자바 8을 설치한다.

5. 다음 명령을 순서대로 실행한다.

```
sudo docker run --net=host rabbitmq:3
sudo docker run -p 8090:8090 rajeshrv/search:1.0
sudo docker run -p 8001:8001 rajeshrv/website:1.0
```

6. 웹사이트의 URL에 접근해서 모든 서비스가 정상적으로 동작하는지 확인한다. EC2 인스턴스의 공용 IP를 사용하는 것에 주목하자.
   웹사이트 애플리케이션용 URL은 다음과 같다.

```
http://54.165.128.23:8001
```

▌ 컨테이너화의 미래

컨테이너화는 여전히 진화 중이지만, 컨테이너 기술을 도입하는 조직의 숫자는 최근에 부쩍 늘어났다. 도커뿐만 아니라 마이크로소프트에서도 윈도우 컨테이너에 이미투자를 하고 있다. 많은 조직에서 도커와 다른 컨테이너 기술을 공격적으로 도입하고있지만, 도커나 컨테이너 기술의 단점도 있으며 컨테이너의 크기나 보안 이슈와 관련이 있다. 컨테이너 이식성portability과 표준화도 해결해야 할 과제다.

현재 도커 이미지는 일반적으로 무겁다. 탄력적인 자동화가 적용된 환경에서는 컨테이너의 생성 및 파기가 아주 빈번하게 일어나므로, 컨테이너의 크기가 크면 그 자체로이슈라고 할 수 있다. 크기가 크다는 것은 코드가 많다는 것을 의미하며, 코드가 많으면 보안 취약점도 많다고 볼 수 있다.

앞으로는 컨테이너가 차지하는 용량이 분명히 줄어들 것이다. 도커는 저전력의 IoT 장비에서도 실행될 수 있게 유니커널^{unikernels}과 경량 커널^{lightweight kernels}에 대한 작업을 진행 중이다. 유니커널은 온전한 운영체제라고 할 수는 없지만, 배포된 애플리케이션을 실행할 수 있는 라이브러리는 지원한다. 유니커널은 속도가 더 빠르고 확장성이 있고 크기가 작으며 보안도 강화돼 있다.

많은 조직은 벤더^{vendor} 종속성을 피하기 위해 하이브리드 클라우드 솔루션으로 이동하고 있다. 이렇게 하면 벤더와 종속성을 갖지 않고 어느 정도 적절한 거리를 둘 수 있다. 컨테이너 이미지뿐 아니라 컨테이너 런타임을 표준화하는 **오픈 컨테이너 이니셔티브**^{OCI, Open Container Initiative}와 같은 노력들이 있어왔다. 많은 컨테이너 벤더는 이미 OCI 표준을 따르고 있다.

컨테이너의 보안 이슈는 여러 차례 토론을 거쳤다. 가장 핵심이 되는 보안 이슈는 네임스페이스 분리 및 ID 격리와 관련이 있다. 컨테이너가 루트에 위치해 있으면 호스트의 루트 권한을 기본으로 갖게 된다. 신뢰할 수 없는 출처에서 얻은 컨테이너 이미지도 보안 이슈 중 하나다. 대규모 컨테이너에서는 각 컨테이너가 종단점을 노출할 수 있으므로 공격의 범위가 더 넓어질 수 있다.

도커는 이런 차이를 가능한 한 빨리 메꾸고 있지만, 많은 조직에서는 이런 보안 이슈를 피하기 위해 가상머신과 도커를 혼합해서 사용한다. 도커 시큐리티 스캐닝^{Docker Security Scanning}은 도커 이미지의 취약성을 식별할 수 있게 해주는 도구다. 코어OS^{CoreOS}나 트위스트락^{Twistlock}에서 나온 도커 벤치^{Docker Bench}, 클래어^{Clair}도 보안 제어 도구로서 사용된다.

▌ 정리

9장에서는 인터넷을 통해 들어오는 대규모의 다양한 요청을 처리할 수 있는 마이크로서비스를 클라우드 환경에서 운영할 필요성에 대해 알아봤다.

전통적인 가상머신과 비교해서 컨테이너의 개념을 살펴봤고, 도커 이미지, 컨테이너, 레지스트리 등과 같은 도커의 기초 개념에 대해 알아봤다. 마이크로서비스의 관점에서 컨테이너의 중요성과 장점도 알아봤다.

그리고 브라운필드 마이크로서비스를 도커화하는 예제를 실습해봤다. 이미 만들어진 스프링 부트 마이크로서비스를 도커에 배포하는 방법을 알아봤고, 로컬 레지스트리와 도커 허브에 도커화된 마이크로서비스를 푸시하고 풀하면서 레지스트리의 개념도 살펴봤다.

끝으로 도커화된 브라운필드 마이크로서비스를 AWS 클라우드 환경에 배포하는 방법을 알아봤다.

10

메소스와 마라톤을 이용한 도커화된 마이크로서비스 확장

클라우드 환경[1]이 가진 장점을 최대한 활용하려면 도커화된 마이크로서비스 인스턴스가 트래픽 패턴에 따라 자동으로 늘어날 수 있어야 한다. 하지만 이는 다른 문제를 일으킬 수도 있다. 마이크로서비스가 아주 많다면 수천 개나 되는 도커화된 마이크로서비스 인스턴스를 수동으로 관리하는 것은 쉬운 일이 아니다. 이런 규모의 마이크로서비스를 성공적으로 관리하려면 인프라스트럭처 추상화 계층과 강력한 클러스터 제어 플랫폼이 반드시 필요하다.

10장에서는 클리우드 환경에서 확장성 있는 미이크로시비스를 배포하고 운영할 때 자원 사용량을 최적화할 수 있게 메소스^{Mesos}를 인프라스트럭처 추상화 계층으로, 마

---

1. 클라우드 환경: 원문에는 cloud-like environment라고 돼 있으나 의미상 큰 차이가 없어 클라우드 환경으로 옮긴다. – 옮긴이

라톤^{Marathon}을 클러스터 제어 시스템으로 사용하는 방법을 알아본다. 클라우드 환경에서 메소스와 마라톤의 설치 방법을 단계별로 살펴보고, 메소스와 마라톤 환경에서 도커화된 마이크로서비스를 관리하는 방법도 알아본다.

9장에서 다루는 내용은 다음과 같다.

- 컨테이너화된 스프링 부트 마이크로서비스의 확장 방법
- 추상화 계층과 클러스터 컨테이너 오케스트레이션^{orchestration} 소프트웨어의 필요성
- 마이크로서비스 관점에서의 메소스와 마라톤 이해
- 도커화된 브라운필드 항공사 PSS 마이크로서비스를 메소스와 마라톤으로 관리

▌ 마이크로서비스 확장

6장 끝부분에서 스프링 클라우드 컴포넌트나 메소스와 마라톤을 사용하는 도커화된 마이크로서비스를 확장할 수 있는 두 가지 옵션에 대해 이야기했다. 7장에서는 그중 첫 번째 옵션인 스프링 클라우드 컴포넌트를 이용한 확장 방법에 대해 알아봤다.

스프링 클라우드의 두 가지 핵심 개념은 자가 등록^{self-registration} 및 자가 탐색^{self-discovery}이다. 이 두 가지 핵심 개념을 통해 마이크로서비스 배포를 자동화할 수 있다. 마이크로서비스 인스턴스가 트래픽을 받을 준비가 되면 자가 등록을 통해 자기 자신의 서비스 메타데이터를 중앙의 서비스 레지스트리에 바로 등록하고, 서비스의 가용성이 자동으로 알려지게 된다. 마이크로서비스가 등록되면 이 마이크로서비스를 사용하는 사용자 또는 다른 서비스는 레지스트리 서비스를 이용해서 등록된 마이크로서비스를 바로 탐색하고 발견해서 사용할 수 있게 된다. 이처럼 자동화의 중심에는 레지스트리가 있다.

다음 그림은 스프링 클라우드 방식으로 마이크로서비스를 확장하는 모습을 보여준다.

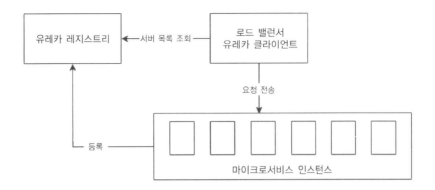

10장에서는 6장 앞부분에서 언급했던 두 번째 방식인 메소스와 마라톤을 사용하는 도커화된 마이크로서비스의 확장 방식을 중점적으로 다룬다. 이 방식은 7장에서 다루지 않은 추가적인 마이크로서비스 역량을 제공해준다. 이 방식에도 약점이 있는데, 추가적인 마이크로서비스 인스턴스가 필요할 경우 새 인스턴스를 수동으로 시작시켜야 한다는 점이다. 이상적인 시나리오라면 마이크로서비스 인스턴스의 시작 및 종료도 자동화돼야 한다. 사용량에 따라 클라우드 환경 사용료를 지불하는 상황에서는 이런 자동화를 통해 비용을 줄일 수 있다.

자동 확장 이해

자동 확장auto scaling은 서비스 수준 합의서SLA, Service Level Agreement를 충족시키기 위해 자원 사용량을 기준으로 서비스를 복제해서 인스턴스 숫자를 자동으로 증가시키는 접근 방식을 말한다.

자동 확장 시스템은 자동으로 트래픽 증가를 감지하고 새 인스턴스를 띄워서 트래픽을 처리한다. 트래픽이 줄어들면 자동 확장 시스템은 자동으로 트래픽 감소를 감지하고 남는 인스턴스를 서비스에서 내림으로써 인스턴스의 수를 줄여서 불필요한 자원 낭비를 막는다. 물론 항상 서비스 중이어야 하는 최소한의 인스턴스 개수가 필요하며, 물리 또는 가상 장비에도 장비를 자동으로 프로비저닝할 수 있는 메커니즘이 필요하다. 자동 프로비저닝은 클라우드 서비스 제공자가 제공하는 API를 사용하면 쉽게 처리할 수 있다.

자동 확장은 여러 가지 파라미터와 한계 값을 고려해서 수행된다. 그중 일부는 쉽고 일부는 어렵고 복잡하다. 자동 확장에 사용되는 조건을 요약해보면 다음과 같다.

- **자원 제약 조건 기반 확장** 자원 제약 조건 기반의 확장 방식은 모니터링을 통해 수집하는 실시간 지표metric를 바탕으로 확장이 결정되는데, 보통 CPU, 메모리 또는 디스크와 같은 자원을 기준으로 결정된다. 뿐만 아니라 힙 메모리heap memory 사용량과 같이 서비스 인스턴스가 스스로 수집할 수 있는 통계 수치를 통해 결정되기도 한다.

- **특정 기간 기반 확장** 시간 기반의 확장은 비즈니스적으로 특정 일자, 월 또는 연도와 같은 기간 동안에 집중적으로 발생하는 트래픽을 처리하는 데 사용되는 방식이다. 예를 들면 어떤 서비스는 업무 시간에는 트랜잭션 발생량이 많고 업무 시간 외에는 트랜잭션 발생량이 꽤 적은 경우를 예로 들 수 있는데, 이런 경우 낮에는 자동 확장돼 많은 트랜잭션을 처리하고, 업무 시간 종료 후에는 자동 축소돼 자원 낭비를 막을 수 있다.

- **메시지 큐 길이 기반 확장** 비동기 메시지 기반의 마이크로서비스로 구성된 시스템에서는 메시지 큐 길이 기반의 확장이 특히 더 쓸모가 있다. 이 방식을 사용하면 큐에 쌓여있는 메시지의 길이가 어느 한계를 넘어서면 새로운 인스턴스가 추가된다.

- **비즈니스 파라미터 기반 확장** 이 방식은 비즈니스 파라미터 기반으로 인스턴스가 추가된다. 판매 마감 트랜잭션 처리 직전에 새 인스턴스를 추가하는 방식이다. 모니터링 서비스가 판매 마감 1시간 전과 같은 미리 정의된 비즈니스 이벤트를 받으면 새 인스턴스가 추가돼 마감 처리에 발생하는 대규모 트랜잭션을 처리하게 된다. 이 방식은 비즈니스 규칙에 따라 세밀하게 확장을 조절할 수 있게 해준다.

- **예측 기반 확장** 예측에 의한 확장은 전통적인 실시간 지표 기반 방식과는 다른 새로운 패러다임의 자동 확장 방식이다. 예측에 의한 엔진이 이력 정보, 현재 트렌드 등과 같은 여러 가지 입력 정보를 바탕으로 발생 가능한 트래픽 패턴을 예측하며, 이 예측 결과를 바탕으로 자동 확장이 실행된다. 예측에 의한 확장은 하드코딩된 규칙이나 시간 윈도우에 의존하지 않고, 그런 시간 윈도우를 자동으로 예측해서 정할 수 있다. 복잡한 배포 과정이 필요한 시스템에서는 예측에 의한 자동 확장을 위해 예측 분석에 인지 컴퓨팅^{cognitive computing} 메커니즘이 필요할 수도 있다.

잃어버린 조각

앞에서 설명한 자동 확장을 실현하려면 운영체제 수준에서 많은 양의 스크립트 작성이 필요하다. 도커는 여러 마이크로서비스에서 사용된 기술에 관계없이 컨테이너를 다룰 수 있는 통일된 방식을 제공해주며, 마이크로서비스를 격리해서 시끄러운 이웃^{noisy neighbors}에 의해 자원을 빼앗기는 일을 막아주는 데도 도움이 된다.

하지만 도커와 스크립트 작성은 문제의 일부만을 해결해줄 수 있을 뿐이다. 대규모 도커 배포 환경에서 필요한 핵심 질문은 다음과 같다.

- 수천 대의 컨테이너를 어떻게 관리할 것인가?
- 수천 대의 컨테이너를 어떻게 모니터링할 것인가?
- 컨테이너를 배포할 때 규칙과 제약 사항을 어떻게 적용할 것인가?
- 컨테이너들이 자원을 효율적으로 이용하고 있는지 어떻게 보장할 것인가?
- 운영 중에는 인제라도, 직어도 최소한의 인스턴스 개수만큼은 실행되고 있는지 어떻게 보장할 것인가?
- 의존하고 있는 서비스가 정상 실행 중인지 어떻게 보장할 것인가?

- 어떻게 점진적인 업그레이드^{rolling upgrade}와 매끄러운 이전^{graceful migration}을 실현할 것인가?
- 잘못된 배포본은 어떻게 원상 복구^{rollback}할 것인가?

이 모든 질문은 결국 다음과 같은 두 개의 핵심 역량을 보유하고 있는 솔루션이 필요하다는 것으로 모아진다.

- 많은 수의 물리적 장비나 가상머신을 추상화해 일관성 있는 방식으로 관리할 수 있게 해주는 컨테이너 추상화 계층
- 클러스터 추상화 계층 위에서 수많은 배포를 지능적으로 관리할 수 있게 해주는 컨테이너 오케스트레이션 및 초기화 시스템

10장의 나머지는 이 두 가지 핵심 역량을 집중적으로 살펴본다.

▌ 컨테이너 오케스트레이션

컨테이너 오케스트레이션 도구는 개발자나 인프라스트럭처 팀이 대규모의 컨테이너 배포를 더 쉽게 처리할 수 있게 추상 계층을 제공해준다. 컨테이너 오케스트레이션 도구가 제공해주는 기능은 도구마다 다르다. 하지만 프로비전, 탐색, 자원 관리, 모니터링, 배포 기능은 공통적으로 제공된다.

컨테이너 오케스트레이션 도구의 중요성

마이크로서비스는 애플리케이션을 여러 개의 마이크로 애플리케이션으로 분할하므로, 개발자들은 배포를 위해 더 많은 수의 노드를 필요로 한다. 마이크로서비스를 적절하게 관리하기 위해 개발자들은 가상머신 하나당 한 개의 마이크로서비스를 배포하려는 경향이 있는데, 이렇게 하면 자원 사용의 효율성을 떨어뜨리며 대부분의 경우

결국 CPU나 메모리를 필요 이상으로 많이 할당하게 된다.

많은 배포 과정에서 마이크로서비스의 고가용성이라는 요구 사항을 만족시키려면 엔지니어들은 여유분을 두기 위해 점점 더 많은 서비스 인스턴스를 추가하게 된다. 이렇게 하면 고가용성은 높아지지만, 실제로는 사용되지 않는 서비스 인스턴스들도 많아진다.

일반적으로 마이크로서비스의 배포는 일체형 애플리케이션 배포에 비해 더 많은 인프라스트럭처를 필요로 한다. 많은 조직에서는 인프라스트럭처의 비용 증가로 인해 마이크로서비스의 진정한 가치를 누리지 못하게 된다.

다음 그림은 마이크로서비스마다 전용 가상머신을 두는 모습을 보여준다.

앞에서 제기된 이슈를 해결하려면 다음과 같은 기능을 포함하는 도구가 필요하다.

- 개발자나 관리자가 특별한 노력을 기울이지 않아도 인프라스트럭처에 효율적으로 컨테이너를 자동으로 할당할 수 있는 능력
- 개발자가 애플리케이션을 데이터 센터에 배포할 때 어떤 애플리케이션을 호스트하기 위해 어떤 장비를 사용하는지 알 필요가 없게 해주는 추상화 계층 제공 능력
- 배포할 산출물에 대한 규칙이나 제약 사항 적용 능력
- 개발자와 관리자들이 최소한의 상호작용만으로 관리 노력을 최소화할 수 있게 해주는 높은 수준의 애자일성 제공 능력
- 가용한 자원을 최대한 효율적으로 사용해서 애플리케이션의 구축, 배포, 운영에 필요한 비용을 최소한의 수준으로 관리할 수 있는 능력

이런 상황에서 컨테이너가 문제 해결의 중요한 실마리를 제공한다. 앞에서 알아본 기능을 포함하는 모든 도구는 마이크로서비스에 적용된 구체적인 기술 종류에 관계없이 그를 감싸고 있는 컨테이너를 대상으로 일관성 있는 처리를 할 수 있기 때문이다.

컨테이너 오케스트레이션 도구가 하는 일

일반적인 컨테이너 관리 도구는 여러 대의 장비의 가상화를 도와주고, 가상화된 여러 대의 장비를 하나의 클러스터로 관리한다. 또한 처리할 작업이나 컨테이너를 장비 사이에서 이동시키는 일을 사용자에게 영향을 미치지 않는 방식으로 수행하게 돕는다. 기술 전도사$^{technology\ evangelist}$나 실무자들은 컨테이너 오케스트레이션, 클러스터 관리, 데이터 센터 가상화, 컨테이너 스케줄러, 컨테이너 라이프사이클 관리, 데이터 센터 운영체제 등과 같은 다양한 용어를 사용한다.

컨테이너 관리 도구는 독립 설치형 스프링 부트 애플리케이션처럼 컨테이너화되지 않은 바이너리뿐 아니라 도커 기반의 컨테이너를 지원한다. 이런 컨테이너 관리 도구의 근본적인 기능은 실제 서버 인스턴스를 애플리케이션 개발자나 관리자로부터 분리시켜서 추상화하는 것이다.

컨테이너 오케스트레이션 도구는 인프라스트럭처 팀에게 미리 정의된 사양에 따라 장비를 요청하는 대신에 스스로 인프라스트럭처를 프로비저닝할 수 있게 도와준다. 이렇게 자동화된 컨테이너 오케스트레이션 방식에서는 애플리케이션을 위한 장비를 미리 구해서 자원을 미리 할당할 필요가 없다. 일부 컨테이너 오케스트레이션 도구는 많은 다양한 이기종^{heterogeneous} 장비를 가상화할 수 있게 해주며, 심지어 서로 다른 데이터 센터까지도 묶어서 가상화해주기도 하고, 탄력적인 비공개 사설 클라우드 비슷한 인프라스트럭처를 생성해주기도 한다. 컨테이너 오케스트레이션 도구에 대한 표준 참조 모델 같은 것은 존재하지 않는다. 그래서 벤더별 제품 사이에 기능 차이도 많이 난다.

컨테이너 오케스트레이션 도구의 핵심 역량은 다음과 같이 요약할 수 있다.

- **컨테이너 오케스트레이션** 가상머신과 물리적 장비의 클러스터를 하나의 큰 장비로 관리한다. 클러스터에 포함된 장비는 자원 역량resource capability 관점에서 보면 이질적일 수도 있지만, 대체로 리눅스를 운영체제로 탑재하고 있는 장비들이다. 이 가상의 클러스터는 클라우드나 자체 장비 또는 그 둘의 조합을 통해 형성될 수 있다.

- **배포** 상당히 많은 수의 장비를 대상으로 애플리케이션이나 컨테이너의 배포를 자동화한다. 여러 버전의 애플리케이션 컨테이너를 지원하며, 많은 수의 클러스터 장비를 대상으로 점진적인 업그레이드도 지원한다. 이런 도구는 잘못된 업그레이드를 롤백할 수 있는 기능도 갖고 있다.

- **확장성** 애플리케이션 인스턴스의 자동 확장이나 수동 확장을 처리하며, 이때 자원 이용의 최적화를 최우선 목표로 삼는다.

- **실행 상태(health) 관리** 클러스터, 노드 및 애플리케이션의 실행 상태를 관리한다. 장애가 있는 장비나 애플리케이션 인스턴스는 클러스터에서 제외한다.

- **인프라스트럭처 추상화** 개발자가 애플리케이션이 실제로 어느 장비에 배포되는지 알 필요가 없게 추상화한다. 애플리케이션을 어떻게 스케줄링하고 실행하는지는 컨테이너 오케스트레이션 도구가 알아서 하므로, 개발자는 장비의 용량 등에 대해 걱정하지 않아도 된다. 이런 도구들은 장비의 세부 사항, 용량, 사용량, 위치 등의 정보를 추상화하므로, 애플리케이션의 소유자들에게는 무한대의 용량을 가진 하나의 큰 장비와 동등하다고 할 수 있다.

- **자원 최적화** 컨테이너 작업 부하workload를 여러 대의 장비에 걸쳐 효율적으로 분산 할당하고, 소유 비용을 낮출 수 있다. 자원 사용량을 효율적으로 개선하기 위해 단순한 알고리듬부터 극도로 복잡한 알고리듬까지도 사용될 수 있다.

- **자원 할당** 자원 가용성과 애플리케이션 개발자가 지정한 제약 사항을 바탕으

로 서버를 할당한다. 제약 사항, 친화도 규칙^{affinity rule}[2], 사용할 포트, 애플리케이션 의존 관계, 상태 등을 바탕으로 자원이 할당된다.

- **서비스 가용성** 서비스는 클러스터 내 어디에선가 올라와서 실행되고 있다는 것을 보장한다. 장비에 장애가 발생하면 컨테이너 오케스트레이션 도구가 장애가 발생한 장비에 있던 서비스를 자동으로 클러스터 내에 있는 다른 장비로 옮겨서 재시작한다.

- **애자일성** 작업을 가용한 자원에 할당하거나 자원 요구량에 변화가 있을 때 작업 부하를 여러 장비로 분산하는 작업을 신속하게 수행할 수 있다. 비즈니스의 중요성, 우선순위 등에 따라 제약 사항도 조정될 수 있다.

- **격리** 자원이 섞이지 않고 격리되게 한다. 그래서 애플리케이션이 컨테이너화돼 있지 않더라도 자원 격리성은 여전히 유효할 수 있다.

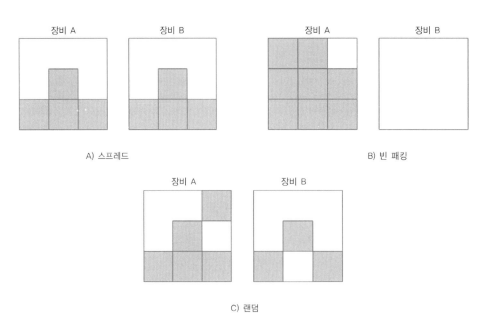

A) 스프레드 B) 빈 패킹 C) 랜덤

---

2. 친화도 규칙(affinity rule): 하나의 호스트에 여러 개의 가상머신을 운영할 때 어떤 가상머신들은 동일 호스트상에서 함께 운영되는 것이 효율적일 수 있다. 이때 친화도 규칙을 통해 함께 운영돼야 할 가상머신의 조합을 지정할 수 있다. - 옮긴이

자원 할당에는 단순한 알고리듬에서 머신 러닝, 인공지능 같은 복잡한 알고리듬에 이르기까지 다양한 알고리듬이 사용된다. 일반적으로 사용되는 알고리듬은 랜덤^{Random}, 빈 패킹^{bin packing}, 스프레드 알고리듬이다. 애플리케이션에 설정된 제약 사항은 자원 가용성을 바탕으로 기본 알고리듬을 재정의할 수 있다.

앞의 그림은 알고리듬별로 애플리케이션을 장비에 어떻게 배포하는지 보여준다. 이해를 쉽게 하기 위해 두 개의 장비만으로 표시한다.

자원 할당에 사용되는 세 가지 공통 전략은 다음과 같다.

- **스프레드** 그림 A에 나온 것처럼 작업 부하를 가용한 장비들 사이에 균등하게 나눠 할당한다.
- **빈 패킹** 그림 B에 나온 것처럼 순차적으로 장비를 채우는 식으로 작업 부하를 나눠 할당한다. 빈 패킹 방식은 사용량에 따라 과금되는 클라우드 서비스에 적합한 알고리듬이다.
- **랜덤** 그림 C에 나온 것처럼 장비를 무작위로 선택해서 컨테이너를 배포한다.

자원 할당의 효율성을 높이기 위해 머신 러닝이나 협업 필터링^{collaborative filtering} 같은 인지 컴퓨팅 알고리듬을 사용할 수 있는 가능성도 있다. 오버서브스크립션^{oversubscription} 같은 기법은 충분히 사용되지 않고 있는 자원을 우선순위가 높은 작업에 할당하는 방식으로 자원 이용 효율을 높인다. 우선순위가 높은 작업이란 예를 들어 수익을 만들어내는 서비스로, 분석, 영상, 이미지 프로세싱 등과 같은 연산양이 매우 많은 태스크를 말한다.

마이크로서비스와의 관계

마이크로서비스의 인프라스트럭처는 적절하게 프로비저닝되지 않으면 지나치게 많은 장비를 사용하게 되기 쉽고, 결국 총 소유 비용^{cost of ownership}이 많이 발생하게 된다. 대규모 마이크로서비스를 운영할 때는 앞에서 알아본 것처럼 컨테이너 오케스트레이션 도구가 포함된 클라우드 환경이 비용 편익 측면에서 반드시 필요하다.

스프링 클라우드로 보강된 스프링 부트 마이크로서비스는 컨테이너 오케스트레이션 도구의 효과를 가장 많이 볼 수 있는 이상적인 후보군 중 하나다. 스프링 클라우드 기반의 마이크로서비스는 위치에 구애받지 않으며, 클러스터의 어느 곳이든 배포될 수 있다. 서비스가 기동되면 스프링 클라우드로 만들어진 애플리케이션은 자동으로 서비스 레지스트리에 등록되고, 서비스의 가용성이 바로 외부에 알려지게 된다. 반대 편에 있는 서비스의 사용자는 언제나 레지스트리에서 사용 가능한 서비스 인스턴스를 찾는다. 이 방식을 사용하는 애플리케이션은 서비스들 사이의 배포 토폴로지를 미리 가정하지 않고도 어떤 틀에든 들어갈 수 있는 물과 같은 유연성을 가질 수 있다. 도커 를 통해 실행 환경을 추상화할 수 있으므로 서비스는 리눅스 기반의 환경이라면 어디 에서든지 실행될 수 있다.

가상화와의 관계

컨테이너 오케스트레이션 솔루션은 서버 가상화 솔루션과는 많은 부분에서 차이가 있다. 컨테이너 오케스트레이션 솔루션은 가상머신이나 물리 장비 위에서 하나의 애 플리케이션 컴포넌트로서 실행된다.

컨테이너 오케스트레이션 솔루션

컨테이너 오케스트레이션 도구는 꽤 많이 있는데, 솔루션마다 독특한 특징들이 있어 서 동일선상에서 비교하는 것은 바람직하지 않다. 그래서 동일선상에서 일대일 관계 로 매칭할 수 있는 컴포넌트를 찾는 것은 쉽지 않겠지만, 중복되는 부분도 많은 것이 사실이다. 조직에서는 요구 사항에 맞게 보통 하나 이상의 도구를 조합해서 사용한다.

다음 그림은 컨테이너 오케스트레이션 도구가 마이크로서비스 관점에서 어떤 자리에 위치하는지 보여준다.

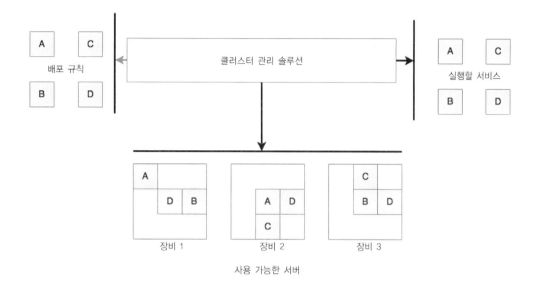

앞의 그림에 나온 것처럼 컨테이너 관리 또는 오케스트레이션 도구는 컨테이너(실행할 서비스)의 형태로 배포할 수 있는 아티팩트^{artifact}와 배포 설명자^{deployment descriptor} 역할을 하는 제약 조건이나 규칙을 갖고 여러 곳에 파편화돼 있는 장비에서 최적의 배포 인프라스트럭처를 찾아낸다.

이제 컨테이너 오케스트레이션 도구 시장에서 인기를 얻고 있는 몇 가지 솔루션들을 살펴보자.

도커 스웜

도커 스웜^{Docker Swarm}은 도커의 네이티브 컨테이너 오케스트레이션 솔루션이다. 스웜은 도커와 네이티브하게 통합돼 있으며, 도커 리모트 API와 호환되는 API를 외부에 제공한다. 도커 스웜은 도커 호스트 풀을 논리적으로 그룹지어서 하나의 커다란 도커 가상 호스트인 것처럼 관리한다. 애플리케이션 관리자나 개발자는 컨테이너를 어느 호스트에 배포할지 스스로 결정하는 대신에 도커 스웜에게 위임할 수 있다. 도커 스웜은 빈 패킹 알고리듬과 스프레드 알고리듬을 바탕으로 어느 호스트에 배포할지 결정한다.

도커 스웜은 도커의 리모트 API에 바탕을 두고 있으며, 도커 사용자라면 도커 스웜의 사용법을 익히는 것은 다른 컨테이너 오케스트레이션 도구를 익히는 것에 비해 매우 쉽다. 하지만 도커 스웜은 상대적으로 역사가 길지 않고, 도커 컨테이너만 지원한다는 한계도 있다.

도커 스웜은 관리자^{manager}와 노드^{node}의 개념을 바탕으로 동작한다. 관리자는 도커 컨테이너의 실행을 위해 도커 컨테이너와 상호작용하고 작업 일정을 관리하는 단일 관리 창구다. 노드는 도커 컨테이너가 배포되고 실행되는 지점을 의미한다.

쿠버네티스

쿠버네티스^{Kubernetes}(k8s)는 구글에서 Go 언어로 만들었으며, 구글 내에서 철저하게 테스트돼 대규모 배포에 사용되고 있다. 스웜과 마찬가지로 쿠버네티스도 여러 노드들의 클러스터에 걸쳐 컨테이너화된 애플리케이션을 관리하는 데 도움을 주는 도구로, 컨테이너 배포 자동화, 스케줄링 및 컨테이너 확장을 자동화해준다. 쿠버네티스는 점진적 배포 자동화, 배포물의 버전 관리, 컨테이너 복원 등의 여러 가지 기능을 사용하기 쉬운 형태로 제공해준다.

쿠버네티스의 아키텍처는 마스터^{master}, 노드^{node}, 팟^{pod}이라는 개념을 사용한다. 마스터와 노드는 쿠버네티스 클러스터를 형성한다. 마스터 노드는 여러 개의 노드에 작업 부하를 분산하는 일을 담당하고, 노드는 단순히 하나의 가상머신이나 물리적 장비를 의미한다. 노드는 팟으로 나눌 수 있으며, 하나의 노드는 여러 개의 팟을 호스팅할 수 있다. 하나 이상의 컨테이너가 팟 안에서 그룹화돼 실행될 수 있다. 팟은 같은 위치에 배포되는 서비스들을 효율적으로 관리할 수 있게 도와준다. 쿠버네티스는 컨테이너를 찾기 위한 질의를 위해 키-값 쌍으로 된 레이블^{label}이라는 개념도 지원한다. 레이블은 프론트엔드 웹서버 실행과 같은 일반적인 작업을 실행하는 특정 유형의 노드에 태그를 붙일 수 있는 사용자 정의 파라미터다. 클러스터에 배포된 서비스들은 하나의 IP/DNS를 부여받는다.

쿠버네티스는 도커를 지원한다. 하지만 쿠버네티스는 도커 스웜에 비해 배우기가 어렵다. 레드햇^{RedHat}은 OpenShift 플랫폼의 일부로서 쿠버네티스에 대해 유료 기술 지원 서비스를 제공한다.

아파치 메소스

메소스^{Mesos}는 UC 버클리 대학에서 처음으로 개발돼 트위터에서 확장된 오픈소스 프레임워크다. 트위터는 메소스를 주로 대규모의 하둡 에코시스템을 관리하는 데 사용한다.

메소스는 앞에서 살펴본 도커 스웜이나 쿠버네티스와는 약간 다른 방식의 솔루션이다. 메소스는 자원 관리자에 가까우며, 작업 부하의 실행 관리는 스스로 처리하지 않고 다른 프레임워크에 의존한다. 메소스는 운영체제와 애플리케이션 사이에 위치해서 논리적인 클러스터를 제공한다.

메소스는 다수의 컴퓨터를 하나의 큰 장비로 논리적으로 그룹화하고 가상화해주는 분산 시스템 커널이다. 메소스는 다수의 이기종 자원을 애플리케이션이 배포될 수 있는 하나의 균일한 자원 클러스터로 그룹화할 수 있기 때문에 데이터 센터에서 사설 클라우드를 구축할 수 있게 해주는 도구로도 알려져 있다.

메소스에는 마스터 노드와 슬레이브 노드가 있다. 앞에서 알아본 솔루션들과 마찬가지로 마스터 노드는 클러스터의 관리를 담당하고, 슬레이브는 작업 부하의 실행을 담당한다. 메소스는 클러스터 코디네이션과 저장 공간을 위해 내부적으로 주키퍼^{ZooKeeper}를 사용한다. 메소스가 지원하는 프레임워크는 컨테이너화 되지 않은 애플리케이션과 컨테이너를 스케줄링하고 실행하는 역할을 담당한다. 마라톤^{Marathon}, 크로노스^{Chronos}, 오로라^{Aurora} 같은 프레임워크가 애플리케이션을 스케줄링하고 실행하는 데 많이 사용된다. 넷플릭스 펜조^{Fenzo}도 메소스가 지원하는 프레임워크 중 하나다. 하지만 쿠버네티스는 메소스 프레임워크로 사용될 수 없다는 점은 흥미롭다.

마라톤은 도커 컨테이너뿐 아니라 컨테이너화되지 않은 애플리케이션도 지원한다. 마라톤 안에서는 스프링 부트를 직접 설정할 수 있다. 마라톤은 애플리케이션 의존 관계 지원, 서비스의 확장 및 업그레이드를 위한 애플리케이션 그룹핑, 정상 인스턴스의 실행 및 비정상 인스턴스의 종료, 점진적 배포 및 원상 복구 등과 같은 기능을 사용하기 쉬운 형태로 제공해준다.

메소스피어[Mesosphere]에서는 DCOS 플랫폼[3]의 일부로서 메소스와 마라톤에 대한 유료 기술 지원을 제공한다.

해시코프 노매드

해시코프[HashiCorp]의 노매드[Nomad]는 또 다른 컨테이너 오케스트레이션 도구다. 노매드는 저수준 장비 상세 정보나 장비의 위치 정보를 추상화해주며, 앞에서 살펴본 솔루션들에 비교하면 상대적으로 단순한 아키텍처를 갖고 있으며 가볍다. 다른 컨테이너 오케스트레이션 도구들과 마찬가지로 노매드도 자원 할당과 애플리케이션의 실행을 책임진다. 노매드는 사용자에 특화된 제약 사항 정의를 지원하며, 이를 바탕으로 자원을 할당한다.

노매드는 모든 작업이 관리되는 서버라는 개념을 갖고 있다. 하나의 서버는 리더[leader]처럼 동작하며, 다른 서버들은 부하[follower]처럼 행동한다. 노매드에는 태스크[task]라는 개념이 있는데, 가장 작은 단위의 작업을 의미한다. 태스크 중에 동일한 위치에서 실행될 수 있는 태스크들은 모여서 **태스크 그룹**을 만들 수 있다. 하나 이상의 태스크 그룹이나 태스크는 잡[job] 단위로 관리된다.

노매드는 도커를 포함해서 다양한 작업 부하[workload]를 지원하며, 여러 데이터 센터에 걸쳐 배포할 수 있고, 지역[region]이나 데이터 센터를 인식할 수 있다.

---

3. DCOS 플랫폼: https://dcos.io/ - 옮긴이

코어OS 플릿

플릿Fleet은 코어OS에서 나온 컨테이너 오케스트레이션 시스템으로, 저수준에서 실행되고 systemd 위에서 동작한다. 플릿은 애플리케이션 의존 관계를 관리할 수 있고 모든 서비스가 클러스터 내의 어딘가에서 실행된다는 것을 보장할 수 있다. 서비스에 장애가 발생하면 서비스를 다른 호스트에서 재시작한다. 자원을 할당할 때 친화도 규칙 및 제약 규칙을 적용할 수 있다.

플릿은 엔진engine과 에이전트agent 개념을 사용한다. 클러스터 내에는 단 하나의 엔진이 존재하며, 엔진은 여러 개의 에이전트를 거느리고 있다. 태스크는 엔진에 보내지고 클러스터에 존재하는 에이전트가 클러스터 장비에 있는 태스크를 실행한다. 플릿은 도커를 지원한다.

이 밖에도 아마존 EC2 컨테이너 서비스ECS, 애저 컨테이너 서비스ACS, 클라우드 파운드리 디에고Diego, 구글 컨테이너 엔진 등이 클라우드 플랫폼에서 컨테이너 오케스트레이션 역할을 담당한다.

▌ 메소스와 마라톤을 이용한 컨테이너 오케스트레이션

앞에서 살펴본 것처럼 컨테이너 오케스트레이션 도구는 다양하다. 서로 다른 조직에서는 자신의 환경에 맞게 서로 다른 솔루션을 사용한다. 많은 조직에서는 쿠버네티스를 선택하거나, 마라톤 같은 프레임워크를 장착한 메소스를 선택한다. 대부분의 경우 작업 부하를 패키징하고 배포하는 컨테이너화를 담당하는 기본 도구로는 도커를 사용한다.

10장의 나머지 부분에서는 컨테이너 오케스트레이션 역량을 확보하기 위해 메소스와 마라톤을 사용하는 방법을 알아본다. 메소스는 트위터, 에어비앤비, 애플, 이베이, 넷플릭스, 페이팔, 우버, 옐프 등 많은 조직에서 사용되고 있다.

메소스 자세히 알아보기

메소스는 데이터 센터 커널로 취급될 수 있다. 엔터프라이즈 DCOS는 메소스의 유료 상용 버전으로, 메소스피어에서 지원하는 제품이다. 하나의 노드에서 다수의 태스크를 실행하기 위해 메소스는 자원 격리^{resource isolation} 개념을 사용한다. 메소스는 컨테이너 방식과 유사한 자원 격리성을 확보하기 위해 리눅스 커널의 cgroups에 의존하며, 도커를 사용하는 컨테이너화된 격리성^{containerized isolation}도 지원한다. 메소스는 배치성 작업 부하와 OLTP성 작업 부하 모두를 처리할 수 있다.

다음 그림은 메소스가 논리적으로 여러 개의 장비를 하나의 자원 클러스터로 추상화하는 것을 보여준다.

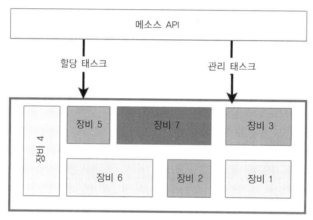

하나로 묶은 클러스터

메소스는 아파치 라이선스를 따르는 아파치 탑 레벨 오픈소스 프로젝트다. 메소스는 저수준의 물리적 장비 또는 가상머신에 있는 CPU, 메모리, 저장장치와 같은 저수준 컴퓨팅 자원을 추상화한다.

메소스와 마라톤의 필요성에 대해 살펴보기 전에 메소스의 아키텍처를 먼저 알아보자.

메소스 아키텍처

다음은 메소스의 아키텍처를 최대한 단순화한 그림이다. 메소스의 핵심 컴포넌트는 메소스 마스터 노드와 슬레이브 노드들, 그리고 주키퍼 서비스와 메소스 프레임워크다. 메소스 프레임워크는 스케줄러와 실행자[executor]로 나눌 수 있다.

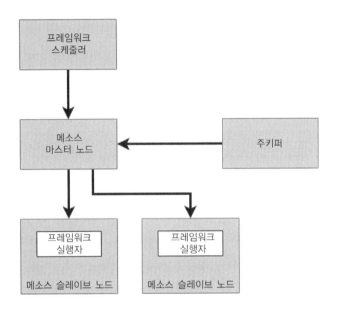

앞의 그림에 나온 컴포넌트들은 다음과 같다.

- **마스터** 메소스 마스터는 모든 메소스 슬레이브 관리를 책임진다. 메소스 마스터는 모든 슬레이브 노드로부터 자원 가용성에 대한 정보를 받아 자원 사용 정책이나 제약 사항 등을 바탕으로 자원을 적절하게 채운다. 메소스 마스터는 모든 슬레이브 노드로 구성된 풀에서 사용 가능한 자원을 선점해서 하나의 큰 장비로 만든다. 마스터는 이 사원 풀을 바탕으로 슬레이브 상비에서 실행되고 있는 프레임워크에 자원을 제공한다.

  가용성을 확보하기 위해 메소스 마스터에는 스탠바이 컴포넌트가 있다. 마스터에 문제가 생겨도 기존 태스크는 여전히 실행된다. 하지만 새로운 태스크의 스케줄링은 마스터 노드가 없이는 불가능하다. 마스터에 문제가 생기면 마스터 스탠바이 노드가 액티브 마스터의 역할을 넘겨받는다. 마스터 리더 선출에는 주키퍼가 사용된다. 리더 선출에는 최소한의 의결 정족수만 필요로 한다.

- **슬레이브** 메소스 슬레이브는 태스크 실행 프레임워크의 호스팅을 책임진다. 태스크는 슬레이브 노드에서 실행된다. 메소스 슬레이브는 data center = X와 같은 형식의 키-값 쌍으로 이뤄진 속성 정보를 기준으로 실행된다. 이런 속성 정보는 작업 부하를 배포할 때 제약 사항을 평가하는 과정에 사용된다. 슬레이브 장비는 자원 가용성 정보를 메소스 마스터와 공유한다.

- **주키퍼** 주키퍼는 중앙 집중형 코디네이션 서버로, 메소스 클러스터에서 처리되는 활동activity들을 조율한다. 메소스 마스터 노드에 장애가 발생하면 주키퍼에 의해 새로운 마스터가 선정된다.

- **프레임워크** 메소스 프레임워크는 애플리케이션의 제약 사항을 이해하고, 마스터가 제안하는 자원을 접수하며, 마스터가 제공하는 태스크를 슬레이브에 할당된 자원상에서 실행하는 역할을 담당한다. 메소스 프레임워크는 프레임워크 스케줄러와 프레임워크 실행자, 이렇게 두 개의 컴포넌트로 구성돼 있다.

- **스케줄러** 자기 자신을 메소스에 등록하고 자원 제공 관련 처리를 담당한다.

- **실행자** 메소스 슬레이브 노드상에서 프로그램의 실질적인 실행을 담당한다.

프레임워크는 어떤 정책이나 제약 사항을 강제한다. 제약 사항이란, 예를 들어 "어떤 프로그램의 실행에 최소 500MB의 RAM이 필요하다"와 같은 것을 말한다.

프레임워크는 플러그인 방식으로 사용할 수 있는 컴포넌트며, 다른 프레임워크로 교체될 수도 있다. 프레임워크 작업 흐름은 다음 다이어그램에 표시돼 있다.

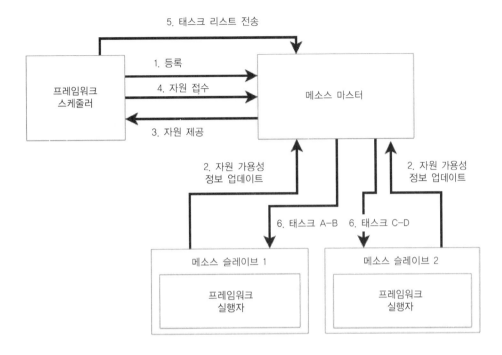

앞의 그림에 나온 과정을 자세히 설명하면 다음과 같다.

1. 프레임워크는 메소스 마스터에 자신을 등록하고 마스터가 제공해줄 자원을 기다린다. 스케줄러는 서로 다른 자원 제약 사항을 갖고 실행되는 태스크 A, B, C, D를 큐에 담아둘 수 있다. 태스크는 스케줄되는 작업의 단위로, 예를 들면 스프링 부트 마이크로서비스 실행도 태스크의 하나라고 할 수 있다.

2. 메소스 슬레이브는 자원 가용성에 대한 정보를 메소스 마스터에게 알린다. 자원 가용성 정보는, 예를 들면 슬레이브 머신의 사용 가능한 CPU와 메모리 정보를 말한다.

3. 메소스 마스터는 자원 할당 정책을 바탕으로 정해진 할당량의 자원을 프레임워크의 스케줄러 컴포넌트에게 제안한다. 자원 할당 정책은 어떤 프레임워크에게 얼마만큼의 자원을 제안하는지를 결정하는 기준이 된다. 기본 정책 외에 추가적인 정책도 플러그인 형식으로 적용할 수 있다.

4. 스케줄러 프레임워크 컴포넌트는 제약 사항, 처리 능력 및 기타 정책을 바탕으로 마스터 노드가 제안하는 자원을 접수하거나 거절할 수 있다. 예를 들어 마스터가 제안한 자원이 제약 사항이나 정책 기준을 충족하지 못하면 프레임워크는 마스터의 제안을 거절한다.

5. 스케줄러 컴포넌트가 마스터의 자원 제안을 수락하면 하나 이상의 태스크에 대한 상세 정보와 태스크별 자원 제약 사항을 메소스 마스터에게 전송한다. 앞의 그림에서는 태스크 A에서 D에 관한 정보가 전송된다.

6. 메소스 마스터는 태스크의 목록을 사용 가능한 자원이 있는 슬레이브에게 전송한다. 슬레이브 장비에 설치된 프레임워크 실행자 컴포넌트는 태스크를 선택하고 실행한다.

메소스는 다음과 같은 프레임워크를 지원한다.

- 웹 애플리케이션처럼 오래 실행되는 프로세스에는 마라톤과 오로라^Aurora 지원
- 빅데이터 프로세싱에는 하둡^Hadoop, 스파크^Spark, 스톰^Storm 지원
- 배치 스케줄링에는 크로노스^Chronos, 젠킨스^Jenkins 지원
- 데이터 관리에는 카산드라^Cassandra, 일래스틱서치^ElasticSearch 지원

10장에서는 도커화된 마이크로서비스를 관리하기 위해 마라톤을 사용한다.

마라톤

마라톤은 컨테이너와 비컨테이너를 모두 실행할 수 있는 메소스 프레임워크 구현체 중 하나다. 마라톤은 웹서버처럼 오랜 시간 동안 실행되는 애플리케이션에 특화돼 설계됐다. 마라톤으로 실행된 서비스는 마라톤이 호스팅되고 있는 메소스 슬레이브에 장애가 발생해도 또 다른 인스턴스를 시작시켜서 계속 사용 가능한 상태로 남아있게 보장한다.

마라톤은 스칼라로 작성됐으며, 확장성이 매우 좋다. 마라톤은 REST API뿐 아니라 시작, 종료, 확장, 모니터링을 위한 UI도 제공한다.

메소스와 마찬가지로 마라톤은 주키퍼 인스턴스를 가리키는 여러 개의 마라톤 인스턴스를 실행해서 고가용성을 확보한다. 마라톤 인스턴스 중 하나는 리더[leader]로 동작하며, 나머지는 대기[standby] 모드로 남는다. 리더인 마스터에 장애가 발생하면 리더 선출을 통해 후속 마스터가 결정된다.

마라톤에는 다음과 같은 기본 기능이 포함돼 있다.

- 자원 제약 사항 설정
- 확장[scale up], 축소[scale down]와 애플리케이션 인스턴스의 관리
- 애플리케이션 버전 관리
  - 애플리케이션 시작 및 종료

마라톤의 고급 기능에는 다음과 같은 것들이 포함돼 있다.

- 점진적 업그레이드, 점진적 재시작
- 블루/그린 배포[4]

▮ DCOS로 메소스 마라톤 구현

7장에서는 로드 밸런싱을 담당하는 유레카와 주울[Zuul]에 대해 다뤘다. 컨테이너 오케스트레이션 도구가 있으면 로드 밸런싱과 DNS 서비스를 쉽게 적용할 수 있다. 하지만 앞에서 다뤘던 비즈니스 파라미터 기반 확장처럼 로드 밸런싱과 트래픽 라우팅에 대해 개발자가 코드 수준의 제어를 필요로 하는 상황이라면 스프링 클라우드 컴포넌트가 더 나은 선택이 될 수 있다.

---

4. 블루/그린 배포(blue-green deployment): 블루와 그린 두 개의 인스턴스를 두어 각각 스테이징과 운영을 교대로 처리해서 다운타임 없이 배포를 처리하는 방법. 자세한 내용은 http://martinfowler.com/bliki/ BlueGreenDeployment.html 참고 - 옮긴이

10장에서는 기술을 더 심도 있게 이해하기 위해 메소스와 마라톤을 직접 사용한다. 하지만 실무에서는 메소스와 마라톤을 직접 다루는 것보다 메소스피어 DCOS를 사용하는 것이 좋다.

DCOS는 엔터프라이즈 수준의 배포를 관리하기 위해 메소스와 마라톤 위에서 사용할 수 있는 여러 지원 컴포넌트를 제공한다.

 DCOS 아키텍처는 아래 링크에 잘 설명돼 있다.
https://dcos.io/docs/1.9/overview/architecture

스프링 클라우드 컴포넌트로 마이크로서비스를 확장할 때 사용되는 컴포넌트와 DCOS가 제공하는 기능을 하나하나 비교해보자.

스프링 클라우드 방식과 DCOS 방식의 주요 차이점은 다음과 같다.

- 스프링 클라우드 방식으로 마이크로서비스를 확장할 때는 스프링 클라우드 컨피그$^{Spring Cloud Config}$를 사용해서 환경설정을 관리한다. DCOS를 사용할 때는 스프링 클라우드 컨피그뿐만 아니라 스프링 프로파일이나 퍼펫^{Puppet}, 셰프^{Chef} 같은 도구를 통해서도 환경설정을 관리할 수 있다.
- 스프링 클라우드 방식에서는 서비스 탐색에 유레카 서버를 사용하고 로드 밸런싱에 주울을 사용하지만, DCOS 방식에서는 메소스 DNS, VIPs, HAProxy 기반의 마라톤 로드 밸런싱 컴포넌트를 사용한다.
- 8장에서 살펴본 로깅과 모니터링은 스프링 클라우드 방식에서는 스프링 부트 액추에이터^{Actuator}, 슬루스^{Sleuth}, 히스트릭스^{Hystrix}를 사용한다. DCOS에서는 다양한 로그 집계 및 지표 수집 기능이 사용하기 쉬운 형태로 제공된다.

▌ 브라운필드 마이크로서비스에 메소스와 마라톤 적용

이제 9장에서 개발한 도커화된 브라운필드 마이크로서비스를 AWS 클라우드에 배포해서 메소스와 마라톤으로 관리하는 방법을 알아보자.

실습 목적에 맞게 모든 마이크로서비스를 모두 다 하지는 않고 검색과 웹사이트 두 개의 서비스만 다뤄본다.

메소스, 마라톤과 관련 컴포넌트 설치

우분투 16.04 버전의 AMI가 설치된 t2.large급의 EC2 인스턴스를 띄운다. 이번 예제에서는 래빗엠큐를 다른 인스턴스에서 실행하지만, 동일한 인스턴스에서 실행할 수도 있다.

다음 과정을 따라 메소스와 마라톤을 설치한다.

- 다음 링크에 있는 설명을 따라 메소스 1.2.0을 설치한다. JDK 8도 함께 설치된다.

  https://mesos.apache.org/gettingstarted/

- 다음 명령으로 도커를 설치한다.

  ```
  sudo apt-get update
  sudo apt-get install docker.io
  sudo docker version
  ```

- 다음 명령을 순서대로 실행해서 마라톤 1.4.3을 다운로드해 마라톤의 사이트의 설치 문서를 참고해서 설치한다.

```
curl -O http://downloads.mesosphere.com/marathon
    /v1.4.3/marathon-1.4.3.tgz
tar xzf marathon-1.4.3.tgz
```

- 다음 명령을 순서대도 실행해서 주키퍼를 설치한다.

```
wget http://ftp.unicamp.br/pub/apache/zookeeper/zookeeper-
    3.4.9/zookeeper-3.4.9.tar.gz
tar -xzvf zookeeper-3.4.9.tar.gz
rm -rf zookeeper-3.4.9.tar.gz
cd zookeeper-3.4.9/
cp zoo_sample.cfg zoo.cfg
```

또는 클라우드포메이션^{CloudFormation}을 이용해서 AWS에 고가용성 메소스 클러스터를 제공하는 DCOS 패키지 배포판을 설치할 수도 있다.

메소스와 마라톤 실행

다음 과정을 따라 메소스와 마라톤을 실행한다.

1. EC2 인스턴스에 로그인하고 다음 명령을 실행한다.

```
ubuntu@ip-172-31-19-249:~/zookeeper-3.4.9
$ sudo -E bin/zkServer.sh start

ubuntu@ip-172-31-19-249:~/mesos-1.2.0/build/bin
$ ./mesos-master.sh --work_dir=/home/ubuntu/mesos-
    1.2.0/build/mesos-server

ubuntu@ip-172-31-19-249:~/marathon-1.4.3
$ MESOS_NATIVE_JAVA_LIBRARY=/home/ubuntu/mesos-
    1.2.0/build/src/.libs/libmesos.so ./bin/start --master
```

```
172.31.19.249:5050
```

ubuntu@ip-172-31-19-249:~/mesos-1.2.0/build
```
$ sudo ./bin/mesos-agent.sh --master=172.31.19.249:5050 --
  containerizers=mesos,docker --work_dir=/home/ubuntu/mesos-
  1.2.0/build/mesos-agent --resources='ports:[0-32000]'
```

 작업 경로 기준 상대 경로는 실행 시 문제를 유발할 수 있다. --resources 인자는
호스트가 특정 영역의 포트를 사용하게 강제할 때만 필요하다.

2. 슬레이브로 사용할 여분의 장비가 더 있다면 클러스터에 슬레이브를 더하기 위해 여분의 장비에 앞에서 실행한 명령을 반복 실행한다.

3. 다음 URL에 접근해서 메소스 콘솔이 제대로 나오는지 확인한다. 예제에서는 마스터에 연결된 3개의 슬레이브가 실행되고 있다.

```
http://ec2-54-68-132-236.us-west-2.compute.amazonaws.com:5050
```

메소스 콘솔 화면은 다음과 같다.

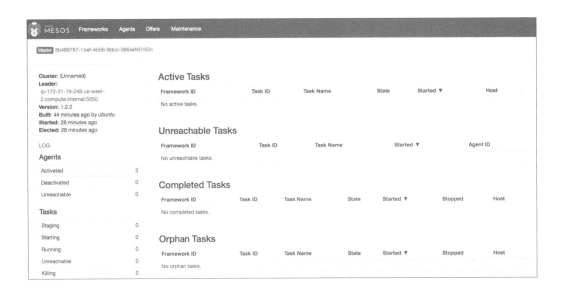

4. 다음 URL에 접근해서 마라톤 UI를 확인할 수 있다. IP 주소는 EC2 인스턴스의 공개 IP 주소를 사용한다.

```
http://ec2-54-68-132-236.us-west-2.compute.amazonaws.com:8080
```

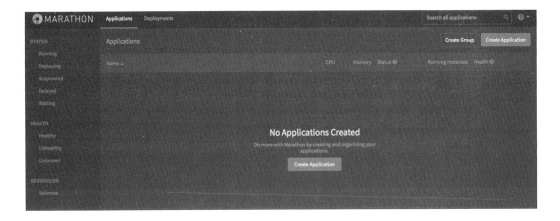

아직 배포된 애플리케이션이 없으므로 Application 부분은 비어있다.

▌브라운필드 PSS 서비스 준비

앞에서 메소스와 마라톤의 준비를 마쳤으므로 이번에는 이미 만들어져 있는 브라운필드 PSS 애플리케이션에 메소스와 마라톤을 적용해서 배포하는 방법을 알아본다.

 10장의 예제 완성본 소스코드는 https://github.com/rajeshrv/Spring5Microservice 의 chapter10에 있다. 책 내용대로 따라 하려면 chapter9.*를 복사해서 STS 작업 공간에 붙여 넣고 이름을 chapter10.*로 변경한다.

예제에서는 메소스 클러스터에 고정된 포트를 강제로 바인딩한다. 하지만 실전에서는 메소스 클러스터에 포트 할당을 위임한다. 그리고 예제에서는 DNS와 HAProxy를 사용하지 않고 IP 주소를 하드코딩하지만, 실제로는 각 서비스마다 가상 IP[VIP]가 정의되고 가상 IP가 사용된다. VIP는 DNS와 프록시에 의해 해석[resolve]된다.

브라운필드 애플리케이션이 AWS에서 실행될 수 있게 다음의 절차를 따라 변경한다.

1. 검색 마이크로서비스의 application.properties 파일의 래빗엠큐 IP와 포트번호를 수정한다. 웹사이트 마이크로서비스의 Application.java와 BrownFieldSiteController. java 파일에 있는 IP 주소를 EC2의 IP 주소로 변경한다.

2. 메이븐[Maven]을 사용해서 모든 마이크로서비스를 다시 빌드하고 각 마이크로서비스의 작업 디렉토리에서 다음 명령으로 도커 이미지를 도커 허브에 푸시한다.

```
docker build -t search-service:1.0 .
docker tag search:1.0 rajeshrv/search:1.0
docker push rajeshrv/search:1.0

docker build -t website:1.0 .
docker tag website:1.0 rajeshrv/website:1.0
docker push rajeshrv/website:1.0
```

브라운필드 PSS 서비스 배포

도커 이미지가 도커 허브 레지스트리에 발행됐으면 브라운필드 PSS 서비스를 배포하고 실행하기 위해 다음 과정을 따라한다.

1. 도커화된 래빗엠큐를 실행한다.

```
sudo docker run --net=host rabbitmq:3
```

2. 이 시점에서 메소스 마라톤 클러스터가 실행되고 있으며, 배포를 받아들일 준비가 돼 있다. 배포는 서비스별로 다음과 같은 JSON 파일을 작성해서 진행된다.

```
{
    "id": "search-3.0",
    "container": {
        "type": "DOCKER",
        "docker": {
            "image": "rajeshrv/search:1.0",
            "network": "BRIDGE",
            "portMappings": [
                { "containerPort": 8090, "hostPort": 8090 }
            ]
        }
    },
    "instances": 1,
    "cpus": 0.5,
    "mem": 512
}
```

3. 앞의 JSON 파일은 search.json에 저장한다. 다른 서비스에서도 동일한 과정을 수행한다.

JSON 구조는 다음과 같다.

- **id** 애플리케이션 식별자 id로서 논리적인 이름일 수 있다.
- **cpus, mem** 애플리케이션에 대한 자원 제약 사항을 설정한다. 제안된 자원이 제약 사항을 충족시키지 못하면 마라톤은 메소스 마스터로부터의 제안을 거절한다.
- **instances** 애플리케이션이 몇 개의 인스턴스로 시작될 것인지 결정한다. 앞의 JSON에 있는 설정은 기본적으로 하나의 인스턴스로 시작된다. 마라톤은 언제나 인스턴스의 수를 유지 관리한다.
- **container** 마라톤 실행기가 도커 컨테이너를 이용해서 실행하게 설정한다.
- **image** 마라톤 스케줄러에게 어떤 도커 이미지가 배포에 사용될지 알려준다. 여기에서는 search-service:1.0 이미지를 rajeshrv라는 도커 허브 저장소에서 다운로드한다.
- **network** 새로운 도커 컨테이너를 시작할 때 네트워크 모드를 BRIDGE로 할지, HOST로 할지 결정한다. 실습에서는 BRIDGE 모드를 사용한다.
- **portMappings** 포트 매핑은 내부 포트와 외부 포트 사이의 매핑 정보를 알려준다. 앞에서 설정된 내용은 호스트 포트가 8090이며, 마라톤 실행기는 서비스를 시작할 때 8090 포트를 사용하게 된다. 포트 번호가 0으로 설정되면 컨테이너에도 동일한 호스트 포트가 할당된다. 마라톤은 호스트 포트 값이 0이면 랜덤 포트 번호를 사용한다.

4. JSON을 생성하고 저장하면 다음 명령을 실행해서 마라톤 REST API를 통해 마라톤에 배포한다.

```
curl -X POST http://54.85.107.37:8080/v2/apps
   -d @search.json -H "Content-type: application/json"
```

5. 또는 다음과 같이 마라톤 콘솔을 이용해서 배포할 수도 있다.

6. 이 과정을 웹사이트 마이크로서비스에 대해서도 동일하게 수행한다.

7. 다음 그림과 같이 마라톤 UI를 열면 검색과 웹사이트 애플리케이션이 배포되고 Running 상태가 돼 있음을 확인할 수 있다. Running Instances에는 1개 중에 1개가 실행 중이라고 나온다.

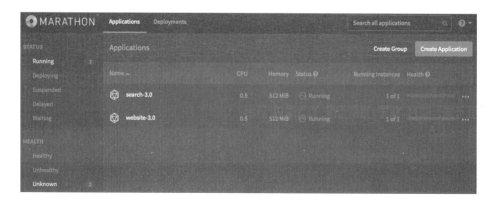

8. 검색 서비스를 선택하면 IP 주소와 포트 번호를 확인할 수 있다.

9. 다음 URL에 접근해서 웹사이트 애플리케이션 동작을 확인한다.

```
http://ec2-34-210-109-17.us-west-2.compute.amazonaws.com:8001
```

▌ 정리

10장에서는 자동 확장 애플리케이션의 다양한 면을 살펴봤고, 대규모의 도커화된 마이크로서비스를 효율적으로 관리할 수 있게 해주는 컨테이너 오케스트레이션의 중요성을 알아봤다.

여러 가지 컨테이너 오케스트레이션 도구를 살펴본 후에 메소스와 마라톤을 자세히 살펴봤다. 브라운필드 PSS 시스템에서 도커화된 마이크로서비스를 관리하는 방법을 알아보기 위해 AWS 클라우드에서 메소스와 마라톤을 적용하는 방법을 알아봤다.

지금까지 마이크로서비스를 성공적으로 만들어내는 데 필요한 모든 핵심 기술 및 지원 기술 역량에 대해 알아봤다. 성공적인 마이크로서비스 구현에는 기술 이상의 프로세스와 사례 정보들도 필요하다. 이 책의 마지막인 11장에서는 마이크로서비스 관점에서의 프로세스와 사례에 대해 알아본다.

11

마이크로서비스 개발 라이프사이클

소프트웨어 개발 라이프사이클SDLC, Software Development Life Cycle과 마찬가지로 마이크로서비스 아키텍처를 성공적으로 구현하기 위해서는 마이크로서비스 개발 라이프사이클의 여러 측면을 이해하는 것이 중요하다.

이 책의 마지막 장인 11장에서는 브라운필드 항공사의 PSS 마이크로서비스 예제를 통해 마이크로서비스의 개발 프로세스와 사례를 집중적으로 알아본다. 개발 팀 꾸리기, 개발 방법론, 테스트 자동화, 마이크로서비스의 지속적 전달continuous delivery[1]을 데브옵스DevOps의 사례에 맞춰 하나하나 살펴본다. 마지막으로 마이크로 서비스의 분산 서

---

1. 전달(delivery): 소프트웨어 공학에서는 무언가를 넘겨준다는 의미로 '인도'라는 용어로 번역되기도 하는데, 실제 자주 쓰이는 용어가 아니라 어색할 때도 많고, "어디로 인도한다"라는 의미와도 혼동될 수 있다. 따라서 이 책에서는 문맥에 따라 delivery를 전달, 인도, 제품 변경 및 배포로 혼용해서 번역한다. – 옮긴이

버넌스 관점에서 레퍼런스 아키텍처의 중요성을 일깨워보려 한다.

11장에서 다루는 내용은 다음과 같다.

- 마이크로서비스를 개발할 때 쓸 만한 여러 가지 사례[practice point] 리뷰
- 인터넷을 통해 들어오는 대규모의 다양한 요청을 처리할 수 있는 마이크로서비스의 개발, 테스트, 배포 관련 우수 사례

▌ 마이크로서비스 개발을 위한 사례

마이크로서비스를 성공적으로 전달하려면 데브옵스 철학을 포함해 몇 가지 개발-전달 관련 사례를 살펴볼 필요가 있다. 지금까지 마이크로서비스의 서로 다른 아키텍처 역량에 대해 알아봤는데, 이번에는 마이크로서비스 개발 관련 비아키텍처적인 면을 살펴본다.

비즈니스 동기 및 가치에 대한 이해

마이크로서비스는 화려한 아키텍처[2]를 추구하는 데 사용돼서는 안 된다. 어떤 주어진 문제를 해결하기 위한 아키텍처 솔루션으로서 마이크로서비스를 선택하려면 비즈니스 가치와 비즈니스 KPI를 이해하는 것은 더할 나위 없이 중요하다. 비즈니스 동기와 비즈니스 가치를 제대로 이해하면 엔지니어들이 비용 효율적인 방식으로 목표를 달성하는 데 도움이 된다.

마이크로서비스를 선택하는 데는 비즈니스 동기 및 가치가 밑바탕이 돼야 한다. 또한 마이크로서비스를 사용함으로써 비즈니스적 관점에서 비즈니스의 가치가 실체화돼야

---

2. 원문에는 niche architecture라고 나와 있는데, IT 용어로서의 niche architecture는 영어로도 존재하지 않는 것 같아 문맥에 맞게 화려한 아키텍처로 의역한다. - 옮긴이

한다. 이렇게 해야만 마이크로서비스에 투자하면서도 마이크로서비스를 통해 얻을 수 있는 장점을 제대로 누리지 못하는 안타까운 상황을 피할 수 있다. 그렇지 않으면 마이크로서비스 기반의 개발은 기업에 부담으로 작용할 수 있다.

프로젝트에서 제품 개발로의 사고방식 전환

1장에서 살펴봤던 것처럼 마이크로서비스는 제품의 개발에 초점을 맞추고 있다. 마이크로서비스를 사용함으로써 얻게 되는 비즈니스 역량은 제품으로서 나타나야 하는데, 이는 데브옵스의 철학과도 잘 맞는다.

프로젝트 개발을 위한 사고방식과 제품 개발을 위한 사고방식은 다르다. 제품 개발 팀은 만들어내는 제품에 대해 언제나 소유권과 책임감을 갖고 있다. 그래서 제품 개발 팀은 언제나 제품의 품질을 향상시키기 위해 노력한다. 제품 개발 팀은 소프트웨어를 변경 및 배포하는 것뿐 아니라 제품의 기술 지원 및 유지 보수까지도 책임진다.

제품 개발 팀은 일반적으로 제품을 사용하게 될 비즈니스 현업 부서와 직접 연결된다. 일반적으로 제품 개발 팀은 IT 대표와 비즈니스 대표를 모두 보유하고 있다. 그래서 제품에 관한 고민이 언제나 실제 비즈니스 목표와 밀접하게 연결된다. 제품 개발 팀은 어떤 순간에도 비즈니스 목표를 달성하기 위해 비즈니스에 어떤 가치를 추가하는지 이해하고 있다. 제품의 성공은 제품에서 얻을 수 있는 비즈니스 가치에 달려있다.

출시 속도가 빠르기 때문에 제품 개발 팀은 언제나 그들의 결과물에 만족감을 느끼며, 언제나 개선하려고 노력한다. 이는 팀에 훨씬 더 많은 활력을 불어넣을 수 있다.

많은 경우 전형적인 제품 개발 팀은 장기간에 걸쳐 투자를 받으며, 제품 개발을 완료할 때까지 팀 구성원들이 그대로 남아있으므로 점점 더 끈끈한 팀워크를 보유하게 된다. 제품 개발 팀은 크기가 작기 때문에 날마다 배우면서 프로세스를 개선하는 데 집중하게 된다.

개발 철학의 선택

서로 다른 조직에서는 마이크로서비스를 개발하는 데 있어 마이그레이션이든 신규 개발이든 상황에 따라 다른 접근 방식을 채택하게 된다. 조직에 맞는 접근 방식을 선택하는 것은 중요하며, 디자인 사고, 애자일, 스타트업 모델 등 선택 가능한 접근 방식도 많다. 개발 주기가 늘어지지 않는 접근 방식을 취하는 것이 중요하다. 이는 마이크로서비스 개발에 필수적이다.

실행 가능한 최소한의 제품 개념 활용(MVP)

앞에서 설명한 개발 철학과 무관하게 마이크로서비스 시스템을 신속하고 애자일하게 개발하려면 실행 가능한 최소한의 제품^{MVP, Minimum Viable Product}을 식별하는 것이 중요하다.

에릭 리에^{Eric Ries}는 린 스타트업 운동의 선구자로, MVP를 다음과 같이 정의했다.

> "실행 가능한 최소한의 제품이란 팀이 최소한의 노력으로 고객에 대한 최대한 많은 유효한 정보를 학습할 수 있게 해주는 새로운 버전의 제품을 말한다."

MVP 방식의 목적은 소프트웨어의 가장 중요한 단면을 보여주는 소프트웨어의 일부분을 신속하게 만드는 것이다. MVP 방식을 통해 아이디어의 핵심 개념을 실체화하고 비즈니스에 최대한의 가치를 부여할 수 있는 기능을 선택한다. MVP 개념을 활용하면 피드백을 일찍 받을 수 있고, 대규모의 제품을 만들기 전에 필요한 방향 수정을 할 수 있다.

MVP는 모든 기능을 제한된 사용자 그룹에게만 먼저 제공해보는 것일 수도 있고, 일부 기능을 더 많은 사용자 그룹에게 제공하는 것일 수도 있다. MVP에서 고객의 피드백은 필수적이므로, 실제 고객에게 MVP를 보여주는 것이 중요하다.

레거시 난관 극복

마이크로서비스 개발에 착수하기 전에 먼저 조직을 둘러싼 환경과 정치적인 문제에 대해 이해하는 것이 중요하다.

마이크로서비스에서는 직접적이든 간접적이든 레거시 애플리케이션에 의존 관계를 갖는 것이 일반적이다. 레거시 애플리케이션의 느린 개발 사이클은 레거시와의 직접적인 통합 작업에서 이슈가 된다. 오래된 **트랜잭션 처리 기능**^{TPF, Transaction Processing Facility}과 예약 같은 핵심적 백엔드 기능을 이어주는 혁신적인 철도 예약 시스템을 예로 들 수 있다. 일체형 레거시 애플리케이션을 마이크로서비스로 전환하는 것도 흔하게 볼 수 있는 예가 될 수 있다. 레거시 시스템은 대부분 애자일하지 않은 방식으로 개발을 이어나가기 때문에 출시 주기가 더 오래 걸린다. 레거시와 보조를 맞춰야 하는 마이크로서비스 개발 팀은 속도를 낼 수 없게 되므로, 마이크로서비스 개발은 본연의 특성과는 다르게 상당히 더디게 진행될 수 있다. 여기에 조직 내의 정치적인 문제들까지 가미되면 상황은 더 안 좋아질 수 있다.

이 문제를 쉽게 풀어낼 수 있는 해법은 없다. 문화와 프로세스의 차이에서 오는 이슈는 계속 이어질 수도 있다. 많은 기업에서는 이런 레거시 시스템에 집중적으로 주의를 기울이고 투자해서 빠르게 진행돼 나가는 마이크로서비스와 보조를 맞추려고 한다. 경영진의 개입을 통해 조직과 정치적인 문제로 인해 발생하는 부하를 줄일 수 있다.

자기 조직화 팀의 구성

마이크로서비스 개발에 있어 가장 중요한 활동 중 하나는 개발 팀을 올바르게 꾸리는 것이다. 많은 데브옵스 프로세스에서 권장하듯이 작고 집중적인 팀이 항상 최고의 결과를 만들어낸다.

다음 그림과 같이 마이크로서비스당 하나의 팀을 구성할 수도 있고, 한 팀이 관련되는 여러 마이크로서비스를 개발할 수도 있다.

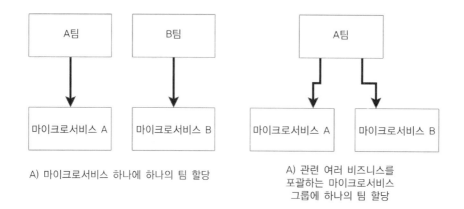

A) 마이크로서비스 하나에 하나의 팀 할당

A) 관련 여러 비즈니스를
포괄하는 마이크로서비스
그룹에 하나의 팀 할당

마이크로서비스가 비즈니스 범위에 맞춰져 있고 느슨하게 연결된 제품이므로, 마이크로서비스별로 하나의 전담 팀을 구성하는 것이 가장 이상적이다. 하나의 팀이 동일한 비즈니스 영역 내에 있는 여러 개의 마이크로서비스를 담당하게 구성할 수도 있다. 구성 방식은 일반적으로 마이크로서비스의 연결 강도나 크기에 따라 결정된다.

팀의 크기는 효율적인 마이크로서비스 개발 팀 구성에서 중요한 요소다. 일반적으로 팀의 크기는 10명을 넘지 않아야 하며, 권장되는 크기는 4명에서 7명 사이이다. 아마존의 창립자인 제프 베조스는 피자 2개 팀이라는 이론을 창안했다. 이 이론은 팀의 크기가 커지면 의사소통 이슈에 직면하게 된다고 이야기한다. 대규모의 팀은 동의를 기반으로 운영되는데, 이는 낭비가 더 심해진다. 대규모의 팀은 주인 의식과 책임감이 더 떨어지게 된다. 제품 오너가 충분한 시간을 갖고 팀 구성원 개개인에게 그들이 만들고 있는 제품의 가치를 이해시켜야 한다.

팀은 아이디어를 짜내고, 분석하고, 개발하고, 서비스를 운영 지원하는 데 있어 완전한 소유권을 갖길 기대한다. 아마존의 베르너 보겔Werner Vogels은 이를 '만드는 것도 당신, 운영하는 것도 당신'이라고 표현한다. 베르너의 이론에 따르면 개발자는 예상하지 않은 문의 전화를 피할 수 있게 고품질의 코드를 만들어내는 데 더 많은 주의를 기울여야 한다고 당부한다. 팀에는 풀스택 개발자와 운영 엔지니어가 포함돼야 하며, 이렇게 팀을 구성하면 제품의 전 영역에 대한 지식을 확보하게 된다. 운영 팀이 애플리케이션을 이해하는 것만큼 개발자도 운영에 대해 이해하게 된다. 이렇게 하면 서로를 탓하는 일이 줄어들 뿐 아니라 품질 자체도 개선된다.

팀은 서비스를 제공하는 데 필요한 모든 역량을 충족시킬 수 있게 여러 분야에 걸쳐 종합적인 지식을 보유해야 한다. 이상적으로는, 팀은 서비스의 컴포넌트를 만들고 전달하는 데 있어 외부의 다른 팀에 의존하지 말고 자급자족할 수 있어야 한다. 하지만 대부분의 조직에서는 그런 특별한 기술을 보유하는 것이 쉽지 않다. 예를 들어 조직 내에 그래프 데이터베이스 전문가가 많지 않을 수 있다. 이 문제에 관한 일반적인 하나의 해법은 컨설턴트를 활용하는 것이다. 컨설턴트는 SME[3]로서 팀이 직면하고 있는 특수한 문제에 대한 전문성을 갖춘 사람을 말한다. 어떤 조직에서는 공통의 기능을 만들고 제공하기 위해 공통 담당 팀 또는 플랫폼 팀을 구성하기도 한다.

팀 구성원은 제품에 대해 기술적인 관점에서뿐만 아니라 비즈니스 사례와 KPI에 대해서도 완전하게 이해하고 있어야 한다. 팀은 제품을 만들어 인도하는 것뿐 아니라 비즈니스 목표를 함께 달성하는 것에 대해서도 공통적인 책임 의식을 가져야 한다.

자기 조직화 팀은 응집력 있는 단위로서 활동하며, 팀으로서 목표를 달성하는 방법을 찾는다. 팀은 자발적으로 서로 보조를 맞춰 나란히 서서 책임을 나눠 갖는다. 팀 구성원은 자기 관리를 스스로 하고 일상적인 업무에 대한 결정권을 부여받는다. 자기 조직화 팀에서의 의사소통과 투명성은 극도로 중요하다. 이를 위해서는 높은 수준의 의사소통 대역폭을 가진 협업이 필요하다.

---

3. SME(Subject-Matter Expert): 특정 분야나 주제에 대해 전문성을 갖춘 사람 - 옮긴이

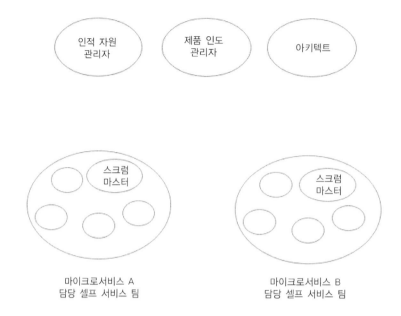

마이크로서비스 A   마이크로서비스 B
담당 셀프 서비스 팀   담당 셀프 서비스 팀

앞의 다이어그램에서 마이크로서비스 A, B는 서로 관련이 있는 비즈니스를 다룬다. 자기 조직화 팀은 구성원 모두를 지나친 위계질서나 관리 노력을 배제하고 동등하게 대한다. 이 경우 관리 조직은 가능한 한 가볍게 가져갈 수 있다. 자기 조직화 팀에서는 팀 리드, UX 관리자, 개발 관리자, 테스트 관리자 등으로 종적으로 세밀하게 파트를 나누지 않는다. 일반적인 마이크로서비스 개발에서는 공통의 제품 관리자, 공통의 아키텍트, 공통의 인사 관리자로도 서로 다른 여러 개의 마이크로서비스 팀을 관리하는데 충분하다. 어떤 조직에서는 아키텍트가 제품 인도의 책임을 지기도 한다.

자기 조직화 팀에는 어느 정도 자율성이 보장되며, 많은 기업에 존재하는 관료주의적 의사 결정 프로세스로 인한 결정 지연을 피할 수 있게 신속하고 애자일한 방식으로 스스로 의사 결정할 수 있는 권한이 부여된다. 많은 경우 엔터프라이즈 아키텍처와 보안은 나중에 결정되는 것처럼 보이기도 한다. 하지만 그런 사항들은 시작부터 공개적으로 공유하는 것이 중요하다. 의사 결정에 있어 개발자들에게 최대한의 자유를 보장하는 것만큼 완전히 자동화된 QA와 규정 준수 체계를 구축해 제품 개발 과정에서 일탈이 생겨나는 것을 조기에 예방하는 것도 똑같이 중요하다.

팀 사이의 의사소통도 중요하다. 하지만 이상적으로는 마이크로서비스의 인터페이스에 맞게 제한돼야 한다. 팀 사이의 통합은 다양한 시나리오를 모두 기술하는 대규모 인터페이스 문서보다는 테스트 스크립트의 형태로 된 소비자 주도 계약^{Consumer-Driven Contracts}을 통해 이뤄지는 것이 이상적이다. 각 팀은 다른 서비스를 사용할 수 없을 때는 모조^{mock} 서비스를 사용한다.

셀프 서비스 클라우드 구축

마이크로서비스 개발에 착수하기 전에 고려해야 할 핵심적인 측면 중 하나는 클라우드 환경을 구축하는 것이다. 서비스가 몇 개 안 된다면 미리 지정된 몇 개의 가상머신에 수작업으로 관리하는 것도 어렵지 않다.

하지만 마이크로서비스 개발자에게 필요한 것은 단순한 IaaS 플랫폼이 아니다. 개발자뿐 아니라 운영자들도 애플리케이션이 어디에 배포되고 얼마나 최적화돼 배포됐는지 걱정할 필요가 없어야 한다. 용량 관리도 신경 쓸 필요 없어야 한다.

이런 수준의 요구 사항을 만족시키려면 10장에서 알아본 것처럼 메소스와 마라톤 클러스터 솔루션이 필요하다. 처음부터 끝까지 전 구간을 아우르는 자동화를 관리하기 위해서는 9장에서 살펴봤던 컨테이너화된 배포도 중요한 요소다. 이런 자체 구축 클라우드 생태계는 마이크로서비스 개발의 전제 조건이라고 할 수 있다.

마이크로서비스 생태계 구축

5장에서 살펴봤던 역량 모델에서와 같이 마이크로서비스는 여러 다양한 역량을 필요로 한다. 이런 전체 역량은 대규모의 마이크로서비스를 구현하기 전에 미리 준비돼 있어야 한다.

마이크로서비스 역량에는 서비스 등록 및 탐색, API 게이트웨이와 외부화된 설정 서비스가 포함되는데, 모두 스프링 클라우드 프로젝트에서 지원해주고 있다. 이 외에도 중앙 집중화된 로깅, 모니터링 등도 마이크로서비스 개발을 위한 전제 조건이다.

개발 라이프사이클 프로세스로서의 데브옵스

데브옵스는 마이크로서비스 개발에 가장 잘 들어맞는 관습이라고 할 수 있다. 이미 데브옵스를 채택하고 있는 조직에서는 마이크로서비스 개발을 위해 다른 관습을 도입할 필요가 없다.

이번에는 마이크로서비스 개발의 라이프사이클을 탐험해보려고 한다. 마이크로서비스를 위한 프로세스를 다시 만드는 것보다는 데브옵스 프로세스와 관습을 마이크로서비스 관점에서 살펴본다.

데브옵스 프로세스를 알아보기 전에 데브옵스에서 사용되는 용어를 먼저 알아보자.

- **지속적 통합(CI, Continuous Integration)** CI는 애플리케이션 빌드와 품질 검사를 지정된 환경에서 정해진 시간 간격으로, 또는 개발자의 소스 커밋에 의해 지속적으로 수행한다. CI는 애플리케이션 바이너리 결과물을 중앙 저장소에 저장하는 것뿐 아니라, 코드 관련 측정 지표를 중앙의 대시보드에 게시한다. CI는 애자일 개발 관습에서 인기가 아주 많다.

- **지속적 전달(CD, Continuous Delivery)** CD는 아이디어에서 개발 결과물의 전달까지 소프트웨어 개발의 전체 과정을 자동화한다. 데브옵스가 아닌 모델에서는 애플리케이션 라이프사이클 관리^{ALM, Application Lifecycle Management}라는 용어로 사용되기도 한다. CD에 대한 공통된 해석 중 하나는, CD는 CI의 진화된 후속 버전으로서 CI의 통합 파이프라인에 QA 사이클을 추가해 소프트웨어를 제품 출시 준비된 상태로 만들어준다는 것이다. 제품 출시 준비된 상태에서 실제 출시하는 데는 수작업이 필요하다.

- **지속적 배포(Continuous Deployment)** 지속적 배포는 애플리케이션 바이너리를 하나 혹은 그 이상의 환경에 배포하고, 환경설정 관련 파라미터와 함께

관리하는 것을 자동화하는 방식이다. 지속적 배포는 CD 파이프라인에 제품 출시 자동화를 통합한 CD의 후속 버전이라고 알려져 있기도 하다.

- **애플리케이션 출시 자동화(ARA, Application Release Automation)** ARA 도구는 제품 전달 파이프라인 전체를 모니터링하는 도구다. ARA 도구는 CI와 CD 도구를 사용하며, 출시 관리를 위한 추가적인 절차를 관리한다. 또한 애플리케이션을 여러 환경에 출시할 수 있으며, 배포가 실패할 경우 원상 복구할 수 있다. ARA는 전체적으로 조율된 작업 흐름 파이프라인, 많은 저장소 관리 도구를 통합한 제품 인도 라이프사이클 구현, 품질 보증, 배포 등의 기능을 제공한다. ARA 도구로는 엑스엘 디플로이$^{XL\ Deploy}$와 오토매틱^{Automatic}이 있다.

다음 그림은 마이크로서비스 개발을 위한 데브옵스 프로세스를 보여준다.

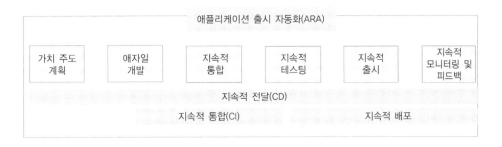

이제 마이크로서비스 개발 라이프사이클 단계별로 더 자세하게 알아보자.

가치 주도 계획

가치 주도 계획$^{Value-driven\ planning}$은 애자일 개발 관습에서 사용되는 용어다. 가치 주도 계획은 마이크로서비스 개발에서 극도로 중요하다. 만들어야 할 마이크로 서비스는 가치 주도 계획에서 식별된다. 가장 중요한 측면은 비즈니스에 가장 높은 가치를 가져다주면서도 위험도는 가장 낮은 요구 사항을 식별하는 것이다. 맨바닥에서부터 마이크로서비스를 개발하기 시작할 때는 MVP 철학이 사용된다. 일체형 애플리케이션을 마이크로서비스로 전환할 때는 가장 먼저 만들어야 할 서비스를 식별하는데, 6장에서 다뤘던 가이드라인을 사용한다. 가치를 측정할 수 있는 비즈니스 KPI도 가치 주도 계획의 일부로서 식별돼야 한다.

지속적 모니터링과 피드백

지속적 모니터링과 피드백 단계는 애자일 마이크로서비스 개발에서 가장 중요한 단계라고 할 수 있다. MVP 시나리오에서 MVP를 최초로 승인하고, 개발된 서비스의 가치를 평가하기 위한 피드백을 얻을 수 있는 단계가 바로 지속적 모니터링과 피드백 단계다. 기능 추가 시나리오에서는 새로운 기능이 사용자에 의해 어떻게 받아들여지는지에 대한 통찰을 지속적 모니터링과 피드백 단계에서 얻을 수 있다. 피드백을 바탕으로 서비스가 바르게 조정될 수 있으며, 이러한 사이클이 계속 반복된다.

▌ 개발 사이클 자동화

앞에서 마이크로서비스 개발 라이프사이클에 대해 이야기했는데, 라이프사이클의 각 단계는 조직의 필요에 의해 변경될 수도 있지만 애플리케이션의 본질적 특성에 바탕을 둬야 한다. 이번에는 지속적 전달 파이프라인 예제를 살펴보고, 예제 파이프라인을 구현하기 위해 필요한 도구들도 함께 알아본다.

처음부터 끝까지 전 구간을 아우르는 파이프라인을 구축하는 데 유용한 오픈소스나 유료 상용 도구는 많으므로, 파이프라인 연결에 가장 적합하게 조직에서 선택할 수 있다.

 XebiaLabs의 주기율표는 지속적 전달 파이프라인을 구성하는 데 필요한 정보를 담고 있다. https://xebialabs.com/periodic-table-of-devops-tools/에서 확인해보자.

파이프라인을 구성하려면 많은 도구 세트와 환경을 필요로 하기 때문에 처음에는 비용이 많이 든다. 조직에서는 이런 제품 전달 파이프라인을 구현하면서 즉각적인 비용 효과를 얻지 못할 수도 있으며, 파이프라인 구축은 자원도 많이 소요된다. 대규모의 빌드 파이프라인은 수백 개의 장비가 필요할 수도 있다. 파이프라인의 처음에서 끝까지 전 구간에 걸쳐 모두 실행되는 데 수 시간이 소요될 수도 있다. 그래서 서로 다른 마이크로서비스마다 서로 다른 파이프라인을 구성하는 것이 중요하다. 이는 서로 다른 마이크로서비스의 출시 사이에 발생할 수 있는 불필요한 의존 관계를 해소하는 데 도움이 된다.

파이프라인 내부에서는 서로 다른 환경에서 테스트를 실행하기 위해 병렬성이 도입돼야 한다. 가능한 한 많은 테스트 케이스를 병렬적으로 실행하는 것이 중요하다. 그래서 애플리케이션의 본질적인 특성을 바탕으로 파이프라인을 설계하는 것이 중요하다. 모든 시나리오에 들어맞는 단 하나의 솔루션은 존재하지 않는다.

파이프라인에서 핵심이 되는 것은 개발에서 운영까지 처음부터 끝까지 전부를 아우르는 자동화와 일찍 실패하기다.

다음 그림에는 마이크로서비스에 사용되는 파이프라인이 직설적으로 나타나 있으며, 마이크로서비스 파이프라인을 개발할 때 고려해야 할 다양한 요건들이 표시돼 있다.

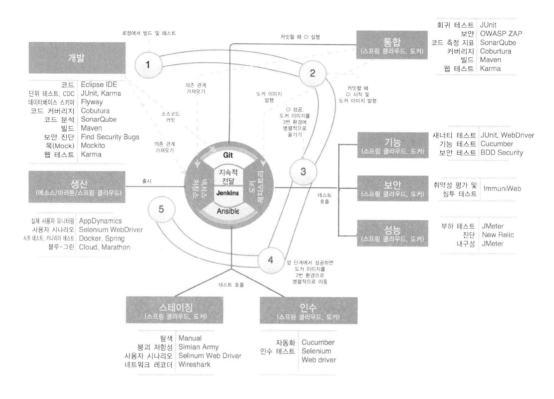

이제 지속적 전달 파이프라인의 각 단계에 대해 알아보자.

개발

개발 단계에서는 다음과 같은 활동들이 수행되는데, 여기에서는 개발 단계에서 사용되는 도구도 함께 소개한다. 이런 도구들은 지라^{JIRA}, 슬랙^{Slack} 등 애자일 개발 팀에서 사용되는 계획, 추적, 의사소통 도구와 함께 사용된다.

- **소스코드** 개발 팀에서는 소스코드를 좀 더 편리하게 작성할 수 있게 IDE나 개발 환경을 필요로 한다. 대부분의 조직에서는 개발자들이 원하는 IDE를 선택할 수 있고, IDE에는 가이드라인 위반을 감지할 수 있는 여러 도구들이 포함돼 있다. 이클립스^{Eclipse} IDE에는 정적 코드 분석과 코드 매트릭스를 위한 플

러그인이 포함돼 있다. **소나큐브**^{SonarQube}는 코딩 규약^{convention} 준수를 위한 **체크 스타일**^{Checkstyle}, 좋지 않은 코딩 관습을 감지하는 PMD, 잠재적인 버그를 찾아 내는 **파인드버그**^{FindBugs}, 코드 커버리지를 위한 **코버추라**^{Cobertura}를 통합해서 활용하는 도구다. 보안 취약점 발생을 예방하기 위해 이클립스의 ESVD, Find Security Bugs, SonarQube Security Rules 등의 플러그인을 사용하는 것도 좋다.

- **단위 테스트** 케이스 개발 팀은 제이유닛^{JUnit}, 엔유닛^{NUnit}, 테스트엔지^{TestNG} 등을 이용해서 단위 테스트 케이스를 작성한다. 단위 테스트 케이스는 컴포넌트, 저장소, 서비스 등을 대상으로 작성할 수 있다. 단위 테스트 케이스는 로컬 메이븐^{Maven} 빌드에 통합되며, 마이크로서비스의 서비스 종단점을 대상으로 하는 서비스 테스트는 회귀 테스트 꾸러미 역할을 한다. 앵귤라JS^{AngularJS}로 작성된 WebUI는 카르마^{Karma}로 테스트할 수 있다.

- **소비자 주도 계약** 개발자는 다른 마이크로서비스와의 통합 접점을 테스트하기 위해 소비자 주도 계약을 작성한다. 계약 테스트 케이스는 제이유닛, 엔유닛, 테스트엔지 등의 도구를 써서 작성되며, 서비스 테스트 꾸러미에 포함된다.

- **목(Mock) 테스트** 개발자는 단위 테스트를 실행하기 위해 서비스 종단점을 모사하는 목을 작성한다. 모키토^{Mockito}, 파워목^{PowerMock} 등이 목 테스트에 많이 사용된다. 서비스 계약이 식별되고 정해지자마자 목으로 만든 서비스를 배포하는 것은 좋은 습관이다. 후속 단계에서는 이 목 서비스를 일종의 서비스 가상화로서 이용할 수 있게 된다.

- **행위 주도 설계(BDD)** 애자일 팀에서는 큐컴버^{Cucumber} 같은 BDD^{Behavior Driven Design} 도구를 써서 BDD 시나리오를 작성한다. 일반적으로 이런 시나리오는 마이크로서비스 계약이나 마이크로서비스 기반 웹 애플리케이션의 사용자 인터페이스를 대상으로 한다. 마이크로서비스 계약을 대상으로는 큐컴버와 제이유닛을 함께 사용하고, 마이크로서비스 기반 웹 애플리케이션의 사용자 인터페이스를 대상으로는 큐컴버와 셀레늄 웹드라이버^{Selenium WebDriver}를 함께 사

용한다. 기능 테스트, 사용자 시나리오[4] 테스트, 인수 테스트에는 각각 다른 시나리오가 사용된다.

- **소스코드 저장소** 버전 관리 가능한 소스코드 저장소는 개발의 일부라고 할 수 있다. 개발자는 대부분 IDE 플러그인의 도움으로 자신이 작성한 코드를 중앙의 저장소에 체크인한다. 저장소 하나당 마이크로서비스 하나를 두는 방식이 많은 조직에서 일반적으로 사용된다. 이렇게 하면 다른 마이크로서비스의 코드를 의도하지 않게 수정하는 일을 막을 수 있고, 다른 마이크로서비스의 구체적인 구현 내용에 의지해 개발하는 잘못을 예방할 수 있다. 소스코드 저장소로는 깃[Git]과 서브버전[Subversion]이 주로 사용된다.

- **빌드 도구** 메이븐이나 그레이들[Gradle] 같은 빌드 도구는 의존 관계를 관리하고 목표 산출물(이 책에서는 스프링 부트 서비스)을 만들어내는 데 사용된다. 기본적인 품질 점검, 보안 점검, 단위 테스트, 코드 커버리지 등이 빌드 과정의 일부로서 포함될 수 있다. IDE는 메이븐 플러그인처럼 빌드 도구의 플러그인을 제공한다. 개발자는 프로젝트의 CI 단계에 이르기 전까지는 도커 같은 컨테이너를 사용하지 않는다. 모든 산출물은 모든 변경에 대해 적절하게 버전 관리돼야 한다.

- **산출물 저장소** 산출물 저장소[Artifact repositories]는 개발 프로세스에서 중심축의 역할을 한다. 산출물 저장소에는 모든 빌드 산출물이 저장된다. 아티팩토리[Artifactory], 넥서스[Nexus] 같은 도구들이 산출물 저장소로 사용된다.

- **데이터베이스 스키마** 데이터베이스 스키마 관리, 추적 및 데이터베이스 변경에는 리퀴베이스[Liquibase]나 플라이웨이[Flyway]가 주로 사용된다. 메이븐 플러그인에는 리퀴베이스나 플라이웨이 라이브러리와의 호환 기능이 포함돼 있다. 스키마의 변경도 소스코드와 마찬가지로 버전 관리와 함께 유지 관리돼야 한다.

---

4. 사용자 시나리오: 원문에는 user journey로 돼 있으며, 의미상 사용자 시나리오와 거의 같은 의미라서 사용자 여정 같은 어색한 용어 대신 사용자 시나리오로 의역한다. – 옮긴이

통합

코드가 저장소에 커밋되면 다음 단계로는 CI 파이프라인 구성에 따라 지속적 통합이 자동으로 수행된다. 지속적 통합 단계에서는 저장소에 있는 소스코드의 스냅샷으로 빌드가 수행되고 배포 가능한 산출물이 만들어진다. 빌드를 유발하는 이벤트는 조직마다 다르다. 개발자가 커밋할 때마다 CI가 시작될 수도 있고, 매일, 매주 등 일정한 주기를 두고 CI가 시작될 수도 있다.

CI 작업 흐름은 지속적 통합 단계의 핵심이라고 할 수 있다. 젠킨스^{Jenkins}, 뱀부^{Bamboo} 같은 지속적 통합 도구는 빌드 파이프라인을 조율할 때 중심 역할을 수행하며, 수행될 활동들의 작업 흐름을 기반으로 설정된다. 작업 흐름은 빌드, 배포, QA 등 설정된 과정을 자동으로 수행한다. 개발자의 커밋이나 일정한 주기를 이벤트로 해서 CI가 작업 흐름을 실행한다.

지속적 통합 작업 흐름에서는 다음과 같은 활동들이 수행된다.

- **빌드 및 QA** 작업 흐름은 깃의 웹훅^{webhook}을 통해 커밋 이벤트를 기다린다. 변경이 감지되면 먼저 소스코드를 저장소에서 다운로드한다. 다운로드된 스냅샷 소스코드를 바탕으로 빌드가 실행된다. 개발 환경에서 수행됐던 QA와 비슷한 몇 가지 QA 검사가 빌드 작업의 일부로서 자동으로 수행되는데, 코드 품질 점검, 보안 점검, 코드 커버리지 등이 여기에 포함된다. 많은 QA 활동은 앞에서 얘기한 소나큐브와 IDE 플러그인 같은 도구를 통해 수행된다. 코드 커버리지와 같은 코드 측정 지표들이 수집돼 중앙의 데이터베이스에 저장된다. 보안 점검은 OWASP ZAP이라는 젠킨스의 플러그인을 사용해서 실행된다. 제이유닛 등 단위 테스트 작성에 사용되는 도구도 빌드 과정에서 실행된다. 웹 애플리케이션이 UI 테스트를 위해 카르마를 지원하고 있다면 젠킨스에서도 카르마로 작성된 웹 테스트를 실행할 수 있다. 빌드나 QA가 실패하면 시스템에 설정된 대로 알람이 전송된다.

- **패키징** 빌드와 QA가 통과되면 CI는 배포 가능한 패키지를 만들어낸다. 우리가 만들고 있는 스프링 마이크로서비스에서는 스프링 부트 독립 실행형 JAR 파일을 만들어낸다. 통합 빌드의 결과물로 도커 이미지를 만들어내는 방식도 추천할 만하다. 통합 빌드는 실행 가능한 바이너리 결과물을 만들어내는 유일한 지점이다. 빌드가 마무리되면 수정 불가능한 도커 이미지를 도커 레지스트리에 푸시한다. 도커 레지스트리로는 도커 허브나 내부 도커 레지스트리 모두 사용 가능하다. 컨테이너도 적절하게 버전 관리하는 것이 중요하다.

- **통합 테스트** 도커 이미지는 회귀 테스트(서비스 테스트)가 실행되는 통합 환경으로 옮겨진다. 통합 환경에는 의존 관계에 있는 스프링 클라우드 같은 다른 마이크로서비스와 로깅 및 의존 관계에 있는 모든 마이크로서비스가 통합 환경에 포함돼 있다. 의존하는 서비스가 아직 배포돼 있지 않다면 **목서버**^{MockServer} 같은 서비스 가상화 도구가 사용된다. 또는 각 서비스의 개발 팀이 해당 서비스의 기본 버전을 깃에 푸시하는 방식도 가능하다. 배포가 성공되면 젠킨스는 서비스 테스트(서비스를 대상으로 하는 제이유닛 테스트)를 시작하고, 웹인 경우 셀레늄 웹드라이버로 작성된 전 구간 대상 새너티^{sanity} 테스트와 OWASP ZAP으로 된 보안 테스트가 실행된다.

테스트

운영 환경에 투입할 준비가 됐음을 확인하기 전에 자동화된 배포 프로세스의 일부로서 다양한 유형의 테스트가 실행된다. 애플리케이션을 다수의 환경으로 옮기면서 실행되는 테스트도 있는데, 각 환경은 인수 테스트, 성능 테스트 등 특정 유형의 테스트를 위해 지정돼 있다. 각각의 환경에서는 측정 지표를 수집할 수 있게 충분한 모니터링 체계가 갖춰져 있다.

복잡한 마이크로서비스 환경에서는 테스트가 최후의 마지막 관문처럼 여겨져서는 안된다. 그보다 테스트는 소프트웨어 품질을 개선함으로써 최후의 순간에 이르러서야 발견되는 실패를 예방하는 활동이어야 한다. 시프트 레프트 테스트[Shift Left Testing][5]는 출시 사이클 중에서 가급적 일찍 테스트를 수행하는 방식이다. 자동화된 테스트는 소프트웨어 개발을 매일매일 개발에서 매일매일 테스트 모드로 전환시켜 준다. 테스트 케이스를 자동화함으로써 테스트를 완료하는 데 드는 노력과 수작업 오류를 줄일 수 있다.

CI나 ARA 도구는 도커 이미지를 다양한 테스트 환경으로 옮기는 데 사용된다. 일단 어떤 환경에 배포가 되면 그 환경의 목적을 바탕으로 테스트 케이스가 실행된다. 기본적으로 테스트 환경을 점검하기 위한 새너티 테스트도 실행된다.

이제 환경과 무관하게 자동화된 제품 전달 파이프라인에 필요한 모든 유형의 테스트를 알아보려고 한다. 일부 유형의 테스트는 개발 및 통합 환경의 일부라는 점은 이미 알아봤고, 테스트가 수행되는 환경과 테스트 케이스를 연결지어 살펴보자. 자동화할 수 있는 테스트의 유형은 여러 가지가 있다.

새너티 테스트

하나의 환경에서 다른 환경으로 옮길 때는 모든 기본 동작이 제대로 실행되는지 확인할 수 있는 몇 가지 새너티 테스트[sanity test]를 실행하는 것이 좋다. 새너티 테스트는 제이유닛, 셀레늄 웹드라이버나 비슷한 도구를 사용해서 테스트 꾸러미로서 만들어진다. 예상되는 문제들을 꼼꼼하게 식별하고, 중요한 모든 서비스 호출을 스크립트화하는 것이 중요하다. 특히 마이크로서비스들이 동기적인 방식의 의존 관계를 갖고 있는 상황에서는 의존하는 모든 서비스가 미리 구동되고 있다는 점을 확인할 수 있는 시나리오를 새너티 테스트에 포함하는 것이 좋다.

---

5. Shift Left Testing의 자세한 설명은 https://goo.gl/HKZM6b를 참고한다. – 옮긴이

회귀 테스트

회귀 테스트는 소프트웨어에 반영한 변경 사항이 시스템을 망가뜨리지 않는다는 것을 보장해준다. 마이크로서비스에서는 회귀 테스트는 서비스 수준(REST API 또는 메시지 종단점)에서 실행될 수 있으며, 제이유닛이나 그와 유사한 프레임워크를 사용해서 작성된다. 의존하는 서비스가 아직 사용 가능한 상태가 아니라면 서비스 가상화를 사용할 수도 있다. 카르마와 재스민^{Jasmine}이 웹 UI 테스트에 사용될 수 있다.

웹 애플리케이션에 마이크로서비스가 사용되는 경우 셀레늄 웹드라이버나 그와 유사한 도구가 회귀 테스트 꾸러미로 사용되고, 테스트는 서비스 종단점보다는 UI 수준에 중점을 두고 실행된다. 큐컴버 + 제이유닛이나 큐컴버 + 셀레늄 웹드라이버 같은 BDD 도구를 이용해서 회귀 테스트 꾸러미를 만드는 방법도 가능하다. 젠킨스나 ARA 같은 CI 도구는 테스트 꾸러미를 자동으로 실행하는 데 사용된다. 테스트컴플리트^{TestComplete} 같은 유료 상용 도구도 회귀 테스트 꾸러미^{pack}를 만드는 데 사용될 수 있다.

기능 테스트

기능 테스트 케이스는 일반적으로 마이크로서비스를 사용하는 UI를 대상으로 하는데, 사용자 스토리 또는 사용자 기능을 바탕으로 하는 비즈니스 시나리오를 반영한다. 기능 테스트는 마이크로서비스가 예상대로 올바르게 동작하는지 확인하기 위해 모든 빌드마다 실행된다. BDD는 일반적으로 기능 테스트 케이스를 만드는 데 사용된다. BDD에서는 비즈니스 분석가가 단순한 영어를 사용해서 도메인 특화 언어로 테스트 케이스를 작성한다. 개발자는 비즈니스 분석가가 작성한 시나리오를 실행할 수 있는 스크립트를 추가하는데, 이런 시나리오에 셀레늄 웹드라이버 같은 자동화된 웹 테스트 도구는 큐컴버, 제이비헤이브^{JBehave}, 스펙플로우^{SpecFlow} 등과 같은 BDD 도구와 함께 사용되기에 알맞다. 제이유닛 테스트 케이스는 화면 없는 마이크로서비스에 사용된다. 회귀 테스트와 기능 테스트를 동일한 테스트 케이스를 가진 하나의 단계로 조합하는 파이프라인도 있다.

인수 테스트

인수 테스트는 앞에서 얘기한 기능 테스트와 비슷하다. 많은 경우 자동화된 인수 테스트는 일반적으로 스크린플레이screenplay 또는 저니journey 패턴[6]을 사용해서 웹 애플리케이션 테스트 수준에 적용된다. 인수 테스트 케이스는 기능보다는 사용자 관점을 고려해서 작성돼야 하며, 사용자의 흐름을 흉내 낸다. 큐컴버, 제이비헤이브, 스펙플로우 같은 BDD 도구는 일반적으로 인수 테스트에서도 제이유닛, 셀레늄 웹드라이버 같은 도구와 함께 사용된다. 테스트 케이스의 특성은 기능 테스트와 인수 테스트가 서로 다르다. 인수 테스트 꾸러미의 자동화는 젠킨스 통합으로 만들어진다. 인수 테스트 자동화에 특화된 도구들이 많은데, 핏니스FitNesse가 그중 하나다.

성능 테스트

성능 테스트를 자동화시켜 제품 전달 파이프라인에 포함시키는 것은 중요하다. 이렇게 하면 성능 테스트는 어떤 관문 검사 모델gate check model에서 제품 전달 파이프라인의 필수 부분에 이르기까지 전반에 걸쳐 존재하게 된다. 이렇게 하면 병목지점이 빌드 사이클 중에서 굉장히 이른 시점에 식별될 수 있다. 어떤 조직에서는 성능 테스트를 메이저 버전을 출시할 때만 수행하지만, 다른 조직에서는 성능 테스트가 파이프라인의 일부로 존재하며, 훨씬 더 자주 수행된다. 제이미터JMeter, 게이틀링Gatling, 그라인더Grinder 등은 부하 테스트에 사용되며, 자동화를 위해 젠킨스 작업 흐름에 통합될 수 있다. 블레이즈미터BlazeMeter 같은 도구는 테스트 결과 보고에 사용될 수 있다. 앱다이내믹스AppDynamics, 뉴 렐릭New Relic, 다이나트레이스Dynatrace 같은 애플리케이션 성능 관리 도구는 제품 전달 파이프라인의 일부로서 품질 측정 지표를 제공한다. 이런 도구들을 성능 테스트 환경의 일부로 활용함으로써 품질 측정 지표를 제공할 수 있다. 애플리케이션 성능 관리 도구는 더 나은 커버리지를 얻기 위해 기능 테스트 환경에 통합되기도 한

---

6. 스크린플레이 또는 저니(journey) 패턴: 인수 테스트 작성에 사용되는 패턴의 하나. http://serenity-bdd.info/docs/articles/screenplay-tutorial.html 참고 - 옮긴이

다. 젠킨스에는 품질 측정 지표를 읽어올 수 있는 플러그인이 있다.

실제 사용자 흐름 시뮬레이션 또는 시나리오 테스트

실제 사용자 흐름 시뮬레이션real user flow simulation 또는 시나리오 테스트는 일반적으로 스테이징과 운영 환경에서 사용되는 테스트 유형 중의 하나로, 모든 중요한 트랜잭션이 예상대로 동작하는지 확인할 수 있다. 이는 전형적인 URL 핑 모니터링 메커니즘에 비해 훨씬 유용하다. 일반적으로 자동화된 인수테스트와 비슷하게 이런 테스트는 실제 현실에서 발생하는 것처럼 사용자 시나리오를 시뮬레이션한다. 또한 의존하는 마이크로서비스가 구동 중인지 확인하는 데도 사용할 수 있다. 이런 테스트 케이스는 셀레늄 웹드라이버를 이용해서 만든 테스트 케이스나 테스트 꾸러미의 부분집합이다.

보안 테스트

자동화가 조직의 보안 정책을 위반하지 않도록 확실하게 확인하는 것이 극도로 중요하다. 보안은 가장 중요하며, 속도를 위해 보안을 양보하는 것은 바람직하지 않다. 그래서 보안 테스트를 제품 전달 파이프라인에 통합하는 것이 중요하다. 몇 가지 보안 평가는 소나큐브, 파인드 시큐리티 버그Find Security Bugs 등 통합 환경뿐 아니라, 로컬 빌드 환경에도 통합돼 있다. 보안 테스트의 일부는 기능 테스트 케이스의 한 부분으로서 다뤄지고 있다. BDD-Security, Mittn, Gauntlt는 BDD 방식을 따르는 보안 자동화 도구들이다. 취약성 평가 및 침투 테스트[7]는 이뮤니웹ImmuniWeb 같은 도구를 사용해서 수행할 수 있다. OWASP나 버프 스위트Burp Suite도 보안 테스트에 사용하기 좋다.

---

7. 취약성 평가 및 침투 테스트(VAPT, Vulnerability Assessment and Penetration Testing) - 옮긴이

탐험적 테스트

탐험적 테스트[exploratory testing]는 테스터나 현업 사용자가 테스트 자동화가 포착하지 못할 것이라고 예상되는 특정 시나리오를 대상으로 수작업으로 테스트하는 것을 말한다. 테스터는 시스템에 대한 아무런 사전 지식이나 편견 없이 원하는 방식으로 시스템을 테스트하는데, 특정 사용자가 시스템에서 취할 수 있는 행동을 시나리오로 도출하며, 어떤 특정 사용자를 시뮬레이션해서 테스트하기도 한다.

A/B 테스트, 카나리아 테스트, 블루/그린 배포

애플리케이션을 운영 환경으로 옮길 때 A/B 테스트, 블루/그린 배포와 카나리아 테스트가 일반적으로 적용된다. A/B 테스트는 시스템의 변경이 실질적인 효과가 있는지 점검하고, 변경이 시장에서 어떻게 받아들여질지 점검하는 데 주로 사용된다. 이를 위해 새로운 기능 B를 사용자의 일부에게만 공개해서 원래의 A와 비교해 반응을 알아본다. 카나리아 출시는 새로운 제품이나 기능을 전체 고객에게 출시하기 전에 특정 커뮤니티에게만 먼저 공개하는 것이다. 블루/그린은 서비스의 새로운 버전을 IT 관점에서 테스트하기 위한 배포 전략이다. 블루/그린 모델에서 특정 시점에 블루와 그린 버전은 함께 공존하며, 한쪽에서 다른 쪽으로 부드럽게 이관된다.

기타 비기능 테스트

고가용성 테스트와 붕괴 저항성[antifragile][8] 테스트(고의 실패[failure injection] 테스트)는 운영 전에 실행하는 것이 중요하다. 이를 통해 개발자가 실제 운영 시나리오에서 발생할 수 있는 알려지지 않은 오류를 발굴하는 데 도움을 준다. 이런 테스트는 장애 대응 방식을 이해할 수 있게 시스템 컴포넌트를 일부러 깨뜨리는 방식으로 진행되며, 서킷 브레이커나 장애 대응 서비스를 테스트하는 데 도움이 된다. 시미안 아미[Simian Army]

---

8. 붕괴 저항성(Anti-Fragility): 자세한 의미는 https://en.wikipedia.org/wiki/Antifragility 참고 – 옮긴이

같은 도구가 이런 시나리오를 테스트하는 데 유용하다.

운영 환경에서의 테스트(TiP)

운영 환경이 아닌 환경에서는 운영 환경의 어느 정도까지만 시뮬레이션할 수 있는 한계가 있으므로, 운영 환경에서의 테스트는 다른 모든 환경에서의 테스트와 마찬가지로 중요하다. 운영 환경에서의 테스트는 일반적으로 두 가지 유형으로 나눌 수 있다. 첫 번째 방식은 다양한 사용자를 시뮬레이션한 시나리오를 운영 환경에서 지속적으로 실시하는 것이다. 이런 방식은 앱다이내믹스와 같은 실 사용자 모니터링[RUM, Real User Monitoring] 같은 도구를 통해 자동화할 수 있다. 두 번째 방식은 운영 환경에서 발생하는 메시지를 스테이징 환경에서 동일하게 실행해서 운영 환경에서의 결과와 비교해보는 것이다.

붕괴 저항성 테스트

붕괴 저항성 테스트[antifragile testing]는 운영 환경과 동일한 사전 운영 환경이나 실제 운영 환경에서 혼돈을 만들어내고, 이런 상황에서 애플리케이션이 어떻게 응답하고 복구하는지를 알아보기 위해 수행된다. 일정 시간이 지나면 애플리케이션은 이런 실패로부터 자동으로 복구하는 능력을 확보하게 된다. 넷플릭스에서 만든 시미안 아미가 바로 이런 테스트에 사용되는 도구로, AWS 환경에 맞게 만들어져 있다. 시미안 아미는 사전 운영 환경이나 실제 운영 환경에서 혼돈을 자동으로 만들어내는 (가상의) 유인원 군단을 이용해서 시스템을 망가뜨리는 파괴적인 테스트에 사용된다. 시미안 아미는 케이아스 몽키[Chaos Monkey], 재니터 몽키[Janitor Monkey], 컨포미티 몽키[Conformity Monkey] 같은 컴포넌트로 구성돼 있다.

배포

지속적 배포^{Continuous Deployment}는 애플리케이션을 하나 혹은 그 이상의 환경에 배포하고 설정하고 환경에 맞게 프로비저닝하는 프로세스다. 9장에서 살펴본 것처럼 인프라스 트럭처 프로비저닝과 자동화 도구를 통해 배포 자동화를 이뤄낼 수 있다.

개발 관점에서 보면 출시된 도커 이미지는 모든 품질 검사가 성공적으로 완료된 후에 운영 환경에 자동으로 옮겨진다. 이 경우 운영 환경은 메소스와 마라톤 같은 클러스터 관리 도구를 가진 클라우드 기반이어야 한다. 모니터링을 위한 셀프 서비스 클라우드 환경도 필수적이다.

클러스터 관리와 애플리케이션 배포 도구는 의존 관계에 있는 모든 라이브러리나 애 플리케이션을 빠짐없이 자동으로 배포해서 애플리케이션 의존 관계가 적절하게 배포 됐음을 보장해준다. 또한 어떤 시점에서 필요한 최소한의 인스턴스만이 실행되는 것 도 보장해주며, 문제가 생길 경우 원래 상태로 매끄럽게 복구시켜준다.

앤시블^{Ansible}, 셰프^{Chef}, 퍼펫^{Puppet}은 환경설정 내용과 실행 바이너리를 운영 환경으로 옮겨주는 데 유용한 도구들이다. 앤시블의 플레이북 개념은 마라톤과 도커 지원이 포함된 메소스 클러스터를 실행하는 데에도 사용될 수 있다.

모니터링과 피드백

애플리케이션이 운영 환경에 배포되면 모니터링 도구는 지속적으로 서비스를 모니터 링한다. 모니터링과 로그 관리 도구는 정보를 수집하고 분석한다. 피드백을 바탕으로 수정 작업에 필요한 정보가 개발 팀에게 전달되고, 변경은 파이프라인을 통해 운영 환경에 푸시된다. APM, 오픈 웹 어낼리틱스^{Open Web Analytics}, **구글 애널리틱스**^{Google Analytics}, **웹얼라이저**^{Webalizer} 등이 웹 애플리케이션을 모니터링하는 데 유용하다. 실 사 용자 모니터링은 전 구간을 아우르는 모니터링을 필요로 한다. 큐빗^{QuBit}, 박서러^{Boxever}, 채널 사이트^{Channel Site}, 맥스트래픽^{MaxTraffic} 등은 사용자 행동을 분석하는 데 유용하다.

설정 관리

설정 관리도 마이크로서비스와 데브옵스 관점에서 다시 생각해봐야 할 부분이다. 전통적인 정적인 방식의 환경설정 정보 관리 데이터베이스^{CMDB, Configuration Management Database}를 사용하는 것보다 새로운 설정 관리 방법을 사용하는 것이 좋다. CMDB의 수동 유지 관리는 더 이상 좋은 방법이 아니다. 정적으로 관리되는 CMDB는 정보를 유지 관리하기 위해 많은 단순 반복 작업을 필요로 한다. 배포 토폴로지의 동적인 특성으로 인해 정적인 방식으로 데이터의 일관성을 유지하는 것은 너무나도 어려운 일이다.

새로운 스타일의 CMDB는 최신 정보를 바탕으로 CI 환경설정 정보를 자동으로 운영 토폴로지에 맞게 생성한다. 새로운 CMDB는 베어 메탈 장비, 가상머신, 컨테이너를 모두 지원할 수 있어야 한다.

마이크로서비스 개발 통제, 참조 아키텍처, 라이브러리

기업 전체적인 참조 아키텍처를 구성하고 마이크로서비스 개발을 위한 표준 도구 세트를 보유하는 것은 개발을 일관성 있게 진행할 수 있게 보장해주므로 중요하다. 이를 통해 개별적인 마이크로서비스 팀은 우수 사례를 따라 개발을 진행할 수 있다. 각 팀에서는 개발하는 프로젝트에 따라 특화된 기술이나 도구를 식별하고 사용할 수도 있다. 폴리글랏 마이크로서비스 개발에서는 서로 다른 팀에서 여러 가지 기술이 사용될 수밖에 없다. 하지만 모든 개발 팀은 정해진 원칙과 관습을 준수해야 한다.

단기적인 효과를 위해 마이크로서비스 개발 팀은 경우에 따라 이런 원칙에서 벗어날 수도 있는데, 이런 일은 개발 팀이 백로그에 리팩터링 태스크를 포함할 때만 허용돼야 한다. 많은 조직에서 기업에 내재돼 있는 자산을 재사용하려고 하지만, 재사용과 표준화는 일반적으로 미리 계획한 일이라기보다는 나중에 떠올라서 하는 일이다.

서비스를 카탈로그화해서 기업 내부에서 가시화하는 것도 잊지 말아야 한다. 이를 통해 마이크로서비스의 재사용 가능성을 더 높일 수 있다.

▌ 정리

11장에서는 마이크로서비스와 데브옵스의 관계에 대해 알아봤다. 마이크로서비스를 배포할 때 고려해야 할 중요한 점에 대해서도 살펴봤으며, 가장 중요한 마이크로서비스 개발 라이프사이클에 대해서도 살펴봤다.

개발에서부터 운영에 이르기까지 마이크로서비스 제품 전달 파이프라인을 자동화하는 방법도 살펴봤고, 그 일부로서 마이크로서비스 제품 전달 파이프라인을 자동화할 때 유용한 도구와 기술에 대해서도 알아봤다. 마지막으로 마이크로서비스 통제에 있어서 참조 아키텍처의 중요성에 대한 기본적인 내용도 다뤘다.

이 책에서 다뤘던 마이크로서비스의 개념, 난관, 우수 사례와 다양한 기능을 모두 합치면 대규모 마이크로서비스를 성공적으로 개발할 수 있는 완벽한 비법을 만들 수 있을 것이다.

| 찾아보기 |

ㅊ

에이콘출판의 기틀을 마련하신 故 정완재 선생님 (1935-2004)

스프링 5.0 마이크로서비스 2/e
스프링 부트와 스프링 클라우드, 스프링 리액티브로 배우는

발　행 | 2018년 2월 9일

지은이 | 라제시 RV
옮긴이 | 오 명 운 · 박 소 은 · 허 서 윤 · 이 완 근
감수자 | 양 수 열

펴낸이 | 권 성 준
편집장 | 황 영 주
편　집 | 조 유 나
디자인 | 박 주 란

에이콘출판주식회사
서울특별시 양천구 국회대로 287 (목동)
전화 02-2653-7600, 팩스 02-2653-0433
www.acornpub.co.kr / editor@acornpub.co.kr

한국어판 ⓒ 에이콘출판주식회사, 2018, Printed in Korea.
ISBN 979-11-6175-110-8
ISBN 978-89-6077-210-6 (세트)
http://www.acornpub.co.kr/book/spring5-microservices-2e

이 도서의 국립중앙도서관 출판시도서목록(CIP)은 서지정보유통지원시스템 홈페이지(http://seoji.nl.go.kr)와
국가자료공동목록시스템(http://www.nl.go.kr/kolisnet)에서 이용하실 수 있습니다.(CIP제어번호: CIP2018003624)

책값은 뒤표지에 있습니다.